미워할
수 없는
우리들의
대통령

| 이영일 회고록 | 4·19주역이 말하는 이승만, 박정희, 전두환

HadA

미워할 수 없는 우리들의 대통령

2018년 11월 12일 초판 1쇄
2019년 6월 10일   2쇄

글   이영일
펴낸곳   HadA
펴낸이   전미정
편집   최효준, 한채윤
디자인   윤종욱, 정윤혜
출판등록   2009년 12월 3일 제 301-2009-230호
주소   서울 중구 퇴계로 182 가락회관 6층
전화   070-7090-1177
팩스   02-2275-5327
이메일   go5326@naver.com
홈페이지   www.hadabooks.com
ISBN   978-89-97170-43-2 03340

값   18,000원

ⓒ 이영일, 2018

미워할
수 없는
우리들의
대통령

목차

제3편 대한민국을 웅비시킨 대통령 전두환 대통령

들어가면서

아직도 할 일이 많다

필자는 1939년생이기 때문에 이제 우리나라 나이로 80세가 되는 셈이다. 긴 역사의 흐름에서 보면 나의 삶의 길이는 지극히 짧지만, 그간 내가 자라온 삶의 역사는 1945년의 해방과 1948년에 수립된 대한민국의 성장 발전사와 거의 겹쳐지고 있다. 한반도의 분단시대를 함께 살아온 나의 동년배나 동시대 사람들은 많은 부분에서 나와 비슷한 경험들을 공유할 것이다. 그러나 삶의 방식이나 자라나는 환경, 학교생활, 직장들의 차이로 말미암아 한국 현대사를 느끼고 호흡하고 이해하고 평가하는 시각에서는 모두 같을 수가 없고 다소 차이가 날 것이다.

나는 나이 80이라고 해서 할 일이 모두 끝난 것으로 생각지는 않는다. 중국의 등소평鄧小平같은 사람은 그의 나이 88세에 오늘날 중국현대화를 이끌어낸 남순강화南巡講話에 나섰다는 사실을 생각하면 나에게 아직도 일 할 시간이 많이 남은 것 같다. 물론 나이 80을 넘어서면 다른 사람들의 눈에는 흘러간 물처럼 물레방아를 돌릴 힘이 없게 보이겠지만, 지나온 삶을 반추하면서 역사의 진실을 후배들에게 전수할 능력마저 상실하지는 않는다. 특히 나이가 들면서 갈수록 분명해지는 것은 그동안 내가 섬겼고 행복을 느끼면서 살아온 공간, 나의 터전이 바로 대한민국이라는 사실이다. 식민 지배를 벗어

나 동서냉전의 와중에서 힘겹게 민족국가로서 다시 태어나고 가난과 전쟁이
라는 고난과 역경을 넘어서서 성장하고 발전하고 마침내 선진화의 문턱에까
지 올라온 바로 이 역사가 대한민국 현대사이며, 이곳 대한민국이 내가 지금
살아가는 생명의 현장이기 때문이다. 따라서 나의 조국은 대한민국이며 내가
충성과 애정을 바쳐야 할 나라도 오로지 대한민국이다.

지도자에게 요구되는 과업은 시대마다 다르다

이 나라의 오늘은 결코 우연히 이루어진 것이 아니다. 대한민국을 나라다운
나라로 만들겠다는 꿈과 용기와 결단력을 가진 훌륭한 지도자들을 중심으로
국민들이 뭉쳤기 때문에 가능했다. 내가 이 책에서 주인공으로 등장시킨 세
분 지도자, 즉 이승만, 박정희, 전두환 대통령들은 그들에게 요구되었던 상황
의 과제는 달랐지만 그들의 집권 시기에 우리 대한민국을 국가다운 국가로
서 바로 세우고 성장시키는 데 나름대로 크게 공헌한 분들이라고 생각한다.

　　이승만은 전제군주국가와 식민지적 예속 이외의 다른 정치경험이 없는
국민들에게 완전한 민주국가의 주권자로서의 지위를 부여하면서 새로운 민
주국가를 건설하는 시대적 과업을 부여받았다. 경제적으로는 달구지와 자동
차가 병존하는 사회를 산업혁명의 요구에 맞는 사회로 발전시켜야 할 도전
에 직면하였다. 그는 엄밀히 말해서 전前 민주주의 시대가 민주주의 시대로
바뀌는 과도기의 과업을 수행해야 했던 것이다.

　　박정희는 경제발전의 토대가 마련되지 않고는 민주정치가 발전할 수 없
다는 경험을 토대로 모든 가치의 상위에 경제발전을 올려놓고 개인의 자유

를 국력배양에 종속시켰다. 제2차 산업혁명의 물결을 타고 정치, 경제, 사회, 문화의 모든 영역에서 자유민주주의와 시장경제가 뿌리내릴 토대를 구축한 다는 명분하에 국민들의 민주적 기본권 행사를 통제하고 제한하였다. 이른바 개발독재정치를 폈던 것이다.

전두환 정부도 권력행사의 본질은 개발독재와 크게 다르지 않았지만 박 정희 형型의 1인 장기 집권을 추구하지 않았다. 박정희 시대에 시작된 제2차 산업혁명의 물결을 이어받아 경제현대화를 밀어붙이면서도 아울러 차기 대 통령에게 권력을 평화적으로 승계하겠다는 공약으로 집권의 명분을 쌓으면 서 단임 대통령의 안전을 보장할 업적 쌓기에 집권역량을 쏟았던 것이다.

그러나 모든 정치지도자들의 삶은 누구를 막론하고 장점과 단점, 공功과 과過로 구성되기 마련이다. 그럼에도 불구하고 장점과 공은 외면하고 단점과 과만을 들추어내서 정치지도자를 평가하는 것은 결코 올바르고 공정한 평가 라고 할 수 없으며, 오히려 반역사적反歷史的인 일이다.

나는 역사를 전공專攻한 학자는 아니지만 한국의 현대정치 속에 직접 뛰 어 들어가 한때 그곳에 몸담고 살아온 정치인의 한 사람으로서 우리나라를 오늘처럼 발전시키는 데 공과 과를 함께 지닌 정치지도자들의 이야기를 내 나름대로 공정하게 써보겠다는 문제의식에서 이 책의 집필을 결심했다. 나 도 이제 나이도 들 만큼 들었고 정치현장에서도 손을 털었기 때문에 아무것 에도 구애받지 않고 내가 보고 듣고 느끼고 생각한 바를 진솔하게 글로 써서 남길 수 있는 시점에 이른 것 같다. 어쩌면 이것이 조국 대한민국에 대한 나 의 뜨거운 애정의 표현일 수 있으므로 오랜 숙고 끝에 매일매일 부지불식간

미워할 수 없는 우리들의 대통령

에 늘어가는 건망증을 제압하면서 붓을 이어갔다. 그러나 생각의 기준을 특정 논리나 맥락—냉전논리나 보수—에만 묶어 두지는 않았다. 열린 마음으로 회고하고 그때그때 느낀 바를 소신껏 기술했음을 모두冒頭에서 밝혀둔다.

한글세대로서 살아온 길

나는 1946년 9월 전라남도 함평군 해보면에서 초등학교에 입학해서 한글을 배웠다. 미군정美軍政 치하였기 때문에 교과서도 없이 담임선생의 판서로 배운 한글이지만 1학년 때 한글을 깨치고 한글을 새로 배운다는 할머니들의 문자해독을 도와주기도 했다. 초등학교 2학년 때 광주光州로 전학을 와서 광주서석초등학교, 광주서중, 광주일고를 거쳐 서울대학교 문리과대학 정치학과에 진학하였다.

　대학 3학년 때 4·19학생혁명대열에 참가하면서 학생운동에 투신했고 그 후 언론계동양통신, 국가공무원국토통일원, 정치계3선 국회의원, 대학의 초빙교수를 두루 거치면서 오늘에 이르렀다. 누구나 다 비슷하겠지만 일단 정치에 발을 들여놓고 국회의원이라도 몇 차례 지내고 나면 대한민국의 존속과 발전문제가 결코 남의 문제가 아니고 바로 자기 자신의 문제임을 느끼지 않을 수 없게 된다. 나는 지금 원외院外에 있지만 그렇다고 한국정치의 방청석에 앉아 스스로 세상 하직할 날만 기다리는 사람처럼 살아갈 생각은 전혀 없다. 자기에게 능력을 주시는 분 안에서 허용된 일을 찾아내고 실천하는 삶에 아직도 큰 비중을 두고 살기를 기도한다.

한국현대사를 돌아보면서

내가 살아온 지난 80여년의 세월은 한국현대사에서 많은 일들이 연이어 일어났던 시대다. 일제日帝로부터 해방되는 역사가 여기에 포함된다. 해방 당시 나보다 더 나이 많은 어른 세대들의 그 밝고 희망에 넘쳤던 얼굴들이 아직도 기억에 남아있다. 정부가 수립되고 유엔에서 대한민국이 승인받았다면서 감격해 하던 모습들도 머리에 남아있다. 뒤이어 일어난 6.25전쟁의 험난한 피난생활, 3개월간 지속된 인공人共치하의 삶, 연일 계속되는 공습, 전투 현장의 이곳저곳에 흩어져 있던 시신들의 모습이 아직도 눈에 선하다. 전쟁 중에 무고하게 희생된 양민들의 이야기도 기억 속에 그대로 살아있다. 소설가 조정래가 그의 작품 태백산맥에서 자상하게 소묘素描하고 있는 백아산과 지리산을 무대로 펼쳐지는 밤손님이야기빨치산 이야기는 당시 나의 삶의 현장에서 그리 먼 곳에서 일어난 사건들이 아니다. 아주 가까운 거리에서 한두 사람만 건너뛰면 알 만한 사람들의 이야기다.

4·19혁명이후에 걷게 된 새 길

나는 4·19혁명 당시 대학 3학년생으로서 이승만 독재정권 타도에 앞장섰고 5·16 군사쿠데타 후에는 남북 학생회담 제안으로 촉발된 민족통일연맹사건으로 체포되어서 혁명재판에서 7년 징역형을 선고받았다가 4·19에 유공한 학생이라고 해서 1년 후 석방되었다. 겨우 졸업장은 손에 들었지만 중앙정보부의 신원조회의 덫에 걸려 거의 8~9년 동안 취업의 기회를 박탈당하는 사회적 배제 속에서 어렵게 살기도 했다. 감옥에서 나온 후 퇴학과 복학, 실업失

業으로 이어지는 궁핍한 상황 속에서도 월간 사상계思想界지, 정경연구지 등에 기고하면서 대학연구실과 서울대학교 본부 도서관의 일우一隅에 앉아 신생국 근대화연구에 열정을 쏟았다. 정치행태학政治行態學을 방법상의 주제로했던 비교정치연구에 심취해서 보낸 몇 년간의 연구생활은 우물 안 개구리에서 벗어나 더 넓은 세계를 볼 수 있는 시야를 갖게 해주었다. 이 과정에서 나는 식민지에서 해방된 나라들이 독립 국가를 세우면서 겪은 국가건설과 근대화의 길이 얼마나 힘들고 어려운 길인지도 깨닫게 되었다.

투옥과 퇴학, 취업을 포기당하고 살아야 하는 어려움을 겪으면서도 연구가 깊어지면 질수록 삶에 대한 의욕과 자신감이 더 솟구쳐 올랐고 꿈과 비전은 더 커졌다. 분단된 신생국으로서의 대한민국이 살아가야 할 방도를 연구하게 된 것 자체가 나에게는 하늘이 내려준 큰 축복이었다.

1970년대에는 국가공무원으로 특채되어 국토통일원에서 근무했다. 이곳에서 한반도가 통일될 방도를 안출하기 위한 정책개발에 혼신의 정열을 불태웠다. 북한의 대남전략이나 공산권의 대한반도 정책, 한반도에 대한 주변강대국의 정책들을 놓치지 않고 살피고 연구하는 데 주력했다. 또 남북적십자회담이 열리고 남북조절위원회가 만들어지는 시대에 대화의 현장을 이리저리 쏘다니면서, 나라를 위해 요긴하게 쓰임받는 일꾼이 되는 일에 남다른 열정을 쏟아부었다. 그 덕분에 홍조근정훈장紅條勤政勳章도 받았다. 이때에 심화시킨 연구와 경험들이 지금도 나의 현실인식과 평가의 중요한 자산이 되고 있다.

12명의 대통령을 지켜보다

박정희 대통령의 시해사건으로 시작된 80년대에는 신정권에 차출되어 민주정의당 소속 국회의원이 되었고, 12대 국회의원 선거 때 광주에서 당선된 후에는 전두환 대통령의 당 총재비서실장에 임명되어 비교적 가까운 거리에서 그분의 집권 시기를 관찰할 기회를 가졌다. 또 15대국회에는 새정치국민회의의 추천을 얻어 광주 동구에서 보궐선거에 당선되어 국회에 진입, 3선 의원을 역임하게 되었다.

나는 바로 이러한 시기를 살아오면서 정권을 쟁취하고 취임하고 퇴임하는 대통령들을 쭉 지켜보았다. 대부분 고인이 되었지만 이승만 대통령을 시작으로 윤보선, 박정희, 최규하, 전두환, 노태우, 김영삼, 김대중, 노무현, 이명박, 박근혜까지 11명의 대통령이 바뀌었고 지금 문재인 대통령은 12번째 대통령이다. 나는 항상 이러한 대통령들의 등장과 소멸의 현장에서 멀리 떨어져 있지 않았기 때문에 단순히 정치변동을 구경한 관중 이상의 경험을 얻었고, 관련된 스토리들을 꽤 많이 아는 편에 속했다. 대통령들 중에는 마음속으로 존경하는 분도 있었고 재임 중에는 못마땅하게 생각했지만 퇴임 후로 그의 인생을 보다 깊이 알고나서 더욱 존경하게 된 분도 생겼다. 그러나 대통령에 당선됐을 때나 그만둔 후에까지도 저런 분은 대통령감이 아닌데 국민들이 잘못 선택했다고 생각한 사람도 없지 않았다.

정객과 위정자

미국에서 국무장관을 지낸 키신저Kissinger는 정치인을 정객政客과 위정자爲政

者로 구분하고, 정객은 모든 사고가 다음 선거준비에만 쏠려 있어 표만 생각하는 사람인 데 반하여 위정자는 국가와 민족의 앞날을 내다보면서 전략을 준비하는 자라는 명언을 남겼다. 우리나라 대통령들의 이력이나 자질을 살펴보면 대통령 가운데는 정객이었을 뿐 위정자로서 대통령에 부적절하다고 생각된 분들이 없지 않았다. 그러나 국민직선제 하에서는 대중선동과 지역감정의 정치무기화政治武器化가 가능했기 때문에 정객들이 국가최고지도자가 되는 길이 열렸다. 직선제 때문에 대통령에 당선되기 힘든 분들이 대통령에 당선되기도 했고 또 그 덕분에 조선시대의 표현을 빌리면 면천免賤한 사람들도 생겼다. 그러나 이는 나의 눈높이에서 본 평가이기 때문에 객관적일 수 없다. 내가 아주 싫어하거나 경멸했던 분인데도 그분을 아직도 대단히 훌륭한 분이라고 존경하는 사람도 많다. 그것은 제 눈에 안경이기 때문이다.

그러나 나의 경험이나 관찰을 통해서 볼 때 세 분, 즉 이승만, 박정희, 전두환 대통령은 대한민국의 오늘을 만드는 데 실질적으로 기여한 바가 다대했다. 어느 면에서는 그분들이 없었다면 오늘의 대한민국은 존재하지 않았을 거라 할 만큼 큰 업적을 남긴 분들이다. 그럼에도 불구하고 그들의 공功이나 업적보다는 심한 비난과 욕설의 소리가 우리 주변에서 너무 큰 것도 사실이다. 그러나 대한민국의 존속과 발전을 긍정하는 입장에 서는 사람들은 이들에 대해 공은 공대로 평가해주고 잘못된 것은 있는 그대로 지적해서 후대들에게 알게 하자고 주장한다. 이에 반해 대한민국을 부정하는 입장에 서는 사람들은 하나같이 세분 지도자들의 공은 말하지 않고 과만 들추면서 모든 것을 왜곡해서 증오와 독설로 일관한다.

왜 세 분 대통령인가

이 글에서는 우리나라 대통령 모두를 나의 회고와 평가의 대상으로 삼기보다는 우리나라 대통령 중에서 우리 국민들의 삶에 가장 큰 영향을 미친 지도자 세 분을 골랐다. 대한민국을 세우고 대한민국을 존망의 위기에서 지키고 대한민국을 발전시켜 오늘날 인구 5000만 이상에 1인당 GNP 3만 달러 이상인 국가군國家群의 반열에 올라서게 한, 즉 30~50그룹에 속하도록 나라를 키워낸 대통령을 대상으로 삼았다. 이러한 기준으로 대상을 선정한다면 이승만 대통령과 박정희 대통령은 두말할 나위 없이 1순위다. 이 두 분이 있었기에 오늘날 대한민국이 이만큼 발전할 토대가 구축되었다. 이분들이 당면했던 위기와 그 대처방법을 필자 나름으로 관찰하고 평가하여 기록에 남기고 싶었다. 특히 이들 두 분의 삶 속에는 국가의 위기관리 차원에서 배워야 할 교훈이 너무 많이 담겨있다.

그러나 여기에 전두환 대통령도 반드시 추가해야할 이유가 있다. 전두환 대통령을 이승만 대통령과 박정희 대통령과 같은 반열에 놓고 이야기할 수는 없다고 시비를 걸어올 사람도 있을 것이다. 그러나 두 가지 이유에서 전두환 대통령을 검토대상으로 올렸다. 첫째로 전두환 대통령은 앞의 두 분 대통령이 깔아 놓은 국력배양과 위기관리의 궤도를 그대로 승계하고 잘 지켰기 때문이다. 둘째로 전두환 대통령은 앞의 두 분이 이룩한 것보다 더 큰 국가발전을 이룩했고 특히 88서울올림픽을 유치, 한국을 명실상부한 동서세계 화해의 장場으로 부상시킴과 동시에 경제도약의 새로운 전기를 만든 업적은 아무리 칭찬해도 모자라기 때문이다. 이런 견지에서 글의 마지막부분에 전 대

미워할 수 없는 우리들의 대통령

통령 이야기를 포함시켰다.

과오만 들춰 규탄해선 안돼

나는 나와 견해가 다른 사람들이 많을 것으로 생각하여 만만찮은 반론을 예상한다. 그러나 국력을 배양하고 위기를 잘 관리함으로써 우리나라를 다른 나라들로부터 무시 받지 않고 대접받는 국가로 만들어준 지도자를 손꼽으라면 지금도 서슴없이 이승만, 박정희, 전두환, 세 분 대통령을 나는 거명할 것이다. 내가 선정한 이 세 분은 올해로서 건국 70년을 맞는 대한민국 정치사의 절반가량의 매우 중요한 시기이승만 1948~1960, 박정희 1961~1979, 전두환 1980~1987에 이 나라를 다스린 대통령들이었다. 이분들의 공로는 묵살하고 과오만 들추어서 규탄한다면 한국의 현대정치사는 제대로 설명될 수 없으며 왜곡될 수밖에 없다. 그러한 대한민국이 되어서는 안 되겠다는 사명감에서 이 글을 쓰게 되었다. 우리나라의 후대들이 자기들의 역사 속에서 분명히 중요한 일을 해낸 세 분 대통령의 공과 과를 제대로 알게 하는 대한민국을 만들어 보기 위해 이 글을 쓰는 것이다.

　대통령은 누구나 자기의 출세욕, 입신영달을 내심 꿈꾼다. 그런데 흥미로운 것은 우리나라에서는 국가건설, 국력배양, 국가안보와 위기관리의 성공을 통해서 입신양명한 지도자들이 민주화만을 내세워 입신양명에 성공한 지도자들보다는 대한민국의 존속과 발전에 훨씬 더 큰 공적을 많이 남겼다는 사실이다. 국력배양으로 다져진 업적이 없었다면 요즘 성공했다고 전 세계를 향해 자랑하는 민주화와 이를 정치현실에 구현한 이른바 절차적 민주주의마저도 정착되지 않았을지 모른다. 이하 국력소모가 아닌 국력배양과 위기관리의 정치에 공헌한 세 분의 이야기를 차례로 펼쳐나가기로 한다.

내가 선택한 이상 세 분을 통해서 이루어진 국력배양과 위기관리의 역사를 시계열時系列 별로 살피면서 분단국가의 상대로서 북한이 분단 이후부터 지금까지 다양다기多樣多岐하게 펼쳐온 대남도발공세를 구명, 앞으로 대한민국이 통일을 주도할 강국이 되는 데 필요한 위기관리의 근본이 무엇인가를 말해보고자 한다.

이승만 부분은 선배들 연구를 참조

그러나 이 글에서 다루는 이승만 대통령 부분 중 해방과 건국과 한국전쟁과정에 관해서는 필자의 유소년 시절로서 체험한 바가 적기 때문에 선배들의 연구 성과를 토대로 재구성하였고 다만 평가부분에서 필자의 소견을 담았다. 나머지 4·19혁명 이후부터는 나의 정치의식과 체험을 중심으로 기술한다. 나는 이 글에서 세 분 대통령 이야기를 전기적傳記的 시각에서 다루지 않고, 그때그때 당면한 시대의 문제의식을 중심으로 분석하고 평가한다. 그간 사람들의 입에 많이 오르내린 과오나 부정적인 면은 꼭 필요한 경우가 아니면 다루지 않고 그들이 우리나라의 존속과 발전에 기여한 부분에 역점을 두었다. 동시에 공산당들과 좌파가 그들의 기준을 적용해서 우리 대통령들을 왜곡하거나 폄하해서 비판한 부분에 대해서는 사실에 입각하여 바로잡는 데 초점을 맞추었다.

이런 글을 내가 감히 쓸 수 있게 된 것은 학생운동 때문에 500여일 투옥되었다가 나온 후 대학의 연구실과 도서관에서 수 년 동안 열정을 바쳐 연구해온 신생국 근대화 과정연구, 국토통일원에서 10년 동안 파헤쳤던 북한의 대남전략과 공산권의 대한반도정책, 주변 강국들의 동향에 대한 연구가 있었기 때문이다.

한국을 강력하게 만든 세 대통령

나는 세 분 대통령들의 족적을 직접 보고 연구하고 느꼈던 바, 당대의 이야기를 나의 회고담懷古談 형식으로 기술한다. 회고담이라고 해서 나의 전 생애를 다루는 것은 아니고, 세 분 대통령 이야기를 나의 개인사와 연관되는 부분에서 시계열상 필요한 부분만을 간추려 끼워 넣었다. 나의 회고부분은 4·19혁명 전후 이야기와 국토통일원 관련 이야기가 많은 비중을 차지한다. 아울러 분단직후부터 오늘에 이르기까지 북한공산주의자들이 일관성 있게 심리전으로 공격을 가해오고 있는 주제를 객관적으로 파헤쳐 오늘의 한국이 당면한 위기의 본질을 구명하고 거기에 대처했던 세 분 대통령의 대응전략도 아울러 살폈다. 그러나 여기에 실린 나의 모든 주장과 관점, 그리고 평가가 시공을 초월하여 타당할 수는 없다. 상황이 새롭게 달라지면 새로운 주장이나 평가가 나올 수 있으며 이 점에서 나의 글도 결코 시효時效에서 자유롭지 못할 것이다. 또 오랜 세월을 통해 학습된 내 가치관으로부터도 자유로울 수 없다.

　이 책의 제목은 당초 "한국을 강력하게 만든 세 분 대통령 이야기The Story of the Three Presidents who made Korea strong"로 하고 싶었지만 너무 튀는 것 같아 "미워할 수 없는 우리들의 대통령"을 본 제목으로 하고 4·19주역이 말하는 이승만, 박정희, 전두환으로 부제를 바꾸었다.

끝으로 이 책이 나오기 까지 많은 분들의 도움을 얻었다. 건국 대통령 이
승만의 생애를 쓴 안병훈 사장님조선일보 사장 역임은 자기 저서와 이승만 박사
의 모든 사진 기록을 보내주셨고 초고를 전부 읽어주시면서 중복되거나 표
현상의 문제를 지적해 주셨다. 이승만 기념사업회의 문무일 선생도 초고를
전부 읽고 미진한 부분에 대해 의견을 내주신 점에 대해 고마운 인사를 드린
다. 또 전 대법관 이용우 씨가 일부러 구해서 보내주신 김인서 선생의 '망명
노인 이승만 박사를 변호함'도 크게 참고 되었음을 여기에 밝힌다. 또 신철식
선생의 '신현확의 증언'메디치미디어, 강준식 선생의 '대한민국의 대통령들'김영
사, 좌승희 박사의 '박정희 살아있는 경제학'백년동안, 전두환 회고록 1, 2, 3권
도 많은 부분에서 생각을 정리하는데 큰 도움을 주었다. 특히 김형오 전 국회
의장의 '누구를 위한 나라인가'20세기 북스는 정치인으로 글 쓰는 사람에게 새
로운 영감을 갖게 해주었음을 밝힌다. 이 밖에도 이 책 집필의 계기를 부여해
준 미래정책연구소의 박범진 의원, 이승만 포럼의 인보길 사장, 연세대학교
이승만 연구소의 김명섭 소장 등에게도 감사를 드린다. 항상 글 쓰면서 지나
간 역사문제의 자문에 항상 응해주시고 격려해주신 조기상 장관님11대, 12대 의원
및 정무장관을 역임하고 광주전남 민정계 친지모임인 수요회 회장과 박유재 의원님현 ENEX
KOREA 회장님에게도 감사의 말씀을 드린다.

이처럼 많은 분들의 도움이 있었지만 더욱 깊이 고마운 것은 2000년 정
계를 떠난 이후 가사보다는 도서관에서 책읽기만 몰두한 남편에게 모든
어려움을 참으면서 집필에 전념하도록 마음으로 응원해주고 시국을 읽는 시

각에서 항상 보통사람들의 마음과 내 사고가 유리되지 않도록 자문과 조언을 해준 나의 반려 정정애鄭晶愛의 도움이다. 또 아빠의 일이 항상 두루 형통하도록 기도하고 응원해주는 세 자녀가 나에게 있다는 것은 끝없는 기쁨의 원천이다. 모든 일에서 나를 지키시는 하나님께 감사기도를 드리면서 인사를 맺는다.

2018년 10월

국회도서관에서 이 영 일

제*1*편

건국에서 호국으로…

초대 대통령 이승만

1

왜 이승만 연구인가

앞으로 우리나라 역사는 초대 대통령이었던 이승만 박사를 건국建國 대통령
이나 호국護國 대통령으로 평가하게 되겠지만 나는 건국이나 호국 이미지보
다는 독재자로 이승만을 몰아세우던 시기에 대학시절을 보냈다. 나는 이승만
독재정권 타도에 앞장섰던 4·19세대의 한 사람이다. 20대 초반의 젊은 대학
생으로서 3·15부정선거와 이를 은폐하고 정당화하려는 정권의 폭압에 뜨거
운 분노를 느끼고 전국각지의 대학생들이 총궐기하는 4·19민주학생투쟁에
동참했다. 전 국민의 열화 같은 지지와 호응을 얻은 대학생들의 시위는 이승
만 대통령을 하야시키는 데 성공했다. 이승만 대통령은 권좌에서 물러나 하
와이로 떠났고 그를 뒷받침했던 정치세력으로서의 자유당은 해체되었으며
자유당 정권을 옹호했던 경제세력들도 대부분이 부정축재자로 단죄되는 혁
명사태가 초래되었다.

　나를 포함한 대학생들은 대부분이 초등학교 3학년 내지 4학년 시절에
대한민국정부가 수립되었기 때문에 이승만 박사가 초대 대통령으로 선출

　　　　　　　　　　　미워할 수 없는 우리들의 대통령

되고 그때로부터 4·19혁명까지 대통령은 오직 그분 한 분뿐이었다. 그 때문에 대통령은 곧 이승만이요, 그는 독재자였다고만 알았다. 나는 대학생으로서 이승만 박사가 독립운동에 헌신하신 분이라는 것은 알았지만 그 밖에 그분의 인생이나 삶에 관하여 제대로 알 기회도 없었고 알려고 생각지도 않았다. 특히 이승만 대통령이하 존칭 생략이 어려운 환경 속에서 어떻게 대한민국을 세웠고 한국전쟁에서 어떻게 나라를 지켰는지를 깊이 생각해본 일도 없다. 더욱이 우리 대한민국이 오늘처럼 지구촌에서 5,000만을 넘는 인구에 1인당 GNP 30,000달러를 넘어서는 국가그룹의 반열에 끼일 국가로 성장 발전할 기틀과 궤도가 어떻게 깔리게 되었는지에 대해서조차 관심도, 문제의식도 없이 살아왔다.

이런 필자도 4·19 당시에는 22세의 젊은 대학교 3학년생이었지만 이제는 인생 80고개에 들어섰다. 지금까지 살아온 나날들을 아무 사심 없이 객관적으로 되돌아볼 나이가 되었다. 나는 2010년 우연하게도 내가 20대에 이승만을 권좌에서 물러나게 한 4·19혁명에 앞장섰던 한 사람으로서 그분이 어떤 분이었는가를 깊이 있게 알아보아야 할 몇 가지 계기가 생겼다.

첫 번째 계기는 4·19혁명 50주년을 맞은 2010년 나의 대학동문이면서 국회의원 생활도 같이 했던 박범진朴範珍 미래정책연구소 이사장이 이제는 4·19혁명도 반세기가 지났으니 4·19세대가 직접 나서서 4·19혁명으로 권좌에서 물러난 이승만 박사의 공功과 과過를 평가할 필요가 있지 않겠느냐고 물어왔다. 이 주제를 다룰 포럼을 자기 연구소가 주최할 터이니 "이 선배가 포럼의 주제발표를 맡아 달라"고 제안해 온 것이다. 당초 박 이사장은 조선일보 주필이던 류근일柳根— 선배에게 주제발표를 부탁했는데 선배가 4·19 당시 군 복무 중이던 자기보다는, 현장에서 앞장서 뛰었던 이영일이 쓰는 게 더 어울릴 것 같다고 추천했다면서 내가 써 줄 것을 간곡히 요청했다.

내가 이 제안을 흔쾌히 수락한 것은 4·19혁명이 50주년을 맞는다는 시기에 마음이 움직였기 때문이다. 그간 크리스천으로 살아오면서 자주 들었던 희년禧年 이야기가 머리에 번뜩 떠올랐다. 성서聖書는 50년을 희년이라 부르면서 빚진 자의 부채를 탕감해주고 노예를 해방시켜 주고 갇힌 자를 풀어준다고 한다. 그것이 우리 역사에서 무슨 의미를 지니는 것이냐고 묻는 분들도 있겠지만 단일민족임을 자부하는 우리로서는 민족 내부에 쌓인 지나간 역사의 부채를 희년정신으로 처리해서 50년에 한번쯤은 민족의 화해와 단합을 도모하는 것이 보다 나은 미래를 열어가는 지혜가 될 수 있다고 생각했기 때문이다. 이런 관점에서 이승만 문제를 새롭게 음미해보고 싶었다.

두 번째 계기는 이승만 포럼과 이승만 연구협회에서 강연의 기회를 갖게 된 것이다. 2016년 7월경에 인보길印補吉, 조선일보 편집국장 역임, 뉴데일리 사장 씨는 자기가 대표로 있는 이승만 포럼에서 4·19세대를 한 번도 강사로 초청한 일이 없었는데, 이번 기회에 이영일 의원이 나와 4·19세대가 현시점에서 보는 이승만 이야기를 한번 들려주었으면 좋겠다고 제의했다. 지난날 이승만 박사가 생존 시 섬겼던 정동제일교회의 아펜젤러 룸에서 매월 1회씩 열리는 이승만 포럼에 나를 강사로 초청했다. 이승만 연구를 통해 이승만을 바로 알리는 일이 나의 사명이라는 각성이 있었기에 강연을 흔쾌히 수락했다. 마침 내가 강의 맡은 날이 4·19혁명 56주년 기념일 오후였다. 나는 일찍 4·19국립묘지 참배를 마치고 오후 3시부터 열리는 포럼에 참석했다.

나는 이날 4·19혁명에 동참했던 한 사람으로서 이승만 박사에 대한 본인의 소견을 말씀드리기 전에 지금부터 56년 전 불의와 부정에 항의하기 위해 궐기했다가 목숨을 바친 183위의 영령들을 추모하는 묵념을 잠시 올릴 것을 제안했다. 참석자들이 고맙게도 모두 묵념에 참여해 주었다. 이 묵념에 이어 나는 이승만 박사에 대한 평소의 소견을 1시간에 걸쳐 강연하였고, 많은 박수와 공감을 얻었다.

그러나 내가 쓸 회고록의 주요한 부분으로 이승만 박사 이야기를 포함시켜야겠다고 생각하게 된 것은, 현재 서울 자하문 밖 세검정 언저리에 있는 연세대학교 부설 이승만 박사 연구협회 주최로 열린 이승만 박사 간담회에 참석한 것이 직접적인 계기가 되었다. 김영수金榮秀 전 문화체육관광부 장관이 연세대학교 초빙교수로서 이곳 연구소의 책임을 맡고 있었는데 이승만 포럼에서 행한 내 강연에 대해 반응이 좋았다고 들었다면서 김 장관이 나를 연구소가 마련한 이승만 박사 연구 간담회에 발제자로 초청한 것이다.

약 20여 명의 저명인사가 참석했다. 여기에 모인 사람들 가운데 안응모 전 내무부 장관, 유진룡전 문화체육관광부 장관, 김용원전 조선일보 편집국장 등, 김영수 전 문화체육관광부 장관과 더불어 평소에 내가 잘 알고 지내던 분들이었다. 이날 간담회를 마칠 때쯤 해서 연세대학교 김명섭 교수이승만 연구소장가 오늘 이영일 선생이 말씀하신 내용을 기록으로 남겨두는 것이 이승만 박사의 연구평가에 도움이 될 것 같다면서 기록으로 남기는 문제를 연구해보라고 권고했다. 결국 이런 과정을 거치면서 이승만을 좀 더 심도 있게 연구해야겠다는 생각이 더 굳어지게 되었다.

나의 머릿속에는 이승만 생존시 공산주의자들과 그들의 동조세력으로부터 받았던 비판공세가 박정희, 전두환 대통령을 향한 공세와 본질이 같다는 관점을 전제로 깔면서 이하에서 이승만 이야기를 펼치고자 한다.

2

이승만을 보는 나의 입장

역사적 사건이나 인물을 평가하려고 하면 평가자가 가지거나 축적하고 있는 당해 사건이나 인물에 관한 지식이나 정보, 평가자가 지향하는 이념, 평가하는 시기에 따라 크게 차이가 나기 마련이다. 사물에 대한 평가는 자기가 아는 것의 범위를 넘어설 수 없다는 주장에 나는 공감한다. 나는 이 글을 시작하면서 성경말씀 한 구절을 떠올렸다. 신약성경 고린도 전서 13장 11절에 "내가 어릴 때는 말하는 것이 어린아이와 같고, 깨닫는 것이 어린아이와 같고, 생각하는 것이 어린아이와 같다가 어른이 되어서는 어린아이의 일을 버렸다"는 바울 사도의 이야기다. 필자가 지금부터 58년 전, 20대인 4·19혁명 때에 생각했던 이승만 박사와 80대에 이른 지금의 시점에서 생각하는 이승만 박사는 결코 같을 수가 없다는 사실을 우선 말씀드리지 않을 수 없다.

특히 이승만 박사는 민족의 독립과 건국을 위해 그의 90년의 생애를 가장 치열하게 살아오신 분이기 때문에 그분의 영향력 범위 안에 있던 사람들의 여러 가지 이해관계정치적, 이념적, 사회경제적에 따라 호오포폄好惡褒貶이 극에서 극으로 갈리는 분이다. 그간 이승만 박사에 관해서는 최근 이승만 재평가라는 우리 사회의 새로운 분위기가 조성되기 이전까지만 하더라도 그분을 부정하거나 매도하는 이른바 '이승만 죽이기'가 우리 사회의 일반적 흐름이었다. 이러한 흐름에 연沿하여 가능한 한 이승만 박사에 대해서는 이렇다 저렇다 말을 하지 않는, 시쳇말로 "말을 아끼는 추세"가 혹시 들을지도 모를 욕설을 자기가 피하는 길이라고 여기는 것이 우리 사회의 또 다른 태도이기도 했다.

정치지도자의 인생은 공과 과로 구성된다

정치지도자는 누구나 공과 과가 있기 마련이기 때문에 공은 공대로, 과는 과대로 지적하여 후세에 귀감으로 삼도록 해야 할 것이다. 특히 21세기 한국의 오늘을 사는 우리 국민들은 대한민국의 탄생과 존속과 발전의 기초가 어떻게 만들어졌는가를 역사 속에서 되돌아본다면 보면 볼수록, 알면 알수록 이승만의 지도력과 예지에 놀라지 않을 수 없다.

　지난 수십 년 동안 우리 사회는 이승만 박사의 90 평생의 어느 한 시기이승만 생애의 20분의 1 정도만을 떼어내어 그분의 과오를 들추면서 욕하거나 부정해왔고 그것도 부족하면 그의 독립운동 시절에 있었던 잘잘못까지를 꼬치꼬치 들추면서 그를 인격적으로 부정하는 데만 골몰한 사람들도 없지 않았다. 그렇지만 우리나라에서도 고 함석헌咸錫憲 선생이 말하는 '생각하는 국민들' 가운데 상당수는 이승만 박사를 생각할 때마다 그분이 우리나라 초대 대통령이었고 우리나라 건국에 끼친 기여가 너무 컸는데 이분을 이렇게 몰아세우는 것만이 옳은 일인가를 우려하는 목소리도 없지 않았다. 특히 "이승만 그분이 아니었다면 오늘날 대한민국은 있을 수 없다."고 할 만큼 공헌이 컸음은 지금도 자타가 공인한다. 이 때문에 지금 국민들 가운데는 대한민국 초대 대통령 이승만을 다시금 재조명해서 올바른 평가를 하자는 반성이 잔잔히 일고 있는 것도 사실이다.

특히 최근 우리 사회는 동서냉전이 해빙되면서 대한민국의 국가로서의 위상이 제고되고 남북한 발전 경쟁에서 한국의 우위가 실증되는 것과 때를 같이해서 초대 대통령으로서 '이승만 대통령의 위상'을 새롭게 정립, 조명하려는 분위기가 싹텄다. 이러한 분위기 속에서 '이승만 죽이기'의 목소리보다는 '이승만 바로 알기나 바로보기'의 목소리가 점차 커지면서 학자들 간에 이승만을 다시 보는 연구업적들이 나오기 시작했다. 이 기회에 영국의 정치학자 Bernard Click가 내린 정의를 잠시 인용하고 싶다. 그는 '정치란 한 나라의 정치공동체 존속과 발전에 기여한 정도에 비례해서 거기에 상응한 몫을 나누는 과정'이라고 멋있게 정의했다.

이승만 박사가 오늘의 대한민국 탄생과 존속, 발전에 기여한 몫을 공헌으로써 제값대로 평가해주고 동시에 과오를 과오대로 지적하는 것이 지금 우리 후대들에게 주어진 일이 아닐까 생각한다. 이러한 맥락과 문제의식에서 이승만 박사 '바로 보기' 차원으로 이승만 박사 이야기를 펼치고자 한다. 다만 본론으로 들어가기에 앞서 이승만의 정체正體랄까 바른 모습이 아직까지 우리 사회에 널리 알려지지 못한 까닭도 한번 생각해봄 직하다.

왜 이승만은 평가절하 됐나

|

그간 이승만에 대한 비판은 깊이 있는 연구의 결과라기보다, 대부분 언론인이 사사로운 감정이나 선입견을 가지고 그를 폄하하거나 비판하는 글을 써서 발표한 것들이다. 송건호동아일보 편집국장, 한겨레신문 초대사장는 이승만은 건국에 공로가 있다지만 민족분열의 과오를 범했기 때문에 가장 악질적인 독

재자로 규탄하고 평가할 가치가 없다고 비판했다. 또 신상초논설위원, 국회의원
는 이승만이 한국전쟁에서 나라를 지킨 공로가 있다고 말하면 공은 3이요 과
가 7이라는 식으로 비하했다. 일부러 이승만을 단죄하는 공소장 형식으로 비
판한 글도 눈에 띄었다.

특히 이런 비판의 글들을 보면 이승만의 노작勞作으로 알려진 1904년의
독립정신이나 그간 미국에서 발표한 박사학위논문, 또는 하와이에 체재하면
서 이승만이 출간한 『태평양잡지』에 발표한 글이나 일본의 태평양 전쟁을 예
견하면서 미국에 대비할 것을 촉구한 『Japan inside out』 같은 이 박사의
저술들을 읽고 평가한 내용은 거의 눈에 띄지 않는다. 이로 미루어 이승만에
관해서는 연구다운 연구를 통한 비판보다는 시사풀이 수준의 천박한 내용의
비판들이 줄을 잇고 있다.

자기 PR을 몰랐던 정치지도자

정치인은 누구나 잘못이 있다면 비판받아야 한다. 3·15부정선거로 4·19혁명
이 일어난 책임을 추궁하는 것은 정당하다. 그러나 이러한 객관 타당한 이승
만 비판을 제외하고는 필자가 4·19혁명 50주년을 맞는 해에 시작한 이승만
연구를 통해서 알게 된 바와 비교해보면 사실관계가 너무나 왜곡되고 악의
적이고 객관성이 결여된 비판들이 많았다.

이렇게 된 데는 여러 가지 이유가 있겠지만 가장 큰 이유로는 이승만이
북한의 김일성처럼 역사를 왜곡하거나 우상화 작업을 하지 않았다는 것이다.
이승만은 해방공간의 혼란 속에서 건국과정에 수반했던 내외 정세상의 어려
움을 자료로 편찬하여 알리지도 않았다. 그 때문에 이승만 박사의 정체는 젊
은 사람들은 물론이거니와 일반국민들에게도 제대로 알려지지 않았고 알 수
도 없었다. 또 6·25전쟁에서 국가를 방어하기 위해 다양하게 펼친 내치외교

전략도 자기업적으로 정리해서 남겨 선전하지도 않았다.

　이승만도 반세기 가까운 세월 해외에서 풍찬노숙風餐露宿하면서 벌여온 독립운동의 피맺힌 사연들을 해방된 조국의 동포들에게 제대로 알려 자기를 바로 이해하도록 해야 했는데 그는 그러한 노력을 소홀히 했다. 자유민주 체제를 신봉한 분이라도 자기선전에 큰 노력을 기울여야 했다. 더욱이 김일성처럼 자신의 개인 우상화는 생각조차도 한 일이 없었다. 그는 한국 현대사에 등장한 인물들 가운데 누구도 범접하기 힘들만큼 혈통, 학식, 경륜에서 뛰어난 분이었다. 그가 독립운동을 위해 1905년부터 귀국하던 1945년까지 꼭 40년 동안을 이스라엘 민족을 이집트의 노예 상태에서 해방시키기 위해 광야를 40년 동안 헤맨 모세처럼 조국의 해방과 독립을 위해 헌신하였기 때문에 자기 역사를 왜곡, 조작하거나 허위사실을 첨가할 필요가 없었을 것이다. 김일성처럼 자기의 빈약한 투쟁의 역사를 침소봉대하고 없는 사실을 꾸며넣어서 자기우상화를 시도할 그런 일을 할 필요가 전혀 없었다는 점도 자기 PR에 힘을 기울이지 않은 까닭으로 볼 수 있다.

　4·19 당시 대학교 3년생인 필자마저 이승만에 대해 아는 것이라고는 우리나라 초대 대통령이라는 것과 조선왕조가 일본에 병합된 후 미국으로 망명하여 한 평생 독립운동을 한 애국지사이며 상해임시정부에서 초대 대통령으로 추대된 분이라는 것 이상의 지식을 가진 것이 없었다.

　그는 분명히 자기가 가진 높은 카리스마 때문에 자기 PR이 필요 없다고 생각했는지도 모른다. 그러나 정치인들이 교훈으로 삼아야 할 것은 인불언人不言이면 귀부지鬼不知라, 사람이 말하지 않으면 귀신도 모른다는 말이 있다. 이승만처럼 평생을 바쳐 독립운동에 헌신했지만 자기가 말하지 않으면 아무도 그 공헌을 몰라주는 것이 세상이다. 항상 기록을 남길 필요가 있다는 교훈이다. 더욱이 인물 평가에서 업적은 과거지사가 주가 되지만 평가는 항상 현재를 기준으로 논의된다는 사실을 생각할 때 PR의 중요함이 새삼 머리에 떠오른다.

집요했던 좌파들의 '반反 이승만' 선동

둘째로 필자가 지적하고 싶은 것은 이승만이 대한민국 대통령에 당선되면서부터 남북한 간에 치열하게 전개된 사상전이 이승만에 대한 평가를 왜곡시킨 가장 큰 원인이었다. 북한공산주의자들과 거기에 동조하는 남한 내 좌파들은 이승만에 대한 반대선전을 꾸준히 증폭시켜왔다. 좌파들은 해방 직후에는 이른바 '소남한단정 노선小南韓單政 路線'이라고 이승만을 공격했고 정부가 수립된 건국 이후에는 반민족행위자 처벌 문제를 걸고넘어져서 친일파親日派정권을 만들었다고 비판했다. 6·25전쟁 이후에는 미국의 괴뢰가 되어 동족상잔의 전쟁을 촉발했다고 공격했다. 휴전 이후에는 신원 연좌제실시와 관련하여 6·25 부역자附逆者 가족들을 통한 반이승만反李承晩 모략선전이 이어졌다. 결국 북한노동당에게 거세되었지만, 남한 속에 잠재했던 남로당 잔재들과 그들 가족을 매개로 한 반체제선전 공작이 이승만 규탄으로 이어져 내려왔던 것이다.

특히 1960년 4·19혁명 이후로는 이승만 공격이 가열해지면서 '소남한단정' 비판이 다시 제기되었고 이것이 반反대한민국 선전으로 변질되었다. 좌파들은 이승만 비판을 반보수, 반대한민국 선전에 활용했다. 소남한단정 비판은 이후 70년대에 이르러 김일성 주체사상의 영향 하에 좌파운동권 학생들에게 잘못 전파되면서 결국에는 한국지도층에서조차 '대한민국은 태어나서는 안 될 나라'로까지 비하卑下하기에 이르렀다.

이들은 하나같이 통일을 지향한다고 말하면서도 본질은 친북적親北的이었다. 따라서 이들은 대한민국이 수립되기 전에 북한 땅에 이미 소련의 위성

정권으로 "조선인민공화국"이 먼저 만들어졌다는 사실을 외면했다. 아예 문제 삼지 않았다. 북한의 탄생은 정당했고 대한민국은 마치 정통정부로부터 분리된 반란단체처럼 비하하는 선전을 되풀이했다. 소련이 붕괴된 후 스탈린이 1945년 9월 20일 자로 북한에 위성정권을 세우라고 지령했다는 사실이 자료로써 분명히 밝혀지고 북한정권 성립에 관한 소련군정의 모든 공작사실이 백일하에 드러났음에도 불구하고 이러한 사실을 인정하는 좌파는 아직까지 하나도 없었다.

제주 4·3폭동은 소련의 지령에 따라 남한공산당남로당이 유엔 감시 자유 총선거를 통해 대한민국정부를 수립하려는 총선거를 저지하기 위해 주도한 민중폭동이었다. 이 폭동으로 대한민국 전역에서 실시된 선거 중 제주지역 2개 선거구에서만 선거가 실시되지 못했던 것이다. 제주폭동은 대한민국의 수립을 반대하기 위해 소련의 지령과 북한정권이 남로당을 앞세워 일으킨 민중폭동이었기 때문에 이를 항미 통일운동으로 격상, 미화함으로써 '대한민국을 태어나서는 안 될 나라'로 만들어가서는 안 될 일이었다.

북한 주도의 통일을 추진하려는 북한공산정권의 뿌리 깊은 공세가 김일성, 김정일, 김정은으로 이어지는 3대에 걸쳐 지금, 이 순간까지도 쉴 새 없이 아직도 계속되고 있다. 이 음모의 연장선에 이승만을 놓고 그가 세운 대한민국을 부정해보자는 공세가 반복되고 있다. 이렇게 함으로써 결국 거짓이 진실로 변질되는 변증법상의 질변율質變律이 실제상황으로 나타나고 있다.

예우받지 못한 대한민국 '건국의 아버지'

여기에 더해서 이승만이 그의 공헌만큼 적정한 평가와 예우를 받지 못한 데는 4·19혁명 후 하와이로 망명 아닌 망명의 길을 떠난 데 가장 큰 원인이 있겠지만 그에 못지않게 우리가 주목해야 할 것은 이승만의 뒤를 이어 정권을 승계한 세력이나 지도자들이 초대 대통령으로서의 이승만을 미국에서처럼 '건국의 아버지'로 대접하거나 평가하면서 보살피려는 태도를 전혀 취하지 않았다는 사실이다.

정권을 잡는 순간부터 한국의 역사를 자기중심으로 기록하려는 야심만을 들어내 보였다. 박정희 대통령도 이승만을 일부러 외면한 대통령 중 한 사람이었다. 그가 집권한 시기가 4·19 직후였고 그 시점에 정권을 잡은 사람으로서 국민들 정서에 맞지 않는 이승만을 옹호하기는 힘들었을 것이다. 그러나 구체적으로 이승만을 외면하거나 부정하는 조치를 취한 예도 있다. 박정희는 이승만을 예우하기보다는 이승만의 대안으로 김구金九를 더 높이는 조치를 취했다. 예컨대 이승만이 어릴 적에 다니던 남산의 서당 터에 이승만이 친필로 연소정燕巢亭이라고 쓴 현판을 달아놓은 정자亭子가 있었는데 박정희는 이 정자를 헐었고 그 자리에 지금의 힐튼 호텔이 들어섰으며 힐튼 호텔 자리 위쪽의 남산중턱에 김구金九의 동상을 세운 것이다이인수 씨의 증언. 이승만이 죽음을 앞두고 조국 땅에 묻히겠다고 프란체스카 여사를 통해 박 대통령에게 귀국허가를 탄원했지만 허용하지 않았다. 하지만 박정희는 하와이에서 이승만의 시신이 미 공군기 편으로 돌아올 때 김포공항에 나가 영구靈柩를 영접했고, 가족장으로 진행되는 영결식장에 정일권丁一權 국무총리를 보내어 대독한 고별사를 통해 이승만의 독립을 위한 기여에 대해 감동적인 메시지를 남긴 점은 그래도 평가할만하다.

박정희 대통령의 뒤를 이은 대통령 가운데 특히 김대중과 노무현은 이승만 대신에 김구 선생을 높이 받들었다. 또 그분의 남북협상노선을 찬양, 지지하는 언동을 서슴지 않았다. 노무현, 문재인 정권에서도 김구 예찬은 이어졌다. 이렇게 된 데는 한 가지 분명한 이유가 있었다. 김구 선생이나 안창호 선생은 독립운동에만 일생을 바쳤을 뿐 대한민국 건국 이후의 정치과정에 참여하지 않았기 때문에 한국정치를 이끌어 가는데 있어서 자기들과 지도자로서의 역량이나 업적을 비교할 경쟁상대가 아니었던 것이다. 결국 이승만의 후임 대통령들은 김구는 높이면서도 학력, 경력, 업적, 경륜, 외교력에서 감히 범접하기 힘들었던 이승만에 대한 업적평가를 외면했다. 북한의 김일성은 스스로 역사를 왜곡하고, 개인우상화를 적극 추구하면서 아들, 손자에게로 정권을 넘기는 세습제를 유지해왔기 때문에 그를 향한 정권 내의 비판은 아예 일어나지 않았다. 남한 내에 있는 친북, 종북 세력들은 김일성을 비판하는 것을 마치 큰 잘못을 저지르는 것처럼 생각한다. 이것이 오늘날 한국의 좌파운동권의 현실이다.

이상에서 검토한 소남한단정 비판과 더불어 4·19혁명 이후에는 정치활동의 자유를 허용받은 혁신계 정치인들도 소남한단정 비판에 가세했다. 필자는 4·19 이후 본인이 직접 참가한 학생운동 부분에서 이 문제를 상론하겠다.

이승만 비판의 왜곡과 허구성

나는 앞에서도 말했지만 4·19혁명 50주년을 맞아 "4·19세대가 본 이승만의 공과 과"라는 글을 쓰기 위해 이승만 관련 자료를 수개월에 걸쳐 탐독하였다. 국립중앙도서관과 국회도서관을 드나들면서 수개월간 이승만 연구에 시간을 할애했다. 나는 서울대학교 문리과대학 정치학과에 입학해서부터 지금에 이르기까지 정치학을 공부하고 있으며 졸업 후 60년대에는 시류에 편승, 저개발 국가들의 근대화과정에 대한 비교연구를 통해 월간잡지 사상계思想界 등에 논문을 발표하면서 한국사를 재조명하는 데 열정을 쏟아 공부한 바 있다.

필자의 이런 경험에 비추어 이승만에 대한 국내연구를 평가할 때 내릴 수 있는 첫 번째 결론은 국내 역사학자들이 내놓는 연구 업적이 대부분 평가의 공정성과 객관성을 결여하고 있었다는 사실이다. 이같은 연구를 보면 개인적인 소견이지만 자기들의 가치관에 합당한 부분만 부각시키고 거기에 반대되는 견해나 주장은 이를 묵살하거나 공박하는 태도를 보였다. 객관성이나 보편성에 관해서는 관심을 보이지 않았다. 우리 역사학자의 일부는 사람마다 차이는 있겠지만 지금까지의 실적으로 보아 해방정국처럼 국제정치와 국내 권력다툼, 사상전이 서로 엉겨 붙는 복잡한 문제를 객관적으로 분석하고 정리할 능력이 크게 취약했다. 특히 이들은 결국 세계사적 안목이나 주변정세에 작동하는 권력정치의 큰 흐름을 살피면서 연구를 심화하기보다는 다분히 일국사─國史적 안목에서 사물의 옳고 그름이나 진위를 따지는 경향이 많았고 또 사관 면에서 너무 좌左 쪽으로 치우쳐 있었다.

지난 몇 년간 우리네 교과서 논쟁에서 드러났듯이, 우리나라 역사학자들은 정보의 진위를 검증해보기 앞서 자기주장을 맹목적으로 절대화한다. 그들은 자기와 다른 견해를 가진 사람들의 주장을 거부하거나 다른 주장이 설 자리를 송두리째 뿌리 뽑으려고 하는 것이다. 가장 쉬운 예로 자기들이 만든 국사교과서 이외의 교과서를 중·고등학교들이 채택하지 못하도록 전교조를 통해 압박한 결과, 단 1개교만이 자신들이 원하는 교재를 선택하는 사태가 빚어졌다.

정치학자 주도의 이승만 연구가 필요

미국 펜실베이니아대학의 이정식李庭植 교수는 그가 펴낸 『대한민국 건국의 기원』에서 해방정국에서 역사학자들의 기술방법이 시간이 갈수록 좌편향으로 변해갔던 것은 조직세력으로 조선공산당이 압도적으로 우세한 데 기인한다고 지적했다. 한국 역사학계에서 편향적 시각이 주류를 이루게 된 배경은 우리 사회의 지적 분위기가 마르크스적 시각으로 한국 근현대 경제 상황을 분석한 학자들의 영향이 매우 컸던 것으로 보인다. 백남훈白南薰

이나 전석담全錫淡의 조선봉건사회 연구나 조선경제를 역사적으로 풀이한 저술들은 한국학계에 충격적 영향을 미쳤다. 이 때에도 일본인들이 쓴 경제교과서를 번역해서 가르치는 사람들은 학자 취급도 받지 못할 정도로 취약한 입장이었다. 특히 해방 직후 한국사회를 모델로 하여 상황분석을 시도한 우익진영의 연구가 취약한데도 큰 원인이 있을 것이다. 좌파 우위의 분위기가 경제학계에서 정착되어 감에 따라 사회과학 일반은 물론 역사학계에도 유물변증법적 역사해석이 범람하게 되었다.

필자가 대학에 입학해서 선배들에게 받아 읽거나 동대문 헌책방에서 구독했던 세계사 교정이나 반뒤링론, 자본론 해설, 백남훈의 조선봉건사회경제사 등은 비록 마분지로 된 낡은 책이었지만 보석처럼 귀한 자료로 탐독했던 기억이 아직도 새롭다. 그러나 해방정국의 상황을 바로 이해하기 위해서는 좌익 위주의 경제연구나 역사연구보다는 정치학이나 국제정치학, 외교사, 비교정치학의 방법론이 현실을 바로 이해하는 데 훨씬 유익하다. 특히 식민지로부터 타율적으로 해방되어 새로 나라를 세워야 할 도전에 직면한 한국과 같은 신생국에서는 나라를 새로 세우는 건국 설계가 가장 중요하고 이 과정에서 직면하는 여러 가지 복잡다단한 내외의 도전을 비교, 분석하면서 상황의 의미를 객관화하고 대처해 나가는 방법론을 갖지 않으면 안 된다. 이런 과업을 담당하는 데는 역사학자들보다는 정치학이나 국제정치학을 전공으로 하는 학자들이 더 적임자일 수 있을 것이다.

이 점에서 필자는 이승만 평가 작업의 주체가 역사학자가 아닌 정치학자들이 중심에 서야 한다는 입장을 견지한다. 유영익 박사나 이정식 교수미 펜실베이니아대학 같은 정치학자들이 이승만 연구로 훌륭한 연구업적을 낸 것은 결코 우연한 일이 아니다. 이런 배경에서 나는 이승만의 이야기를 차제에 나름대로 정리해보고자 한다. 우선 역사적으로는 물론이거니와 현재까지도 영

미워할 수 없는 우리늘의 대동팅

향력을 미치고 있는 문제는 소남한단정 노선 비판이기 때문에 이 문제가 등장한 역사적 맥락을 총체적으로 살피고자 한다. 한마디로 소남한단정 비판은 북한정권의 성립을 지지하는 공산당과 그 지지자들이 만들어낸 선전 선동의 핵심구호였다. 우파진영은 이 문제에 대한 체계적이고 치밀한 비판을 하지 않고 치지도外置之度外한 틈을 타서 남한 사회의 좌파진영 내부의 사고에 깊이 침투, 뿌리 내린 독버섯이 되어 있었다. 특히 대한민국을 태어나서는 안 될 나라라고 모략하는 근간이 곧 소남한단정 문제이기 때문에 이하에서는 단정 비판 논의의 전후관계와 그 허구성을 밝히는 데 글의 중심을 두고자 한다. 이에 앞서 이승만의 반평생을 먼저 돌아보고 해방정국에서 대한민국의 건국과정을 집중적으로 살펴보기로 한다.

3

이승만은 어떤 지도자인가

빼어난 영어실력에 기독교 접해

이승만은 1875년에 황해도에서 태어나 2살 때부터 서울에서 생장하였다. 혈통으로는 전주 이 씨 양녕대군 직계 왕손 가정에서 태어났으나 중간에 벼슬길에 오른 선대가 없어 영락한 양반가문에서 성장했다. 그는 서당에서 한학을 공부하고 입신양명의 길인 과거科擧에 응시, 소년등과의 꿈을 꾸었지만, 매관매직이 성행하는 한말 조선의 부패한 관료 풍토에서 실력 위주의 등과登科는 불가능하였다. 그는 양반가문의 대통을 이어 출사出仕하기 위해 과거급제로 인생 승부를 내기 위해 최선을 다했지만, 그가 20세 되던 해인 1895년 갑오경장甲午更張으로 과거제가 폐지되었다. 이에 그는 과거를 통한 입신양명의 꿈을 접고 친지의 권고에 따라 아펜젤러Henry Gerhard Appenzeller 선교사가 세운 배재학당에 입학, 서양문물을 학습하는 길을 택했다. 그는 배재학당에서 신학문을 배우면서 영어 학습에 과거 준비하듯 전력을 쏟아 짧은 시일 내에 영어를 깨쳤다고 한다. 그의 영어 실력은 빨리 향상되어 그가 배재학당을 졸업할 때는 영어로 연설할 만한 수준에 이르렀다. 배재학당은 영어에 능한 그를 배재학당 졸업과 동시에 학당의 영어교사로 발탁했다. 그는 한국에 들어오는 선교사들에게 한글을 가르치는 일도 겸했기 때문에 그의 영어는 일취월장日就月將했다. 이승만은 선교사들을 통해 기독교의 복음을 만나게 되고 예수그리스도를 자기의 구주로 영접함으로써 새로운 삶을 얻게 된다.

독립협회운동에 가담

이승만은 미국에서 입국, 조선내정개혁을 추진하던 서재필 박사가 주도한 독립협회운동에 가담하여 미국 민주주의를 배우면서 독립협회가 주도하는 만민공동회萬民共同會에 앞장섰다. 만민공동회는 민간인들 만여 명이 자발적으로 모여 오늘의 시위처럼 조선으로부터 이권利權을 갈취하려는 서양열강세력들, 특히 조선의 식민지화를 도모하려는 러시아의 침탈을 강력히 규탄하는 다중의 모임이었다. 만민공동회로 뭉친 민중들은 궁성 앞에서 집단 농성하면서 고종황제에게 조정朝廷이 독립자강의 길을 걷도록 내치외교의 개혁을 촉구하였다. 이 운동에서 이승만은 앞장서서 대한제국을 군주국가에서 입헌군주국가로 개혁, 국민의사가 국정에 반영되는 내정개혁을 추구하였다. 고종황제는 이러한 신진세력들의 주장에 귀를 기울이면서 개혁의 국정과제를 하나씩 수용, 민영환, 박정양 등을 기용하는 중추원의관에 만민공동회 대표를 참여시켰으며 이승만도 중추원의관에 선임되었다.

그러나 당시 국정은 수구세력인 민비閔妃 중심의 친청파親淸派와 이범진 등의 친러파親露派가 고종황제를 압박, 개혁파의 건의를 묵살케 하였다. 특히 청나라에서 조선에 주차관駐箚官으로 파견된 위안스카이袁世凱는 병력 3,000명을 거느리면서 마치 조선의 총독인 양 조선의 내치외교를 관장하고 있었다. 그는 조선을 청나라의 속방屬邦의 지위에서 벗어나지 못하도록 압박을 가하면서 고종황제가 의도하는 독립자강의 길을 차단하고 있었다.

특히 청나라는 대한제국이 1882년 미국에 이어 영국, 프랑스 등과 대등한 주권국가의 입장에서 수교조약을 체결하고 있음에도 불구하고 대한제국과 청나라 간에는 이러한 조약체결을 완강히 거부했다. 그러나 청나라의 독주를 견제하려는 일본 등의 압력에 밀려 1889년 맨 끝으로 청나라와 대한제국 간에 형식적인 수교조약을 체결했지만 공관은 설치하지 않았다. 그러나 이때 청나라가 조선에 영약삼단另約三端이라는 "한미조약 이외에 별도 조항으로 덧붙이는 속약續約으로서 세 항목"을 요구, 관철시켰는데 그 내용인즉 다음과 같다. 1. 조선은 청국의 속국이므로 독립된 외교권이 없고, 따라서 미국에 조선공사가 부임하더라도 먼저 청국공사관에 들려 신고하고 청국공사가 조선공사를 데리고, 미국 대통령을 방문하여 신임장을 증정하며, 2. 조선은 청국의 속국이므로 공식적으로 이뤄지는 회의나 모임에서 조선공사는 청국공사보다 아랫자리下席에 앉아야 하며, 3. 미국에서 벌어지는 한국과 미국의 문제는 조선이 청국과 상의해서 결정해야 하며 직급도 한 등급 내려 전권공사가 아닌 변리공사로 해야 한다는 것이었다. 그러나 조선공사의 고문인 앨런H.N. Allen은 영약삼단에 펄쩍 뛰며 반대했다.

이유인즉 1항은 말도 안 되는 소리이며, 특히 2항은 1815년의 비엔나회의의 결의에 따라 부임 일자 순서로 외교관의 서열이 결정되는 것이 국제법에 명시되어 있으며, 3항에 대해서는 조선의 주권을 침해하는 행위로써, 만약 청국이 계속 이를 고집하면 고문직隨行을 사임하겠노라고 선언했다.[1] 그러나 결국 이 문제는 조선이 영약삼단을 지키되 중국은 조선의 전권공사全權公

---

1   신복룡, "되돌아보는 중국의 '영약삼단'과 한국 책략", (마르코글방, 2018.7.10일판) 참조.

使를 인정한다는 선에서 합의를 보고 일행은 미국으로 떠났다.[2]

이밖에도 위안스카이는 조정의 수구세력들과 제휴하여 독립협회 등 자주독립과 자강을 부르짖는 세력들을 역적으로 몰아 세웠다. 이들은 고종을 황제의 지위에서 끌어내리려 했다는 거짓 명분을 내세웠다. 또한, 군사력으로 만민공동회를 해산, 개혁의 입을 틀어막고 민주개혁의 지도자들을 체포하였다. 이승만은 바로 이러한 음모에 말려 한성감옥에서 대역 죄인으로 구속되고 사형선고를 받았지만 무기로 감형되어 옥살이를 하게 되었다. 우리나라 최초의 민주화운동 투사가 된 것이다.

옥중에서 집필한 독립정신

이승만은 자료에 나타난 기록상으로는 역모죄逆謀罪로 투옥되어 한성교도소에서 5년간 옥살이를 하면서 예수님을 구세주로 영접했다고 하지만 실제로는 옥살이하기 전에 기독교의 복음을 받아들였던 것이다.

그는 옥중에서 선교사들이 넣어주는 책들을 독파하고 다른 죄수들에게도 기독교의 교리와 복음을 전파, 예수를 믿도록 하여 40여 명이 옥중세례를 받았다. 그러면서도 그는 대한제국의 진로를 밝히는 『독립정신』이라는 책을 집필했다. 나는 해방 후에 국내에서 인쇄 출간된 『독립정신』을 대학시절에 염가로 구입해서 서가에 비치했지만 읽지 않았다. 독립운동가들의 저술들이 대부분 자기자랑으로 시종 되어 별로 흥미를 느끼지 않았기 때문이다.

그러나 이승만 연구에 나서면서 1904년에 집필을 완료한 『독립정신』을 숙독하고 나는 깜짝 놀랐다. 책 제목만 보면 일본으로부터의 독립인 줄 알았는데 이 책의 핵심은 조선의 자주독립과 자강외교를 막고 있는 청나라로부

---

2   신복룡, 『인물로 보는 해방정국의 풍경』(지식산업사, 2017) 참조.

터의 독립청나라 속방(屬邦)으로부터의 독립이었다. 그는 이런 주장 이외에도 오대양과 육대주로 구성된 세계 각국이 어떠한 정치제도 하에서 움직이고 있는가를 자세히 비교하고 검토했다. 그리고 결론으로 모든 인간이 하나님과 법 앞에서 평등하다는 사상을 마음속 깊이 받아들이면서 자유롭고 평등한 인간들이 창의력을 발휘하여 세운 미합중국의 정치야말로 가장 완미完美한 정치제도라고 평가했다.

이때 이승만 안에서 내면화된 민주주의와 기독교 정신은 그의 일생을 관통한 정치사상이 되었다. 독립운동가 중 몽양 여운형 선생은 공산주의 ABC와 공산당 선언을 번역했지만, 이승만처럼 세계 각 나라의 정치제도를 내치, 외교, 주변정세, 정치체제 비교 차원에서 57개 항목에 걸쳐 분석하면서 자기의 생각과 견해를 발표한 수준에는 훨씬 못 미쳤다.

이승만의 독립정신은 한국 최초의 정치학 교과서라고 할 만큼 20세기 초에 출간된 가장 탁월한 정치이론서요, 국민계몽서였다. 그는 이러한 사상적 기초위에서 독립운동을 전개했기 때문에 독립정부모델 선택과 노선 선택에서 확실한 자기 지표를 가진 정치지도자였다. 이 점에서 우리나라 독립운동 지도자 가운데 누구도 이승만을 능가할 인물은 없었다.

아시아 대륙의 민족지도자 가운데서 최연장자였다

이승만이 한국에서 태어난 1875년을 전후해서 아시아 대륙에는 많은 지도자가 배출되었다. 한국 임시정부에서 주석을 역임한 백범 김구 선생은 1876년에 태어나 이승만보다 한 살 아래였다. 터키의 지도자이며 국부인 케말 파샤는 1882년에 태어나 이승만보다 7년 연하였고 중국의 장개석蔣介石 역시 1887년생으로 이승만보다 14년 연하였다. 인도 독립운동의 지도자였던 자와할랄 네루 수상은 1889년생이기 때문에 이승만보다 14년 연하며, 베트남의 민족지도자 호찌민胡志明도 1890년생으로 15년 연하였다. 모택동도 1893년생으로 18년 연하다. 러시아의 레닌만 1870년생으로 이승만보다 5년 연상이었지만 스탈린은 1879년생으로 4년 연하였다.

북한의 김일성은 1912년생으로 37년 연하였고 박헌영 역시 1908년생으로 상당히 후배였다. 연배로 비추어 이승만과 함께 벗할 수 있었던 분들로는 임시정부 수립에 이승만과 함께 참여했던 우사 김규식 선생尤史 金奎植, 1881년생이나 몽양 여운형 선생夢陽 呂運亨, 1886년생 등인데 이들도 이승만보다는 모두 연하였다. 이승만은 나이만 많았던 것이 아니다. 아시아 대륙의 큰 지도자들 누구와 비교해도 손색이 없을 만큼 높은 학력, 식견, 경륜과 투쟁역사를 가졌다. 조선조 말기의 우리나라에 하늘이 이런 큰 지도자를 우리에게 주신 것은 분명히 축복이었다.

조국광복을 위한 40년간의 광야생활

이승만은 고종황제의 특사로 방미

이승만은 러일 전쟁이 러시아의 패배로 끝나면서부터 시작된 정치범들의 특사特赦 분위기에 힘입어 1904년 한성교도소에서 석방되었다. 그가 석방될 당시 러일전쟁에서 승리한 일본은 대한제국을 자기들의 식민지로 만들기 위해 조선의 내정에 간섭하면서 외교권 박탈을 획책하였다. 이에 이승만은 1882년에 체결된 한미수호조규韓美修好條規에는 한국이 어려움에 처해지면 미국이 한국의 독립보전을 위해 거중조정에 나서기로 명시되었음을 상기하면서 러일전쟁종결 협상을 주선하는 미국에 이러한 조정권 행사를 요구하자고 주장하였다. 민영환 등은 이승만의 주장을 긍정적으로 수용하고 고종황제 역시 이에 동의, 대한제국은 황제의 친서를 가진 대미사절단을 파견키로 하였다. 영어에 능통한 이승만이 사절단원이 되었음은 물론이다. 역모죄로 갇혔던 자가 석방되면서 바로 황제의 대미특사가 된 것은 시대의 아이러니였다. 이승만 일행은 여러 번 배를 갈아타는 긴 여정 끝에 하와이를 거쳐 연말에 샌프란시스코에 도착했다. 하와이에 들렀을 때 교민들은 한미수호조규를 근거로 그들이 만들어 놓은 독립청원서를 주면서 이것도 루스벨트 대통령에게 전해달라고 요청하였다. 그는 백방으로 인맥을 연결하여 워싱턴DC에 도착, 시어도어 루스벨트Theodore Roosevelt 대통령을 접견하였다. 황제의 친서를 전하고 한국의 독립보전을 위해 미국이 긍정적인 역할을 해줄 것을 호소했다. 루스벨트로부터 한국의 청원을 검토하겠다는 언질을 받는 것으로 그의 특사로서의 역할은 끝났다. 곧이어 그는 미국에서 공부할 방도를 강구했다.

이승만은 미국 방문길에 오르면서 선교사들로부터 미국 유학에 필요한 소개서와 추천서를 얻어왔다. 선교사들은 조선인 가운데 이승만 같은 유능한 분을 한국복음화의 일꾼으로 키워보겠다는 생각에서 그의 미국 유학을 도왔던 것이다.

미국 유학에서 국제정치학 박사학위를 받다

그는 루스벨트 대통령 면담 후에 미국에 머물면서 선교사들의 추천서를 얻어 조지워싱턴대학에 입학했다. 배재학당 졸업을 초급대학이수로 평가받아 3학년에 입학, 졸업 후에는 미국의 명문 하버드 대학에서 석사과정을 하다가 마치지 못하고 프린스턴 대학으로 진학하여 「미국의 영향으로 이루어진 중립의 연구」라는 논문으로 국제정치학 박사학위를 취득하였다.

선각자 유길준兪吉濬 등이 미국을 다녀와서 서유견문록을 발표하는 등 활약한 사람들이 몇 분 있었지만, 미국에서 정규과정 교육을 이수하고 박사학위Ph.D를 받은 사람은 이승만 박사가 최초였다. 하버드 대학에서 석사과정을 하던 때에 장인환, 전명운 열사가 일본의 추천으로 대한제국의 외교고문이 되어 을사늑약 체결을 주선하고 "미개한 한국인은 일본의 보호를 받아야 한다."는 망발을 하면서 일본의 한국침략을 두둔했던 스티븐스를 암살했다. 이 사건을 계기로 미국인들 사이에 한국인에 대한 이미지가 갑자기 악화되면서 한국유학생인 이승만을 지도교수가 냉대, 하버드에서의 석사과정 이수가 어려워졌다. 그는 석사과정을 중단하고 프린스턴 대학의 박사과정으로 들어가서 박사학위를 취득했다. 박사취득 후 하버드 측과 다시 교섭, 한 학기를 다시 하버드에서 수강한 후 석사학위를 뒤늦게 취득하였다.

귀국 후 월남 이상재 선생과 더불어 YMCA 운동에 헌신

그는 미국에서 학위를 마친 후 귀국해서 대한 YMCA 총무가 되어 전국 방방곡곡으로 YMCA의 확장운동을 벌이면서 국민계몽을 위한 강연에 열정을 쏟았다. 그는 도처에서 한국인 최초 미국 박사로서 존경과 갈채를 받았으며 그의 명성은 청중들의 내면에 깊이 새겨지게 되었다. 그를 따르는 청년들과 기업인들은 이승만이 미국에서 독립운동을 하는 동안 흥업구락부로 결속되어 독립운동 자금을 음성적으로 지원했고 해방 후 귀국해서 정치인으로 발돋움할 때까지 이승만의 큰 버팀목이 되었다. 이승만이 미국본토와 하와이에 세운 독립운동단체와 더불어 국내의 흥업구락부는 이승만의 든든한 후원조직이 되었다.

그는 학위를 마치고 귀국했지만, 국내에 오래 머무를 수 없었다. 한일합병을 추진하던 일본은 105인 사건을 조작하여 수많은 한국인 지도자들을 체포, 구금하고 특히 기독교와 함께 벌이는 독립운동을 차단하기 위해 광분했다. 이에 이승만을 걱정하는 선교사들과 기독교 지도자들이 그가 조국을 떠나 미국으로 망명하도록 권유했다. 이승만은 장남만 데리고 미국으로 떠나왔지만, 일자리도 구하지 못하고 아르바이트로 연명하는 동안 큰아들은 미국에서 병사하고 말았다. 그는 미국에서 제1차 세계대전이 끝날 무렵 발발한 1917년의 러시아의 볼셰비키 혁명을 지켜보았다. 이어 상해 한국 임시정부의 대통령으로 추대되어 제1차 세계대전을 마무리하는 베르사유 강화조약 체결과 국제연맹성립과정도 자세히 관찰했다. 그는 어느 독립운동가도 갖지 못한 강대국 정치, 특히 미국의 두 얼굴을 똑똑히 보았고 제1차 세계대전 이후의 국제정세를 한국독립을 위한 외교라는 차원에서 깊이 있게 분석, 검토하였다.

그가 본 강대국 미국의 두 얼굴

루스벨트 대통령은 겉으로는 고종황제의 청원에 담긴 뜻을 잘 검토하겠다고 답변해놓고 뒤로는 가쓰라-태프트Taft Katsura 비밀협정을 통해 일본의 조선지배를 양해했다는 사실을 이승만은 뒤늦게1924년 알고 통분을 억누를 수 없었다. 미국의 공문서 공개규정에 따라 가쓰라-태프트 비밀협정이 일반문서로 공개됨으로써 미일 비밀협상의 정체가 드러났기 때문이다. 그는 이 사건을 통해 강대국으로서의 미국의 두 얼굴을 직접 보았던 것이다.

이승만은 소련에서 레닌의 주도하에 진행되는 볼셰비키 혁명, 즉 무산대중혁명이 진행되는 과정을 지켜보면서 해방된 우리 조국에 저런 혁명 논리가 적용될 수 있을까도 진지하게 검토했다고 한다. 그는 1923년 하와이에서 자기가 발행 편집하는 『태평양잡지』에 "공산당의 당부당當不當" 이후 2013년 보훈처 발간이라는 글을 통해 소련혁명이 세계에 던진 공산당의 주의 주장을 분석 평가했다. 공산당의 주의 주장 가운데서 인류사회를 위해 합당한 것과 부당한 것을 나누면서 적서반상嫡庶班常의 차이나 빈부의 차이를 없애자는 평등

미워할 수 없는 우리들의 대통령

주의는 좋지만, 그 수단으로 재산을 똑같이 나누고 자본가를 없애고 지식계급을 부정하고 종교를 혁파하고 심지어 국가마저 소멸시키자는 주장은 부당하다고 지적했다. 특히 레닌이 강조한 국가소멸론에 대해서는 이치에 맞지 않는다고 지적하고 빼앗긴 나라를 되찾기 위해 독립운동에 나선 사람으로서는 국가소멸론은 도저히 수용할 수 없다고 주장했다. 그는 이어 주의 주장을 떠나 우리 민족은 일심 단결하여 국권을 회복하는 데 매진해야 한다고 이 글을 맺고 있다. 지금부터 95년 전인 1923년에 이처럼 공산당을 확실히 파악 비판한 것은 실로 놀랄만하다. 이밖에도 이승만은 1921년 레닌이 원동遠東 약소민족 대회를 모스크바에서 열고 약소민족의 반제해방투쟁을 지원할 것을 약속하고 상해임시정부에 재정財政의 일부를 원조한 사실을 보면서 소련으로부터의 독립지원을 받을 가능성이 있는지도 진지하게 검토했다.

그러나 레닌 사후 1925년 소련외상 카라한Lev. M. Karakhan은 일본외상 요시자와芳澤謙吉와 비밀협정을 맺고 소련 영내에서의 한국 독립운동가들의 활동을 철저히 단속하기로 합의한 사실에 주목하면서 소련을 신뢰할 수 없는 나라로 보게 되었다. 그는 특히 1933년 일본의 만주침략을 토의하기 위해 제네바에서 열린 국제연맹회의에 찾아가 한국의 독립을 호소하려고 했지만, 한국 문제는 끝까지 의제에서 배제되었다.

이승만은 일본의 만주침략을 경계하는 소련을 상대로 일본을 견제하는 수단으로 한국의 독립운동을 지원해달라고 호소하기 위해 파리주재 소련공사의 협조를 얻어 어렵게 모스크바에 들어갔다. 그러나 일본과의 비밀협정 때문에 그는 말도 꺼내지 못하고 사실상 추방되다시피 소련을 빠져나와야 했던 아픈 추억을 가지고 있었다.

위임통치구상 좌절과 미국의 임시정부 승인 거부

이에 앞서 이승만은 윌슨 대통령이 민족자결주의를 제창, 약소민족들에게 독립의 꿈을 심어준 데 큰 기대를 걸었다. 그러나 윌슨은 이상주의자로서 약소민족들이 독립할 수 있도록 강대국으로서의 미국이 아무런 실질적인 조치를 취하지 못했기 때문에 어느 한 나라도 독립의 기회를 얻지 못했다. 이승만도 이 시기에 윌슨 대통령과의 개인적인 친분을 이용, 국제연맹이 일본을 대신하여 한국을 위임통치委任統治해줄 것을 한국 임시정부 대통령 자격으로 제안했지만, 실효가 없었다. 오히려 이 사건은 이승만 반대세력들에게 역이용당해 국제연맹에 나라를 팔아먹으려 했다는 무식한[3] 모함에 걸려 상해임시정부 대통령직에서 탄핵당하는 수모까지 겪었다.

그는 또 태평양전쟁이 발발하자 미국정부가 대한민국 임시정부를 승인하도록 다각적인 노력을 전개했지만, 번번이 실패했다. 미국은 국민들이 선거에 의하지 않고 몇몇 지도자들로 구성된 임시정부를 승인했다가 만일 그 정부가 본국에서 시행된 선거에서 국민들의 지지를 받지 못할 경우 미국정부의 위상이 손상당함은 물론이거니와 경우에 따라서는 반미운동의 명분도 될 수 있다는 점을 우려, 지도자 몇 사람들이 모여 인민들의 동의 없이 구성되는 임시정부에 대해서는 이를 일체 승인하지 않는 정책을 취하고 있었다. 또 이때 미국은 중국의 장제스蔣介石 정부가 대한민국 임시정부를 승인하려는 노력마저 저지했다. 강대국들은 약소국들의 열망인 독립정부 수립보다는 제2차 세계대전 후의 '전후처리戰後處理' 문제의 어려움을 피하기 위해 유럽과 아시아, 아프리카 등지에서 발족된 국외 임시정부 승인 문제를 주저했다고 한다. 미국은 영국에 임시정부를 세운 프랑스의 드골 정부마저 승인을 거

---

3 국제연맹의 위임통치를 국제연맹에 나라를 팔아먹는 조치로 볼 정도로 독립운동지도자들의 국제정치에 대한 이해수준이 너무 낮았다.

부, 전후 미국과 프랑스 관계를 불편하게 했던 것은 대표적인 사례다. 그러나 프랑스의 본토는 나치에게 점령당했지만, 알제리라는 식민지를 영토로 가지고 있었다.

40년 만에 다시 조국 땅을 밟다

해방과 동시에 이승만은 서둘러 귀국하려고 했다. 그러나 미국에 체류 중이던 이승만은 미 국무부로부터 두서너 가지 일로 미운털이 박힌 한국의 독립운동지도자였다. 이승만은 미국이 일본에 선전포고를 했으면 당연히 대한민국 임시정부를 승인해줄 것으로 기대했다. 이에 승인요청을 했지만, 끝까지 거부당했다. 분개한 이승만은 임시정부 승인을 요구하는 로비활동을 미국조야를 상대로 적극 펼치면서 미 국무부를 압박했다. 이런 상황에서 이승만이 고용한 러시아인 비서 에밀 구베로Emile Gubereau가 미국이 얄타회담에서 한국을 소련에 넘겨주기로 했다는 미확인 정보를 전해주자 이 말을 듣는 순간 1905년의 '가쓰라-태프트 비밀협정' 때문에 내심 미국을 불신하면서 경계하던 이승만의 분노가 마침내 폭발, 트루먼 대통령을 비롯한 미국 상하양원의 원들에게 미국의 처사를 강력히 규탄하는 편지를 발송하고 성명을 발표했다. 이를 유엔회원국들에게 까지 유인자료를 뿌리는 여론전을 벌였다. 불행히도 이 정보는 사실이 아닌 것으로 판명 났고 미 국무부는 이승만을 골치 아픈 존재로 몰았고 싫어했다. 또한, 이승만은 미국이 인정치 않는 대한제국의 여권을 끝까지 보관하고 있으면서 대한민국 임시정부 대표라는 자격으로 귀국하겠다고 국무부에 고집을 부린 것이다.

　이런 일들이 겹쳐서 미국 국무부는 이승만의 귀국을 은연 중에 견제했다. 이 때에는 한국으로 가려면 미국정부의 여행허가증명 이외에도 미군 당국이 제3국에서 한국으로 수송해주겠다는 허가 문서 없이는 항공사로부터

티켓을 구입할 수 없었다. 이 모든 절차가 미 국무부의 허가사항이었기 때문에 이승만의 한국행은 쉽지 않았다.

그는 1945년 10월 26일 한국으로 귀국했다. 자기가 계획했던 기간보다는 다소 늦어지기는 했지만 그리운 고국에 다시 돌아올 수 있었다. 뒤에 밝혀졌지만 미군정을 총괄하는 하지Hodge 장군이 미육군성에 이승만의 귀국을 강력히 요청했기 때문에 미 국무부의 견제에도 불구하고 귀국할 수 있었던 것이다. 하지 장군은 한국국민들로부터 카리스마적 지지를 받고 있던 이승만과 임시정부인사들이 서울로 와서 자기를 도와야 미군정업무를 원활하게 처리할 수 있다는 현지 판단을 내세워 이승만의 귀국을 육군 사령부에 요청했던 것이다. 하지 장군은 여러 채널을 통해 이승만이 한국국민들의 열광적인 지지와 기대를 얻고 있다는 것을 확인한 후, 그의 귀국을 본국정부에 요구했다. 미 육군은 하지 장군의 건의를 검토하고 이승만의 귀국을 종용, 일본까지 오면 미 군용기 편으로 한국까지 갈 수 있도록 보장한다고 하였다. 하지 장군 덕분에 그가 원했던 9월 초 귀국은 10월 초로 연기되었지만 큰 차질 없이 이루어졌다.

그는 40년 만에 다시 조국 땅을 밟게 되었다. 긴 세월을 독립운동으로 보낸 것이다. 그는 한말의 풍운 속에서 어렵고 힘들게 성장하고, 좌절과 낙담과 궁핍으로 얼룩진 기나긴 해외 독립운동 과정을 통하여 국제정치의 냉혹함을 체험했고 또 국제정세의 흐름이 한 국가의 명운에 어떻게 영향을 미치는가를 민감하게 느끼면서 살아왔다. 특히 그는 오랜 미국 생활을 통해서 미국인들의 사고방식과 일 처리방식에 대해서는 독립운동가 어느 누구보다도 명확히 알고 있었다. 이하에서 해방과 더불어 귀국한 후 그가 국내외로 펼친 대한민국 세우기 운동의 면모를 살펴보기로 한다.

미워할 수 없는 우리들의 대통령

4

해방 정국의 소용돌이 속으로 뛰어들다

해방정국의 전개와 국내 상황

타율적 해방이 문제였다

해방정국에서는 민족의 진로를 어떻게 설정하는가에 따라 건국의 성패가 좌우되는 상황이기 때문에 지도자의 능력과 안목이 어느 경우에나 중요한 몫을 차지한다. 이러한 상황에서 새로운 국가건설을 주도할 인물이 누구여야 할 것인가로 물음이 좁혀진다. 국내외에서 항일 독립투쟁을 주도한 많은 지도자가 해방공간에 모여들었다. 독립운동가 중에서 가장 연장자이며 상해임시정부 초대 대통령을 역임한 이승만 박사를 비롯하여 이 박사보다 한 살 아래인 상해임시정부 주석 김구, 임시정부 부주석 김규식 박사, 건국준비위원회를 이끈 여운형 선생, 조선공산당으로 독립운동에 참여한 박헌영도 서울에 나타났다. 다만 만주와 연해주 일대에서 항일운동을 하다가 소련군의 첩보부대에 포섭, 편입되었던 김일성당시 소련군 대위은 평양에만 머물면서 서울에는 전혀 나타나지 않았다서대숙(徐大肅) 교수의 한국 공산주의 운동사에서 지적. 이들 중 누가 건국업무를 주도할 능력과 비전, 정세판단력을 가진 분이었을까. 이 시기의 주변정세를 정확히 이해하지 않고는 어느 건국노선이 옳은가를 평가하고 재단할 수 없다. 이하 해방 시기의 한반도 주변정세를 살펴보기로 한다.

첫째, 타율적 해방이 문제였다.

일본군의 항복으로 우리 민족은 일본 제국주의 지배에서 벗어날 기회를 얻었다. 그러나 이 기회는 불행히도 우리가 싸워서 얻은 것이 아니었다. 미국이 태평양 전쟁에서 일본을 물리치고 무조건 항복을 받아냄으로써 타율적으로 해방의 기회가 온 것이다. 따라서 일제가 무너진 폐허 위에 나라를 세우는 일도 우리 민족의 일방적 의사로만 추진될 수 없었고, 일본의 항복을 받아낸 미국과의 협력을 필요로 했다. 여기에 소련이 협의대상으로 추가되었다. 미국은 소련의 참전 없이도 일본이 항복하지 않을 수 없을 만큼 약체화弱體化된 상황이었는데도 만주 주둔 일본군관동군의 능력을 과대평가, 일본과 중립조약을 맺고 있는 소련을 대일전쟁에 억지로 끌어들였기 때문이다. 소련은 일본항복 1주일 전에 일본과의 중립조약을 깨고 대일선전포고를 한 후 곧바로 참전하여 한반도로 진주, 북한지역을 점령하고 점령지에서 군정을 실시했다. 미군은 오키나와에서 작전 중이었기 때문에 소련군은 미군보다 먼저 한반도에 진입, 북한지역을 점령했는데 그때의 전력戰力이나 시간상으로는 한반도 전역을 소련이 점령할 수 있었다. 1945년 8월 14일 미국은 소련에 38도선 이남 지역의 일본군 무장해제는 미국이 맡겠다고 통보했고 소련이 이를 즉각 수락함으로써 소련군은 38도선 이북의 북한지역에만 주둔했다. 미국이 돌연 이러한 요구를 들고 나온 것은 한반도 전역을 소련의 지배하에 두어서는 안 되겠다는 생각에서였다. 미군은 9월 상순에야 비로소 38도선 이남 지역에 상륙, 군정을 실시하기에 이른다.

그러면 왜 소련은 한반도 전역을 점령할 수 있었음에도 불구하고 북한지역만 점령하고 미국의 요구에 응해 남한지역을 남겨두었을까. 학자들 간에 견해가 같진 않지만, 그때 소련은 한반도보다는 만주지역에 더 큰 전략적 무게를 두었고 미국이 얄타에서 만주에 대한 소련의 모든 권리에 대한 주장을 그대로 인정해주었기 때문에 그때만 해도 한반도를 통째로 차지할 생각은 별로 크지 않았다고 한다. 소련은 한반도의 북한지역만 차지하더라도 만주의 여순旅順과 대련大連항을 유지, 관리하는 데 지장이 없었고 한반도가 소련을 반대할 군사기지가 되는 것도 막을 수 있다고 보았던 것이다. 또 전쟁 막바지에 원자폭탄을 가진 지구의 최강자 미국과는 가능한 한 어떠한 대립도 피하고자 했던 것은 스탈린의 생각이었다고 한다.

건국준비위원회의 발족과 인민공화국

이때 국내에서는 일본의 무조건 항복발표가 나면서부터 국내 독립운동 진영을 대표하는 여운형 선생 등이 건국준비위원회를 구성하고 조선총독부와 협상, 일본인과 일본 군인들의 안전한 귀국을 보장하기로 합의하는 한편 건국준비를 위해 전국적 수준에서의 국민조직화에 박차를 가하고 있었다. 초기의 건국준비위원회이하 건준(建準)으로 약칭에는 좌우익이 모두 참가했고 박헌영이 주도하는 조선공산당이 가장 강한 조직을 가지고 있었다. 건국준비위원회를 지도했던 몽양 여운형 선생은 해방 후 귀국하는 지도자 가운데 유독 이승만 박사를 가장 존경, 그를 건국준비위원회의 최고 지도자로 추대하였다. 몽양 선생은 일제 말기 단파방송을 통해 일본이 망할 날이 얼마 남지 않았으니 조선인은 독립준비를 위해 궐기하라는 이승만의 육성방송을 들으면서 이승만이 해외 독립운동지도자 가운데 가장 으뜸가는 지도자로 생각했다고 그의 아우 여운홍呂運弘 씨가 생전에 내게 말했다.

건국준비위원회가 건국준비에만 주력했다면 각계각층의 지지를 받을 수 있었겠지만 건준建準에 참여한 조선공산당의 급진적 성향 때문에 중대한 과오를 범하고 말았다. 공산당은 건준을 인민공화국으로 명칭을 바꾸고 심지어 내각까지 구성하여 발표하기에 이르렀다. 군정軍政을 실시할 미국과 소련은 자기들과 협의 없이 이렇게 일방적으로 탄생한 인민공화국이라는 정부를 인정할 수 없었음은 물론이고 중국의 충칭重慶에서 귀국을 기다리고 있던 한국 임시정부 요인들도 자기들이 배제된 인민공화국의 출현을 도저히 받아들일 수 없는 망동으로 보았다. 미소공동위원회의 협의를 통해 한반도 전역을 관장할 정부구성협의를 기다리지 않고 점령국들의 의사를 무시한 채 성립을 선포한 인민공화국이하에서 '인공(人共)'이라 함의 탄생을 군정당국이 인정할 리 만무했다. 또 임시정부인사들도 그들의 참여가 배제된 인공을 인정할 수 없었다.

군정과 임정 요인들의 반대에 부닥쳐 결국 인공은 해체될 수밖에 없었다. 그러나 인공은 그들이 해체되기 전에 발표한 조각組閣에서 이승만의 의사나 동의 없이 일방적으로 그를 대통령으로 추대했다. 이승만이 이를 수락할 리 만무했다. 그러나 이 추대로 이승만은 해방정국에서 가장 훌륭한 지도자로서 성가聲價가 전국적으로 높아졌던 것이다.

이승만은 위에서 본 것처럼 미군정의 강력한 요구로 귀국하게 될 수 있을 만큼 국내에 국민적 지지가 비축되어 있었다. 이승만의 인물됨은 모든 면에서나이, 학력, 경륜, 투쟁의 역사 다른 독립운동지도자들과는 비교도 안 될 만큼 독보적이었다.

신탁통치와 미소공동위원회

|

미국과 소련의 정상들은 얄타에서 한반도의 신탁통치에 합의하고 뒤이어 열린 모스크바 3상 회의의 결정에 따라 양국 군사당국 간에 공동위원회를 구성, 독립의 방향과 목표와 집권세력의 구성에 관하여 협의하자는 취지로 미소공동위원회를 열었다. 그러나 미소공동위원회는 태생부터 한반도 독립 문제를 진지하게 해결할 의도가 있었다는 증거는 없었다. 소련은 제2차 세계대전 말기에 연합국에 협력하면서 그 대가로 전후처리에서 소련 주변국들 속에 '우방국가'를 세워야겠다고 주장, 미국의 동의를 얻어냈다. 당초 한반도 문제는 미·소·영·중 4대국에 의한 5년간의 신탁통치 후 독립을 허용하자고 미국의 프랭클린 루스벨트 대통령이 제안했고 소련이 이를 흔쾌히 수용했다.

소련의 우방국가란 위성국가의 다른 표현이다

소련이 말하는 '우방국가'는 소련의 '위성국가'를 의미했으며 한반도 신탁통치안을 찬성한 것도 한반도를 점진적으로 소련의 '위성국가'로 전환시키려는 전략적 고려를 내심에 깔고 있었다. 반면 미국은 4대국에 의한 신탁통치를 실시할 경우 한반도에 대한 러시아의 지분이 4분의 1로 줄어들기 때문에 소련의 일방지배를 방지할 수 있다는 고려에서 구상했다는 것이다. 그러나 미소 양국은 한반도를 분단시킬 것인가 독립정부를 만들게 할 것인가에 대해 확실한 입장을 정하지 않은 상태였다고 한다.

이런 상황에서 열린 미소공동위원회는 강대국 간 합의인 신탁통치를 실시할 조건과 참여세력을 의제로 놓고 논의를 전개해야 하는데, 국내 독립운동 진영은 심지어 조선공산당까지를 포함하여조선공산당은 곧 태도를 바꿔 신탁통치를 지지하는 쪽으로 옮겨감 신탁통치를 반대하는 상황이었다. 이 때문에 국민의 호응을 얻지 못하는 미소공동위원회는 애당초부터 잘 될 수 없었다. 국론이 찬탁贊託과 반탁反託으로 크게 갈라지는 상황에서 미군정은 영향력 있는 독립운동지도자들과 제휴하여 미소공동위원회가 의도한 정부 수립을 모색하였다.

그러나 국론을 통일하기에는 역부족이었다. 더욱이 이런 시기에 여운형, 송진우, 장덕수 등이 암살되는 상황마저 벌어졌다. 한편 북한에서는 소련군이 반탁지도자 조만식曹晚植,1883~1950 선생을 감금시킨 가운데 일체의 반탁운동을 금지하고 소련 점령군 지휘하에 소련군 대위인 김일성을 내세워 소련 위성 정권에 해당하는 인민위원회를 구성하고 토지개혁을 실시하는 한편 인민군창설을 통해 북한만의 단독정부 구성을 서두르고 있었다.

이러한 상황 속에서 해방된 조국이 독립정부를 만들 수 있는 방도가 무엇이며 이 길을 뚫어나갈 지도자는 누구일까. 독립운동지도자 가운데 내외 정세를 꿰뚫어 보면서 한반도 현실에서 성립 가능한 독립정부모델을 만들어 낼 수 있는 인물이 과연 누구였을까. 바로 이러한 상황을 위해서 준비된 지도자가 있었다면 그는 이승만 박사 한 분뿐이었다고 나는 단언한다. 이런 결론을 도출할 수 있는 여건을 하나씩 점검해보기로 한다.

국제정세 동향변화에 대비

이승만 박사는 귀국 전후 자기 스스로 독립운동 과정에서 겪거나 체험한 바를 통해 해방된 조국이 어떻게 대내외적 지지를 얻으면서 독립정부를 만들 것인가를 놓고 깊이 고민해 왔다. 그는 두 명의 비서를 고용했는데, 올리버 R. Oliver라는 미국인 대학교수와 에밀 구베로Emile Gouvereau라는 러시아인을 자기 지근거리에 두고 참모로 활용했다. 미국과 소련의 한반도에 대한 동향

분석이 제1차적인 관심사, 특히 미소공동위원회의 동향을 정확히 파악하기 위해서였다. 그는 미국에서 귀국하기 전 동유럽에서 미국으로 넘어온 이주민들을 통해 소련의 인접국 위성국衛星國화 정책의 실상을 파악했고 미국이 소련에 더 이상의 영토나 영향력 면에서 양보해서는 안 된다고 생각했다. 특히 윈스턴 처칠의 철의 장막[4]이라는 연설이나 1947년에 발표된 트루먼 독트린 Truman Doctrine[5]은 이승만의 독립국가 건설구상에 가장 큰 영향을 미친 것으로 보인다. 그러나 불행히도 트루먼 독트린은 유럽대륙, 특히 그리스와 터키에 대한 소련의 세력권화를 막는 데 목적을 둔 것일 뿐 한국에는 적용할 생각이 없었다는 것을 그때에는 이승만이 알 리 없었을 것이다.

그는 미소가 분할 점령한 땅에서 양국의 영향이나 간섭을 물리치고 자주적인 독립정부 수립의 길이 쉽지 않다는 것을 국제정치를 공부했던 사람으로서 민감하게 터득하고 있었다. 조선공산당은 막강한 조직력에도 불구하고 주변정세의 큰 흐름을 읽지 못하고 소련의 지령에만 따라 행동했다. 북한의 김일성도 스탈린의 지령대로 북한에 소련 위성정권을 세우는 데만 전념했다. 소련은 북한에서 반탁운동을 주도한 조만식 선생을 체포하고 김일성 세력을 이용하여 반탁활동을 저지시켰다.

남한의 독립운동지도자들도 냉전으로 세계가 양분되는 국제정세의 큰 흐름을 전혀 보지 못했다. 그들은 자주독립만 외치면서 미소공동위원회의 협상 결과에만 의존해 독립의 길을 찾는 데 골몰했다. 하지 장군의 눈치만 살피는 어정쩡한 입장이었다. 이승만 혼자만이 미국의 조야를 찾아다니면서 하지 장군의 범주를 넘어서는 독립정부구상을 키우고 있었다.

---

4 철의 장막은 윈스턴 처칠이 1945년 5월 12일 트루먼 대통령에게 보낸 편지에서 처음 언급되었고 공개적으로는 1946년 3월 5일 처칠의 워싱턴 방문 시에 행한 연설에서 나왔다.
5 미국 대통령 H.S. 트루먼이 1947년 3월 12일 발표한 소련의 영토확장 정책에 대한 방어를 다짐한 미국의 선언이다.

미국과 소련의 한반도 정책

|

미국은 한국에서 철군하기로 결정

해방 때까지만 해도 앞에서 지적했듯이 미국과 소련은 한반도에 대한 명확한 자기 정책을 갖지 않았던 것으로 보인다. 강대국들은 강대국 상호관계나 자국의 경제, 안보이익에 직결된 국가에 대해서는 정책을 사전에 준비해 두지만, 한반도 같은 작은 지역에 대해서는 주변 강대국 정책의 부록에 끼어두는 변수의 하나로 취급하기 마련이었다. 미국은 대중국 정책의 부록 중에 한반도에 대한 그들 나름의 생각을 삽입했다. 지금 미국과 중국이 대일본 정책의 부록에 한국을 포함시켜 다루는 것과 비슷했다. 미국은 소련을 상대로 38도선 이남 지역의 일본 무장해제를 미국이 맡겠다고 통보, 소련의 동의를 얻었으면서도 남한지역을 장래 어떻게 처리하겠다는 명확한 자기 목표를 가지고 있지 않았다.

초기에는 얄타회담 때 합의한 한반도 신탁통치실시를 위해 미소공동위원회를 열고 이 기구를 통해 독립정부를 세우도록 추진한다는 입장이었지만 한국인들의 신탁통치반대여론이 너무 거세지자 미소공동위원회를 통한 신탁통치계획은 사실상 포기했다. 신탁통치계획이 실패하면서부터 미국은 한반도가 갖는 전략 가치를 자신들의 입장에서 새롭게 검토하기 시작했다. 미국은 아시아보다는 유럽을 중시했다. 때문에 조지 케넌George F. Kennan을 단장으로 하는 한국 관련 특별위원회전략가치 평가단는 미국의 안보정책상 한반도는 경제적, 군사적으로 지원해줄 가치가 없는 지역으로 평가했다. 일본으로부터 필리핀을 잇는 도서방위를 통해 미국은 아시아에서의 전략목표달성이 가능하다고 결론지었다. 결국 미국은 1947년 8월 한국 문제를 유엔으로 이관시킴으로써 체면을 크게 손상시키지 않고 한반도 문제에서 손을 떼는 수순을 밟기 시작했다.

이승만의 유엔을 통한 독립노선에 미국이 동조

이때 이승만은 신탁통치를 실시하겠다는 하지 군정의 무모한 좌우연합추진에 반발하고 미국으로 건너와 미국의 정부와 의회를 상대로 유엔감시하의 자유 총선거를 통해 독립정부를 수립해야 한다는 대미로비활동을 적극 전개했다. 바로 이 상황에서 한국문제를 유엔으로 이관시키고 미국이 손을 떼려는 미국의 입장과 이승만의 유엔감시 자유 총선거를 통한 독립정부 수립 방안이 사전 협의 없이 서로 맞아떨어진 것이다.

이때 비록 미국의 입장이 이승만의 구상과 맞아떨어지기는 했지만 조지 케넌 등이 입안한 미국의 한국포기정책철군정책은 전혀 바뀌지 않았다. 다만 변한 것이 있다면 미군 철수시기를 유엔감시 하의 자유 총선거를 통한 정부 수립 이후로 연기하게 되었다는 점이다. 미국은 대한민국정부가 1948년 8월 15일 수립된 직후인 1949년 한국에 주둔하는 미군을 전원 한국에서 철수시키고 군사훈련지원 요원으로 500여 명의 교관만 남겨두었다. 한국에서의 철군은 한마디로 한국의 전략 가치의 부정임과 동시에 한국포기의 다른 표현이었다. 이때 한국의 운명은 전략적으로 말하면 풍전등화 같았다.

결국 1949년의 주한미군철수는 북한 김일성 집단과 소련이 남침의 유혹을 느끼게 하는 신호가 되었다. 그들은 미국이 전략적으로 포기한 땅을 군사력으로 점령하겠다는 결단을 내린 것이다. 브루스 커밍스Bruce Comings 등 이른바 수정주의 학파가 6·25남침을 미국이 파놓은 함정에 김일성이 빠졌다고 강변해대는 근거가 되기도 한다.

소련의 한반도 정책

소련 역시 한국의 전략 가치를 높게 평가하지 않았다. 38도선 이북지역만 장악, 위성국가로 만들어두면 국제공산당의 지령을 통해 한반도가 반소反蘇군 사기지가 되는 것을 막을 수 있을 뿐만 아니라 만주의 여순항이나 대련항을 장악하는 데도 별지장이 없을 것으로 보았다.

더욱이 신탁통치가 실천에 옮겨진다면 조직력이 막강한 조선공산당을 앞세워 남한지역을 점진적으로 장악할 수 있다고 기대했을 것이다. 특히 1950년 1월 미 국무장관 애치슨이 기자회견에서 미국의 아시아 방위망에 한국을 포함시키지 않은 것은 미국이 한국을 포기했음을 웅변한 것이나 다름없다고 보았다. 이 때문에 스탈린은 주한미군철수를 미국이 한국을 포기한 증거가 분명하다는 김일성의 주장을 그대로 수용, 김일성에 대한 군사원조를 해줌으로써 6·25전쟁을 일으켰다.

그러나 1950년 6월 북한군이 남침하자 미국은 자기들이 포기했다던 대한민국을 그대로 공산군에게 넘겨주려고 하지 않았다. 즉각 유엔안전보장이사회를 소집하고 안보리의 결의를 통해 참전함으로써 한국을 공산화의 위기로부터 구했다. 천만다행한 일이었지만 미국이 이렇게 군사적으로 개입, 한국을 구하리라고는 누구도 예상하지 못했다. 이런 결정이 나오게 된 배경에 대해서는 후술하겠다. 그러나 돌이켜보면 해방 전후 시기에 있어서 미국의 한국에 대한 명확한 정책부재가 결과적으로는 제2차 세계대전 이후 가장 큰 인명손실과 비극을 수반하는 한국전쟁의 원인을 제공했다는 역사적 평가에서 미국이 과연 자유로울 수 있을까.

이러한 인과논쟁을 떠나서 6·25전쟁을 통해 우리가 얻은 교훈의 하나는 약소국들이 강대국의 틈바구니에서 독립과 자존을 지켜나가려면 부단히 자신의 전략 가치를 높이는 노력에 박차를 가해야 한다는 것이다. 스스로를 지킬 수 있는 국력배양, 기술혁신, 외교적 영향력 증진 등을 통해 자신의 전략 가치를 끊임없이 높여가는 노력이 절실히 필요한 것임을 깨달아야 한다.

5

이승만의 건국 구상

미소냉전의 개시

|

위성국가 확대 노골화한 소련

1945년 1월부터 미소냉전이 유럽에 모습을 드러낸다. 미국과 소련이 서로에게 경계심을 가지면서 전쟁 당시의 우방관계가 적대관계로 바뀐 계기는 동유럽에 대한 소련의 위성국화 정책이 노골화된 데 기인한다. 소련은 전쟁이 끝난 후 영국에 망명 중인 폴란드 임시정부의 존재와 우파지도자들의 존재를 인정치 않고 자기네들이 세운 폴란드 내부의 인민위원회를 앞세워 폴란드를 자국의 위성국가로 만들려고 했다. 이에 미국과 영국은 우파지도자들도 참가하는 정부 수립을 요구, 각료의 일부를 우파인사들에게 할애하도록 하여 정부 수립을 추진했지만, 정부 수립과 동시에 영국에서 귀국한 우파인사를 모두 제거하고 친소인사로 폴란드 정부를 구성하였다. 이러한 추세가 동유럽 각국으로 확산되었다.

유럽에서 소련의 지원으로 공산당이 주도권을 갖는 나라에서의 좌우연립정부는 예외 없이 소련의 위성국가로 전락했다. 이때부터 소련이 말했던 그들의 우방국가가 다름 아닌 위성국가였으며 이런 위성국을 지배하는 것이 소련의 영향권을 확대하는 전후 책략임을 미국은 뒤늦게 간파했다. 소련의 위성국가는 국가의 간판은 달았지만, 이들의 내치외교는 스탈린을 수장首長으로 한 국제공산주의 연락기관인 코민테른Comintern의 지령에 따라 실시되었다. 소련은 코민테른을 통해서 위성국들의 주권행사를 제한하는 이른바 제한주권론을 실시했다. 이 주권제한 정책은 고르바초프가 페레스트로이카를 실시하면서 동구라파와 중앙아시아 제국들이 자기 갈 길을 찾아 독립을 시작할 때까지 계속되었다. 위성국가들이 독자적으로 독립노선을 걸으면서 자기 갈 길을 걸어가는 상황을 국제정치학자들은 시나트라 독트린Sinatra Doctrine이라는 재미있는 용어를 붙였다. 프랭크 시나트라의 히트곡인 'My Way'를 본 따 붙인 표현이라는 것이다.

공산주의 세력의 확장저지를 공식외교정책으로 밝힌 1947년의 미국 트루먼 독트린은 바로 이런 맥락에서 나오게 되었다. 따라서 동서 냉전은 1945년 1월부터 유럽지역에서 이미 그 모습을 나타내고 있었던 것이다. 이를 계기로 미국은 소련의 세력권확대를 겨냥하는 위성국가 정책을 적극 견제하는 쪽으로 정책 방향을 크게 전환했고 루스벨트 대통령의 뒤를 이은 트루먼 대통령과 영국의 처칠도 미소냉전의 불가피성을 통감하고 대비하기 시작했다.

신탁통치문제로 독립운동 진영 분열

이승만은 미소공동위원회를 통해서는 독립정부 수립이 불가능함을 맨 처음 알아차렸다. 국내의 좌익들은 4대국에 의한 신탁통치를 지지하지만, 국내의 우익인사들과 임시정부 요인들은 하나같이 신탁통치를 반대하였다. 이런 분위기 속에서 열린 미소공동위원회는 독립정부를 수립할 협의의 대상선정에서 신탁통치를 반대하는 세력의 참여를 허용치 말자는 소련 측과 표현의 자유를 존중, 신탁통치반대파들의 참여도 허용해야 한다는 미국 측 주장이 맞서다가 결국 기약 없이 파탄되고 말았다.

이러한 형세 속에서 한국주둔 미군 사령관인 하지 장군과 군정장관인 아널드Arnold 소장은 소련과 함께 운영하는 미소공동위원회에 대한 미련을 끝까지 버리지 않고 신탁통치를 적극 반대하지 않는 세력들을 중심으로 좌우연합정부를 만들려는 미몽에 사로잡혀 있었다. 여운형과 김규식을 중심으로 좌우합작위원회를 구성, 미소공동위원회가 주도하는 신탁통치를 원안대로 실천해보려는 다각적인 노력을 전개했다.

소련의 북한 단독정부 수립 지령

소련은 처음부터 북한에 자기의 뜻대로 조종 가능한 위성국가 수립을 획책하고 있었다. 미소공동위원회가 출범하기 직전인 1945년 9월 20일 스탈린은 소련군정사령관에게 안토노프 소련군 최고사령관과 공동명의로 보낸 지령에서 북한지역에 소련의 위성정권소련의 표현으로는 소련의 우방정권이 될 민족부르주아정권을 세우라고 했다.[6] 즉 소련 군정이 지휘하는 단독정부를 미소공동위원회와 무관하게 북한지역에 수립하도록 지령한 것이다.

이 지령에 따라 북한지역에 임시인민위원회를 세우고 인민위원회 주도하에 중앙은행설립과 토지개혁을 단행하였다. 여기서 말하는 토지개혁은 그들이 선전에서 말한 것처럼 무상몰수無償沒收 무상분배無償分配가 아니라 전국 토지와 자산의 국유화였다. 이것은 미소공동위원회의 미국 측과 협의 없이

---

6   일본 每日新聞 (동경, 1993.2.26일자) 보도.

소련이 일방적으로 단행한 단독정부 수립조치였다.

　　그러면 소련은 왜 미소 간에 얄타회담에서 합의했고 모스크바 3상 회의를 통해 확정된 한반도의 신탁통치 구상과 이를 실현할 기구로서의 미소공동위원회의 존재를 무시하고 북한에 단독정권을 세우라는 조치를 취하게 되었을까? 가장 큰 이유는 전후처리를 둘러싸고 미소 양국 간의 이해관계가 달라졌기 때문이다. 1945년 가을 런던에서 열린 유럽지역의 전후 처리를 위한 외상회담에서 소련은 패전국 이탈리아의 식민지였던 리비아의 트리폴리타니아항을 자국에 줄 것을 요구했지만 미국과 영국은 이를 반대, 소련의 지중해 진출을 저지한 데 원인이 있다고 전문가들은 분석하고 있다. 또 예상과는 달리 중국정세가 장제스蔣介石 정부가 공산당에게 밀리는 형국이 됨으로써 만주지역의 여순과 대련항을 소련이 유효히 장악하기 위해서는 북한 지역의 위성국화가 당장 필요하게 되었고 더욱이 북한에 있는 부동항不凍港의 용도를 새롭게 평가했기 때문이라고 전문가들은 설명하고 있다.

서울 미군정의 표류

서울의 미군정은 이러한 정황도 모르면서 미소공동위원회가 합의할 수 있는 정부 수립만을 강조하면서 한반도에 하루라도 빨리 신 정부를 수립해야 한다는 여론을 외면했다. 미군정은 뒤늦게 좌우합작위원회와의 협의를 거쳐 남한 과도입법의회過渡立法議會를 구성하고 민정장관에 민세民世 안재홍安在鴻 씨를 임명하는 조치를 통해 미군정의 한국화, 즉 한국인을 군정업무에 참가시키는 조치를 개시했지만, 이들에게는 아무런 실권도 주지 않았다. 특히 남한에서 절실히 필요한 경제난국을 개선할 어떠한 원조 조치도 취하지 않았다. 미소 분할 점령으로 남북한교류가 사실상 끊기고 전기 공급이 중단되었고 상수도 여과濾過를 위한 화학약품마저 북으로부터 공급이 줄어든 상황에서 남한의 경제 사정은 필설로 형언하기 힘들 정도로 어려웠다.

해방된 조국을 찾아온 해외동포들과 여기에 겹친 경제난, 조선공산당 주도의 파업 등으로 긴급재정지원이 절실했지만, 미국으로부터 경제원조는 태무했다. 물론 미 국무성은 5억 4,000만 달러의 재정지원을 검토했지만, 한국의 전략 가치를 저평가한 미육군성의 반대와 유럽의 전후복구에 중점을 두는 미국의 정책 때문에 한국에 대한 경제지원은 말뿐이었고 실제 지원된 예산은 한 푼도 없었다.

이승만의 정읍#邑 발언

"우선 과도정부過渡政府라도 수립해야"

이승만은 이러한 정세의 흐름을 예리하게 지켜보면서 한반도가 동서냉전에 휘말려 미군 점령지와 소련 점령지에 각각 별개의 국가가 탄생될 수밖에 없는 운명에 놓이게 된 상황을 내다보았다. 자주독립은 타당하고 정당한 구호지만 동서 양대 진영 간에 벌어지는 냉전질서가 이를 가로막고 있다는 사실을 통찰하고 있던 사람은 이승만 박사뿐이었다.

남북한을 통괄할 임시정부 구성을 위한 미소공동위원회가 결렬되어 무기 휴회에 들어갔다. 우리 민족의 장래를 기약 없이 미소군정에만 맡겨 놓았다가는 언제 독립정부가 설 것인지 전망조차 서지 않았다. 이에 이승만은 우선 남한지역에서라도 과도정부Transitional Government를 수립하여 통일정부 수립운동을 북한지역으로 확대해 나갈 필요가 있음을 주장했다. 1946년 6월 3일 반탁을 호소하는 전국 유세 도중 정읍에서 행한 그의 발언을 통해서다. 이 발언은 국내외 정국에 큰 파문을 일으켰다. 미군정 당국도 이승만의 발언에 대해 다소 부정적이었고 민족진영 일각에서도 이 제안이 갖는 의미를 놓고 갑론을박이 확산되었다.

이승만은 앞에서도 지적했지만 북한지역이 소련군 점령 통치하에서 소련의 위성국가Satellite State로 변해가는 상황을 지켜보면서 이런 상황을 좌시, 방치하면 한반도 전체가 소련의 위성국가로 전락할 위험이 있음을 간파, 미국 점령사령관인 하지 장군에게 한국의 독립정부를 서둘러 세워야 한다고 간청했다. 그러나 하지 장군은 정치력이 전무全無한 골수 무골武骨인 데다가 국무성마저 한국 실정을 제대로 아는 사람이 없는 상황이었다. 이승만은 군정사령관 하지만 믿고 그 얼굴만 쳐다보고 있어서는 나라를 세우는 것이 불가능함을 깨달았다. 하지와의 대화에서 다른 방도가 없음을 확인한 이승만은 하지의 윗선인 미국국무성과 미국의회를 통해서 독립에의 길을 뚫기로 작심하고 미국으로 건너가 건국방도를 찾으려고 결심했다.

건국준비를 위한 방미

그는 미국 길에 오르면서 한국 임시정부를 미국정부로부터 승인받으려다 실패했던 쓰라린 경험을 회상했다. 미국인들은 인민의 선거에 의하지 않고 지도자들 몇몇이 모여 만든 임시정부를 정식으로 승인하는 것은 위험한 일이라는 인식을 가지고 있었다. 이 점에서는 루스벨트 대통령이나 트루먼 대통령은 다를 바가 없었다. 미국인들의 이러한 사고방식에 유의하면서 그는 다음과 같은 독립정부 수립방안을 구상하였다. 독립정부 수립을 위해서는 우선 전체 국민이 참여하는 선거가 필수적이고 또 한반도 전역에서 시행되는 총선거의 공정성을 담보하기 위해서는 유엔이 선출한 위원회의 감시가 필요하다는 사실에 착안, 유엔감시하의 자유 총선거를 통한 독립정부 수립방안을 마련한 것이다. 그는 이 안을 미국의회와 미 국무성에 제출, 협의를 추진한

끝에 미국정부의 동의를 얻어냈다.[7]

이승만 구상의 준거準據를 본다

|

이승만은 미소냉전으로 전 세계가 양분되는 상황에서 한국에 독립정부를 세우기 위해서는 다음 사항을 반드시 고려하고 대비해야 한다고 생각하면서 독립정부 수립 작업에 착수한 것으로 보인다.

(1) 소련의 위성국화를 막아야 한다.

이승만은 북한이 소련군 점령치하에서 인민의 선거 없이 소련군이 김일성을 내세워 위성정권을 수립하는 과정을 자기 정보조직을 통해서 면밀히 파악했다. 인민의 선거 없이 소련군의 배낭에서 나온 정권은 어떻게 설명해도 국가적 정통성을 가질 수 없음은 물론이다. 그러나 북한에 단독정부가 세워지는 마당에 남한사람들이 미군정의 선처만을 기다리면서 독립정부 수립의 결단을 질질 미루다가는 소련의 영향력 증대와 미국의 소극적 자세, 그리고 조선공산당의 집요한 도전이 하나의 공세로 합쳐질 때 남한까지 소련의 위성국으로 전락할 위험이 있음을 그는 내다보았다.

그는 한국이 소련위성국으로 전락하는 것이야말로 독립한국이 처할 최악의 길임을 간파했다. 위성국가는 주권행사를 소련으로부터 제한받는 나라다. 코민테른의 지시에 따라 내치외교를 결정하기 때문이다. 우리는 헝가리나 체코 자유화 운동이 탱크를 앞세운 소련군에게 진압당하던 역사에서 보

---

7 유엔감시하의 자유총선거를 통한 독립정부수립안의 발의주체가 이승만이냐 미 국무성이냐를 놓고 학자들 간에 견해의 대립이 있으나 필자는 이승만을 발의주체로 본다. 미국은 한국에 대해 명확한 정책개념이 없었고 정부수립직후 미군철수가 진행된 사실에 비추어보더라도 이승만의 발의에 더 무게가 실린다.

아 알 수 있듯이 종주국과 위성국 관계에서는 주권행사가 제한받는 이른바 브레즈네프 독트린으로 알려진 제한주권론이 적용되기 때문이다. 그것은 독립이 아닌 예속의 길이다. 해방 직후 북한에서 김일성이 소련을 혁명의 조국이라 부르면서 '이오시프 스탈린' 원수와 김일성의 사진을 모든 관공서의 벽에 나란히 걸어 놓고 소련을 섬겼다는 사실은 북한을 등지고 남한으로 내려온 월남 동포들이 하나같이 증언하였다.

(2) 한국의 독립정부를 지원해줄 능력 유무

이승만은 남한을 중심으로 우선 독립국을 세우고 이를 통해 북한에 주둔하는 소련군의 철수를 요구, 남북한을 망라하는 통일정부를 수립할 것을 기도했다. 독립정부는 단순히 독립하겠다는 의지만으로 성립되는 것은 아니다. 외교적 승인과 지원을 얻음과 동시에 독립국가 건설에 필요한 경제, 기술, 군사적 지원을 확보하지 않으면 안 된다. 한민족이 그간 살아온 역사를 통해서, 또 직접 다녀본 여행경험을 통해서, 미국으로 몰려온 동유럽 난민들의 이야기를 통해서, 또 지난 기간 자기가 학습한 이론과 지식을 통해서 소련과 중국이 한국의 독립에 필요한 경제적, 기술적 지원을 제공할 능력이 없음을 그는 잘 파악하고 있었다.

소련과 중국은 어떤 상황이었는가. 제2차 세계대전으로 소련은 국력이 소진된 데다가 공산화로 경제가 피폐해졌다. 또 내전에서 겨우 살아남은 중국 역시 한국을 독립국가로 성장 발전할 수 있도록 도와줄 능력이 아예 없었다. 압록강변의 수림樹林이나 공장시설을 소련이 모두 자기 나라로 뜯어갔고 만주에 세워진 공장시설마저 소련으로 옮겨간 것은 주지의 사실이다. 일제가 남긴 유산 가운데 다소 쓸 만한 시설이나 설비는 소련점령군이 거의 자국으로 빼돌렸다. 중국도 공산혁명에 성공한 후 소련의 원조만을 학수고대할 만 큰 경제 사정이 열악했다.

(3) 지정학적 반성

다음으로 이승만이 중시한 것은 지정학적 관점이었다. 그는 조선이 중국을 섬길 때 지구최빈국이었는데 조선은 왕권王權만 있었고 국권國權이 애매한 상태에서 국왕을 중심으로 지배계급으로서의 양반들이 농민들을 수탈해서 생계를 유지하고 종주국인 중국에 공물을 납품하는 나라였다. 그가 자주독립국을 만들기 위해 세계 각국의 정치제도를 섭렵하면서 집필한 『독립정신』에서 조선이 청나라로부터 하루속히 독립해야 부강의 기회가 온다고 강조하고 조선을 넘보는 흉물스러운 러시아도 경계해야 한다고 역설한 것도 같은 맥락이다. 청나라로서의 중국이나 러시아로서의 소련의 입장에서 보면 한반도는 지정학적으로 대륙세력의 맨 밑 꼬리에 불과했다. 그들은 한반도를 속국으로 관리만 할 뿐 부강하게 키워줄 능력도 없었고 그러한 선례도 없었다. 조공朝貢 형식의 수탈과 치졸한 내정간섭과 갑질이 있었을 뿐이다.

이러한 상황에서 한국이 독립에 필요한 자원을 확보하는 길은 우리의 지정학적 운명을 바꾸는 선택에서 구할 도리밖에 없었다. 한반도의 운명을 중국과 러시아가 좌지우지하는 대륙세력의 꼬리에 묶어 두는 것보다는 미국 등이 주도하는 해양세력의 대륙진출 교두보로 지정학적 운명을 바꾸는 선택이 필요했다. 이승만은 동서냉전이 격화되는 과정에서 한국이 지정학적 운명을 바꿀 기회가 왔음을 내다 본 것이다. 그는 일찍부터 미국은 약소국으로부터 조공을 받는 나라가 아니며 국가 간의 관계도 주권 평등의 원칙을 존중하면서 국제법에 따라 규율되는 것을 지지했던 국가이기 때문에 약육강식을 국제관계의 기본 틀로 여기는 중국이나 소련은 경계해야 할 대상으로 보았다. 특히 그는 제2차 세계대전 후 유럽의 전후 부흥을 지원한 마셜 플랜에 주목했고 그의 반세기에 걸친 미국 생활이 미국과의 협력을 통한 독립국 건설이 최선의 방도임을 확신했다.

특히 국제정치적으로도 중국이나 러시아는 원교근공遠交近攻의 외교 전략을 추구, 한국을 끝없이 겁박하고 수탈하고 위협하는 국가들이었다. 그러나 미국은 황준헌黃遵憲이 그의 조선책략朝鮮策略에서 지적한 바와 같이 한국에 대해 영토적 야욕을 갖지 않은 해양강국이었다. 이러한 종합적인 정세판단에서 그는 남한이 중심이 된 독립국 건설의 길을 정읍발언井邑發言을 통해 국민들에게 호소하고 미국정부를 설득하는 작업에 나섰던 것이다.

(4) 국가발전을 위한 두 궤도를 깔다.

이승만은 정치제도 가운데 인간의 자유를 억압하지 않고 자유를 주어 창의력을 발휘케 하는 정치제도를 최선의 제도로 선호했다. 그의 저서『독립정신』에 흐르는 철학이다. 그는 인간의 창의와 자유를 존중하는 정치제도는 자유민주주의 체제이며 경제적으로는 시장을 존중해야 한다는 논리에 투철했다. 자유민주주의와 시장경제라는 두 개의 궤도 위에 세워진 정부만이 발전할 수 있는 정부임을 미국 생활을 통해서 확신하였다. 그러면서도 적서반상嫡庶班常의 차별이나 빈부의 격차를 없애야 한다는 평등사상에 대해서도 그는 마음의 문을 크게 열고 있었다. 특히 그는 조선의 양반제도의 폐해를 절감하고 양반제도를 뒷받침하는 농지소유 제도를 개혁하는 것이 시장경제 노선에 맞지 않는 부분도 있지만, 군왕이 가졌던 권력을 국민이 갖게 되는 민주국가에서는 차별을 철폐하고 모든 국민에게 기회를 균등히 하려면 농지개혁이 필수적인 건국과제라는 인식을 가지고 있었다. 그가 1923년에 태평양잡지에 발표한 칼럼 "공산당의 당부당"에서 이런 주장을 펴고 있었다. 이러한 비전과 신념을 가지고 그는 건국 작업을 서두르기 위해 미국으로 떠났다.

6

유엔감시 자유 총선거와
대한민국의 성립

정통성 있는 독립정부노선

이승만 박사에게는 자기가 구상한 유엔감시하의 자유 총선거를 통한 독립정부 수립구상을 미국이 지지해주고 유엔총회가 결의로서 채택해 준 것이야말로 그의 항일 독립을 위한 오랜 장정에서 처음으로 얻어낸 보석 같은 성과였다. 우선 일제에서 해방된 나라의 건국이 점령군사령부의 일방적인 지시나 조종으로 이루어졌다면 그 정부는 어떻게 변명하더라도 정통성을 가질 수 없다. 더욱이 내치외교마저 국가외적 기구인 국제공산당정보기구코민테른의 지시에 따라 진행된다면 그것은 괴뢰정부이지 독립정부일 수 없다. 북한정권이 오늘날까지 국제정치학자들로부터 소련군의 배낭에서 태어난 정부로 평가를 받는 것은 소련점령군이 자기들 뜻대로 만든 위성국으로 시작되었기 때문이다.

그러나 유엔감시하의 자유 총선거를 통한 독립국가의 수립은 대내외적으로 흠잡을 데 없는 가장 떳떳하고 정통성이 보장된 건국의 길이다. 이승만의 이러한 독립관과 안목과 지모智謀를 통해 한국의 독립정부 수립이 미국을 비롯한 유엔의 협력을 통해 이루어졌고 나아가 유엔으로부터 정부승인을 받게 된 데 대해서 민족진영은 하나같이 환영했다.

이승만이 직면한 두 개의 큰 난관

이승만의 독립노선은 국내에서 두 세력으로부터 강한 저항에 봉착했다. 하나는 소련과 북한 공산당의 자유 총선거 저지를 위한 격렬한 공세였다. 다른 하나는 민족진영의 비현실적 명분론이 제기하는 난관이었다.

소련은 남한에 정통성 있는 독립정부가 수립될 경우 북한은 위성정권이 되고 그들의 궁극 목적인 한반도 전역全域 장악이 어려워지기 때문에 조선공산당에 자유 총선거 저지를 위한 무한투쟁을 지령했다. 동시에 유엔의 결의에도 불구하고 소련은 유엔한국위원단의 북한지역 방문을 거부했다. 그들이 2년에 걸쳐 미소공동위원회와 협의 없이 세운 '북한만의 단독정권'이 유엔 결의에 의해 재구성되어야 하는 위험을 피하기 위해서였다. 소련은 안전보장이사회의 결의 아닌 총회 결의이기 때문에 이를 무시할 수 있었다. 결국 유엔 총회는 새로운 결의를 통해 자유 선거가 가능한 지역에서라도 선거를 실시, 한반도에 합법정부를 세우도록 결정했다.

조선공산당의 자유 총선거 방해 책동

조선공산당은 남한 내의 각 조직을 총동원, 유엔감시하의 자유 총선거를 반대하면서 그 투쟁구호를 이른바 "소남한단정小南韓單政" 반대투쟁으로 명칭을 부여했다. 즉 남한만의 단독정부 수립을 반대한다는 것인데 '소남한단정 반대 투쟁'은 그 함의含意가 명백하다. 우선 남한보다 먼저 북한에서 진행된 소련 주도의 단독정부 수립조치에 대한 거론을 은폐하면서 민족분열의 책임을 이승만이 주도하는 우익 측에 전가하려는 고도의 심리전적 관점을 담고 있다.

소련 주도로 북한에서 진행되는 위성정권 수립 상황은 남한에는 거의 알려지지 않았고 또 소련은 자국 내부정보의 해외유출을 철저히 차단하는 폐쇄사회윈스턴 처칠이 말하는 철의 장막였기 때문에 북한의 위성국가화 과정도 전혀 알려지지 않았다.

북한에 세워진 소련의 위성정권은 맨 첫 사업으로 토지개혁을 실시했다. 무상몰수無償沒收 무상분배無償分配가 토지개혁의 이념이라고 선전했지만, 그것은 토지의 개혁이 아니라 토지의 국유화 조치였다사유재산을 인정치 않는 공산당은 몰수된 토지를 전 인민적 소유라면서 국유화했다. 이때 공산당은 '소남한단정 반대 투쟁'을 가장 중요한 선전·선동개념으로 부각시키면서 이 투쟁을 가열화하기 위해 파업, 테러를 자행함은 물론 1946년의 대구 10월 폭동을 비롯하여 제주 4·3폭동까지 각종 테러폭동을 일으켰다.

1948년 5월 10일에 실시된 대한민국정부 수립을 위한 제헌국회의원 선거는 유엔감시하에 전국에서 자유롭고 평화롭게 진행되었지만, 제주폭동 여파로 제주 2개 지역에서만 투표가 이루어지지 못했다. 정부 수립 직후에는 제주폭동의 여진을 끄기 위해 파견된 국군 14연대가 1948년 10월 여수와 순천에서 반란을 일으켜 수백의 사상자를 낸 참극이 벌어지기도 했다. 남조선 공산당의 이러한 무한투쟁에도 불구하고 대한민국정부는 수립되었고 1948년 12월 12일 유엔총회는 대한민국 새 정부를 결의를 통해 정식으로 승인했다.

유일합법정부에 대한 트집 잡기의 허구성

여기서 주목해야 할 과제는 아직도 '유엔감시하의 자유 총선거로 성립된 대한민국이 한반도의 유일합법정부'라는 주장에 반론을 펴는 사람들이 있다는 것이다. 유엔총회결의는 유엔감시하의 선거가 가능한 지역에서 집행되었고 소련의 유엔감시위원단 입북 거부로 북한지역에서는 선거가 실시되지 못한 것은 사실이다. 좌파학자들이나 친북세력의 일부에서는 이러한 사실을 들어 아직도 대한민국이 한반도 내의 유일합법정부가 아니라고 주장한다. 그러나 유엔총회결의안을 보면 결의안의 어느 항목에도 유엔감시하에 선거가 실시된 지역에서 성립한 정부가 한반도의 유일합법정부라는 사실 이외에 한반도 내에서 대한민국과 법통을 다투는 다른 정치체Political Entity가 존재한다는 규정이 없다. 북한의 인민공화국 존재 자체를 인정하는 조항은 전혀 없다. 이로 미루어 대한민국은 유엔이 인정한 한반도 안의 유일합법정부인 것이다. 그러나 선거가 실시되지 않은 한반도의 다른 지역에도 합법적으로 성립한 대한민국의 주권이 미친다고 명확히 선언하지 않은 점은 아쉬움으로 남는다.

민족지도자 일부의 정부 수립 반대 운동

중국의 상하이와 충칭 등지에서 독립운동을 하고 귀국한 임시정부의 김구 주석과 김규식 부주석은 양인 모두 공산당을 반대한다는 점에서는 이승만 박사와 하등의 차이가 없었다. 또 4대 강국에 의한 5년간의 신탁통치를 반대하는 투쟁에서도 동일한 입장을 취했다. 그러나 미소공동위원회를 통한 통일 정부 수립이 불가능한 상황이라면 유엔감시하의 자유 총선거라도 실시, 남한지역에라도 우선 독립정부를 세우고 통일운동을 북한지역으로 확대해나가자는 주장에서만은 이승만 박사와 생각을 달리했다. 김구와 김규식 두 분은 1948년 4월에 북한을 방문, 북한의 김일성을 만나 담판을 통해 분열이냐 독립이냐의 최종단안을 내리겠다는 명분을 내세우고 남북정치지도자 간의 정치협상을 제안했다. 그러나 북한의 김일성은 소련의 지시에 따라 김구, 김규식의 남북협상제의를 무시하고 남북한 제 정당 사회단체연석회의를 제의하였다. 두 김 씨가 요구한 남북정치협싱이 아닌 남북한 제 정당 사회단체연석회의였는데 북측의 제안 가운데 그들의 요구도 포함된 것으로 간주, 양인兩人은 평양회담에 참석하였다.

그러나 남한에서 올라간 정치지도자들 특히 두 김 씨는 북한 김일성이 주도하는 제 정당 사회단체연석회의라는 집회에만 참석했을 뿐 김구 선생이나 김규식 박사를 민족지도자로 해서 북한 김일성과 정상급 담판을 한 번도 할 기회를 얻지 못했다. 단 평양을 떠나 서울로 돌아오는 날 식사 한 끼를 김일성과 함께 나누는 것으로 두 분의 방북 일정은 모두 끝나버렸다.

양 김 씨는 소련과 김일성이 세운 '정부'를 두 눈으로 보았다

북한에는 이미 인민위원회라는 정부가 구성되어 있었고, 소련제 무기로 무장한 인민군이 편성되어 있었는데, 소련의 지령으로 반도 북반부에 소련 위성정권을 수립하는 데만 열중했던 김일성으로서는 김구 선생이나 김규식 박사 같은 연상의 민족운동지도자들을 만나 귀찮은 이야기를 들을 필요가 전혀 없었다. 소련군 당국의 지령에 따라 김일성은 그들이 정권을 단독으로 세우는 집회에 남한에서 민족의 큰 지도자로 떠받쳐지는 몇 분 정치지도자를 선전용으로 참석시키는 것으로 이들의 용도는 끝났다.

이때 김일성은 제 정당 사회단체 참석 인사들이 보는 가운데서 인민군의 사열 행진을 펼쳤다. 이 상황을 두 눈으로 똑똑히 지켜본 김구와 김규식이 치안경비 병력조차 제대로 갖추지 못하고 있던 남한상황과 북한상황을 비교했다면, 북한과 합작해서 통일정부를 만들면 그 결과가 어떻게 되리라는 것을 분명히 알았을 것이다.

이때 김구 선생이나 김규식 박사는 어떤 독립, 어떤 통일이냐를 묻지 않고 덮어놓고 분단이 아닌 단일정부만 수립된다면 그것으로 만족한다는 생각이었을까. 만일 이것이 사실이라면 남북한을 하나로 합쳐 단일정부를 만들자는 것은 한반도 전체를 소련의 위성국가로 만들자는 주장과 조금도 다를 바 없는 것이다. 김구나 김규식이 평소 두 분의 신념이나 행태에 비추어 소련의 위성국가나 공산화된 통일정부를 바랐다고 말할 근거는 없다. 그러나 이때 두 분 김 씨는 협상다운 협상 한번 제대로 못해보고 이미 북한이 창설해 놓은 인민군대의 사열을 받으면서 빈손으로 서울로 돌아왔다.

미소냉전으로 한반도에 독립정부가 아닌 두 개의 별개 국가가 미소양군의 점령지에 각각 세워지지 않을 수 없는 현장을 북한 땅에서 그들은 직접 목격했던 것이다.

그때 김구 선생은 무엇을 꿈꾸고 있었을까

나는 남북협상을 명분으로 북한의 김일성을 만나러 간 독립운동지도자들은 해방된 조국이 남북으로 양분되는 것을 막아보겠다는 숭고한 목표를 가지고 있었을 것으로 믿는다. 그러나 미소냉전이 격화되는 가운데 미소양국 군대에 분할 점령당한 한반도에서 단일정부가 세워지도록 미소양국이 눈 감아 주거나 길을 열어줄 것을 기대하기 힘든 상황임을 그들도 알았을 것이다.

미소공동위원회의 파탄이 이를 여실히 말해주었다. 그러나 이분들은 해방된 우리 민족의 운세가 불길하여 한반도가 통일이 아닌 분단으로 넘어가는 역사를 그대로 좌시한다는 것은 독립운동지도자로서는 양심상 용납할 수 없다고 생각했을지도 모른다. 비록 실패할지라도 한번 부딪쳐 보자는 심정으로 북한 방문길에 올랐을 것이다. 그러나 이분들의 용도는 분단으로 향하는 역사의 큰 흐름 속에서도 분단이 아닌 통일된 단일정부를 열망했던 지도자들이 존재했다는 것을 역사의 한 페이지 속에 기록하는 것으로 끝났다.

나는 이들의 모습 속에서 명분과 현실의 충돌을 본다. 그러나 정치는 현실이며 그 안에서 가능한 답을 찾아야 할 것이다. 만일 김구 선생이 소련의 위성국이 되는 한이 있더라도 통일되는 것이 분단되는 것보다는 더 옳고 이롭다고 생각했다면 김일성을 받드는 한이 있더라도 바로 그 길로 질주하는 것이 현실정치요, 선택일 것이다. 그러나 김구는 그 길을 택하지도 않았다. 그렇다고 북한에 가서 김일성을 만나 북한 땅이 소련 위성국가가 되어서는 안 된다고 강력히 호소하지도, 요구하지도 않았다. 북한에 단독정부가 수립되어서는 안 된다고 기자회견에서 밝힌 일도 없었다. 그런 말은 꺼내 보지도 못하고 협상을 포기한 채 서울로 돌아왔다. 서울에 돌아와서만 대한민국의 단독정부 수립을 반대한다면서 5·10선거에 참여하지도 않았고 가까운 동지들이 참여하려는 것도 만류했다.

김구는 북한의 군사력의 막강함에 비추어 남한에 정부가 수립되더라도 북한에 먹힐 것이란 예감을 가지면서도 남한정부 수립을 반대하는 발언만을 되풀이했다. 여기에서 나는 김구, 김규식 두 분 선생의 지도자로서의 비극과 한계를 절감치 않을 수 없다. 그러나 두 분과 함께 남북협상에 참가했던 조소앙趙素昂 선생은 공산화 통일을 확고히 반대하고 김구 선생과의 정치적 의리 때문에 제헌국회의원 선거에는 출마하지 않았지만 제2대 국회의원 선거에 출마, 전국 최다득표를 얻기도 했다. 불행히도 조소앙 선생은 북한으로 납북된 후 1958년 북한에서 자살로 생을 마감했다고 한다.

나는 2002년 한중문화협회 총재와 겸직하고 있던 한민족복지재단의 공

미워할 수 없는 우리들의 대통령

동대표로서 북한 어린이를 돕는 사업을 위해 평양을 방문했다. 이 기회에 북한당국과 교섭, 평양 형제산 구역에 있는 항일애국열사 묘소를 찾아가 한중문화협회의 초대회장으로 추존追尊되고 있던 조소앙 선생의 묘소를 참배했고 바로 그 앞줄에 있는 우사 김규식 박사 묘소도 참배하고 왔다.

7

대한민국의 건국과 개혁

소련과 북한 공산주의자들의 극렬한 반대와 국내 민족운동진영의 명분에 치우친 단독정부 수립반대 운동은 건국을 서두르는 이승만에게 큰 부담이 되었다. 그러나 민족진영 전체의 압도적 지지를 받는 이승만의 강력한 카리스마와 지도력은 유엔감시 하의 총선거를 성공리에 끝마치고 제헌국회를 개원하였고 국회는 이승만을 압도적 지지로 대통령으로 선출함으로써 대한민국은 건국되었다. 한일합방으로 대한제국이 헌법적으로 소멸한 후 38년 만에 한반도에 합법적인 국가로서 대한민국이 새롭게 탄생한 것이다.

조지 케넌 등 미 국무성의 전략가들은 한국이 미국의 경제나 안보에 도움이 되지 않고 전략가치도 없다고 단정, 한국 포기를 결정한 상태였기 때문에 정부가 세워지기까지만 미군 주둔으로 정부 수립을 지원하고 그 이상 아무것도 지원하지 않았다. 독립에 필요한 경제지원은 물론이거니와 안보지원마저도 외면했다. 대한민국정부가 수립된 다음 해에 주한미군 전원이 딘Dean 소장을 책임자로 하는 소수 군사훈련 요원들만 남기고 1949년 남한 땅에서 매몰차게 철군 조치를 완료하였다.

이승만 리더십의 위대한 승리

|

유엔감시 자유 총선거를 통한 건국구상

미국이 이승만을 꼭두각시로 내세워 남한에 괴뢰정부를 세우려고 획책했다는 공산 측 주장은 터무니없는 모략이고 중상이었다. 이승만은 미군정과의 협력으로 독립정부 수립을 모색했지만, 미군정의 하지 장군은 북한에 소련의 위성국가가 세워진 것도 모르고 이미 국제정치차원에서 의미를 상실해버린 미소공동위원회를 통해 독립정부를 세운다는 황당한 생각에 사로잡혀 있었다. 이런 답답한 상황에서 이승만은 미군정이 아닌 유엔을 통하여 한국의 독립달성을 추구, 유엔감시 하의 자유 총선거를 통해 통일 독립된 한국을 수립한다는 건국방안을 안출, 미국 조야 설득에 나섰다.

앞에서 지적했던 것처럼, 미국도 한국 문제에서 손을 떼고 유엔으로 이관하려고 했다. 미국은 이승만이 들고 나온 유엔을 통한 독립정부 수립구상을 시의에 맞는 구상으로 받아들이고 지지를 표명했다. 이승만의 이러한 노력이 없었다면 미군은 1948년 철군을 끝냈을 것이고 한반도는 전역이 소련의 위성국으로 전락할 가능성이 아주 높았다. 그러나 이승만이 유엔을 통한 정부 수립의 길을 뚫었기 때문에 소련의 위성국화를 모면할 수 있었고 미군의 철군 일정도 정부 수립이 완료된 후로 연기되었다.

'소남한단정 노선'에 대한 공산주의자들과 종북 세력의 비판은 소련이 선제 획책한 북한 단독정권 수립을 대외적으로 은폐하면서 유엔의 협력과 자유 총선거를 통해 대내외적으로 정통성을 확실히 인정받는 대한민국을 수립한 이승만 박사에게 분단의 책임을 덮어씌우려는 선전 책동에 지나지 않는 것이다. 한반도 전역을 소련의 위성국가로 만드는 데 동조하는 세력들만 이 이승만을 소남한단정 논자로 물고 늘어지는 것이다. 지금도 이승만을 소 남한단정 논자라고 비난을 퍼붓고 있는 인물들이 비록 소수지만 우리나라 정치가나 학자들이나 언론인 가운데 생존하고 있다는 것은 실로 통탄스러운 일이다.

유엔총회의 대한민국정부승인

한국은 한미관계의 초창기에 분명히 미국이 내버린 카드였다. 그럼에도 불 구하고 공산 위성국가가 아닌 자주독립국으로서의 한국을 세워야겠다는 이 승만 박사를 주축으로 하는 한국 자유 민주세력의 단합과 노력으로 대한민 국정부는 수립되었으며 마침내 유엔총회는 대한민국정부를 승인했고 현재 는 동북아시아에서 선진국반열에 오르는 국가로 발전하게 되었다. 역사에는 가정법이 없다지만 미국이 처음부터 한국을 독립국가로 세울 방침을 가지고 경제적으로나 군사적으로 착실히 지원해 주었더라면 소련도 김일성의 남침 을 지원하지 않았을 것이며 1950년의 6·25전쟁 같은 동족상잔의 끔찍한 비 극은 애당초 일어나지도 않았을 것이다. 그러나 약소국들에게 그런 '착한 강 대국'은 없었다. 이런 어려운 상황 속에서라도 민족의 올바른 지도자라면 지 식과 지혜와 경륜을 발휘, 꽉 막힌 민족의 운명을 다시 살려낼 수 있어야 할 것이다.

대한민국의 탄생은 소련 위성국가가 아닌 자주 독립국을 세워 대륙세력 으로서가 아니라 해양세력으로 민족의 지정학적 운명을 바꾸고 새로운 나라 를 건설하겠다는 이승만의 꿈과 리더십의 산물이었다. 다른 독립 운동가들과 구별되는 체험을 쌓으면서 국가건설의 비전을 마련하고 성취한 이승만의 건 국을 향한 공헌은 두고두고 높이 평가해야 할 것이다.

그는 이념적으로 자유민주주의를, 경제적으로 시장경제라는 두 궤도를 깔아 한국이 고속으로 발전할 기틀을 마련했다. 소남한단정으로 민족을 분열시켰다는 주장은 한반도의 공산화를 원했던 사람들의 넋두리에 불과하다. 아직도 좌익들과 친북 역사학자들은 '소남한단정' 반대론에 자기의 사관史觀을 묶어 놓고 역사학자로서 명맥을 이어가는 불행한 사람들이다.

건국과 주요개혁

성인남녀에게 보통, 평등, 직접, 비밀투표권 부여

이승만이 유엔감시 자유 총선거를 통한 건국노선을 펼침으로 말미암아 5천 년 역사상 처음으로 전 국민이 주권자가 되어 보통, 평등, 직접, 비밀투표권을 행사하게 되었다. 보통선거권은 아시아 사회는 물론이거니와 서구에서도 보편화된 선거제도가 아니었다. 문맹이 많아 후보자의 이름을 모르는 사람들을 위해 막대기 기호로 후보자를 표시하는 어려움을 겪으면서도 전 국민에게 보통선거권을 부여한 것은 역사 이래의 정치개혁이었다.

노예해방을 단행, 역사에 길이 남을 업적을 남긴 미국의 링컨 대통령도 흑인 노예들에게 직접, 평등, 보통, 비밀투표라는 보통선거권을 부여하지 않았다. 일정한 납세능력을 가진 사람들에게 선거권을 부여하는 제한선거제였고 스위스에서는 1960년대에 비로소 여성선거권이 인정된 예를 상기할 때, 1948년부터 전 국민에게 보통선거권을 부여한 이승만의 조치는 실로 파격적인 정치개혁이었다. 소련점령 치하에서 북한정권이 실시한 흑백투표와는 비교도 안 될 민주개혁이었다.

유상몰수 유상분배의 농지개혁 단행

이승만은 북한에서 1947년에 토지개혁을 단행했다는 사실을 중시하고 정부 수립과 동시에 한국에서도 농지개혁이 절실히 필요한 과업이라고 느끼고 지주 출신이 중심이 된 한국 민주당 인사가 아닌 죽산 조봉암竹山 曺奉岩, 1899~1959 선생을 농림장관으로 기용, 농지개혁을 주도하도록 했다. 이승만이 구상한 농지개혁은 북한에서처럼 무상몰수 무상분배를 구호로 내걸어 놓고 실제로는 모든 토지를 전 인민적 소유라거나 협동적 소유라면서 국유화하는 조치가 아니었다. 북한은 대남선전에서는 경자유전耕者有田의 원칙에 따라 무상몰수 무상분배라고 하였다. 이 선전은 한국 농민들에게 미치는 심리전적 영향이 컸다.

이에 이승만은 경자유전의 원칙을 지키면서 유상몰수 유상분배를 개념으로 하는 농지개혁을 단행했다. 이승만은 모든 농지소유의 상한선을 3정보로 하고 그 이상의 토지는 국가가 지가地價증권으로 매입하고 지주들로부터 농지를 임대하여 소작을 하는 소작농들은 그 농지를 자기 소유로 하는 대신에 매년 농사지어 얻은 소출 가운데 일부를 상환자금으로 내놓도록 하는 획기적인 농지개혁에 착수했다. 이 농지개혁은 6·25전쟁 중에도 계속되어 전쟁이 끝난 후에야 완결되었다. 이 개혁조치로 인하여 우리나라는 역사상 처음으로 소작농체제가 자영농체제로 농지소유 형태가 바뀌게 되었다.

조선시대는 왕실과 양반계급만이 토지 같은 재산을 가질 수 있었을 뿐 일반 백성은 토지나 재산을 가질 수 없었다. 그러나 대한민국의 건국과 이승만의 농지개혁실시를 통해서 역사상 최초로 일반 국민이 농지를 재산으로 소유할 수 있게 되었다. 이 점에서 소작농이 자영농으로 변하게 된 역사적 의의는 대단히 큰 것이다. 토지재산을 가질 수 없었던 사람들이 재산을 갖는 자작농가로 변하게 된 것은 엄청난 신분 상승이 아닐 수 없었다.

이승만은 앞에서도 지적했지만, 소련에서 성공한 공산주의 혁명 과정을 지켜보면서 공산주의 주장 가운데 국민들을 반상班常으로 차별하고, 재산과 지식을 양반만 갖게 하면서 일반 서민들은 재산과 지식을 갖지 못하게 하는 조선식 적서朝鮮式 嫡庶 반상의 차별을 반드시 폐지해야 할 과업임을 1923년 그가 쓴 태평양잡지에서 밝혔다. 나아가 소득에 따른 인격차별도 있어서는 안 될 불평등 제도로 보았다. 그가 건국과 동시에 농지개혁을 서둘러 착수한 것은 이러한 자기 철학의 표현이었다.

국회는 지주계급이 중심인 한국 민주당이 다수 의석을 가졌기 때문에 농지개혁법의 통과가 어려웠지만, 그때 대한민국에서 가장 많은 소작농을 거느린 인촌 김성수仁村 金性洙 선생이 이승만의 농지개혁법을 솔선 지지했기 때문에 제헌국회에서 농지개혁법이 예상외로 쉽게 제정, 통과될 수 있었음도 기억해야 할 것이다.

문맹 퇴치와 초등 의무교육제 실시

대한민국 건국과정에서 이승만이 이룬 업적 가운데 지금도 국민들이 고마움을 느껴야 할 개혁의 하나는 한글 깨치기 운동을 범국민운동으로 전개하여 전체 인구 중 87%였던 문맹자를 15%로 줄이는 한편, 배워야 산다는 그의 경륜을 관철하기 위해 초등 의무교육제를 실시하도록 밀고 나간 것이다. 정부의 재정 형편으로는 유상교육을 실시하기도 어려울 만큼 국고가 비어있었음에도 불구하고 그는 전 국민을 상대로 초등교육을 의무적으로 실시케 한 것이다. 필자가 초등학교 3학년 때 정부가 수립되었는데 미군정에서도 초등교육을 지원하기 위해 교과서를 만들어 배포했지만, 수도 서울에 국한되었다. 서울로 출장 갔다 오신 내 부친께서 국어와 산수책을 한 권씩 사 오셔서 담임선생과 함께 그 책을 나눠 본 일이 지금도 기억에 생생하다. 결국 교과서를 가진 사람은 나 혼자뿐이었다.

그러나 한글 깨치기 운동은 동네마다 번져서 야학당이나 시골회관 등지에서 한글을 가르치는 광경을 자주 목격했다. 초등학생인 나도 할머니들이 책 읽는 것을 도와주면서 다소 으쓱했던 일이 아직도 어렴풋이 기억에 남아 있다. 정부에서 의무교육을 실시하기 때문에 학교에 안 다닐 수가 없어서 정부 수립 직후에는 학교마다 입학적령기를 넘은 학생들이 학급마다 몇 명씩 끼어 있었다. 이들 가운데는 일본에서 살다가 해방되어서 귀국한 동포들 자제가 많았던 것으로 기억된다. 학교재정이 빈약하여 월사금을 내야 했지만, 월사금을 내면서라도 의무교육이니 학교에 가지 않을 수 없었다. 우리 국민들의 높은 향학열은 의무교육에 따른 재정적 어려움을 훨씬 넘어섰기 때문에 초등 의무교육제도는 오늘날 확고한 국가제도로서 정착되기에 이르렀다.

미국의 정치학자 세이머 마틴 립세트Seymour Martin Lipset는 국가근대화의 지표로서 문자해득율, 자진납세율, 자원입영율을 예시했는데 신생 대한민국이 재정이 빈털터리 상태인데도 초등 의무교육 실시를 결단한 것은 건국의 올바른 기초가 교육에 있음을 절감하고 있던 초대 대통령 이승만이 취한 건국의 경륜이었다.

풀뿌리 민주주의 실시에 착수

이승만은 대한민국정부가 수립됨과 동시에 1948년 11월 17일에 지방행정에 관한 임시조치법을 공포하고 이 법을 토대로 1949년 7월 4일 지방자치법을 제정함으로써 풀뿌리 민주주의가 뿌리내릴 제도적 기틀을 마련하였다. 그러나 정부 수립 후에도 지방에 따라 치안이 불안정한 지역도 있었고, 민주정치에 대한 주민들의 훈련 부족은 물론이거니와 높은 문맹률과 경제난이 가중되는 상황에서 미국 같은 완전한 지방자치는 성립하기 힘들었다. 따라서 초기의 지방자치법은 요즘의 광역자치단체장인 서울특별시장과 각도의 지사는 대통령이 임명하고 도의 하부기관인 군郡의 군수와 인구 50만 이상의 시에 설치된 구區의 구청장은 국가공무원으로 하도록 했다. 시, 읍, 면장은 당시 여건하에서는 의회가 선출하고 지방의원의 임기는 4년 명예직으로 했다. 그러나 대한민국의 지방자치는 정부 수립과 동시에 실시되지 않았다. 치안상의 문제도 컸지만 경제 사정이나 행정구역의 분할문제도 즉각적 실시에 어려움을 만들었다.

그러나 대통령 선거가 1951년 12월 31일 국회에서 선출하는 간선제에서 직선제로 바뀌는 개헌이 이루어지면서부터 지방자치는 곧장 실시과정에 들어가게 되었다. 이에 따라 6·25전쟁이 한창이던 1952년 4월 25일 치안불안지역과 미수복지역을 제외한 시, 읍, 면 의회 의원선거가 실시되었고 서울, 경기, 강원을 제외한 전국 7도에서 도의회 의원선거가 행해졌다. 이승만이 실시한 지방자치는 제2공화국에서 한 차원 더 발전했다. 그러나 박정희 대통령이 집권한 제3공화국시대부터는 지방자치에 의한 주민자치는 중단되고 단체자치만 실시되다가 그것도 제4공화국에 이르러서는 헌법부칙에 조국통일이 이루어질 때까지는 지방의회는 구성하지 않는다고 명시함으로써 지방자치는 사라졌다. 그러나 이승만이 뿌린 지방자치의 씨앗은 민주화의 진전에 따라 실시의 수준과 범위를 넓히면서 실시되어 오다가 이제는 대한민국의 확고한 정치제도로 뿌리를 내리게 되었다.

한국 민주주의는 현재 지방자치가 정착됨으로써 정당 간에 중앙의 정치무대에서 심각한 정치투쟁이 일어나고 국정이 혼미해지는 상황이 온다고 해도 전국 16개 지방자치단체는 일사불란하게 자기에게 주어진 일들을 잘 감당해 나감으로써 국민생활에는 큰 지장이나 혼란은 야기되지 않을 정도로 성숙했다.

자유 민주주의의 토대구축

결국 이승만은 대한민국 국회가 의결한 제헌헌법을 통해 이 땅에서 자유민주주의, 사유재산제도와 시장경제가 꽃필 기초를 다졌다. 대한민국의 건국 초기에는 한국 민주주의를 쓰레기통에 던져진 장미꽃으로 비유한 서양학자도 있었다. 그러나 민주정치가 발전하려면 우선 신념 있는 지도자가 민주주의가 발전할 제도를 먼저 구축하고 이를 신념을 가지고 밀고 나감으로써 꽃이 피게 된다. 이승만이 4·19혁명을 만나 자기 임기를 채우지 못하고 대통령직에서 물러난 것은 자유민주주의자로서 그의 생애에 남긴 커다란 흠결이지만 그가 깔아놓은 자유민주주의와 시장경제의 토대는 대한민국이 비약적으로 발전할 올바른 궤도였다. 그에게 흠결이 있다고 해서 그가 세운 공헌마저 부정되어서는 안 될 것이다.

미워할 수 없는 우리들의 대통령

8

한국전쟁과 휴전 그리고 이승만

이승만이 받는 비판 가운데 '소남한단정 노선' 이외에 가장 빈도가 높은 비판 중 하나는 그가 동족상잔의 6·25전쟁을 유발했다는 것이다. 김일성이 소련의 스탈린과 중공의 모택동과 함께 모의하여 한국전쟁을 일으켰다는 관련 자료가 소련붕괴 후 백일하에 밝혀졌음에도 불구하고 전쟁책임을 이승만에게 덮어씌우는 저술들이 아직도 이 땅에서는 사라지지 않고 있다. 유령처럼 사라졌다 나타났다 하는 양상이다. 대한민국이 강해지면 약해졌다가 혼란하거나 약해지면 유령처럼 나타난다. 이하 6·25전쟁의 배경과 전개를 살피기로 한다.

'이승만 6·25 촉발론'은 좌파의 역사왜곡

현재 밝혀지고 있는 6·25전쟁 관련 모든 자료는 김일성의 남침계획을 스탈린이 승인, 지원하고 협력함으로써 일어난 민족 최대의 비극으로 밝혀졌다. 1949년 3월 5일 소련의 초청으로 모스크바를 방문한 김일성은 공식회담을 마친 후 1949년 3월 7일 스탈린을 따로 만난 자리에서 북한의 남한 공격을 스탈린이 허용해주고 지원할 것을 건의했다. 이때는 스탈린이 38선에 관한 미소합의는 유효하며 전쟁발발 시 미국의 개입 가능성이 크고 북한군이 남한군에 대한 절대 우위가 아니라는 이유에서 김일성의 건의를 받아들이지 않았다. 그러면서도 이 시기 스탈린은 북한의 군사력 증강노력을 지지하고 육해공군의 강화를 위한 원조를 제공했다.

그러나 1949년 중엽부터 상황이 달라졌다. 우선 남한 주둔 미군이 470여 명의 미 군사고문단만을 남기고 전원 철수를 단행했고1949.6.30 소련이 핵실험에 성공함으로써 핵보유국가로 등장, 미국의 핵 독점을 종식시키고 1949.8 중국의 공산군이 대륙장악에 성공하는 상황이 조성되었다1949.10.1.

이와 동시에 1950년 1월 12일 딘 애치슨Dean Acheson 미 국무장관은 워싱턴 기자협회의 연설에서 미국의 극동방위선이 필리핀에서 유구열도, 일본을 지나 알류산 열도로 이어진다고 밝히고 이 방위선 밖의 지역에 대한 침공은 일차적으로 지역주민이 저지하고 유엔헌장에 의하여 모든 문명세계의 개입에 의존해야 한다는 내용이었다.

이러한 새로운 상황은 김일성의 남침야욕에 다시 불을 붙였고 소련도 새로운 정세로 중국에 이어 한반도의 공산화라는 전략목표를 고려하게 되었다. 김일성은 1950년 3월 30일 재차 소련을 비공식 방문, 4월 25일까지 머물면서 세 차례에 걸쳐 스탈린과 남침계획을 검토한 후 스탈린으로부터 남침 허락과 군사원조, 필요한 전략지원을 확약받고 여기에 유사시 중국군 지원계획까지 합의한 후 귀국했음이 자료에 의해 밝혀졌다. 이런 관점은 니키타 흐루쇼프Nikita Khrushchev 회고록에서도 같은 내용이 담겨있다.

미워할 수 없는 우리들의 대통령

박헌영이 장담한 인민봉기는 없었다

김일성이 소련을 방문할 때 동행했던 남로당의 박헌영도 군사작전을 통해 서울을 점령하면 여기에 때맞춰서 남한 각지에서 남조선노동당이 주도하는 인민봉기가 일어나 군사적 승리와 인민봉기가 결합됨으로써 전쟁은 단기간에 승리로 끝날 수 있다고 장담했다. 미국과의 충돌을 피하고 싶었던 소련은 자국군대의 파병지원보다는 중국의 모택동을 침략전쟁에 가세하도록 했다. 이러한 3자 간 합의 위에서 김일성의 6·25 남침은 개시되었다. 이 사실들은 소련붕괴 후에 그간 가려졌던 자료들이 쏟아져 나오면서 자세히 밝혀졌다. 그러나 수정주의자들이 말한 내전설이나 함정설은 어느 것도 사실이 아닌 말장난이었다.

그러나 김일성이 남침을 개시하면서 기대했던 남한 내의 인민 봉기는 대한민국의 어느 곳에서도 일어나지 않았다. 김일성은 수도 서울을 점령한 후 남한 내의 인민봉기가 일어나기를 기다리면서 남쪽으로의 전진을 3일간 멈추고 대기했지만 인민봉기는 전혀 기미도 보이지 않았다. 이렇게 된 데는 몇 가지 이유가 지적되고 있다. 첫째, 대한민국정부가 수립되면서 총선 반대투쟁을 주동했던 남로당 지도자들이 모두 북한으로 도망갔기 때문에 남로당의 조직은 거의 와해상태에 있어 인민봉기를 주도할 역량이 소진되었다. 둘째, 한국정부는 친북 내지 남로당 계열에 연계될 가능성이 있는 사람들을 보도연맹으로 묶어 특별관리함으로써 인민봉기에 휩싸이지 못하도록 선제조치를 취했다. 셋째, 대한민국은 정부 수립 직후부터 소작농체제를 자영농체제로 바꾸는 이른바 유상몰수 유상분배를 통한 농지개혁을 단행, 농민들이 공산당의 국유화가 본질인 무상몰수 무상분배 선전에 현혹되지 않고 정부에서 보장한 지주地主로부터 연부年賦로 사들인 자기 토지를 강하게 지키려고 하였기 때문이다.

그러나 오늘날까지도 공산주의자들과 그에 동조하는 좌익들이 이승만을 6·25전쟁을 촉발한 장본인이라고 떠드는 주장은 더 이상 사실도 아닐뿐더러 설득력을 가질 수도 없다. 그러나 북한 공산주의에 동조하는 좌익분자들은 아직도 이승만을 소남한단정 노선으로 민족을 분열시키고 6·25전쟁을 촉발 시킨 전쟁도발자로 규탄한다. 그러나 역사는 6·25 전범은 스탈린, 모택동, 김일성이며 이승만은 6·25 남침에서 대한민국의 공신화를 막은 자유민주주의 수호자의 위치를 확고히 지킨 분으로 기록하고 있다.

6·25전쟁을 보는 일부 역사학자들의 왜곡된 시각

브루스 커밍스Bruce Cummings 등 일부 수정주의 학파에 속하는 사람들은 6·25전쟁의 원인을 말할 때 두 가지 논법을 구사한다. 하나는 38도선을 사이에 두고 남북한의 군대 간에 자주 벌어진 충돌이 점차 확대되어 커진 내전이라는 설이다. 그러나 북한의 남침 사실이 관련 자료에 의해 객관적으로 입증됨에 따라 말을 바꾸어 함정설을 퍼트린다. 즉 미국이 북한의 남침을 유도하는 함정을 파놓고 김일성이 그 함정에 빠지도록 유도했다는 주장을 펴서 논란거리를 만들었다. 함정설은 일견 그럴듯해 보인다.

미국이 한국을 미국 입장에서 전략가치가 없다고 평가한 후 경제원조도 제공하지 않았고 유엔감시 자유 총선거로 대한민국정부가 수립된 후에는 한국에 주둔하던 미군을 완전히 철수시켰다. 여기에 미 국무장관 애치슨은 한국을 미국의 방위선에 포함시키지 않겠다고 기자회견에서 밝혔다. 누가 보아도 미국이 한국을 포기했다고 간주할만한 정황을 미국 스스로 조성했기 때문이다. 그럼에도 불구하고 침략행위가 발생하자 미국의 대응은 너무나 신속히 이루어졌다. 미국 수정주의 학파들은 미국의 신속한 대응을 근거로 함정설을 만들어 퍼트리고 북한의 남침 자체를 함정에 빠진 실수처럼 호도하고 있다. 이거야말로 허구가 아닐 수 없다.

예상도 못한 미국의 신속한 대처

한국은 앞에서 지적한 것처럼 1947년 8월부터 시작된 전략가치 평가에서 미국이 적극 지원할 가치 없는 지역으로 결론이 났고 이 결론에 따라 대한민국 정부가 유엔감시하의 자유 총선거를 통해 수립된 다음 해에 미국은 자국군대를 전원 한국에서 철수시켰다.

그러나 대한민국은 유엔감시하에 실시된 자유 총선거를 통해 세워진 적법한 정부로 유엔이 승인했기 때문에 유엔헌장에 따라 안전을 보장받아야 할 국가였다. 유엔위원단의 감시하에 치른 선거로 탄생했고 또 유엔이 승인한 정부에 대한 북한의 남침은 한마디로 분쟁의 평화적 해결을 규정한 유엔헌장 위반이었다. 특히 시기적으로 1950년대는 유엔이 성립한지 5년밖에 안된 시점이기 때문에 국제평화와 안전을 위한 유엔의 집단안전보장 역할에 국제사회가 큰 기대를 걸고 있는 시기였다. 여기에 바로 이승만의 유엔결의와 감시를 활용한 건국외교의 원려심모遠慮深謀가 있었던 것이다.

미국도 자유세계의 맹주로서 유엔 기구를 통해 국제정치를 펼쳐져야 할 상황이었기 때문에 북한의 남침을 좌시할 수 없었다. 애치슨 미 국무장관이 국무성 간부를 통해 트리그브 리Trigv Lie 유엔사무총장에게 북한의 남침 사실을 알리면서 안전보장이사회의 소집을 요청했을 때 그의 첫 반응이 매우 인상적이었다. "하느님 맙소사, 이것은 유엔에 대한 전쟁이야"라면서 안보리 소집요구서를 접수했다고 남시욱南時旭 선배는 그의 최근 저서 『6·25전쟁과 미국』청 미디어, 2015에서 지적하고 있다. 그러나 6·25전쟁 발발과 함께 미국이 유엔안전보장이사회의 소집을 요구하고 한국에 대한 군사지원을 미 국방부와 국무부가 동시에 협력, 단행한 것은 예상을 뒤엎을 만큼 신속하였다.

미국 단독 아닌 유엔군 이름으로 파병

미국의 해외파병 결정 과정의 복잡성에도 불구하고 한국에 대한 안보지원문제가 이처럼 일사천리로 결정될 수 있었던 것은 다음 두 가지 이유로 보는 것이 통설이다. 첫째 미국이 전략 가치 평가를 토대로 한국에서 철군 결정을 하면서도NSC8 소련이 한반도 전역을 장악할 목적으로 군사행동을 취할 때는 대외적으로 알려지지는 않았지만 이를 저지하겠다NSC8/1과 NSC8/2는 별도의 플랜Contingency Plan을 비치하고 있었다는 것이다. 따라서 미국이 북한의 남침을 김일성이 단독으로 감행한 내전Civil war으로 보았다면 즉각적이고도 신속한 개입에 나서지 않을 수도 있었다. 그러나 주한 미국대사인 무초로부터 북한의 남침 소식을 전해 듣자마자 애치슨 국무장관이나 트루먼 대통령, 일본에서 군정을 실시하고 있던 맥아더 장군까지도 배후가 소련이라고 즉각 하나같이 판단했다는 것이다. 북한은 소련의 위성국가로서 소련의 지원이나 협력 없이는 단독으로 남침할 수 없는 국가였기 때문이다.

둘째로 미국의 트루먼 정부는 제2차 세계대전이 끝난 지 5년밖에 안 된 시점에서 미국의회에 또다시 해외파병을 요구해서 동의를 얻기 힘든 상황이었다. 그러나 미국의 단독출병이 아니고 유엔군의 일원으로 미군이 참전하는 것은 의회의 동의 절차가 불필요하고 행정부가 단독으로 결정할 수 있는 사안이었다. 미국헌법절차에 따라 미군의 참전을 기다렸다면 그때 한국은 이미 공산권의 수중에 넘어간 후였을 것이다. 이런 판단에서 트루먼 대통령은 유엔안전보장이사회를 통해서 유엔군의 참전을 만드는 절차를 구상해 낸 것이다.

미국은 남침소식을 듣자마자 안전보장이사회를 통해 북한의 침략중지와 침략지역의 원상회복을 요구했다. 북한이 수락하지 않을 경우 유엔헌장이 정한 절차에 따라 군사조치를 취하기로 결의했다.

유엔은 맥아더 장군을 총사령관으로 하여 북한군의 침략을 격퇴하기 위해 유엔군을 한국에 파견하였다. 일본에 주둔해 있던 미군은 즉각 한국전에 참여했다. 결국 3년 동안 한반도 내에서 만 시종된 6·25전쟁은 300만 명 이상의 인명이 살상되고 한반도 전역이 초토화되는 불행을 겪었지만 누구도 승자가 아닌 휴전으로 끝을 맺었다. 휴전은 전쟁의 법적 종결조치가 아니고 전투만을 종결시킨 것이기 때문에 항상 전쟁이 재연될 소지를 안고 있다. 그러나 한국의 휴전은 후술하겠지만 이승만과 미국 간에 심각한 갈등과 대립을 거치면서 어렵사리 합의되었다. 한국의 휴전협정은 지난 65년 동안 새로운 전쟁으로 비화되지 않은 채 유지되고 있기 때문에 근대 국제법이 생긴 이래 가장 오래 지속된 휴전으로 평가되고 있다.

맥아더의 인천상륙작전과 전세역전

조속한 종전논의의 대두

한국전쟁은 맥아더 장군의 인천상륙작전을 성공으로 전세戰勢가 역전되어 북한의 남침 군대를 격멸하고 북위 38도선을 회복하기에 이른다. 이때 미국을 비롯한 연합국들은 유엔의 참전목적이 원상회복이었던 만큼 북한 공산침략군을 38도선 이북으로 퇴치한 시점을 종전시점으로 하여 전쟁을 중지하자는 견해가 제기되었다. 유엔군 총사령관인 맥아더와 이승만은 한반도에서 전쟁이 재연하는 것을 원천 봉쇄하기 위하여 북진통일 할 것을 강력히 주장하였다.

특히 이승만은 6·25전쟁이 발생하자마자 전방을 시찰하는 자리에서 미국과 소련이 그어놓은 분단선을 북한이 먼저 깨트렸기 때문에 이것을 계기로 통일을 달성해야 한다는 신념을 여러 기회에 펼쳤다. 대한민국이 존폐의 위기에 처한 상황에서도 이승만은 남침으로 38선이 무효화된 것을 내심 반기면서 이때를 통일의 기회로 삼겠다는 심산을 굳히고 있었다.[8]

그는 개전 초기 서울에서 후퇴, 피난 중인 수원水原에서 전선시찰차 현지를 방문한 맥아더 장군과의 만남 중, 대한민국의 존폐가 위협받는 상황임을 알면서도 전세를 역전시켜 통일을 달성케 해달라고 호소했다. 남침을 되받아쳐 통일을 달성하겠다는 그의 집념은 남달랐다.

중공군의 개입과 미중 대결

유엔군이 남침한 북한군을 궤멸시킨 후 전쟁을 38선 이북으로 확대하면서 10월경 국군은 압록강까지 진격했다. 이때 미국은 한국전에 중공군이 개입하지 않을 것으로 예상했다. 그러나 예상은 빗나갔다. 소련이 중국을 한국전쟁에 끌어들였기 때문이다. 소련은 미국과 중국이 가까워질 가능성에 쐐기를 박아 놓기 위해 중국의 참전을 강력히 요구했다. 이러한 요구를 받은 중국의 모택동은 소련의 요구를 수용함으로써 두 가지 효과를 얻을 심산이었다. 하나는 만주를 점령하고 있는 소련군을 중국 땅에서 철수시키는 것이고 다른 하나는 북한지역을 중국안보의 완충지로 만들겠다는 계산이었다. 스탈린은 중국의 이러한 요구조건을 수용해주는 대신 한국전에 참전하도록 촉구했다. 중국공산당 내부에서도 국공내전이 끝난 지 얼마 안 되는 시점이었고 미국

---

8   1950년 6월 27일 전방부대를 시찰하면서 군 지휘관들에게 이제 38선은 깨졌기 때문에 분단선은 없어졌다고 말하고 수원에서 전방시찰 나온 맥아더 장군과의 대화에서도 같은 취지의 발언을 하였다.

을 상대로 전쟁한다는 것이 장기적으로 중국에 이롭지 못하다면서 한때 저우언라이周恩來까지도 참전을 반대했다. 그러나 모택동은 만주에서 소련군을 철수시키는 것이 보다 큰 국익이라면서 참전을 강행했다.

그러나 이때 눈 감고 아웅 하는 식이지만 중국은 정규군인 인민해방군으로 미국과 직접 맞붙는 형식은 피하고 중국인민의용군 명의로 참전하였다. 미국이 미 합중국군이라는 정식호칭이 아닌 유엔군 명의로 출병한 것과 비슷한 논리다. 중국과 미국은 공히 국가차원의 대결형식은 피하려고 한 것이다. 따라서 형식상으로는 미국과 중국이 정식으로 맞붙지는 않은 셈이다. 사소한 것 같지만 이러한 형식을 유지했던 것이 뒷날 한반도 휴전협정을 그대로 두고도 미중 양국이 관계를 정상화할 명분을 만들어 두었던 것이고 한중수교까지도 가능하게 할 최소한의 법적 요건을 갖추었던 것이다.

미군 당국은 중공군의 참전을 예상치 않다가 대규모의 중공군이 불시에 침공, 유엔군 측에 엄청난 타격을 입혔다. 특히 3.8도선 이북으로 전진하는 유엔군의 공격을 저지시키고 진퇴를 거듭하다가 서울을 다시 중공군의 손에 내주는 사태로 전황이 역전되었다. 이 역전의 결과 다시 대전大田까지 밀리는 상황도 나타났다. 역사자료를 보면 미국이 맥아더 장군의 건의대로 만주를 폭격하여 중국군의 참여를 저지했다면 이승만이 추구하는 통일을 군사적으로 달성할 수 있었을 것이다. 그러나 미국이 유엔 깃발 하에 6·25전쟁에 참전한 것은 침략의 격퇴였지 한국의 북진통일을 지원하기 위한 것이 아니었다. 유엔의 이름으로 진행되는 전쟁이기 때문에 전쟁확대에는 참전한 각국의 이해관계가 작용, 미국만의 일방적 의사로 확전하는 것도 불가능했다. 노동당이 집권하고 있던 영국은 홍콩을 중공군이 침공하겠다는 모택동의 위협 때문에 전쟁이 한반도 밖으로 확산되는 것을 극력 반대하면서 한국영토의 원상회복을 기점으로 전쟁을 끝내자는 제한전쟁制限戰爭론을 강력히 제기했다.

미국 역시 희생자가 누적되고 중공군의 참전으로 전쟁기간이 예상보다 길어지자 휴전여론이 들끓었다. 트루먼 대통령은 맥아더 사령관을 리지웨이 장군으로 교체하고 중공군에게 밀린 전세를 만회하면서 소련 측이 제의한 휴전협상에 응하기로 하였다. 그러나 이승만은 수백만 동포가 목숨을 잃은 전쟁이 통일로 연결되지 못하고 북위 38도선을 다시 휴전선으로 바꾸는 휴전에는 절대 응할 수 없다는 입장을 굳혔다.

당시 광주 서중학교 1학년생인 나도 휴전반대 데모에 참여하여 학교운동장에 전교생이 집결, 전남도청 앞까지 다녀오는 가두시위에 두 차례나 참여했던 기억이 생생하다. 휴전반대가 온 국민의 뜻임을 내외에 알리자는 이승만의 구상 때문이었을 것이다. 북한군에 밀렸다가 유엔군의 지원을 받아 서울을 탈환하고 압록강까지 점령했던 역전극을 경험한 한국국민들은 이승만 박사가 부르짖는 휴전반대 통일달성을 일치된 목소리로 지지했다.

미국은 북한의 남침을 격퇴, 한국을 수호하는 것은 유엔의 집단안보정신에 비추어 정당한 조치였지만 유엔군과 더불어 한국주도로 한반도를 통일시키는 것은 그 자체로도 쉽지 않을 뿐만 아니라 유엔군에 파병한 각국의 사정이 하나로 귀일하지 않았기 때문에 유엔결의 정신에 맞게 원상회복 선에서 전쟁을 끝내려고 하였다. 더욱이 중공군의 참여는 전쟁종결시기를 지연시킬 뿐만 아니라 자칫 전쟁규모가 한반도 밖으로까지 번져 제3차 세계대전을 가져올지 모른다는 우려마저 자아냈다.

급등하는 휴전여론

미국 정부로서는 사상자 수가 제2차 세계대전보다 더 많아지면서 국내에서 일어나는 염전厭戰 분위기가 갈수록 부담스러워졌다. 이런 상황에서 리지웨이 장군의 군사작전이 성공, 중공군에 큰 타격을 가하게 되었다. 38도선을 중심으로 공방전이 진행되어 전세를 만회시키자 소련은 휴전협상을 요구하였다. 이에 미국의 트루먼 대통령은 이승만에게 서한을 보내 휴전협상에 협력할 것을 간곡히 부탁했다. 그러나 이승만의 휴전반대 입장은 의외로 강하였다. 미국이 전쟁을 포기하겠다면 단독으로 북진하겠다면서 한국전쟁의 휴전처리를 강력히 반대하였다. 그러면서도 그는 휴전성립의 필수조건으로 한미상호방위조약을 체결하고 한국군을 증강시키며 한국재건에 필요한 상당한 경제 지원을 미국 측에 요구하였다. 미국은 한국의 휴전반대나 방위조약 체결요구를 무시한 가운데 한국정부의 의사와 관계없이 휴전협상을 개시하고 양측의 입장을 조율해 가면서 휴전성립의 요건을 하나씩 굳혀가고 있었다.

부산정치파동의 전말

이승만을 제거해야 휴전된다

결국 미국은 휴전을 성립시키기 위해서 이승만을 대통령직에서 물러가게 하는 방법을 모색하기에 이르렀다. 주한 미국대사는 한국이 대통령을 국회에서 선출하는 제도임을 이용, 미국의 주장에 고분고분한 장면張勉 씨를 임기가 끝나가는 이승만 후임으로 당선시켜 제2대 대통령으로 취임시키는 작전을 개시했다. 원내 의석 분포로 보면 이승만 교체작전은 성공 가능하였다. 한민당 의석이 원내 과반수 이상을 차지하고 있었기 때문이다.

　이승만은 이 기미를 알아채고 전쟁 중임에도 불구하고 대통령 직선제 개헌안을 국회에 제출하였다. 1952년 1월 국회가 이승만의 개헌안을 부결시키자 5월에는 두 번째 개헌안을 국회에 제출하고 영남 및 호남 일원에 계엄령을 선포하고 또 이 지역의 지지 세력을 동원, 대통령직선제개헌을 강력히 요구하는 시위를 연일 벌이게 하면서 다른 한편으로는 원용덕 헌병사령관으로 하여금 부대를 이끌고 와서 국회를 포위하고 국회의원들을 감금하다시피 협박하는 가운데 직선제 개헌안을 강행시키려고 하였다. 이것이 이른바 부산정치파동이다.

이에 미국은 한국내정에 적극 개입, 계엄해제와 국회의원 석방을 요구하였지만 이승만은 미국의 요구를 거부하였다. 트루먼 대통령의 뒤를 이은 아이젠하워 대통령은 휴전성립을 대통령선거 공약으로 내세웠기 때문에 휴전을 반대하고 한미방위조약체결을 요구하는 이승만을 현직에서 물러나게 할 비밀군사작전을 준비하게 되었다. 이 작전은 훗날 에버레디Ever Ready작전으로 알려졌는데 그 내용 가운데 외부에 드러난 바로는 유엔군으로 참전한 미군이 직접 한국내정에 개입, 이승만을 임시수도 부산 밖으로 유인, 유폐시킨 후 정부가 계엄을 해제하고 국회를 통해 휴전협상을 지지토록 한 후 이승만을 퇴진시키는 것이었다. 그러나 이 작전은 이승만의 요구와 한민당의 요구를 절충한 발췌개헌안을 장택상張澤相이 만들어 대통령 직선제개헌안을 국회가 통과시키고 계엄령을 해제했기 때문에 실행에 옮겨지지 못한 미군의 개념계획으로 끝났다. 이승만은 결국 직선제 개헌안을 관철시키고 대한민국 제2대 대통령에 당선되었다. 그러나 제2대 대통령에 당선된 후로도 이승만의 휴전 반대 입장은 전혀 달라지지 않았다.

휴전을 위협한 이승만의 반공포로석방

이승만은 사사건건 휴전성립에 방해가 될 조치를 강화하면서 미국의 입장에 맞섰다. 미국의 군부도 정치권과는 달리 맥아더, 리지웨이, 밴플리트, 클라크 대장까지 하나같이 한국전쟁의 휴전처리를 반대하고 군사적 승리를 쟁취한다는 입장이었다. 따라서 휴전반대를 내세운 이승만의 주장에는 클라크 대장이나 밴플리트 장군 등이 내면적으로는 동조하고 있었다. 그러나 문민 우선주의가 지배하는 미국은 휴전을 강력히 요구하는 정치가들의 요구 때문에 군부의 모든 제안을 거부하고 휴전만을 관철시켰다.

휴전협상 막바지에 유엔 측과 공산 측간에 포로송환문제를 놓고 포로의 자유의사를 존중하자는 자유의사원칙과 강제송환원칙이 맞서 난항을 거듭했지만 1953년 3월 3일 스탈린 사망을 계기로 결국 자유의사원칙이 수용되면서 타결의 전망이 트였다. 그러나 바로 이때 이승만은 1953년 6월 18일 거제도에서 반공포로를 석방하는 조치를 취함으로써 휴전협상이 물거품이 될 수 있을 정도로 엄청난 난관을 조성했다. 그러나 휴전이 지연될수록 늘어나는 인명피해 때문에 더 이상 버티기 힘들었던 김일성과 중공군 당국은 결국 휴전협상을 타결시키는 데 동의함으로써 어렵사리 휴전이 성립되었다.

한미방위조약체결과 휴전성립

미국의 아이젠하워 대통령은 반공포로석방조치에 격분했다. 미국여론은 이승만의 제거냐 이승만이 요구한 한미방위조약체결이냐를 놓고 격론이 벌어졌다. 결론은 이승만을 능가할 리더십이 한국에는 없기 때문에 이승만의 제거 아닌 이승만의 요구조건 수용으로 최종적인 결론이 났다. 이승만은 미국의 정치과정을 자세히 알고 있었고 또 한국전을 둘러싼 국제정세의 흐름을 정확히 읽고 있었기 때문에 그는 대미외교공세를 늦추지 않았다. 마침내 미국은 이승만의 집요한 요구를 수용하였다. 로버트슨 미 국무차관보아이 담판을 통해 이승만은 휴전수락조건으로 한미방위조약체결과 2개 사단 미군병력의 한국주둔, 한국군대를 대폭 증강할 군사원조 확보를 포함한 전후재건을 위한 경제 원조를 약속받는 등의 합의를 도출함으로써 휴전반대운동을 종료했다.

이승만의 카리스마적 리더십과 내외정세에 통달한 그의 강력한 대미외교공세 덕분에 도저히 상상할 수 없는 성과를 얻은 것이다. 그는 대미협상을 통해 미국의 한국에 대한 확실한 방위보장과 경제 지원을 휴전협상 수락과 교환한 것이다. 오늘날 문재인文在寅 대통령의 여건과 비교할 때 이승만에게는 정말 아무것도 없었다. 그에겐 아무 것도 없었지만 그의 탁월한 외교력과 국민리더십만을 무기로 미국을 상대로 가장 어려운 협상을 벌여 성공한 것이다. 이 협상을 통해 휴전 후 60년 동안 한반도에서 전쟁이 재발할 수 없는 평화의 토대를 만든 것이다. 실로 놀랄만한 업적이라고 말하지 않을 수 없다.

이승만을 미국의 괴뢰라고 말하는 자들이 아직도 있다. 그들은 적화통일을 바라는 공산당원이거나 아니면 그 앞잡이일 것이다. 휴전협상의 전말을 아는 사람들은 약소국가의 대통령이 미국을 비롯한 연합국을 상대로 이처럼 담대한 협상을 벌이고 실리를 챙긴 것은 실로 경탄을 금치 못할 사건이었다.

외교의 신으로 추앙될 이승만의 용미외교

이승만은 한미방위조약체결을 조건으로 휴전에 동의하였다. 한국 외교부는 이승만이 한국전쟁에서 많은 희생자를 내면서 공산침략으로부터 대한민국을 지켜준 미국과 미국 국민들에게 사의를 표하기 위해 미국을 방문할 것을 대통령에게 건의했다. 이 건의를 수락한 이승만은 김용식金溶植 외무부 차관에게 미국에 도착해서 발표할 성명문 초안을 작성해 오라고 지시했다는 것이다. 이 이야기는 내가 1974년 국토통일원 정치외교담당관으로 근무 중일 때 김용식 통일원장관이 나에게 해준 이야기다.

이승만의 지시를 받은 김용식 차관은 나름대로 영문에는 자신이 있었다고 한다. 그는 일본 유학 중 전일본全日本 영어웅변대회에서 1등을 하여 1931년 미국여행까지 다녀온 경력이 있고, 그의 아우 김용익도 뉴욕에서 소설가로 활동하고 있을 만큼 영문에는 형제가 모두 능통한 편이었다. 그는 자신의 실력을 총동원하여 미 국민들에게 호소력을 가질 수 있는 성명서 초안을 만들어 대통령에게 제출했다. 대통령은 글을 일독한 후 얼굴근육을 실룩거리면서 "아직 멀었군"하면서 성명서를 북북 찢어버렸다고 한다. 그때 김용식은 이제 외교관생활은 끝났다고 생각하고 경무대를 나왔는데 며칠 후 미국여정에 오르면서 김용식에게 수행하라는 대통령의 지시가 떨어져서 '아이고 살았구나'하는 안도감을 가지고 수행대열에 합류했다고 한다. 그는 워싱턴 공항에 도착하여 대통령이 읽는 성명서에 귀를 기울였는데 정말 뜻밖의 소리를 듣고 정말로 놀랐다고 했다. 이승만은 성명서를 통해 "우리 한국 국민들은 워싱턴의 겁쟁이들 때문에 통일을 상실했고 잘못된 휴전 때문에 공산주의자들의 기만 살려줬다"고 주장한 것이다. 그날 미국의 신문들은 이승만이 미국을 겁쟁이로 몰아 비판한 성명내용을 대서특필했고 미국 공화당 내의 배리 골드워터Barry Goldwater 상원의원 같은 사람은 이승만의 주장이 옳다고 지지하면서 각별한 관심을 보였다는 것이다.

미국의 정치를 잘 알고, 미국에서 뉴스가 만들어지는 프로세스에 대한 이해 없이는 이런 담대한 주장을 편다는 것은 상상할 수도 없다. 그러나 이승만은 당당히 자기주장을 폈다. 이 회견이 계기가 되어 이승만은 미 상하양원 합동회의에서 연설을 하게 되었고 한미방위조약을 체결하는 업적을 만들어 낸 것이다.

그간 한국외교는 외교정책이랄 것도 없는 나라였다. 조선시대에는 중국만을 섬겼고 미국이 하자는 대로 조건반사만 했을 뿐 외교다운 외교가 없었다. 정책은 없고 그때그때의 형편을 쫓는 교섭만 있었다. 하지만 이승만 시대는 달랐다. 그는 유엔감시 자유 총선거 안을 통해 대한민국이 수립될 방도를 열었다. 휴전반대투쟁을 통해 한미상호방위조약을 체결하고 전후 복구에 필요한 경제 원조를 얻어냈다. 실로 약소국가의 대통령이라고 말하기에는 상상도 못 할 만큼 담대하고 실속 있는 국익보장외교였다.

원칙을 앞세운 대일 강경외교

이승만은 대일외교에 있어서는 처음부터 원칙과 역사적 사실을 토대로 강경한 입장을 한 치도 물리지 않았다. 한일양국국교수립의 대전제는 1910년에 대한제국과 일본 간에 체결된 한일합병조약의 원천무효Originally Null and Void를 내세웠다. 주일대표부의 김용식 공사는 유태하柳泰夏 참사관과 더불어 대일교섭업무를 맡았지만 한일합병조약의 원천무효를 일본이 수용하지 않았기 때문에 교섭은 있었으나 성과는 없었다.

이승만 박사는 원칙의 수용을 거부하는 일본을 압박하기 위해 첫째, 대한민국의 인접 해양의 주권에 대한 대통령 선언을 1952년 1월 18일 발표했다. 흔히 평화선 또는 이승만 라인으로 불리는 이 선언은 한국보다 앞선 일본어로로부터 한국의 어족자원을 보호한다는 명분으로 한국해안에서 평균 60마일에 달하는 범위를 일방적으로 한국의 관할로 정하고 어족자원을 보존하기 위해 일본어선의 침범을 강경히 단속하였다. 이에 일본은 공해상의 항해 자유를 내세우고 더욱이 독도가 선언의 범위 안에 포함된 것을 지적하면서 강경 반대했다. 그러나 북한의 침투를 막고 전시 밀수출입의 유통봉쇄를 위해 유엔군 사령관인 클라크가 한국연안에 해안방위수역을 선포했는데 이 선의 범위가 이승만의 평화선 범위와 비슷했다. 이 때문에 일본의 강경반발은 무마되었고 한일국교 정상화로 이승만 라인이 폐지될 때까지 유지되었던 것이다. 둘째로 이승만이 취한 강경조치는 평화선 선포에 앞서 정부 수립 직후인 1948년 8월 18일 기자회견과 1949년 연두 기자회견에서 한국의 영토인 대마도를 한국에 반환할 것을 정식으로 요구했다. 그러나 곧이어 발발한 6·25전쟁으로 영토문제는 관심권에서 지워졌지만 한일 영토분쟁에서 독도 이외에 대마도까지를 쟁점으로 부각시킨 것은 이승만 외교의 강점이었다. 그러나 우리나라는 6·25전쟁이 긴박한 국면으로 달릴 때 열린 샌프란시스코 강화조약에 제대로 대비하지 못함으로써 영토문제를 한국에 유리하게 풀 기회를 놓쳤음은 통탄스럽다.9 또 미국정부가 한국보다는 일본을 더 중시했다는 데 우리 외교의 어려움이 있었음도 기억해야 할 것이다.

이승만 이후 어떤 대통령도 이만한 외교업적을 만든 사람은 없었다. 실로 외교의 신으로 존경받을 약소국가의 큰 지도자였다. 이런 큰 지도자가 우리 역사에 나타나 한국의 독립, 국권수호, 국가발전의 올바른 궤도를 만들어 놓은 것은 실로 다행스러웠고 자랑스럽다.

---

9   샌프란시스코 강화조약협상 한국 외무부는 전체직원이 87명으로 6·25 전시 업무에 전원 매어 달리다시피 했기 때문에 제대로 대비하지 못하고 양유찬 대사가 옵서버로 참여했던 것으로 알려졌다.

9

4·19혁명과 이승만 대통령, 그리고 나

나의 대학시절

4·19 이전의 대학 생활

나는 1939년 전남 함평에서 태어나서 초등학교 2학년 때 광주로 전학, 서석초등학교를 마치고 광주서중을 거쳐 1958년 광주일고를 졸업하고 서울대학교 문리과대학 정치학과에 진학했다. 이때는 6·25의 전재戰災복구가 진행 중이었기 때문에 지방에서 서울로 올라온 학생들은 거의 대부분이 요즘 말로는 흙수저들로서 가정교사로 입주하거나 시간제로 아르바이트하면서 공부하였다. 나도 얼마 있다가 친척집 아들을 가르치기로 하여 숙식문제를 해결하였고 성적이 오를 경우 등록금 보조도 약속받았다. 입학식이 끝난 후 광주에서 다니던 광주동부교회 백영흠 목사님의 권고로 장충단에 있는 서울 경동교회에 대학생으로 등록을 하고 동대문 시장의 헌책방을 뒤지면서 대학 내에서 진보적인 체 할 수 있는 책 몇 권을 헐값에 샀다. 인간 역사를 유물사

미워할 수 없는 우리들의 대통령

관으로 해석하는 세계사 교정 5권, 전석담全錫淡의 조선경제사, 백남운白南雲의 조선 봉건사회경제사, 반 듀링론 등 학내에서 진보를 앞세우면서 좀 유식한 체 하는 친구들과 입씨름할 책을 구입하여 탐독했다. 내 인생이 요즘 말로 표현하면 '운동권'으로 변하는 과정이었다.

이런 책의 내용을 놓고 날 새가면서 토론했고 책에 담긴 내용을 한국 현실에 대입하면서 한국사의 현 단계를 '반봉건 민주주의 혁명단계'로 규정하고 경제적으로는 미 제국주의에 예속된 매판자본에 의해 한국경제가 수탈되고 있다고 분개했다. 특히 집권당인 자유당은 이승만이 친일파 숙정肅正을 외면하고 그들과 제휴했기 때문에 친일 관료배들이 국권을 농단한다고 진단했다.

이런 지적 분위기 속에서 나는 학내 정치학과생들이 중심이 된 사회민주주의 연구 서클인 신진회新進會에 가입하여 선배들과의 토론에 참여하였다. 신진회는 류근일의 필화사건 등으로 유명했고 정치학과 선후배들의 주류서클이어서 참여한 것 자체가 매우 자랑스러웠다. 그 당시는 활동보다는 연구와 토론이 주제였기 때문에 레닌Lenin의 제국주의론Imperialism이나 루돌프 힐퍼딩Rudolf Hilferding의 금융자본론Financial Capitalism을 원서로 구입, 영어 공부 겸 지식습득의 수단으로 연구하고 연구결과를 발표하면서 사회과학의 비판적 측면을 학습하였다.

이런 와중에 사회민주주의자로 알려진 조봉암曺奉岩 선생이 공산간첩으로 몰려 사형당하고, 경향신문이 폐간되었다. 국가보안법이 개악되어 인심혹란죄人心惑亂罪같은 항목이 설치되는 등 적어도 민주주의 국가에서는 상상하기 힘든 민주역행현상이 줄이어 일어났다. 우리 학생들은 이 모든 것이 이승만이 조종한다고 생각했다. 민주공화국을 만들어놓고 정부 스스로가 헌법을 유린하고 갈수록 강권독재의 길로 들어서고 있다고 단정했다. 이승만이 말하는 민주주의와 한국의 현실은 너무 유리되었다. 학교에서 배운 민주주의와 우리가 현실에서 목도하는 민주주의는 너무나 달랐다.

자유당 정권에 대한 비판의식 확산

자유당 정권에 대한 미움에서 민주당에 대한 선호도가 지식인 사회는 물론이거니와 시골이 아닌 도시에서 높아졌다. 여촌야도與村野都는 선거의 일반적 흐름이었다. 이에 당황한 자유당은 지방자치법을 개정하여 6·25전쟁 기간 중에도 실시해왔던 지방자치단체장의 선거를 없애고 시장 군수 임명제를 실시하면서 1960년에 실시될 제4대 정부통령 선거를 대비했다. 그러나 정부통령 선거가 공고된 기간 중에 야당 대통령 후보였던 조병옥趙炳玉 박사가 암으로 미국 월터리드 육군 병원에서 서거하는 바람에 이승만은 사실상 무투표로 당선이 확정되었다. 다만 한국은 미국과 달리 정부통령 런닝 메이트Running mate제가 아니기 때문에 부통령을 국민 직선으로 선출해야 했다. 1956년에 실시된 제3대 정부통령 선거 때는 대통령과 부통령의 당적이 달랐다. 야당의 장면 씨가 부통령에 당선되고 여당의 이기붕 씨가 낙선했는데 1960년의 정부통령 선거에서는 이러한 실패가 되풀이되어서는 안 된다는 것이 자유당의 목표였고 미국식 민주주의를 선호했던 이승만도 정부통령이 동일정당에서 나오는 것이 순리라는 입장을 누차 표명한 바 있었다.

역사에는 가정법이 없다지만 우리나라 헌법이 미국식의 완전한 대통령제로서 정부통령이 같은 당에서 뽑히는 미국식 선거제도였더라면 대통령과 부통령이 다른 당에서 나올 리도 없었고 3.15선거가 부정으로 치러질 까닭도 없어 4·19혁명이 나올 필요도 없었을 것이다. 또 부정선거를 자행하기보다는 헌법을 정부통령 동일티켓제로 개정했어도 4·19혁명은 없었을지 모른다.

미워할 수 없는 우리들의 대통령

부정선거에 대한 분노로 촉발된 4·19

마산 앞바다에 떠오른 시신

1960년 3월 15일에 실시된 제4대 정부통령 선거는 사실상 부통령선거였지만 관권선거의 극치였다. 유권자의 정치적 의사표시를 철저히 왜곡하는 부정선거였다. 전 국민이 피부로 실감할 정도의 부정선거였다. 부정선거규탄의 함성이 전국각지에서 터져 나왔다. 이 과정에서 1960년 4월 11일 부정선거 규탄 데모를 하다가 사망한 김주열 군의 시신이 마산 앞바다에서 물 위로 떠오르면서 국민적 분노는 불길처럼 솟았다. 이 때까지만 해도 국민들의 구호는 '이승만 정권타도라기보다는 부정선거 다시 하라'는 것이었다. 조봉암 선생은 사형당했고 조병옥 박사도 병사하여 마땅한 야당의 대통령 후보도 없는 상황이었기 때문에 이승만 퇴진을 요구하기보다는 우선 부정선거 규탄으로 국민들의 주장은 모아졌다.

　그러나 데모가 전국적으로 확대되고 경찰들의 데모진압이 강경해지면서 반정부시위는 변증법적 진화를 보이기 시작했다. 양量이 축적되면 질質적 변화를 가져온다는 질변율質變律이 적용되기 시작했다. '부정선거 다시 하라'는 구호가 '독재정권 물러나라'로 바뀌기 시작했고 1960년 4월 18일 고려대학생들의 시위에 대한 자유당 깡패들의 테러가 알려지면서부터 드디어 전국 각 대학들은 4월 19일을 기하여 총궐기하게 되었다. 이때도 동아일보 등 여당 비판적 신문들의 부정고발은 국민들의 궐기를 연일 촉구했다. 그러나 요즘처럼 인터넷이나 SNS를 통한 정보 확산이 없었기 때문에 일반 대중들은 필요한 정치정보도 없는데다가 스스로 생업을 팽개치고 궐기할 만큼 능력이 성숙하지도 못했다. 결국 우리 사회에서는 지식과 정보에 접근할 수 있었던 대학생들이 불의와 부정에 항의하기 위해 앞장설 수밖에 없었다.

그러나 돌이켜보건대 4·19혁명은 기적 같은 사건이었다. 실로 어떤 지도자나 조직적 지도그룹도 없었고 누가 시키지도, 조종하지도 않았지만 새벽에 닭이 울듯이 전국 대학생들은 너나없이 한순간에, 한꺼번에 시위에 나섰다. 자유당 정권은 무력으로 시위진압을 시도, 내무장관 홍진기는 경무대 앞에서 발포명령을 내려 183명의 시위대 목숨을 앗아갔고 수천 명의 학생들에게 부상을 입혔다. 국민들의 분노는 치솟았다.[10]

계엄령도 무섭지 않았다

정부는 계엄령을 선포했지만 계엄군은 데모진압에 나서지 않았고 한국군 작전 지휘권을 가진 미군사령관과 주한 미국대사 Walter P. McConaughy는 이승만을 경무대지금의 청와대로 방문, 하야를 권고한 것으로 알려졌다. 이때 계엄군은 중립을 표방함으로써 자유당 정권에 대한 충성을 포기했고 이승만 정권에 대한 미국의 지지철회라는 압력 앞에서 대통령은 하야할 수밖에 없었다. 미국은 이승만 정권을 옹호하다가 자칫 한국 국민들의 반미反美감정을 유발할 것을 두려워한 나머지 이승만 박사의 하야를 촉구하고 하와이로 떠날 길까지 신속히 마련해 준 것으로 알려졌다.

서울대학교는 문리과대학 정치학과 3년생들이 주동이 되어 데모에 필요한 준비를 서둘렀다. 정치학과 과 회장이었던 윤식尹埴은 필자를 포함해서 김광, 김구金駒, 박실, 양성철, 오동휘, 유세희, 이장춘, 정종문, 황선필 등을 중심으로 준비팀을 구성했고 여기에 하정옥사학과 4년, 조홍래사학과 3년 등이 가세했다. 시국선언문은 몇몇 친구가 초안을 마련했지만 최종적으로 채택된 것

---

10 홍진기는 법무부 장관이었지만 3·15부정선거로 최인규 내무장관이 퇴임한 후 4·19 당일 경무대 앞 발포명령을 한 책임자는 내무장관으로 임명된 홍진기로 알려졌다. 혁명재판에서 사형선고를 받았으나 감형으로 목숨을 건지고 그 후 석방되어 중앙일보 사장으로 활동했다.

은 정치학과 3학년 이수정故 李秀正, 문화공보부장관 역임이 작성한 선언문이었다. 학생동원과 현수막과 피켓 등 준비는 내가 나눠 맡았다. 이때 발표된 선언문의 요지는 "한국 학생운동이 적색독재를 반대했던 것과 똑같은 논리의 연역에서 백색독재에 항거함을 자부한다"면서 "부정과 불의에 항거하기 위해 진리의 상아탑을 박차고 거리로 뛰쳐나왔다"고 시위 입장을 밝혔다. 4월 25일 "학생의 피에 보답하자"는 피켓을 든 교수단 데모에 이어 이승만의 하야 성명이 발표되었다. 대통령 하야와 때를 같이하여 서울 시가지는 무규제의 혼란에 휩싸였다. 파출소는 불타고 경찰들은 근무지를 이탈, 모두 도망쳤기 때문에 경찰서들은 텅 빈 공간으로 방기되었다.

이때 학생운동은 두 패로 갈렸다. 학생들이 질서유지의 주체가 되어야 한다는 주장이 있었는가 하면 혁명의 가장 정상적 질서는 '파괴와 혼란과 무질서'이기 때문에 혁명화를 촉진하기 위해서는 제4계급으로서의 건달들이나 좌판상인들이나 껌팔이, 구두닦이들이 앞장서는 파괴활동이 더 지속되어야 한다는 주장이 나왔다. 필자는 두 주장이 모두 일리는 있지만 그 상황에서는 질서유지의 주체가 학생이 되어 파괴를 막아야 한다는 견해를 지지했다.

결국 4·19 직후 사태는 질서유지 파들이 장악했고 계엄군도 여기에 협조하였다. 다행히도 북한공산당이 배후에서 주도했다고 인정할만한 공작이나 준비는 전무했던 것 같았다. 4·19 직후의 상황에서 파괴와 무질서를 심화시키는 혁명적 질서를 강조했던 친구들 가운데는 그 후 여러 형태의 친북좌경 사건에 휘말리거나 사회활동에서 낙오되기도 하고 개중에는 월북한 자도 나왔는데 나와 한때 가까이 지냈던 그들은 지금 생사조차 알 길이 없다.

4·19 후에 다시 제기된 이승만의 건국노선 비판

|

소남한단정에 쏟아진 날선 공격

나는 4·19혁명 후 진보적 학생운동으로 국민적 관심을 모았던 서울대학교 민족통일연맹의 결성에 참여하여 공보부장 겸 전국대학생 민족통일연맹 선전위원장으로서 활약했다. 이때 한국의 각지에 잠재되어있던 친북 내지 종북 성향의 정치세력들이 제철을 만난 듯 서울대 민족통일연맹운동을 자기네 세력권으로 끌어 들이기 위해 몰려들었다. 이들 중에는 김상립[11]의 소개로 이종률 박정희 대통령 편에서 후술하겠지만 민족일보 편집국장을 역임한 전 진보당 계열의 지식인씨가 조직했다는 민주민족청년연맹민민청의 도예종都禮鍾[12]과 하상연[13]이 마치 나의 상사로서 서울대 민통련에 대한 지령권자처럼 언동을 하면서 접근해왔다. 또 며칠 후에는 정치학과 동기인 박종열朴鍾悅과 정치학과 1년 후배인 박한수의 주선으로 최백근崔百根이 조직했다는 통일민주청년동맹통민청[14]의 간부 김영강金永咲과도 만나 민족통일연맹의 향방을 놓고 열띤 토론시간을 가졌다.

나는 학생운동의 중추인 선전위원장이었기 때문에 진보라는 좌익 단체의 책사들이 여러 주변 인맥을 동원하여 나에게 영향력을 행사하려고 했다. 도예종, 김영강 등이 맨 먼저 나를 설득하면서 내놓은 주제가 이승만의 건국노선을 '소남한단정 노선'이라고 날 세워 공격, 비판했다. 이들이 나에게 강

11　김상립은 서울대 사학과 재학중이었으나 민민청의 조직원으로 나를 민민청패들과 연결시켰다. 대학졸업 후에는 교통부에서 근무하다가 작고했다.

12　도예종은 민민청과 민자통을 주무르던 공작원인데 인혁당과 민청학련 사건을 주도하다가 1974년 사형언도를 받았다.

13　하상연은 전술한 하일민의 형인데 민민청의 핵심간부였으나 얼마 후 운동권에서 손을 끊고 하동에서 차 재배업을 하다가 작고했다.

14　통일민주청년동맹은 민주민족청년동맹이나 큰 차이가 없지만 민족보다는 인민을 더 강조한 점에서 노선이 다르다. 통민청은 우당 최근우 선생이 지도한 사회당의 전위조직으로 최백근이 조직하였으나 최백근이 5·16 후 혁명재판에서 사형 당함으로써 해체되었다.

　　　　　　　　　　　　　　미워할 수 없는 우리들의 대통령

조한 이승만 비판의 핵심은 이승만이 미국의 앞잡이가 되어 남한만의 단독정부를 수립하려고 유엔감시 자유 총선거 안을 들고 나와 한반도에 단일의 통일정부가 수립되는 것을 가로막음으로써 통일 아닌 민족분단이 이루어졌기 때문에 그는 민족분단의 원흉이었다는 것이다. 반면 김구 선생이나 김규식 박사는 남한에서의 단독정부 수립을 반대하고 통일정부를 수립하려고 남북협상에 나섰다가 암살당하거나 납북되었다고 주장했다. 이승만의 소위 '소남한단정 노선'으로 우리민족이 통일을 성취하지 못하고 분단된 채로 오늘을 맞았다는 것이다.

나는 소남한단정 문제를 잘 몰랐다

나는 그때까지만 해도 '소남한단정'이 무슨 뜻인지 잘 몰랐다. 서울 서대문형무소에서도 옥중에 만난 혁신계인사들은 그가 사회대중당 사람이든, 장건상張建相 선생을 따르던 혁신연맹사람이든, 최근우崔謹愚 선생을 지지하는 사회당 사람이든, 조국통일전선에 속하는 사람이든 누구를 막론하고 입을 다투어 소남한단정을 비판하는 것이었다. 나는 이들과 대화하면서 지적 소외감을 느꼈다. 서울대학교 문리과대학 정치학과는 한국 제일의 명문대학 명문학과인데 이 대학의 3학년 학생인 나도 '소남한단정'이라는 말이 무슨 뜻인지를 몰랐다니 정말 할 말이 없었다. 내가 해방정국의 최근 역사에 대해 이렇게 무지했던가를 반성하면서 소외감을 느끼지 않을 수 없었다.

나는 이들에게 무식하다는 말을 듣지 않기 위해서 그게 무슨 뜻이냐고 물어보지도 못했다. 나는 분명히 '소남한단정 노선'이 무엇인지가 궁금했고, 왜 혁신계열 인사들이 이구동성으로 반대, 비판하고 있는가도 몰랐다. 또 이승만은 과연 김일성이 소련의 꼭두각시였던 것처럼 미국의 괴뢰였던가. 또 박정희는 왜 학생운동을 하는 우리들을 좌익으로 몰아 소급입법을 해 가면서까지 구속, 기소하는가에 대해서도 짙은 회의에 잠겼다. 이런 의심 때문에 이승만을 연구해야겠다는 것은 나의 오랜 숙제의 하나였지만 나의 삶 속에서 이승만 연구가 구체적인 나의 문제가 되지 못해서였던지 이승만에 대한 궁금증을 해소하지 못하고 반세기가 흘렀다. 소남한단정 노선 비판은 세계냉전사의 전후 관계를 잘 모르거나 해방정국의 흐름에 관해서 역사 지식을 갖지 못한 사람들에게는 매우 그럴싸하게 들리는 소리였다. 이 주장이 전혀 사실이 아니고 김일성이 주도하는 소련 위성국가로 통일되기를 바랐던 남북한의 공산주의자들이 퍼트리는 선전공작의 산물이었음을 필자가 깨닫는 데만도 국토 분단이 거의 반세기가 흐른 후였다.

미워할 수 없는 우리들의 대통령

10

이승만 대통령 어떻게 봐야할까

'공'과 '과'를 가려 정당한 평가 내려야

이승만 박사는 그의 생애를 조국의 독립과 발전에 헌신한 위대한 선각자요, 민족의 큰 지도자였다. 한국처럼 좋은 지도자 복이 없는 나라에서 하늘이 준 큰 인물이었다. 그분으로 인하여 오늘의 대한민국이 탄생했고 발전의 기틀을 마련했다. 내치외교에서 그가 쌓은 업적이 오늘의 한국발전의 초석이 되었음은 두말할 나위도 없다.

해방 당시 우리나라는 민주정치가 뿌리내릴 여건이 거의 갖춰지지 않은 나라였다. 전체인구의 80%가 문맹이었다. 1인당 GDP는 35달러 수준이었고 중학교 이상의 학력을 가진 사람은 전체인구 중 26,000명 정도였다. 민주주의가 성장할 인적자원이나 경제적 기초가 원천적으로 결여된 나라였다. 여기에 분단국가로서 건국초기부터 남북한 간에는 심각한 사상전이 이어졌고 급기야는 동족상잔의 비극마저 겪어야 했다. 이런 와중에서도 이승만은 문맹퇴치에 박차를 가했고 열악한 재정형편 속에서도 국민을 잘 가르쳐야 나라가 제대로 선다는 일념하에 초등 의무교육제를 밀어붙였고 지방자치를 실시함으로써 대한민국 국민들을 민주국가 국민으로서 정체성을 갖도록 했다. 한미상호방위조약을 체결하고 미군이 주둔하는 밀착방어체제Close deterrent를 갖춤으로써 국가의 안보기반도 공고히 했다. 일본에 대해서도 미국의 압력에도 불구하고 1910년 한일합병조약의 원천무효를 요구하면서 독립국가로서의 당당함으로 과시한 점도 높이 평가받아야 할 업적이다.

논쟁적인 과오와 비판적 요소들

그러나 아직도 소남한단정 말고도 몇 가지 대목에서는 이승만의 책임을 강력히 지적하는 주장들이 있는 것도 사실이다. 대표적으로 이승만이 비판받는 주장들을 예거例擧하면 다음과 같다.

(1) 반민족행위자 처벌 소홀 (2) 부산정치파동으로 국회모독 (3) 사사오입개헌으로 1인 장기집권획책 (4) 조봉암 선생 사법살인 (5) 한강철도 폭파 (6) 양민학살 (7) 국민방위군 사건 (8) 3·15부정선거와 발포로 사상자 발생 등이다. 이 가운데 몇 가지를 검토해 본다.

반민족행위자 처벌 소홀

이승만은 애당초부터 친일행위자들을 모두 처벌해야 할 반민족행위자로는 간주하지 않았다. 1945년 10월 국내 독립운동지원 세력들과 해외에서 귀국한 독립운동세력들이 한자리에 모여 임시정부요인 귀국환영 만찬을 국일관에서 개최할 때 친일과 반일을 놓고 격렬한 논쟁이 벌어졌다.

해외파들은 국내파들 가운데 친일행위가 있었음을 공격하자 국내 인사들은 해외에서보다 더 어려운 조건에서 사업하면서 독립운동자금을 조달,

뒷받침했는데 이렇게 살아온 우리를 친일로 내몰지 말라고 항변했다. 이때 이승만이 자리에서 일어나 양측의 자제를 호소하면서 "조선국왕이 총 한방 쏘지 않고 나라를 일본에게 넘겨주어 2천만 동포가 친일하지 않고는 살 수 없는 나라를 만들었기 때문에 국내 동포들의 친일행위에 대해서는 조선국 왕에게 책임을 물어야 할 것인데 국왕책임은 묻지 않고 일제치하에서 갖은 고생을 다하면서 살아온 우리끼리 친일이다 반일이다로 갈라져서 갑론을박 하는 것은 올바른 태도가 아니다"라고 지적하고, 지금 우리 앞에 놓인 긴급 한 과제는 국내외를 막론하고 다 같이 뜻과 지혜를 모아 나라를 세우는 데 모든 힘을 쏟아야 한다고 강조하면서 말을 맺었다손세일, 『이승만과 백범』, 2007.

그러나 이승만은 제헌의회가 반민족행위자 처벌에 관한 특별법을 제정 하자 곧 반민족행위자를 심판할 법원을 설치하고 기소의견으로 넘어온 600 여 인사들에 대한 심사에 착수했다. 그러던 중 경찰에서 친일책임을 놓고 내 부분열이 일어나고 반발이 격화되는 등 사법처리가 신속히 진행되기 힘든 일들이 일어났다. 이 문제를 수습하던 차에 공산군의 6·25 남침이 시작됨으 로 해서 반민족행위자 처벌은 유야무야되어 한명도 제대로 처벌 못하는 상 황이 벌어진 것이다. 반민족행위자로 분류된 일경의 앞잡이들이 대공기술 자로 인정되어 아무런 반성적 조치 없이 다수가 경찰에 다시 복귀하기도 했 다. 물론 전쟁 직후 대공기술자가 필요했던 것은 사실이지만 일제 시 고등계 형사로서 민족운동진영인사들을 탄압한 인물들을 반성이나 처벌하는 과정 없이 재기용하고, 이들이 또다시 독립운동가들의 사상동향조사를 빙자하여 독립운동가들 위에 군림하는 일도 발생했던 것이다. 이러한 사실이 구체적 증언에 의해 밝혀지고 실재상황으로 나타났음에 비추어 이점, 이승만은 충 분히 비난받아야 할 것이다.

부산정치파동

미국은 1952년 자기들 편의대로 추진했던 휴전정책이 이승만의 강력한 반대로 난관에 봉착했다. 미국은 자기들 구상에 맞서는 이승만을 권좌에서 내몰기로 결심하고 국회에서 간접선거로 대통령을 선출하는 제도를 이용, 원내과반수의석을 가진 한국민주당韓國民主黨을 설득하여 1952년 임기가 종료되는 이승만을 한민당의 장면張勉으로 대통령을 교체하는 작업을 추진했다. 이 정보를 획득한 이승만은 자기 임기가 만료되기 전에 대통령직선제개헌을 추진했지만 한민당의 반대로 부결되었다. 이에 이승만은 호남과 영남지역일원에 계엄령을 선포하고 직선제 개헌을 요구하는 국민적 시위를 유발시키면서 원용덕 헌병사령관이 국회의원들을 겁박하여 대통령직선제 개헌안을 강압적으로 통과시켰다. 이것이 유명한 부산정치파동이다.

그러나 이 사건은 미국의 음모에 놀아난 한국 민주당이 비판받아 마땅한 문제였다. 이승만은 부산정치파동을 일으켜 자기를 다시 제2대 대통령으로 당선시킴과 동시에 대미협상력을 강화, 휴전을 수락하는 조건으로 한미상호방위조약을 체결하는 외교의 금자탑을 쌓은 것이다. 따라서 부산정치파동은 이승만을 비판할 사건이라기보다는 이승만의 가장 큰 업적으로 부각시켜야 할 일이다. 1975년 키신저가 월맹과 협상하여 체결했던 파리평화협정의 운명과 비교해 볼 때 이승만이 취한 한미상호방위조약체결과 군사원조, 미군주둔, 경제원조를 확보한 후에 휴전을 받아들인 자세는 한국외교사의 큰 성공으로 기록되어야 할 것이다. 이 조약으로 휴전 후 오늘날까지 전쟁의 재발이 방지되었고 평화가 유지됨으로써 한국이 지구상에 6개국으로 집계되는 30~50그룹의 일원이 될 만큼 성장할 수 있었다. 엄청난 공헌이고 업적이 아닐 수 없다.

조봉암 선생에 대한 사법살인

항일독립운동지도자의 한 분이셨던 조봉암 선생은 그 스스로가 해방과 동시에 공산주의를 포기했고 김구 선생과는 달리 제헌국회에 참여하였으며 한민당이 주류였던 제헌국회에서 농림부장관직을 맡아 이승만을 도와 농지 개혁의 대업을 완성하는 데 일익을 한 분이다. 그러나 정치의 세계는 비정했다. 조봉암은 제3대 대통령 선거에 출마해서 해공海公 신익희申翼熙 선생이 유세에서 작고하시는 바람에 23%의 높은 지지율을 보였다. 자유당과 민주당은 이승만이 별세하거나 하야할 경우 조봉암 선생을 경력이나 인품에서 능가할 대안 인물이 없었기 때문에 그가 간첩혐의로 구속되자 그 혐의가 비록 조작되었다고 하더라도 그를 사법처리해서 제거할 것을 음모했다는 설이 정가에 파다했다. 대법원에서는 그에게 사형을 언도했지만 국민들 입장에서는 이승만이 항일독립운동을 했고 오랜 세월 옥중에서 고생했던 독립운동 동지를 해방된 조국에서 사형을 집행하라고 서명하지는 않을 것으로 기대했다. 그러나 이승만은 자기의 후계를 생각해서 사형집행에 서명했다. 실로 가증스러운 사법살인이 아닐 수 없다.

한강 철도 폭파, 양민학살, 국민방위군 사건

북한의 기습남침으로 수도 서울이 3일 만에 함락되는 상황에서 군 당국은 작전상의 필요에 의해서 바람직하지 못하거나 준비 부족에서 오는 무리한 조치들을 취했던 것이다. 그러나 군 작전상황에서 벌어진 이러한 일들을 가지고 대통령에게 책임을 묻는 것은 지나친 일이다. 전쟁 상황에서 대통령은 전략적 실수나 과오에 대서는 책임을 져야 하지만 군작전이나 전술 차원의 문제는 대통령의 공과를 다루는 문제에는 포함시키지 않는 것이 옳다고 본다.

4사捨 5입入 개헌무리수

한국헌정사에서 비록 민주정치의 경험이 지극히 일천日淺한 때였다고 하더라도 일단 부결된 개헌안을 투표수를 다시 계산해서 4사5입으로 개헌안을 통과시켰다는 것은 실로 낯 뜨거운 일이었다. 1954년 11월 이기붕李起鵬씨의 부인 박 마리아 여사의 총애를 받는 것으로 알려진 이 모 의원은 개헌안 표결 처리를 위해 본회의가 열리는 시점에서 자유당 원내총무가 자기에게 '口'자가 있는 곳에 찬성표를 찍으라는 지시를 받았는데, 막상 투표장에 들어가서 보니 옳을 가可자에도 '口'가 있고 아닐 부否자에도 '口'가 있었기 때문에 가부可否식별에 곤란을 느낀 이 모 의원은 가부可否모두에 찬표를 던졌다.

이 표가 무효표로 처리됨으로써 결국 1표 부족으로 개헌안이 부결될 상황이 벌어진 것이다. 여당의 입장에서는 복통이 터질 일이지만 선진국가에서는 당연히 그 개헌안은 부결 처리되었을 것이다. 그러나 여당부의장이었던 최순주는 국회재적의원수인 203명의 3분의 2를 반올림하면 135명이 되어 의결정족수가 충족된다고 해서 개헌안을 처음에는 부결되었다고 했다가 다시 통과되었다고 번복했던 것이다. 그러나 올바른 민주국가라면 136표가 찬성해야 개헌안이 통과될 수 있는 것이다. 이 모 의원은 나와 동성동본의 문중분이기 때문에 집안에서 마저 그 무식을 개탄했는데 무식한 국회의원에 날치기 사회라는 비아냥이 확산됨으로 해서 자유당 정권에 대한 국민적 지지가 감소했던 것이다. 그러나 이때 이승만은 이렇게 의정을 호도한 인물들에 대해 정치적 책임을 추궁하지 않은 것도 비판받아 마땅한 처사였다.

미워할 수 없는 우리들의 대통령

'이승만 죽이기' 이제는 멈춰야 한다

육체적인 노화는 한계를 불렀다

나는 이승만이 개헌으로 3선의 길을 열고 제3대 대통령에 당선되었지만 81세의 노인 대통령으로서는 경륜 있는 새 정치를 펼치기에는 육체적인 한계에 이르렀다고 본다. 이태리의 정치학자 빌프레드 파레토Vilfred Pareto는 그의 유명한 '권력순환이론'에서 노쇠老衰라는 육체적 몰락은 이념의 고갈을 수반하면서 필연적으로 엘리트 순환을 가져온다고 설파한 바 있다. 내가 보기에는 Pareto의 권력순환이론이 이승만 박사에게는 아주 적중한 것 같았다. 이승만 박사는 집권기간이 늘어난 만큼 거기에 상응하는 대국민 서비스로서 근대화나 경제개발 같은 공공재나 국민들이 공감할 새로운 비전을 제시하지 못했다. 휴전도 끝나고 전재복구도 1단계작업이 끝나가는 1959년 상황에서는 북진통일이나 안보위기강조만으로는 더 이상 국민들의 지지를 창조해 낼 수 없었다. 결국 무상독재無償獨裁에 대한 국민적 저항을 맞게 된 것이다. 이승만 정권 붕괴 후 아무런 준비 없이 정권을 장악한 민주당 역시 비록 단명으로 끝났지만 시대정신에 맞는 국민통합의 길을 제시하지 못했다. 4·19의 혁명에 국민들이 걸었던 기대는 그 후 모두 군사정권의 과제로 옮아갔다.

이승만이 하와이로 떠난 후에는 '이승만 죽이기'라고 명명할만한 엄청난 모략과 비방이 쏟아짐으로써 이승만 박사가 81세 이전1956년 이전에 쌓은 기여나 공로는 모두 묻히고 과오만 나열되는 사태가 빚어졌다. 4·19 당시 젊은 학생들은 대통령으로서의 이승만 박사는 알지만 그분이 독립운동과 건국을 위해, 한국전쟁과 휴전과 한미방위 동맹을 위해 어떻게 기여했는가를 바로 알고 있는 사람들은 거의 없었다. 바로 이 무지의 공간을 파고든 것이 친북좌파들이었다. 이승만 박사 때문에 적화통일이 안 된 것을 몹시 애통해했던 친북공산주의자들이 나서서 4·19 이후의 혼란을 틈타 반 이승만 모략책동을 치밀하게 펼쳤다.

　이승만은 인생 70세에 귀국, 나라를 세우고 전쟁에서 국가를 방위하고 대한민국을 국가다운 국가로 기틀을 세우는 데 12년의 세월을 바쳤다. 그는 3대 대통령으로 선출되던 1956년에 이미 81세의 고령이었다. 육체적으로 더이상 정상적인 정무와 국사를 감당할 수 없는 시점에 왔던 것이다. 그는 마땅한 후계자를 찾지 못한 가운데 이기붕李起鵬을 부통령에 당선시켜 후계자로 키우려고 했는데 이기붕을 둘러싼 자유당 강경파들이 공공연한 부정선거를 자행하였다. 이승만은 자기의 후계자를 국민들에게 선택하도록 맡기는 것이 정도였다. 한국에서는 역대 모든 대통령이 자기 맘에 드는 사람으로 후계자를 정하려다가 성공한 일이 거의 없다. 국민들에게 선택을 맡기고 권한을 국민들에게 돌려주는 것이 맞다. 결국 부정에 항의하던 수많은 젊은 학생들이 목숨을 잃는 비극을 겪게 함으로써 그는 끝내 혁명의 객체가 되고 말았다.

중국의 모택동 처리가 우리에게 주는 교훈

중국의 모택동은 이승만과는 비교도 안 될 정도로 엄청난 과오를 범했다. 그는 이른바 문화대혁명이라는 10년 대란을 일으켜 전 중국을 폐허로 만들고 수천만의 동포가 굶어 죽거나 테러로 죽임을 당하게 하는 엄청난 과오를 범했다. 양과 질적으로는 이승만과 비교도 안 될 만큼 크고 무서운 과오를 범했다. 그러나 오늘날 모택동은 중국 베이징의 천안문 위에 그의 초상이 항상 걸려있고 중국공산당 만세와 함께 모택동 동지 만세가 대형 현수막으로 걸려 있다. 널리 알려진 사실이지만 중국공산당은 1981년 6월 "역사에 관한 중요 결의"를 통해 모택동의 공은 7이요 과는 3으로 결정했다. 중국 현대사를 공부한 사람이라면 모택동은 과오가 7, 공을 3 정도로 봐주어도 너무 후한 평가

일 것이다.

그러나 등소평鄧小平은 중국공산당이 일당一黨으로서 계속 정권을 장악할 명분을 쌓기 위해서는 모택동을 공과 과를 7대 3으로 평가하지 않을 수 없었다. 문화대혁명의 책임을 물어 공산당이 모택동을 단죄한다면 중국공산당은 스스로 더 이상 집권할 명분을 가질 수 없게 되기 때문이었다. 또 모택동의 과오는 모택동 개인의 책임이 가장 크지만 그렇다고 중국공산당 간부들에게는 아무 책임이 없다는 말인가. 이 명분을 내세워 등소평은 모택동을 공 7, 과 3으로 그에게 후한 평점을 주었던 것이다. 그러면서도 모택동의 교시나 정책을 전면적으로 폐기했다. 모택동의 뒤를 이은 화국봉華國鋒은 모택동의 교시와 정책승계를 무조건 밀어붙이는 범시론汎是論을 강조하다가 퇴진당했다. 등소평은 자기가 집권한 직후 이렇게 모택동을 의도적으로 살려야 중국 공산당이 존속할 수 있다는 것을 잘 알았던 것이다.

이승만 박사도 그분의 삶을 총체적으로 평가한다면 공을 7로, 과를 3으로 점수를 매겨도 결코 과장된 평가는 아닐 것이다. 그러나 이승만 박사에게는 그를 죽이기에 나설 사람들은 많았어도 살리기에 나설 사람은 정치세력 가운데는 없었다. 이승만을 지지했던 자유당은 해체되었고 부정선거 원흉으로 처벌받거나 부정축재자로 몰려 단죄되었기 때문이다. 안창호 선생은 해방 전에 고인이 되셨고 김구 선생은 해방 이후 미소냉전이 격렬해지는 와중에서 건국이라는 어렵고 힘들고 중차대한 과업을 거부하고 있다가 피살당했기 때문에 찬사만 있고 욕이나 비난은 적다. 정치지도자가 받는 모든 비난이나 욕은 일한 사람에게만 따를 뿐 일을 벌이지 않는 사람은 잊혀지기는 해도 심한 욕이나 비난은 면한다.

'건국의 아버지'를 제대로 받들 대통령이 없는 나라

이승만에 뒤이어 이 나라에서는 11명의 대통령이 등장하거나 선출되었다. 이렇게 정권교체가 이루어지면서 새로 집권한 어느 대통령도 미국처럼 이승만을 건국의 아버지로 살리려고 하지 않았다. 이승만 비판이 대한민국 건국의 비판으로 이어진다는 자명한 사실도 외면하고 모든 것을 자기중심으로 역사를 꾸미려고 하였다. 박정희의 국민교육헌장이나 민족중흥론, 김영삼의 역사 바로 세우기, 김대중, 노무현의 김구 예찬론 등이 바로 그러한 것이었다. 북한의 김일성은 세습 독재체제이기 때문에 '주체의 태양'으로 북한 땅에서는 비판받지 않고 떠받들어진다. 미국처럼 건국 아버지가 있는 국가들이 아름답다. 우리가 정치문화차원에서 미국에게 민주주의나 링컨만 배울 게 아니라 '건국의 아버지' 제도를 본받아야 나라가 제대로 될 것이다.

이승만의 뒤를 이은 역대 정권들은 이승만에 대한 좌익들의 비판이 대한민국성립의 근간을 흔드는 것이었음에도 불구하고 자기 자신이나 자기 정권에 대한 비판이 아니면 이를 묵인하는 자세를 취했다. 이승만이 유엔감시 자유 총선거를 통해 대한민국을 탄생시킨 역사를 '소남한단정 노선'이라고 욕하고 비난하는 모략이 아무런 여과 없이 그대로 국민 의식 속에 파고들어 간다면 '대한민국은 태어나서 안 될 나라'라는 단정斷定의 심연 속에 빠지고 만다. 만일 전교조가 자라나는 학생들에게 이런 식으로 역사교육을 시킨다면 그 결과는 어떻게 될 것인가. 결국 북한의 선동선전이 승리할 뿐이다. 좌파선전이 제기하는 이러한 문제를 자기 문제로 받아들이면서 결과를 깊이 고민하고 대처한 대통령은 아직까지 나오지 않았다. 김구 선생을 예찬하면 할수록 그가 주장한 남한 단독정부 수립 반대 노선이 민족적으로 정당한 노선이 되어버리고 이렇게 되면 결과적으로 현재의 대한민국은 태어나서는 안 될 나라로 되는 것이다.

임시정부는 임시정부일 뿐이다

최근에 문제 되는 건국일자建國日子 문제도 이런 논리에서 유추가 가능하다. 해외에서 독립운동을 하던 분들이 임시정부를 만드는 경우가 많았지만 한 치의 영토도 없이, 인민들로부터 수임된 권한도 없이 애국심을 가진 몇몇 분들이 모여서 임시정부를 만들었다면 그것은 어디까지나 임시정부일 뿐이다. 영토와 인민과 주권이 있고 인민들의 선거에 의해 권력기구가 세워질 때 비로소 국가로서의 요건을 갖추게 된다는 것이 상식이다. 특히 35년에 걸친 한국의 독립운동은 그 현장이 상해, 중경 같은 중국 도시이기도 했고 연해주에도 있었으며 만주에도 있었다. 러시아에도 있었고 미국에 있는 임시정부 구미 위원부는 오히려 임시정부의 주요외교활동을 도맡아 했다. 상해에서 시작된 임시정부는 중국의 여러 지역을 거쳐 중경으로 옮겨왔기 때문에 대한민국 임시정부는 임시정부라는 간판만 있었을 뿐 민족운동지도부로서 제구실을 한 일은 별로 없었다. 항상 내분에 휩싸여서 제구실을 못했다는 것이 역사학자들의 정평이다.

이승만은 미국을 상대로 태평양 전쟁 중에 중경임시정부의 승인을 얻기 위해 다각적인 노력을 펼쳤지만 인민의 선거에 의하지 않은 정부를 미국은 인정할 수 없다면서 임시정부 승인을 거부했음은 앞에서 본 바와 같다. 한때 드골이 런던에 세운 임시정부의 승인문제도 국제사회의 논란을 불러일으켰었다.

모국에서 죽기 바라는 이승만의 청원을 외면

하와이에서 병들어 최후를 기다리면서 이승만은 모국에서 삶을 마치기 위해 귀국을 허용해달라고 박정희 대통령에게 청원했지만 국민여론을 두려워한 나머지 박 대통령은 이승만의 귀국 청원을 거절했다. 병중에 있던 이승만은 어느 틈에 그의 뇌 속에서 영어가 떨어져 나가고 한국말 외의 말을 못하게 되었기 때문에 통역사를 채용, 간병을 맡기기도 했다고 이종찬 전 국정원장이 이승만의 마지막의 한 부분을 전해 주었다.

　물론 그 후 박정희 대통령은 미국의 밴플리트 장군이 호상이 되어 이승만 박사의 시신을 김포공항을 통해 서울로 운구해 올 때 공항에 영접을 나갔고 정일권 국무총리가 대독한 추모사를 통해 이승만의 공헌을 감동적으로 표했다고 한다. 그때 정부는 국장國葬이 아닌 국민장國民葬을 유족들에게 권유했지만 유족들은 국장이 아닌 국민장이라면 차라리 가족장으로 장례식을 치르겠다고 주장, 가족장으로 장례를 모셨다. 생각할수록 유감스러운 일이다. 그러나 이승만 박사는 아직도 국민들의 마음속에 존경받는 존재로 남아있다. 이 기회에 내가 수치스럽게 생각하는 체험 하나를 고백하겠다.

나의 부끄러운 이야기

1965년 7월 22일경 이승만 박사의 시신이 서울로 돌아와 국립묘지에 가족장으로 묻힐 때 전국각지에서 그분 시신의 환국還國을 지켜보기 위해 많은 사람들이 상경했고 도로연변에는 시민들이 도열, 애도하고 있었다. 이때 4·19에 앞장섰던 나를 포함한 4·19 주도 친구들이 모여 하와이로 망명한 이승만의 유해귀국을 반대한다는 시위를 벌였지만 이때 우리에게 동조하거나 호응하는 시민은 거의 없었고 오히려 우리에게 눈살을 찌푸리는 사람들이 많았다. 결국 이곳 저곳을 뛰어다니다가 도로교통법위반으로 걸려 남대문 경찰서에서 하룻밤을 보내고 훈방당한 일이 있었다. 일반시민들은 이승만은 훌륭한데 그분이 고령에 인人의 장막帳幕에 싸여 민심을 몰랐다거나 자유당 강경파 관료세력들 때문에 말년이 잘못되었다고 평가하는 분위기가 강했다.

마치면서

다행히 1980년대의 시작과 더불어 이승만에 대한 재평가작업이 학계와 언론계에서 시도되고 그분의 건국과 관련된 업적이 제대로 나타나기 시작했다. 많은 허위 모략의 진상이 밝혀졌고 특히 한미방위조약체결로 휴전 60년 동안 부분적인 남북충돌은 있었지만 동족상잔의 큰 전쟁 없이 경제발전을 이룩할 여건을 만든 이승만 박사의 기여에 대해서는 찬사가 늘고 있다.

현재까지 나타난 업적만으로도 그는 건국의 아버지로 추앙받아도 손색이 없는 분이다. 그러나 초대 대통령으로서 이승만 박사의 공로를 그 적정형태에서 평가하고 국민들이 기억하도록 해주는 일은 민족의 긴 미래를 내다볼 때 시급히 서둘러야 할 일이다. 내가 쓴 이 글도 우리 후대들이 자랑스럽게 기억하고 회고할 민족의 큰 지도자의 반열에 이승만을 올리는 작업의 일환에 쓰임 받기를 바라는 마음 간절하다. 이승만이 건국의 아버지로 승화될 때 비로소 대한민국 주도의 한반도 통일대업이 성취될 것이다. 이날이 오기를 기대하면서 이승만 대통령 이야기를 끝맺는다.

제2편

내 무덤에 침을 뱉어도 좋다

박정희 대통령

1

긍정의 시각으로 본 박정희 이야기

박정희 대통령도 이승만 대통령과 더불어 평가가 극에서 극으로 갈리는 지도자 중 한 사람이다. 따라서 만인이 공감하는 평가를 하기가 쉽지 않다. 그러나 내가 이 글을 쓰기로 작심한 것은 인생 나이 80에 접어들면서 박정희 대통령의 공과 과를 객관적으로 보고 평가할 입장이 되었기 때문이다. 이제 나는 정계를 떠났기에 정치적 이해관계에 얽매이지 않게 되었다. 또 나와 생각을 달리하는 분들에 대해서도 열린 마음으로 틀림이 아닌 다름으로 그들의 주장이나 태도를 받아들일 수 있는 마음의 바탕이 마련되었기 때문이다. 그러나 한 가지 분명한 사실은 내가 아무리 공정한 입장에 선다 해도 그간 살아오면서 내 안에 형성된 국가나 역사에 대한 나의 가치관으로부터 완전히 자유로울 수는 없을 것이다. 사람이 완전한 객관적 입장에 서기는 힘들겠지만 설사 그렇게 선다 하더라도 당사자의 입장에서는 내가 편견에서 벗어나지 못했다고 비판할 수도 있고, 또 어떤 문제에 대해서는 한쪽으로 치우치거나 경도되었다는 평도 할 수 있을 것이다.

미워할 수 없는 우리들의 대통령

그러나 글 모두冒頭에서 분명히 밝혀야 할 것은 나의 20대 박정희 대통령에 대해 가지고 있던 생각이나 관점이 지금과는 전혀 다르게 변했다는 사실이다. 이에 대한 뒤늦은 각성이 이글을 쓰게 된 중요한 동기가 되었다. 그간 세상을 살아오면서 어느 상황, 어느 시점에 자기가 내린 판단이나 평가가 항상 옳다는 독단에 빠지는 것이 얼마나 어리석은 일이며 자칫 큰 오류를 범할 수 있다는 것을 깨달았기 때문이다. 이러한 깨달음이 좀 더 일찍 왔더라면 그간 언동과 집필 중 부지불식간에 저지른 많은 과오나 실수도 훨씬 줄었을 것 같다. 행여 나이 헛먹은 것이라는 질책이 있을까를 두려워하면서 박정희 대통령이하 존칭 생략 이야기를 펼치고자 한다.

필자는 박정희가 5·16쿠데타로 정권을 잡는 시기부터 1969년 국토통일원의 상임연구위원으로 들어갈 때까지 10년간은 4·19혁명 세대의 한 사람이었다. 이때는 박정희의 군사독재세력에 맞서고 싸우면서 박 정권으로부터 엄혹한 억압과 단속을 받던 시기였다. 또한, 나는 중앙정보부의 신원조회身元照會에 걸려 일체의 취업이 불가능했다. 중앙정보부의 반대 때문에 어떤 직장도 마음대로 선택할 수 없었고 유학의 길도 막혀버렸다. 사회적 배제를 뼈저리게 겪는 상황이기도 했다.

그 후 70년대 10년 동안 나는 국토통일원에 들어가 박정희가 부르짖는 평화통일노선을 현실적인 통일정책으로 구체화시키는 데 앞장섰다. 나의 젊은 시절 가장 역동적인 부분이 박정희 집권 시기와 겹치기 때문에 필자는 4·19혁명과의 연관성에서 박정희 시대를 다루지 않을 수 없다. 또 4·19혁명이 일어난 지 1년여 만에 박정희를 한국 역사에 등장시키는 5·16쿠데타가 발생했다. 시간과 공간적으로 거의 같은 시기에 일어난 정치변동이기 때문에 목표와 상황이 너무나 많은 부면에서 중첩된다. 따라서 나는 4·19혁명의 전후 관계에 대한 나의 회고의 연장선에서 박정희 시대와 그의 이야기를 펼쳐나가지 않을 수 없다.

　　그러나 박정희에 대한 비판은 *그*간 여러 분야에서 너무 많이 쏟아졌기 때문에 그에 대한 부정적인 평가나 관점보다는 그의 삶 속에서 우리 후손들이 기억해야 할 만한 족적을 찾아 제시하는 쪽에 역점을 둘 생각이다. 부정이 아닌 긍정으로서의 박정희 이야기를 진솔하게 회고하고 싶다. 그러나 특정 지도자의 업적은 시간적으로 과거에 속하지만, 공과의 평가는 항상 현재가 기준이 되기 때문에 누가 박정희를 싫어하고 비판하는 이야기를 많이 떠든다고 해서 이를 고깝게 생각하거나 배척할 생각은 전혀 없다. 자기를 어떤 입장에 얽맬 때 호오好惡의 태도가 생기게 마련인데 나도 이제는 그런 입장에서 벗어났다고 자부한다.

2

4·19혁명의 회고와 5·16쿠데타 상황의 재조명

이영일의 경험을 중심으로

4·19와 5·16은 쌍둥이 관계

|

나는 대학 3학년 봄에 4·19학생 시위 현장의 선두에 섰다. 서울대학교 정치학과 합동연구실과 주변의 하숙집을 무대로 3·15부정선거를 규탄할 시위계획을 세우고 4·19의 아침 문리대 교정에 학우들이 모이도록 선동하였다. 또한 나는 함께 스크럼을 짜고 종로 5가 쪽으로 시위행렬을 몰아가는 선두에 섰다. 이 일로 서울대학교 4·19학생 시위 주동자의 반열에 끼게 되었다.

전국적으로 번진 4·19학생 시위의 결과로 이승만 대통령은 하야하고 부정선거로 당선된 이기붕李起鵬 부통령 가족 전원이 자살함으로써 12년간 유지된 자유당정권은 종언을 고했다. 나는 이 항목에서는 이승만 박사 편에서 다룬 바 있는 4·19혁명 자체의 배경이나 전개과정보다는 그 이후의 상황과 1년 1개월 사이를 두고 뒤이어 발생한 5·16쿠데타의 상관관계를 살핌으로써 박정희에 대한 나름의 견해를 밝히고자 한다. 흔히 4·19와 5·16을 전혀 별개로 보는 사람들도 많지만 1년 1개월이라는 시간상의 차이를 두고 동일한 공간에서 일어난 큰 사건 간에 엄연히 존재하는 연관성을 외면하고 상황을 평가할 수는 없다. 한 뱃속에서 태어난 이름만 다른 쌍둥이가 4·19요, 5·16이라고 나는 생각하면서 이 글을 쓴다.

혁명이냐, 의거냐

4·19가 혁명이었느냐 의거였느냐는 민주당정부가 제기한 문제였다. 정권교체이기 때문에 혁명이지만 혁명다운 요소와 비혁명적 요소가 혼재되어있기 때문에 혁명설革命說과 의거설義擧說이 항상 마주쳤다. 지금도 이 문제는 감정적 해석과 논리적 해석, 역사적 해석과 상황적 해석 간에 논란이 아직 끝나지는 않았다. 우선 혁명의 주체를 반성적 차원에서 생각해본다. 자유당정권을 국정에서 몰아내고 새로운 민주공화국을 이 땅에 세우기 위해 목숨을 걸고 궐기한 혁명의 주체가 존재했느냐의 문제다. 목숨을 잃은 희생자 가운데 대학생이 가장 많았지만 이들이 과연 시위의 성공을 위해 목숨을 걸고 참가했던가. 정의감에서 부정과 불의에 항의하여 정부의 잘못을 시정하기 위해 시위에 참석하였을 뿐 혁명 주체라는 뚜렷한 주체의식을 가지고 '성공하면 군왕이요, 실패하면 역적'이라는 각오로 4·19혁명 현장에 나선 학생들이 있지는 않았을 것이다. 또 정치변혁, 사회변혁을 위한 상황분석이나 문제의식, 역사의식을 가지고 혁명적 대비를 해온 결과로써 4·19혁명이 일어났던가. 솔직히 말해서 그렇지 못했다. 이러한 설문에 그렇다고 답할 사람은 상식인들 가운데는 별로 존재하지 않을 것이다.

　4·19세대의 한 분으로서 중국 전문가인 이세기 한중친선협회 회장4선 국회의원, 통일원 장관 역임은 한국인들의 저항운동 역사를 말하면서 한국인과 중국

인 간에는 저항을 결단하는 동기가 다르다고 말한 바 있다. 중국인은 불의不義는 잘 참지만, 불이익은 못 참는 데 반해서 한국인은 반대로 불이익은 잘 견디지만, 불의에는 분연히 궐기한다는 것이다. 3·15부정 선거는 분명 불의였기 때문에 거국적 분노가 폭발했다고 보면 틀린 분석일까.

'혁명'으로 평가받기엔 미흡한 4·19

학생은 우리나라에서는 국민 생활의 계급적 이해관계를 대변하는 계급집단이 아니고 사회적 신분집단으로서 지식과 정보유입 수준에서 일반 대중보다 훨씬 앞선다. 따라서 일반인들보다는 정부의 부정이나 비위, 불공정이나 부패에 대해서는 더 민감할 수 있고 시대정신에서도 더 앞서가는 집단이다. 1919년 3·1운동 당시에는 학생 등 지식층들만이 일본의 식민지에서 벗어나 독립을 쟁취해야 한다는 정당성을 바로 알고 있던 유일한 사회적 신분집단이었다. 그래서 민족적 정당성의 발로로 3·1독립운동의 선두에 섰던 것이다.

　일제시기 이전인 조선조 시대에도 군주의 처사가 도리에 합당하지 않을 때 돈화문 앞 광장이나 궁성 대문 앞에 머리를 풀고 연좌데모를 했던 기록을 이조실록李朝實錄에서 별견瞥見할 수 있다. 따라서 학생들의 정부비판 행동이나 시위를 모두 혁명으로 규정하기는 어려운 점이 있다. 그러나 학생들의 희생과 피로써 정권이 교체되는 상황이 조성되었고 그 결과로 새로운 정권이 탄생했다면 그것은 응당 혁명으로 평가될 것이다. 그러나 4·19혁명이 혁명으로 평가받기에 가장 약한 부분은 혁명의 결과로 정권을 잡은 민주당 정권이 1960년대 한국의 상황 속에서 혁명의 요구를 수용하고 실천할 정책이나 비전을 전혀 준비하지 않았던, 즉 준비되지 않은 세력이 권력을 거머쥐게 되었다는 사실이다.

민주당은 혁명의 주체가 아니었다

돌이켜보건대 민주당은 자유당정권의 4사5입 개헌, 발췌개헌안 같은 정권연장 기도가 있을 때 형식적으로 저항은 했지만 한 번도 혁명을 모색하지 않았다. 또 한국전쟁을 승자도 패자도 없이 휴전으로 끝내려는 미국에 맞서면서 통일 없는 휴전을 받아들일 수 없다고 버티는 이승만을 미국의 힘으로 몰아내고 미국이 원하는 휴전에 맹종할 정부를 내각제 개헌을 통해 세우려는 공작에 무모하게 편승했던 세력이 민주당이었다. 그러나 이승만은 발췌개헌안 통과라는 정변을 통하여 집권을 연장하고 단독 북진을 주창하면서 반공포로 석방이라는 파격적 행보를 벌인 끝에 결국 미국은 이승만이 요구한 휴전조건을 모두 받아들이고 한미상호방위동맹조약을 체결함으로써 휴전에 동의했다. 만일 이승만이 이러한 버팀을 통한 안전장치를 마련하지 않고 휴전에 동의했더라면 한국의 휴전 역시 베트남 공산화의 길을 열어준 1973년의 파리휴전협정Paris Peace Accords의 재판이 되었을지도 모른다. 1958년까지 한국전에 참전했던 중공군이 그대로 북한 땅에 주둔해 있었기 때문이다.

준비없는 집권이 불러온 비극

민주당은 3.15부정선거 때, 야당 대통령 후보였던 조병옥 박사의 대선 전 서거逝去로 이승만 대통령이 무투표로 당선되었기에 정권장악의 꿈을 포기했다. 반면에 부통령 후보인 장면 씨를 당선시켜 자유당 정권하의 야당으로 잔명을 부지할 생각만 했을 따름이었다. 물론 자유당의 부정선거를 규탄하는 데모에는 참가했지만 정권을 장악할 생각은 아예 꿈도 꾸지 못했다. 그러나 자유당정권의 붕괴로 집권을 위해 아무런 준비도 하지 못했던 민주당에게 정권이 통째로 굴러 떨어졌다. 역사는 준비 없이 집권한 정당이 제구실을 할 수 없다는 것을 민주당의 행태를 통해 우리에게 가르치고 있다.

민주당은 자유당의 1인 장기집권에 대한 반성으로 헌법을 내각제로 바꾼 후 실시된 7·29총선에서 압승하였지만 정부 구성에서는 신구파로 갈렸고 신파가 내각을 장악한 후로는 다시 신파가 노소老少장파로 나뉘어 권력다툼을 벌였다. 이들의 권력다툼과 파쟁은 4·19혁명에 기대를 걸었던 국민의 여망과는 전혀 동떨어진 정치싸움, 권력싸움이었다. 이 와중에서 자유당이 반공안보를 내세워 지탱해왔던 질서유지 기제Mechanism들은 하나같이 무너졌고 데모 만능의 무규제가 한국 사회를 극도의 혼란으로 몰아넣었다. 4·19혁명은 학생이 정권타도에 앞장 선 정권교체의 주역이었으나 학생신분의 역사적 한계성으로 말미암아 정권을 잡지 않고 혁명의식이 전무했던 민주당에 정권을 내맡기게 되어 4·19혁명을 혁명 아닌 의거로 보게 하는 논의의 여지를 남기게 되었다.

4·19는 '옆으로부터의' 혁명이다

일부 학자들은 혁명의 유형을 국가지배층이 개명開明되어 실시하는 '위로부터의 혁명Revolution von Oben'이거나 러시아혁명처럼 프롤레타리아가 중심이 되어 기존정권을 붕괴시키는 '아래로부터의 혁명Revolution von Unten'으로 나누면서 4·19혁명은 집권세력들의 각성된 개혁 노력으로 펼쳐진 위로부터의 혁명도 아니고, 그렇다고 러시아혁명처럼 프롤레타리아의 혁명같이 아래로부터의 혁명도 아니라면 어떤 혁명인가를 놓고 논란을 벌였다. 서울대학교 사회학과 교수였던 최문환崔文煥 박사는 사회적 신분집단으로서의 학생이 정권변혁과 개혁의 주체가 되었기 때문에 4·19혁명은 위도 아니고 아래도 아닌 '측면으로부터의 혁명Revolution von seiten'이라는 기발한 용어를 구사했다. 그러나 4·19혁명은 그때의 형편으로는 혁명 이후의 변화 상황을 통제하고 발전시킬 비전과 방향과 대책을 지닌 주도세력이 없었던 것이 사실이다. 이러한 사정이 있기 때문에 4·19혁명을 아무리 그럴듯한 용어로 포장한다고 해도 역사적으로 뜻있는 혁명의 반열에 오를 수는 없다. 혁명의 전위로서 학생을 활용할 수 있었던 뚜렷한 주체 세력의 부재는 4·19혁명의 혁명성을 둘러싼 논쟁에 종지부를 찍기 힘들게 만들었다.

3

4·19 이후 격동의 국내정세

이승만 정권이 붕괴되면서 우리 사회는 국가의 진로를 놓고 심각한 토론이 사회 각 분야에서 일어났다. 서울대학교의 경우 세 가지의 큰 흐름이 등장했다. 첫째, 학생회가 중심이 되어 펼친 신생활운동이었다. 관용차량의 사용 반대, 양담배 안 피우기 운동, 질서 지키기 운동, 공명선거추진운동 등 우리 사회의 일반적 비리를 척결하자는 것이다. 둘째, 관심을 끈 움직임은 민족주의를 명분으로 내세우면서 후진성 극복을 통한 국가근대화연구 활동이었다. 서울문리대 사회학과나 서울상대 경제학과 등에서 주도하는 운동이었다. 셋째, 7·29선거 이후로 등장한 민족통일 운동이었다. 이에 앞서 고려대학교 등이 중심이 되어 전개한 공명선거추진 캠페인도 학생운동의 큰 줄기 중 하나였다.

4·19와 나의 대학생활

|

나는 4·19혁명 성공 후 대학 생활의 마지막 시기를 보내면서 매우 바쁘게 살았다. 우선 목숨을 잃은 학우들에게 그들의 죽음이 헛된 것이 아니었음을 입증하는 것이 산 자의 도리라는 막중한 책임의식을 느끼고 있었다. 나에게는 4·19 이전의 한국과 4·19 이후의 한국은 근본적으로 달라야 한다는 생각이 머리를 가득 채우고 있었다.

나는 4·19 이전에는 두 개의 학생조직과 연관을 맺고 있었지만, 적극적으로 활동에 나서지는 않았다. 대학 입학 후에 바로 참여한 학생서클은 문리과대학 내의 기독학생회SCA였다. 크리스천 대학생들이 모여 기도하고 친교하는 모임이었다. 서울로 유학 와서 별로 친구들도 없는 터에 기독학생회는 좋은 사교 서클이였다. 이밖에 서울법대에 다니는 김영덕재미동문, 은행장으로 활동이 권유해서 참여한 홍사단 대학부였다. 명동에서 한 달에 한두 번 모임을 갖는데, 지금 만나는 친구는 강태욱경희대 출신으로 홍사단 이사장과 황장엽 선생의 철학 저술을 출판이다. 또한 4·19 이후에는 이러한 정태적인 운동에는 큰 비중을 두지 않고, 대학에서 네 개의 서클에 관여했다.

서구의 사회민주주의를 한국에 접목할 수 있을까를 모색하는 문제의식에서 정치학과 선배들이 중심이 되어 만들었던 신진회新進會에는 회원으로 참여했고, 4·19 이후 사회학과 학생들이 중심이 된 후진사회연구회에는 정치분과연구위원장의 직을 맡아 한국근대화라는 주제를 놓고 토론하는 데 열중했다. 이와 동시에 7.29선거를 앞두고 서울대학교에 발족된 신생활운동에 참여하여 4·19정신 선양과 선거계몽, 관용차 사용 적발, 양담배 퇴치, 외제차 번호판 떼기 등 생활개혁운동에도 앞장섰다.

민주당정권에 대한 실망과 환멸

4·19로 집권한 민주당은 개혁에 대한 국민적 기대를 전혀 충족시키지 못하고 대학가에서 조성되는 건강한 기풍도 수용할 여유 없이 신구파 갈등의 정쟁에 휩싸여 영일寧日이 없었다. 4·19 이후의 한국은 분단, 건국, 정부 수립 과정에서 생긴 내적 갈등, 정부 수립 3년 만에 터진 전쟁과 3년에 걸친 전쟁이 휴전으로 마감되었다. 하지만 전재 복구는 아직도 끝나지 않은 상황에서 쏟아져 나오는 문제들을 효과적으로 장악, 통제할 리더십이 없었다. 국가를 유효하게 지배할 힘의 공백 상태가 초래되었다. 민주당정부가 힘의 공백을 메우기에는 너무 준비가 미흡했다. 수많은 이유 있는 항의가 데모로 표출되었다. 또한 만사를 데모로 해결하려는 풍조가 사회를 지배하였다. 반공 건국과정에서 기를 펴지 못했던 좌익세력들도 자유와 민주주의 이름하에 정당을 만들었고 언론자유를 이용하여 그 수를 열거하기 힘들 정도의 신문, 통신사들이 우후죽순처럼 쏟아져 나왔다. 민주당정부가 혁명과업을 제대로 감당치 못한다고 하여 4·19 부상자들이 국회의사당을 점거하기까지 하였다.

　무규제無規制의 지배는 자유당정권 때보다 사회를 더 불안하게 하였고 안보마저 위태롭게 했다. 북한 방송을 공공연히 청취하기도 했다. 민주당정부는 자유와 민주주의의 이름으로 제기되는 이런 혼란과 무질서에 대해 속수무책이었다. 장면정부는 4·19가 반독재민주혁명이라는 이유에서 민주주의 원칙에 매달릴 뿐 민주주의를 이용하여 국민을 통합시키고 안정과 질서를 유지할 능력을 결여하고 있었다.

혼란에 휩싸인 대학가

민주당정부는 사회질서유지라는 절박한 상황을 헤쳐 나가기 위해 반공임시특별법과 데모규제법의 입법을 서두르면서 미국에 경제 원조를 요청했다. 그러나 데모로 정권을 장악하는 데 성공한 정권이 데모규제법을 제정하고 반공임시특별법을 만들어 언론자유를 억압하려 든다는 데 대한 반발 역시 적잖았다. 보수진영에서는 정부의 조치를 지지했지만 신구파로 갈려 내분을 일삼는 민주당의 제안이 국민들의 지지를 얻을 수 없었고 여당 내에서도 손발이 맞지 않았다. 결국 대학생들을 중심으로 반공임시특별법과 데모규제법의 제정을 반대하고 한미 간에 체결된 경제원조협정에도 원조를 주고받는 관계에서 불평등이 너무 명백하여 찬성할 수 없다는 시위가 1961년 2월의 대학가를 혼란스럽게 하였다.

나는 겨울방학이라 귀향하여 광주에 있었기 때문에 1961년 3월 22일 2대 악법반대시위에는 참가하지 않았고 또 학생들이 왜 한미경제원조협정을 반대했는지도 자세히 알지 못하고 3월 하순에 상경했다. 한때 가깝게 지냈던 허남경許南景, 정치학과 3년, 현재 LA 거주은 미국이 한국경제를 돕는다면서 경제원조의 조건, 내용, 실시방침 등을 모두 미국고문관들의 지시에 따라야 하며 미국의 원조관계직원들을 외교사절과 대등한 지위를 부여토록 하는 등 지나치게 불평등한 편무조약이기 때문에 4·19혁명 주체들이 반대하고 나서는 것은 정당하다고 설명해 주었다.

영천永川에서 가진 군중 노선의 실험

4·19혁명으로 이승만 정권이 무너지고 7월 29일 실시될 선거를 앞두고 각 지역마다 선거운동이 한참 기세를 올리기 시작할 때였다. 서울대학교 신진회나 후진사회연구회에 관여했던 진보적 성향의 젊은이들은 민주당이 압승하여 진보세력으로서 사회민주주의 세력이 발붙일 여지가 없어진다면 4·19가 원했던 민주화의 꿈이 이루어질 수 없을 것이라는 판단 하에 지역별로 출마한 사회대중당이나 통일사회당 소속 정치인들의 당선을 지원하기로 뜻을

세웠다.

　필자는 허남경을 따라 정치학과 2학년인 김정강과 함께 경북 영천지역으로 내려갔다. 나는 자유당의 재기再起도 저지하면서 혁신세력의 진출 발판을 지원하기 위해 여러 차례의 군중 강연회를 열고 연사로 나서서 인기도 끌었다. 하지만 혁신계 인물들은 하나같이 자금력이나 동원력에서 민주당과 비교도 되지 않을 만큼 열세였다. 대부분이 대구 10월 폭동에 연루되었다가 살아났거나 남로당 계열로 움츠리고 살아 있다가 겨우 머리를 내밀고 나온 인사들, 보도연맹에 관련했다가 목숨을 건진 사람들이 혁신을 들고 나왔지만, 지역에서 그들은 전혀 영향력이 없었다.

　친구들에게 숙식을 제공해야 할 허남경의 지원 역량도 바닥나서 더 이상 영천행사를 진행시키지 못하고 김정강과 나는 버스 편을 이용해 고향으로 향했다. 김정강은 집이 진주이기 때문에 함양에서 1박 한 후 그는 진주로 가고 나는 광주로 갈 예정이었다.

이종률 씨와의 뜻밖의 해후

기구하게도 우리들은 함양으로 가는 버스 안에서 이종률이란 분을 만나게 되었다.[1] 그는 『현 순간 정치문제 소사전』이라는 책자를 하나씩 나누어주면서 지금이야말로 한국혁명이 민주민족혁명단계의 초입에 들어섰다고 4·19혁명을 규정하면서 반봉건 민주민족혁명을 촉진해야 한다고 강조했다. 동서냉전이 심화되는 상황에서 한국이 놓인 상황을 민족민주혁명단계로 규정하는 자세가 좌익 기회주의자같이 느껴졌다. 나는 머리를 돌렸다. 그러나 김정강은

1　故 李鍾律, 민족일보 편집국장 역임, 민주민족청년동맹을 조직했으며, 진보진영의 이론가의 한분으로 혁명재판에 회부되었으나 사형을 면하고 석방되었다. 문리과대학 철학과 출신 하일민 교수의 장인이 되었다고 한다.

이종률의 노선이 만족스럽지는 못하지만 현 단계 규정으로는 그 나름대로 타당성이 있다면서 맞장구를 쳤다. 나는 생면부지의 사람이 초면인 대학생들을 앞에 놓고 현 단계를 민주민족혁명단계라고 거두절미 주장하는 태도에 강한 거부감을 느꼈다. 동시에 어떤 불결하고 비 진리적인 것이 그럴듯한 단어로 포장되어 모습을 드러내는 것 같아 마음속으로 경계심을 늦추지 않다가 함양에 도착한 후 서로 헤어졌다. 그는『현 순간 정치문제 소사전』에서 대한민국 성립의 부당성을 비롯하여 한국 정치의 봉건적 유산, 매판독점자본의 민중 수탈을 비판하고 4·19혁명을 반제, 반봉건, 반 매판운동으로 발전시켜 민족민주혁명으로 완성해야 한다는 점을 질의응답 형식으로 설명하고 있었다. 학교에서는 들을 수 없는 일종의 운동권 학습교재였다.

　이종률 씨와 헤어져서 나는 광주로 귀향했다. 버스에서 내려 귀가하는 중에 광주 계림동 파출소에서 나를 검문했다. 책가방을 뒤지더니 막스 웨버가 쓴『프로테스탄트 윤리와 자본주의 정신』을 압수하면서 막스 웨버의 책은 소지해서는 안 된다고 했다. 막스 웨버와 마르크스를 혼동한 것 같다고 한참 설명한 후 책은 돌려받았으나 그가 나를 미심쩍은 표정으로 쳐다보던 모습이 아직도 지워지지 않는다. 우리나라 경찰들의 수준은 이 정도였다.

정문회 핵심 멤버가 되다

나는 정문회政文會의 핵심멤버로도 활동했다. 여기서 정문회 이야기를 잠깐 회고하겠다. 나는 정치로 문학하고, 문학으로 정치하자는 구호로 모인 문리대 정치학과의 낭만파 선후배들이 어울린 정문회에도 참여했다. 초대회장은 노재봉 박사였으며 김성우한국일보 사장 및 주불특파원 역임, 김질락, 손세일 선배 등이 졸업 후에도 정문회의 후배들이 중심이 된 학내 행사에 참석했다. 여기에 박종열정치학과 3년, 이수정정치학과 3년, 김정강정치학과 2년, 김경재정치학과 1년 등이 참가했다.

　1968년 통일혁명당 사건으로 사형선고를 받고 형장의 이슬로 사라진 김질락 씨는 필자의 정치학과 선배였고 4·19 이후에 활동을 재개한 정문회의 핵심멤버였다. 함께 사형받은 이문규 씨도 필자의 1년 선배였다. 특히 김질락 씨는 자유당 김상도 의원의 비서였기 때문에 그를 사상적으로 의심할 사람은 없었으며 정문회 모임이 끝나는 뒤풀이 때는 항상 그가 지불책임을 맡았다. 나의 2년 선배인 송복末復 형이 정문회 재건에 앞장섰고 모임 이 있을 때마다 한국일보의 김성우, 사상계의 손세일, 경향신문의 최서영, 조선일보의 신동호 선배 등이 참석했다. 정문회 발족을 주도했던 노재봉 선배盧在鳳, 국무총리역임는 미국에 유학 중이었는데 T.S. Eliot의 Four Quartet를 Eliot 자신이 육성으로 낭송한 테이프를 구입해서 정문회에 보내줬다. 우리들은 문리과대학 휴게실에서 엘리엇Thomas Stearns Eliot의 밤을 열었다. 김성우 형의 해설이 있은 후 테이프 감상이 시작되었는데 정치학과 학생들은 거의 없었고 남녀 영문학과 학생들로 자리가 채워졌다. 나는 민족통일연맹사건으로 구속되면서부터 정문회 활동은 할 수 없게 되었으며, 그때 발표된 시들과 관련 기록들은 내가 보관했지만, 나의 하숙집 가택수색에서 나온 나의 모든 유인油印 자료들은 혁명재판부에 압수되었다. 얼마 후 나의 동의를 얻어 소각했다는데, 소각된 문건 가운데 정문회 관련 자료가 모두 소각대상에 포함된 줄은 몰랐다.

　4·19혁명이 성공한 지 몇 달 후인 정문회의 재개 첫 모임에서 김질락 형이 한 편의 시를 써 와 낭독했는데 시 내용이 너무 상황에 걸맞은 것이어서 지금도 일부가 나의 기억 속에 남아있다. 시 제목은 '10월에'로 기억한다. 기억에 남는 대목은 "태양이 마구 붉은 피를 내뱉는다, 아 10월은 센티멘탈 찢

어진 기폭, 스스로의 기로틴에 목이 달아난 Leviathan의 추태를 보았는가, 보았는가"로 이어졌다. 이날 문리과대학 본관 507호실에서 열린 정문회에는 선배분들도 많이 참석했지만 신동아에 근무 중인 손세일 형이 참석해 오랜만에 '시 같은 시'를 김책金策 선배에게서 듣는다고 호평해 주었다. 김책은 김질락 선배가 정문회에서 쓰는 필명이었다. 김질락 형은 뒤풀이를 쌍과부 집에서 하지 않고 격이 약간 높은 대학가 중국집 진아춘進雅春으로 회원들을 초대했다.

활동 활발해진 진보성향 학생 써클

시대의 흐름을 보면서 문제의식을 갖는 젊은 대학생들은 그때의 기성세대들과는 달리 주어진 현실에 만족할 수 없었다. 나는 사회주의 국가들보다 발전이 뒤진 정권이 독재 권력을 휘두르면서 국민 위에 군림하는 정치에 공감할 수 없었다. 취직할만한 직장을 구하기도 힘든 데다가 3년 이상의 군복무를 마쳐야 하는 부담 속에서 앞날에 대한 뚜렷한 비전이나 전망을 가질 수조차 없는 때였다. 고등학교 때 머리는 좋지만, 집안이 어려웠던 학생들은 육군사관학교 등, 사관학교나 사범학교를 선택했다. 그밖에 법과대학생들은 예외없이 고등고시 준비에 매달렸다. 필자나 이른바 문제의식이 있다고 자처하는 젊은 대학생들은 이런 흐름과 맞서면서 고시 공부나 취업준비에만 몰두하고 있는 학생들을 '진지한 바보들'이라고 폄하했다. 이때 사회주의나 공산주의 노선에 깊은 관심을 갖는 우리나라 운동권 1세대가 나타나기 시작했다. 나도 어느 면에서는 운동권 1세대의 편에 섰던 사람이었다.

대학 내에서 4·19 이후 자연발생적으로 시작된 써클활동에서 가장 진지하게 토론되었던 문제는 미국을 어떻게 볼 것인가 하는 대미관對美觀 설정 논

미워할 수 없는 우리들의 대통령

쟁이었는데 유감스럽게도 한국전쟁에서 우리를 도와준 미국을 우방으로 고 맙게 생각하는 학생들은 그리 많지 않았다. 좌익들이 수적으로 우세한 서클 에서는 미국은 당연히 제국주의세력이었고 이승만 정권은 미제의 앞잡이 정 권이었으며 기업인들은 사업규모가 클수록 매판세력買辦勢力으로 치부致富하 는 자들이라고 규정했다. 한국군은 미국이 대공투쟁을 위해 제공하는 무기와 교육을 통해 길러지는 미 제국주의자들의 사실상 용병傭兵이라고 규정하고 이 때문에 우리 군 조직 내에는 민족적 사명감을 갖는 군부지도자가 출현할 가능성에 대한 기대는 아예 접고 있었다.

서울대학교에서 진보적 학생서클의 하나인 문리대 정치학과의 신진회 는 4·19 이후 활동이 재개되었다. 하지만, 신진회는 당초 사회민주주의운동 이 연구의 핵심이었는데 4·19 이후 부터 급진주의적 사고를 내세우는 사람들 이 나타나기 시작하면서 일부이긴 하지만 좌경화로 흐르는 경향도 나타났으 며 사회민주주의를 본질적으로 기회주의적 사상이라고 비판하면서 별개의 좌익 서클이 배태되기도 했다. 특히 1961년 2월에 등장한 한미경제원조협정 반대 투쟁은 미국의 원조기관들이 한국에서 외교관으로 우대받고 피 원조기 관을 직접 고문자격으로 출퇴근하면서 관여, 경제적으로 예속하려고 시도한 불평등조약이라고 비판했다. 이때 서울대 민족통일연맹도 다른 혁신계 단체 들과 공동으로 격렬한 반대시위를 벌였다. 동시에 민주당정부가 시도한 반 공임시특별법과 데모규제법도 2대 악법으로 규정하고 반대하는 거리시위를 확대해나갔다.

서울대학교 민족통일연맹 결성

이러한 운동권 세력들이 학생운동을 주도하기 시작하면서 민주당정부를 반 혁명세력으로 단정하고 거리에서 반대 투쟁을 펼쳐나가기 시작했다. 민주당

정부는 4·19 이후의 혁명적 변화를 효과적으로 장악하지 못하고 젊은이들에게 아무런 꿈과 비전을 제시하지 못했다. 하루도 시끄럽지 않은 날이 없는 혼란한 상황으로 끌려만 갔다. 때문에 4월 혁명의 전위들 가운데서는 그때까지 터부시되었던 조국통일문제를 학생운동의 새로운 방향으로 들고 나오기 시작했다.

학생들은 독재정권을 무너뜨린 바로 그 힘과 정열로 분단의 장벽도 헐어내자는 목소리를 내기 시작했다. 나아가 분단체제에 안주하는 기성세대들의 고답적인 자세를 비판했다. 분단체제의 이해관계에 얽매이지 않는 남북한의 청년과 학생들이 조국통일운동의 새로운 주체가 되는 것이 시대의 대세라는 취지의 선언문을 발표하고 1960년 10월 서울대학교에서 민족통일연맹이 결성되었다.

이런 통일운동이 학생들의 매력을 끌게 된 계기는 고려대학교 학생회장 이세기李世基가 1960년 8월에 교내행사로 주최한 통일강연회였다. 여기서 학생들의 잠재적인 통일 열망이 점화되었다. 일본에 망명하다시피 해서 중립화 통일을 주장해온 김삼규 선생金三奎, 동아일보사 주필 역임, 동경에서 코리아 평론이라는 잡지를 발간 중립화 통일운동을 펼치다 1989년 일본에서 사망의 귀국강연회가 통일논의에 불을 붙였다. 이와 아울러 고려대 김성식 교수가 집필한 독일 학생운동사도 학생들의 통일 열기를 부채질하는 데 한몫했다. 이 책은 비스마르크 시대의 독일에서 프러시아의 7개 선제후選帝候 국에 속하는 대학생들이 한자리에 모여 통일을 위해 뭉치고 단합할 것을 결의하고 통일운동에 앞장선 것이 비스마르크의 독일 통일에 주효했다는 이야기들을 담고 있었다.

이런 분위기를 업고 서울대학교 민족통일연맹은 문리과대학 정치학과, 사회과학 계열뿐만 아니라 문화예술계, 서울법대를 중심으로 생긴 사회법학회, 서울상대의 자립경제연구회 등이 주축이 되어 1960년 10월에 결성되었다. 서울 문리대 강당에서 열린 발기대회는 통일의 주체는 분단체제의 이해관계에 얽매이지 않은 학생들이 되어야 한다면서 백색독재와 적색독재를 배제하고 민족정기를 바로 세워 통일을 달성하자는 취지의 행동강령을 채택했다. 이날 발기대회에서는 서울법대 3년의 강우혁후에 국회의원 역임이 백색독재와 적색독재를 모두 반대한다면 우리가 지향하는 체제가 무엇이냐고 노선문제를 등장시켜 열띤 논쟁이 일어났고 그 문제는 앞으로 함께 논의를 발전시키자는 선에서 마무리되었다.

국회 기자실로 달려가 남북학생회담 제안

이어 4·19혁명 1주년을 맞는 1961년 4월 19일에는 민족통일연맹이 민주당 정부를 규탄하는 침묵시위를 주도했다. 그런데 이날 민족통일연맹 시위대열 속에 "남북학생 판문점에서 만나자"는 피켓이 끼여 들어왔다. 내가 만들지는 않았지만 누군가가 그 피켓을 시위대열에 껴 넣는 것을 보았는데 그 얼굴이나 이름은 선뜻 떠오르지 않는다. 지금 생각해보면 민주민족청년동맹에 가입하고 있던 김상립문리대 사학과 4년이 아니면 서울대 민통련 조직위원장 황건서울 법대 4년 같기도 하지만 누구라고 확정지을 만큼 기억이 선명하지 않다. 나는 그때 학생 회담이라는 구호자체를 멋진 구상으로 받아들일 만큼 가슴에 크게 와 닿았다.

　침묵시위가 끝난 후 서울대 민족통일연맹은 민족통일 전국학생연맹결성을 추진키로 하였다. 중앙위원회에서는 조직 확산의 동력을 얻기 위한 아이디어로 남북학생회담을 정식으로 제의하기로 뜻을 모았다. 남북학생회담 제의는 1961년 5월 3일 서울대 민족통일연맹 대의원총회에서 의결 채택하기로 했다. 결의문 초안은 문리대 사회학과의 황활원사회학과 4년, 지금은 고인이 됨이 맡았고 발표는 공보위원장인 내가 맡기로 했다.

대의원총회는 서울법대 동숭동 캠퍼스 내의 구내식당에서 열기로 했는데 의장인 서울법대 4년 윤용남이 참석하지 않았다. 나는 그가 오는가를 확인하러 밖으로 나갔다가 우연히 류근일 선배를 만났다. 그는 서울대학교 본부에서 복학등록을 마치고 법대 캠퍼스를 통과해서 이화동 쪽으로 귀가하는 길이었다. 나는 선배에게 상황을 설명하고 대의원총회에서 잠시 임시의장으로 수고해줄 것을 부탁했다. 그는 흔쾌히 수락해줘서 대의원총회를 개회하고 황활원의 결의문 초안 낭독이 있은 후 대의원 전원일치의 찬성으로 남북학생회담을 제안하게 되었다. 나는 태평로에 있는 국회 기자실로 달려가서 기자회견을 통해 남북학생회담안을 발표했다.

이 제안에 대해 동아일보 나절로 논설위원 등 보수언론인들은 학생운동의 범위 일탈을 우려하는 논설을 싣는 반면 민족일보 편집국장 이종률 등 진보성향의 언론인들은 4월 혁명의 변화 발전과정에서 필연적으로 도출된 역사의 옳은 방향이라고 옹호하였다. 그러나 학생회담 제의는 여야 간의 정치 쟁점으로 비화되면서부터 학생들 힘으로는 상황을 관리할 수 없는 지경으로 번져나갔다.

정쟁의 도구가 되버린 학생회담 제안

이 문제를 중심으로 보혁保革 갈등이 심화되는 상황에서 두 가지의 새로운 사정이 발생했다. 하나는 1961년 5월 6일경 북한방송이 민족통일전국학생연맹 준비위원회의 선전위원장 이영일이 제안한 남북학생회담을 적극 지지, 환영하고 대표단을 파견하겠다고 발표한 것이다. 다른 하나는 학생단체가 아닌 민족자주통일중앙협의회라는 성향불상性向不祥의 단체가 남북 학생회담 지지 군중대회를 동대문구장에서 5월 8일 개최한다고 발표하고 특히 "가자, 북으로, 오라 남으로, 판문점에서 만나자"는 현수막과 벽보를 임의로 제작, 시내 도처에 부착한 것이다.[2] 이들은 이 행사의 주요 연사로 나와 류근일 선배를 초청했다.

　남북학생회담으로 정계가 뒤숭숭하던 때에, 천관우 선생이 편집국장이었던 민국일보의 남재희 기자4선 국회의원, 노동부장관역임는 민주당 대변인 신상초申相楚 씨와 민족통일연맹 대변인인 나와 마주 앉아 학생회담의 당위성 여부를 놓고 대담할 것을 요청해왔다. 그때가 1961년 5월 12일이었다. 나는 흔쾌히 수락하고 중국집 아사원에서 대담을 가졌다. 남재희 선배가 문책文責으로 쓴 대담기사는 정가에 파문을 불러일으켰다. 민주당 당무회의는 13일 오후 신상초 씨를 대변인에서 해임하고 강원도 인제보궐선거에서 3수 끝에 국회의원에 겨우 당선되어 올라온 김대중金大中 씨를 후임 대변인으로 임명했다. 김대중 씨는 대변인 일에 바빠 국회의원 당선등록을 미루다가 5·16쿠데타가 일어나자 국회로 허겁지겁 달려가서 국회를 점령한 군인들에게 눈물을 흘리면서 통사정한 끝에 의원등록을 겨우 마쳤다고 후일 들었다.

　나를 포함한 민족통일연맹 간부들은 학생회담 제의가 몰고 온 상황처리를 놓고 고심 끝에 두 가지 결정을 내렸다. 하나는 민족자주통일중앙협의회가 주최하는 행사에 학생들은 참석하지도 않고 연사도 파견하지 않는다, 다른 하나는 5월 20일로 예정된 민족통일전국학생연맹 창립행사를 무기한 연기하면서 남북학생회담제안을 철회하는 취지의 성명을 준비했다가 적당한 시점을 택해 발표하자는 것이었다. 이때 나는 간부회의가 결정한 의사를 집약한 성명문 안을 작성, 간부들의 동의를 얻었는데, 남북학생회담 철회 이유는 현재의 남북한관계에서 학생운동이 감당할 수 없는 정쟁의 도구로 남북

2　이 일은 혁명재판과정에서 배후가 들어났는데 민주민족청년동맹의 도예종 씨가 주도했다고 한다.

학생회담 제의가 비화되었다는 데서 이유를 찾았다.[3]

우리 학생들은 분단체제의 이해관계에 묶이지 않은 순수한 대학생이 북한에 존재할 수 없는 체제라는 사실을 까마득히 잊고 있었다. 냉전체제 하에서 북한에 대해 아무런 정보를 갖지 못하고 자랐던 세대의 불행이었고 비극이었다. 정부도 북한에 대한 정보의 철저한 차단만이 최선의 반공이라고 생각하면서 제2세 국민을 교육해온 데 대한 자성自省도 필요했을 것이다. 내가 발표하려고 기초해 두었던 성명서는 발표는 안 되었지만 5·16 이후 경찰이 내가 자취하던 성북동 숙소를 가택수사하면서 적발되어 혁명검찰에 제출되었다. 이것이 남북학생회담을 제안한 우리 동기의 순수성을 입증할 자료로 재판에서 활용될 줄 누가 예상이나 했겠는가.

군사 쿠데타 가능성에 대한 우려와 콜론 보고서

이 상황과 관련하여 빼놓을 수 없는 이야기는 민족통일연맹 간부들이 남북학생회담 제의가 자칫 군사 쿠데타의 빌미를 제공하게 되는 것이 아닐까 하는 우려를 진지하게 토론했다는 사실이다. 이 시기에는 3·15부정선거에 책임질 장성들을 민주당정부가 혁명과업의 일환으로 숙정해야 한다는 정군整軍운동이 한국 청년 장교들 중심으로 일고 있었다. 더 주목받았던 것은 1961년 1월호 월간 사상계思想界가 Colon Associates 보고서 전문을 번역, 게재했던 내용 중 한국 관계 부분이었다.

이는 한국에서도 군부가 들고일어날 가능성은 있지만, 당장은 아니라는 논지였다.[4] 이 때문에 민족통일연맹준비위원장인 윤식정치학과 4년, 류세희 통

---

3   5·16군사혁명이후 이 성명초안은 필자의 하숙집에서 적발, 압수되었는데 혁명재판에서 동기의 순수성을 인정받는 중요한 자료가 되었다. 그러나 혁명재판소를 해체하면서 몰수, 압수된 물증으로서의 모든 문서는 검찰관이 소지자의 동의를 얻는 형식을 빌어 소각하였다.

4   콜론 보고서는 미상원 외교분과위원회의 요청에 의하여 콜론연구소(Colon Associates

일정책위원장정치학과 4년 등 몇몇 간부가 서울대학교 외교학과 주임교수인 이용희李用熙 박사를 자택으로 방문, 한국에서 군사 쿠데타 가능성이 있는가에 대해 의견을 구했다. 그분의 답변은 미군이 일체의 군사작전을 통제하고 있는 한국에서 군의 대두는 "절대 불가능하다Quite impossible"고 말하였다. 학자다운 답변이었다. 그러나 학생들까지도 걱정하는 쿠데타의 가능성을 민주당정부가 아무런 대비를 하지 못했다는 것은 다소 넌센스였다.

이 당시는 문민우위Civilian Supremacy원칙에 따라 현석호玄錫虎 의원이 국방부 장관이고 장면 총리가 신임하는 장도영張都暎 장군이 육군 참모총장으로 군과 군내부의 정보기관을 장악하고, 미국의 CIA와 협조하고 있었는데 쿠데타 음모가 적발되지 않고 어떻게 성공할 수 있었을까를 놓고 아직도 역사학자들 간에는 논의가 끊이지 않는다. 그러나 박정희 소장이 중심이 된 군부 쿠데타는 사실상 반공개적으로 모의되고 추진되었다는 것이 최근 발간된 장경순 회고록에서도 밝혀졌다.

연인원 6,000명이 미국 유학

이 보고서의 한국 관계 부분은 아래와 같이 기술하고 있다.

"…… 민주주의는 한국처럼 내우외환이 있는 사회에서는 부적당할지 모른다. 적어도 초기단계에 있어서는 어느 정도 민주주의에 규제를 가할 필요가 있을 것이요. 과도기에는 어느 정도의 지도가 필요할지 모른다. 한국의 정치적 장래는 명확하지 않다. 양 보수 정당은 현재 다 같이 조잡한 잡탕이요, 그 속에서 여러 파벌이 서로 정권을 노리며 싸우고 있다. 넓은 의미에서 한국

Institution)가 작성하고 스칼라피노 교수도 작성과정에 개입했다고 알려진「미국의 대아시아 정책」이란 보고서 중 한국의 정세와 관련한 부분을 말한다. 그런데 이상하게도 콜론 연구소는 이것을『사상계』 1월호에 기고하였고,『사상계』에서는 이 보고서를 게재했다.

이 타국의 예를 따라 군사지배가 정당을 대체하는 그런 사태가 있을 수 있는 가 하는 의문은 정당한 것이다.

이것은 있을 법한 일이지만 적어도 당분간 그런 가능성은 적다. 현재 한 국에는 커다란 정치적 신망이나 조직력을 가진 군인은 없다. 육군 내부에는 많은 야심가가 있다. 현재까지 육군은 정부의 주인이 아니었고 도구였다. 그 것은 부분적으로 자유당정부 특히 이승만 대통령의 군부조종의 기술에 기인 한다. 정적이 될 위험성이 있는 인물은 실각하고 강력한 독립성을 가진 지휘 관은 냉대를 받았다. 이러한 상황 아래 파벌투쟁과 이 대통령의 의중 인물이 되려는 획책이 성행하였다. 만일 정당정치가 완전히 실패하면 언젠가 한 번 은 군사지배가 출현하리라는 것은 확실히 가능하다. 그러나 가까운 장래에 그것이 발생될 것 같지는 않다."

이 글이 담고 있는 결론적인 예측은 쿠데타의 현실적 가능성을 부정했 지만, 논리는 쿠데타의 정당성을 뒷받침하고 있다. 특히 한국군의 조직, 발전 상황에 대한 미국정부의 평가에서는 쿠데타를 예측할 내용을 충분히 담고 있었다. 다시 한 구절을 인용한다.

"군사혁명이 민간 부문에 비하여 양적 질적으로 급성장한 군부를 배경으 로 한다는 것은 불문가지이다. 이 시기의 군부는 1961년까지 연인원 6,000여 명의 장교가 미국의 보병학교, 포병학교, 지휘참모대학 등에 파견되어 6개월 ~1년 동안 미국식 현대교육을 받았다. 그리하여 군부는 미국의 지원에 힘입 어 독자적인 예산 전략 교육훈련 체계를 갖춘 엘리트 조직으로 발전했다. 군 부는 한국 사회에서 가장 효율적인 집단이었을 뿐 아니라 합법적인 권력을 독점한 집단이었다. 이승만 정권이 3·15부정선거를 계획하는 등 말기적 증상 을 드러내었을 때, 한국 군부에 대한 정치적 기대는 서서히 증대되었다."

콜론 보고서는 이 같은 기대를 가장 공개적이고 확실하게 표현하고

있다.[5]

5·16쿠데타를 모의하고 성공시킨 박정희 소장도 포병장교로서 미국에 파견되어 교육을 받았다. 미국 포병학교나 지휘참모대학의 커리큘럼은 경영관리 분야의 학과목이 절반 이상을 점유했기 때문에 미국에서 군사교육을 이수한 장교들은 한국의 대기업 총수들보다 먼저 미국에서 선진된 경영학을 공부한 셈이다. 이런 점에서는 부정축재에만 이골이 났던 기업인들에 비해 군 장교들이 경영 분야에서는 더 앞섰다고 평해도 과언은 아닐 것이다.

4·19는 서방적의미의 민주주의쟁취운동이 아니다

이때 정치학과 학생들 간에는 과연 4·19혁명이 서방적의미의 민주주의를 지향한 혁명이었던 가에 대해 많은 회의적 담론이 쏟아져 나왔다. 과연 서방적의미의 민주주의가 한국의 근대화를 보장할 정치제도인가를 놓고 대학가는 새로운 토론을 시작했다. 또 우방인 미국이 한국의 안보와 근대화를 과연 도와줄 것인가, 신제국주의의 변형된 형태가 한국에 대한 미국의 정책이 아닌가, 매판세력을 두둔하여 한국을 미국경제에 완전히 예속시키려는 것은 아닌가를 놓고도 날을 새 가면서 토론을 전개했다. 나는 문리과대학에서 발간되는 영문 잡지 아카데미 트리뷴Academy Tribune지의 기자로 활약하던 김귀영외교학과 2년, 현재 미국 대학교수과 오택섭외교학과 2년, 현재 고려대학교 명예교수과 가진 4·19혁명 1주년 기념 인터뷰에서 4·19혁명은 "정권만 연장했을 뿐 국민들에게 아무런 혜택을 주지 못한 무상독재無償獨裁에 대한 항의"였다고 술회하고, 민주당정부는 민주주의 원칙에만 매달리지 말고 후진성 극복과 근대화를 요

---

5   군사혁명에 대한 예견문건은 http://blog.naver.com/greenmou/100006166676 참조.

구하는 국민의 요구에 적극 호응해야 한다고 강조했다.

다른 지역의 신생독립국가들의 새로운 동향

아시아 중동 등지의 신생독립국가 동향은 우리에게 시사하는 바가 컸다. 1958년 이집트에서는 나세르Gamal Abdel Nasser가 군사혁명을 일으켰다. 제 2차 대전이 끝난 후 자유민주주의는 국가발전과 자유 신장의 유일한 대안으로 환호받으면서 떠올랐다. 그러나 인도네시아, 파키스탄, 중남미 등 여러 나라의 서방식 민주정체들은 거의가 쿠데타에 의해 붕괴되거나 변질되는 과정을 걷기 시작했다.

인도를 제외하고는 신생독립국가들에 도입된 서방적 민주정체는 예외 없이 루퍼트 에머슨Rupert Emerson의 표현대로 풍화Erosion되기 시작했다.[6] 서방민주주의가 뿌릴 내릴 토양이나 조건이 없는 곳에 이식된 민주주의를 무조건 좋다면서 여기에만 매달리는 것이 과연 역사에서 말하는 진보인가를 놓고 회의적 담론이 심화되었다.

북한은 남북연방제 실시를 통일방안으로 선전하면서 북한정권이 남한 정권에 비해 경제적으로 앞서 있음을 대대적으로 선전했다. 그들은 소련을 중심으로 한 사회주의권은 자본주의 국가들과 평화공존을 하더라도 궁극적으로 경쟁에서 승리하는 것은 사회주의라면서 미국보다 먼저 발사에 성공한 스푸트니크Sputnik를 앞세워 체제 우위 선전을 강화했다.[7] 소련 수상 니키타 흐루쇼프Nikita Khrushchev의 유엔총회 연설은 이를 웅변했다.

---

6   Rupert Emerson, *From Empire to Nation*(Beacon Press, 1963), p.268
7   당시 북한은 1인당 GNP에서 남한의 78달러보다 많은 104달러로 평가되었다.(국토통일원, 『남북경제력비교』, 1972)

4

5·16쿠데타의 발생

올 것이 왔다는 국민적 환호

1961년 5월 16일 박정희 소장을 지도자로 한 일단의 청년 장교들이 주축이 되어 3,600명의 국군을 이끌고 "승리하면 군왕이요, 패배하면 역적으로 처형받는다"는 각오로 한강을 건너 수도 서울로 진격, 방송국을 점령함으로써 군부 쿠데타의 제1단계 고지를 점령했다. 반공을 국시의 제1의로 삼고 무능 부패정권을 타도하여 도탄에 빠진 민생을 건지겠다는 주장이 박종세 KBS 아나운서의 목소리로 전국, 전 세계에 퍼져나갔다. 미군 사령관이던 매그루더 장군과 주한미국대사 마셜 그린은 정당하게 수립된 정부를 지지한다면서 군은 전방에서 방위업무에 전념해야 한다는 성명으로 다른 군부대의 동조를 막고 거사 세력과 반 거사세력 간의 충돌이 몰고 올 내란 가능성을 차단하는 데 상황관리의 중점을 둔 것으로 보인다.

이들은 민주당 구파舊派 출신으로 대통령에 당선된 국가원수 윤보선 대통령을 만나기 위해 청와대를 방문, 시국수습을 논의했으나 윤 대통령은 거사세력에 대한 강경 진압을 반대하면서 "올 것이 왔다"는 태도를 보였다고 한다. 그러나 쿠데타 세력들은 이미 각 군의 장성 아닌 영관장교들을 사전에 포섭, 지휘관들을 무력화시킨 상태였기 때문에 혁명군과 반혁명군 사이의 내란 가능성은 희박해졌다. 미국의 케네디 대통령도 1961년 1월 쿠바의 카스트로 정권을 뒤엎기 위해 피그만을 기습했다가 실패하고 한국의 군사혁명세력을 잘못 관리 했다가 실패할 경우에 뒤따르게 될 리스크를 비교 검토한 끝에 민주당정부에 대한 지지를 사실상 철회한 것으로 알려졌다.[8] 스스로의 힘보다는 미국의 지지에만 매달렸던 민주당정부의 참모습은 비참 그대로였다. 민주당은 분명히 4·19가 의도했던 혁명과업을 감당할 능력을 원천적으로 결여한 비혁명非革命세력으로 평가되어야 마땅했다.

물론 민주당도 집권과 동시에 김영선 재무장관 주도로 제1차 경제개발 5개년 계획을 준비했다. 그들은 국토개발대를 조직, 젊은 실업자를 흡수한 후 추후 공무원으로 기용한다는 취업대책도 강구했지만 혁명과업을 비 혁명적 방법으로밖에 밀고 나갈 수 없는 상황적 한계에 밀려 4·19혁명이 요구했던 시대적 과업을 감당할 수 없었다. 결국 국가의 주요한 과업들은 군사정권에 이관할 수밖에 없었을 것이다. 부산에서 중고등 학생을 포함한 시민 1만여 명이 국회해산을 요구하면서 시위를 벌였던 사실은 지금 들어도 가슴이 섬뜩해진다.

---

8   미국의 공식입장은 애매하지만 Colon Associates 보고서를 사상계에 기고, 게재한 것은 민주당 정부에 대한 사실상의 경고로 보아야 할 것이다.

5·16군사혁명 재판 피고석에 앉다

|

'징역 7년' 선고받고 형 면제 조치

인생은 어느 한 국면만을 떼어놓고 본다면 한 편의 드라마 같다. 필자는 5·16 군사혁명 정부에 의해 체포되어 1962년 4월 19일 박정희 최고회의 의장의 형 면제 확인조치로 풀려나기까지 1년 가까운 세월을 서울 서대문구 현저동 101번지의 교도소에 수감되는 신세가 되었다. 필동에 설치된 혁명재판에 회부된 피고들은 현저동 교도소 10사舍, 11사에 분산 수용되었는데 4·19를 주도한 민족통일연맹 피고들은 재판받으러 갈 때는 교도소 측이 공범들 간의 접촉을 통한 증거인멸을 막기 위해 자유당 부정선거 관련 인사들과 하나씩 엮어 재판부로 이송하였다. 이 때문에 나는 몇 개월 동안 혁명재판소나 검찰에 나가면서 경무대 앞 발포명령자로 구속된 홍진기洪璡基 씨와 같은 포승에 묶여 다녀야 했다. 우리들은 기소되어 형의 선고를 받은 후부터 면회가 허용되었기 때문에 가족을 면회한 것은 수감 후 3개월 지나서부터였다. 민족통일연맹을 담당한 재판부에는 이회창한나라당 대표, 대통령선거 세 차례 출마도 재판관인 법무사공군대위의 한 사람으로 나와 심리를 주도했다.

　나는 이 재판에서 7년 징역형을 선고받고 상고도 기각되었다. 상고가 기각된 후 나는 장기복역을 각오하고 미리 삭발하였는데 이듬해 4월 박창암 혁명검찰부장이 필동에 있는 검찰부로 심야에 불러낸 후 "국가재건최고회의 의장 각하께서 학생들의 장래를 걱정하여 형 면제 조치를 내리니 면학에 노력하라"고 말하고, 함께 석방되지 못한 사람들은 그만한 이유가 있으니 구명救命 활동 같은 것은 자제해달라고 당부한 후 내보냈다. 이 때문에 나만 까까머리로 감옥을 나왔다.

'공산주의 비판' 시험 답안지 법정에 제출

민족통일연맹사건 재판과정에 세분 증인들이 법정에 나왔다. 너무 재판 분위기가 살벌해서인지 증인들마저 표정이 위축되어 있었다. 나의 은사인 서울대학교 구범모 교수후에 2선 국회의원 역임는 증언을 통해 나와 윤식尹埴은 자기가 사제관계에서 가진 심증에 비추어 공산주의자가 아니라고 확신한다고 말했다. 재판장 김홍규는 심증만으로 그렇게 단정할 수 있느냐고 다시 물었다. 그때 구범모 교수는 자기가 공산주의 비판을 내용으로 강의한 William Ebenstein의 Today's Ism 강의의 채점결과를 담은 답안지를 법정에 제출하면서 이영일과 윤식은 답안지에서 공산주의를 정확히 비판하고 있다고 말했다. 치밀한 분이라고 느껴졌다. 어떻게 1년 지난 시험답안지를 보관했다가 이렇게 내놓을 수 있는지, 참으로 놀랍고 고마웠다. 누가 증인 신청했는지 모를 사람으로서 김기수 교수국제법와 연세대 정외과 4년생인 이성근李聖根이 차례로 나와 증언했는데 증언내용은 기억나지 않지만, 다리를 후들후들 떠는 모습만 떠오른다. 허튼 소리하면 가만두지 않겠다는 검찰관의 위협적인 언사에 기합이 잔뜩 들어간 것 같았다. 이 모든 것이 군사혁명 재판의 특징 아닐까.

복학하기도 까다로웠다

나는 재판받는 기간에 학교 등록을 하지 않았다는 이유로 미등록 사유 제적 처분을 받았다. 형을 면제받고 출소한 학생들에게는 등록금만 받고 복학하면 학생 신분을 되찾을 수 있는 상황이었다. 그러나 서울대 총장 권중희權重輝는 시국사범을 바로 복학시킬 수 없다고 버티면서 복학을 허용하지 않았다. 포켓 영한사전을 만든 분이라 잘고 쫀쫀한 사람 같았다. 박창암 혁명검찰부장이 서울대학교를 방문, 학생들에 대한 형 면제처분의 목적이 복학을 시켜 올바르게 지도하라는 취지였음을 총장에게 직접 설명했지만, 총장은 나름대로 고집이 셌다. 총장의 우유부단으로 한 학기 복학이 늦춰질 상황이었다.

그러나 서울대학교 문리과대학 교수회의에서 민병태, 이용희 교수들이 앞장서 복학을 강력하게 주장했다. 이들은 석방된 학생들의 복학을 만장일치로 결의하고 대학 본부에 등록을 허가하도록 촉구했다. 이로써 서울대학교 출신들은 문리대나 법대를 막론하고 학생 신분을 되찾았는데 사립대학교에서는 서울대학교의 선례에도 불구하고 복학의 길이 열리지 않아 대부분이 대학을 중퇴할 수밖에 없었다.

감옥에서 지켜 본 5·16쿠데타

법령집에서 본 5·16쿠데타의 과업

이른바 혁명과업 수행이라고 군사혁명정부가 펼치는 제반 사업들은 학생들이 4·19 직후 상황에서 신생활운동, 국산품 애호운동, 외제차 배격운동, 양담배 불매운동, 부정 축재자 처벌 등과 거의 일치했고 옥중이 아니라면 박수치면서 협력할 과업들을 담대히 수행하는 모습을 볼 수 있었다. 혁명과업을 어떻게 수행할 것인가에 대한 확실한 로드맵을 나름대로 가지고 일을 추진해 나가고 있음을 감지하면서, 비록 나를 구속한 쿠데타세력이었지만 국가를 위해서는 필요한 일을 과감하게 추진하고 있다는 사실에 다소 안도감을 갖게 되었다. 물론 같은 방의 부산 출신 김용겸金用鎌 변호사는 나의 5·16혁명 과업에 대한 긍정적 평가를 나무라면서 군대를 통한 개혁이 성공한 예가 없다면서 미국의 용병에 불과한 한국 군대의 개혁에 큰 기대를 걸지 말라고 틈틈이 나에게 충고했다.

그러나 5·16쿠데타는 상당히 준비된 혁명 같았다. 내가 놀란 것은 서울 형무소에 군 장성들이 의외로 많이 수감되어 있었다는 것이다. 장도영 장군,

제1 군사령관이었던 이한림 장군, 논산 훈련소장이었던 백남권 장군, 백인엽 장군 등 별들이 줄줄이 묶여서 재판을 받고 있었다. 쿠데타 세력이 군을 장악하기 위해 단행한 필요 조치이겠지만 모두 부정부패 혐의나 반혁명으로 구속되었기 때문에 국민들은 박수를 쳤던 것이다.

군사 쿠데타를 현실로 인정한 미국

혁명과업이 국민들의 박수 소리를 들으면서 진행되어 감에 따라 처음에는 미국이 박정희의 사상을 의심하여 반 쿠데타를 일으킬 것이라는 소문도 돌았다. 그러나 육군사관학교 학생들의 혁명지지시위를 계기로 쿠데타에 대한 국민적 지지는 확산되었고 이렇게 전개되는 상황의 진전 앞에서 미국도 어쩔 수 없었다. 군사혁명정권이 내치를 질서 있게 장악해가면서 국민적 지지가 높아짐에 따라 4·19혁명 직후의 혼란상에 놀랐던 미국은 자국의 국익과 박정희의 군사 쿠데타 노선을 갈등관계로 인식하던 초기의 태도를 점차 바꾸기 시작했다.

결국 주한미군 사령부는 군사 쿠데타를 수용하는 쪽으로 태도가 달라졌다. 반공을 국시로 하면서 부패를 멀리하고 질서를 장악하여 혼란에 휩싸인 나라를 안정시키는 군부를 미국이 반대할 리 없었다. 특히 케네디 행정부도 쿠바의 피그만 기습 사건의 실패로 국위가 실추된 상황이었기 때문에 한국의 쿠데타를 성공한 쿠데타로 포용하지 않을 수 없었다는 것이 뒷날 밝혀진 결론이었다. 특히 박정희 최고회의 의장이 1961년 11월 11일 미국을 방문, 케네디 대통령을 면담한 자리에서 미국이 지원을 약속한다면 월남에 파병할 수도 있고 정규군이 어렵다면 지원군이라도 보내겠다는 발언은 케네디의 마음을 박정희 지지로 돌아서게 한 것으로 보였다. 이것이 박정희 최초의 대미 외교였을 것이다. 결국 미국은 5·16쿠데타를 4·19혁명에 대한 반동이라기보다는 4·19체제에 대한 보완으로 인식하고 쿠데타정권의 민정이양만을 촉구하는 입장으로 케네디 행정부는 정책을 바꿨던 것이다.

옥중 생활의 리얼리즘

|

비좁은 감방에서 감방장이 되다

부산에서 사회당 위원장으로 활동하다가 구속된 김용겸 변호사의 아호는 청람青嵐이었다 부인이 전정구全綎九 씨가 편찬하는 법령집을 옥중에 꼬박꼬박 넣어주어 나또한 읽을 수 있었다. 그리고 서울 구치소가 발행하는 새길이라는 잡지가 일 개월에 한 번씩 나왔다. 이 두 자료를 보면서 5·16쿠데타 진행 상황을 면밀히 관찰하게 되었는데 이점은 밖에 있었더라면 그냥 모르고 지났을 자료들이었다.

부정선거원흉처단에 관한 법률, 부정축재자처벌문제, 요즘 말하는 좌경 혁신계 관련 자료와 재판 상황에 관련해서 많은 자료를 법령집을 통해 알게 되었고 지식인들이 교도소 발행의 『새길』이란 잡지에 실린 글들을 통해 5·16을 국민들이 어떻게 인식하고 있는가도 느껴 볼 수 있었다. 필자는 23세의 최연소자였지만 제일 먼저 입감되었기 때문에 관행에 따라 감방장이었다. 잠자리가 약간 벽면 쪽에 붙기 때문에 다소 편하고 분뇨기를 옮기는 의무가 면제되었지만, 나이가 어린 탓에 선배들에게 그런 의무를 지울 수 없어 어려운 일은 스스로 맡아 처리했다. 자유당 부정선거관련자로서 경북의 김상두 의원을 비롯해서 반혁명으로 구속된 이기건 장군당시 준장, 사회당 부산시당 위원장 김용겸 변호사 등의 혁신계와 박일형朴日亨 씨라고 동아일보가 만들었던 개벽開闢지 주필이었다는 노인, 매일 방에서 조봉암의 억울한 죽음을 화두로 올렸던 인천 창사회創思會라는 단체의 이영래 씨 등이다. 이영래와 함께 투옥되었던 지용택 씨현재 인천의 새얼문고의 이사장는 죽산선생을 추모하던 인천 젊은이들의 모임이었던 창사회는 없어지고 이영래 씨도 오래전에 작고하였다고 했다. 4~5명이 들어갈 방에 10명씩 앉아있기 때문에 신경이 매우 날카로웠고 잠자리는 말할 것도 없고 앉아있기조차 불편했다.

옥중에서 재연된 소남한단정 비판

특히 혁신계에 속한 인사들은 이승만 대통령이 미국의 앞잡이가 되어 남한만의 총선거로 단독정부를 세웠기 때문에 통일될 나라가 통일되지 못하고 분단되었다면서 조국분단을 원치 않아 단독정부 수립을 반대했던 김구 선생은 해방된 조국에서 암살되었다고 통분해 하는 분위기였다.

그때만 해도 소련의 지령에 의해 남한보다 북한이 먼저 소련군정당국과 미소공동위원회의 합의에 관계없이 단독정부를 수립하고 인민군대를 창설한 후 토지개혁을 단행했다는 사실을 알지 못했다. 더욱이 이승만 대통령에 대해서는 오직 독재를 하다 내몰린 사람을 미국이 하와이로 망명시킨 것으로만 알았기 때문에 나는 혁신계 측 주장에 공감했다. 이들은 이승만의 한국정부 수립을 '소남한단정' 노선으로 규정했다. 결국 이러한 주장이 지하에서 퍼져나가 운동권 학생들에게 전염되었고 이들을 통해서 사상교육을 받은 사람들이 마침내 "대한민국은 태어나서 안 될 정부"라는 주장으로 번져나갈 배경이 된 것 같다. 요즈음 진보라고 주장하는 사람들이 제주 4·3사건을 항미통일운동 수준으로 격상하는 조치를 취한 것도 이러한 사상교육의 영향에서 비롯되었다고 생각된다. 이때 한방에 있던 자유당 감찰부장 출신의 김상도 의원은 이러한 토론에 한마디도 끼지 않고 묵묵히 앉아 있었다.

미워할 수 없는 우리들의 대통령

'넥타이 공장'으로 불린 교수형 집행장

혁명재판이 끝나고 1962년이 시작되던 어느 날, 갑자기 창밖이 소연해지고 교도관들이 창문을 닫으라고 고함을 쳐서 내다보았다. 몇 사람이 '하늘을 보고 땅을 본 후' 교수형 집행소로 들어가는 모습이 보였다. 그곳에서는 교수형 집행 장소를 넥타이공장이라고 부르는데 "감옥은 앞으로 들어갔다가 앞으로 나와야 한다"는 말이 전해 오고 있었다. 시체는 뒷문으로 나가기 때문이다. 시간이 지나 가관假棺에 넣은 시체 운반 리어카들이 뒷문으로 이동해갔다. 혁명재판에서 사형선고를 받은 사람들의 사형이 집행된 것이다. 부정선거 책임을 진 최인규 내무부장관, 정치깡패였던 임화수, 이정재, 경무대 경호실 책임자 곽영주, 사회당의 최백근, 민족일보 사장 조용수 씨 등은 사형을 당했다. 자유당 정권의 마지막 내무장관으로 경무대 앞 발포명령자로서 사형선고를 받은 홍진기는 확인과정에서 무기징역으로 감형돼 목숨을 구했다. 그 후 출감 후에는 중앙일보 사장으로 활동하다가 생을 마쳤다. 정치범은 사형만 집행당하지 않으면 형기와는 상관없이 정치 상황만 바뀌면 언제나 출감할 수 있다는 이야기가 나돌았는데 옳은 말이었다.

감옥이란 이상한 곳이다. 혁신계였건 자유당 깡패였건, 부정선거 원흉이었건 함께 있던 분들의 사망소식을 듣고 나니 온종일 마음이 우울했다. 감방에 있던 사람들이 서로 자기 목을 만져보면서 우리도 교수대에서 죽을 수 있는 목숨임을 확인하는 동작들을 해 보였다. 그러나 바로 그것이 혁명이 아니었던가. 바스티유광장에서 궁성으로 몰려오는 대중들을 가리키면서 루이 16세에게 "폐하! 바로 저것이 혁명입니다"라고 말했다는 이야기가 머리를 잠시 스쳐갔다.

결국 4·19혁명은 정권교체를 가져오게 한 점에서는 혁명이라고 부르지만 혁명다운 혁명으로 평가받기에는 필자인 나 자신의 비전이나 꿈에서 보면 너무 초라했다. 4·19는 혁명의 길잡이나 전위는 될 수 있어도 그 자체로서 위대한 혁명이라고 큰소리칠만한 조건을 너무 많이 결여하고 있었다. 젊은 대학생들이 명예나 지위를 탐하지 않고 오직 국민적 대의를 위해 피 끓는 정의감을 발로시킨 점은 후세에 두고두고 귀감이 되고 평가될 일이다. 그러나 학생은 전위는 되어도 혁명의 지도부가 될 수 없었다. 1968년 전 유럽을 흔들었던 다니엘 꽁방디의 오늘을 보면 학생운동의 역사적 한계는 양¥의 동서에 관계없이 그대로 적용되는 것 같다. 이집트의 타흐리르Tahrir 광장을 감동의 현장으로 만들었던 장미혁명이 오늘날 또다시 반동정권이 탄생할 길만 열어준 셈이지 않은가.

성경통독은 감옥이 내게 준 선물

감방 생활에서 내가 얻은 가장 큰 소득은 예수를 믿는다고 교회에 다녔지만, 성경 읽기를 외면했던 내가 처음으로 성경책을 열심히 읽고 완독한 것이다. 물론 유년 주일학교 시절에는 성경 문답을 잘하려고 복음서는 몇 차례 읽었지만, 성경을 통째로 읽은 일은 불행히도 없었다. 나는 매일 목침 위에 성경을 펼쳐놓고 탐독했는데 밤에는 어두워서 못 읽었다. 때문에 66권을 다 읽는데 한 달 보름이 걸렸다. 반성과 기도가 섞인 독서였기 때문에 속도가 나지 않았다.

성경에 이어 불문학과 재학 중인 친구 조동일趙東日, 현재 한국학 중앙연구원의 명예교수로 활약하는 국문학계의 대가이 면회 오는 길에 차입해준 영문으로 된 『The Brothers Karamazov』Earnest Gazett 역를 열심히 읽었다. 내용 중에서 도스토예프스키가 묘사하는 인간의 여러 모습을 통해 나를 보았다. 때로는 이반이 나의 자화상 같기도 했고 어떤 면에서는 알료사나 스메르챠코프적인 요소도 내 안에 들어 있음을 읽을 수 있었다. 어떤 대목에서는 혼자 눈물을 흘리면서 카라마조프가의 형제들을 진지하게 읽었다.

이런 모습을 지켜본 김용겸 변호사는 자기도 한번 읽어봐야겠는데 자기는 영어본보다는 일본어로 읽겠다고 했다. 그분에게 차입된 책 가운데서 나는 일본어로 된 다나까 고따로田中耕太郎 박사의 『법철학서설』을 사전을 찾아가면서 독파했다. 어렸을 때 서당에서 한문을 배운 것이 옥중에서 일본어 책을 배우고 익힐 능력을 발휘하는 데 도움이 될 줄은 상상도 못했다.

첫눈을 보면서 어머니를 생각하다

1961년 12월 10일 첫눈이 내렸다. 전신에 외로움이 엄습해왔다. 흘러간 노래의 한 구절, '두메산 골짜기 초가집 한 채, 떠나간 아들아 돌아오라 어머님, 이 밤도 기도하네'가 입속에서 떠오르면서 가슴이 찢어지는 통증을 느꼈다. 4·19를 전후해서 데모나 시위에 몰두, 내가 해야 할 본연의 공부를 외면한 시간이 너무나 아까워지면서 내가 살고 있는 방식, 살아온 방식들에 대해 통렬한 반성이 시작되었다. 오늘도 새벽 교회에 가서 기도의 제단을 쌓고 큰아들 잘 풀려 나오기만을 기도하는 어머니와 형제들의 얼굴이 떠올랐다. 내가 7년 형을 받았을 때, 내 둘째 아우 영삼은 7년이 7개월로 줄어들기를 간절히 기도했다고 했다. 나는 국가나 사회에 대해 무엇인가 잘못했다는 회개가 아니라 내 가정에 대한 깊은 회개의 순간들이 이어졌다. 어려운 가정에서 장남에게 주어진 사명을 잘 감당할 수 없게 된 나의 처지에 대한 반성이었다.

나에게 큰 기대를 걸고 있는 형제들에 대한 미안한 생각이 머리에서 떠나지 않았다. 또 감옥에서 형을 마치고 나온 후 대학을 중퇴한 사람으로서 살아갈 일들을 걱정하면 할수록 남모를 스트레스가 내 머릿속을 짓눌렀다. 남들에게 들리지 않도록 기도하면서 내가 재기할 수 있는 기회를 하나님께 간절한 마음으로 빌었다. 교회를 다닌 것이 어려운 시절을 보낼 때 엄청난 위로가 되고 재기再起의 꿈을 잃지 않을 동력이 된다는 것을 절감했다. 믿음은 믿는 자에게만 복음이 된다는 메시지는 지금 생각해도 진리였다.

통일혁명당 사건 김질락金質洛과의 인연

서울 형무소에 수감 중일 때 나는 정문회의 김질락 선배를 비서로 쓰던 자유당 국회의원이자 그의 숙부였던 김상도 씨와 한방에 있었다. 김상도는 재판이 끝나지 않아 면회가 안 되기 때문에 건강상 필요한 메치오닌이란 약을 구할 수가 없다면서 김질락에게 편지해 약을 내 명의로 넣어주기를 바랐다. 나는 김상도 씨가 알려준 주소로 편지했더니 김질락이 나를 면회 오면서 메치오닌을 차입해주었다. 이런 인연으로 김질락과는 더 가까워졌다. 내가 출옥해서 복교한 직후 그는 청맥靑脈이라는 잡지를 출간하고 있었다. 한국일보 옆에 있던 청맥사를 방문, 그곳에 나를 취직시켜달라고 부탁했더니 "자네는 요시찰 인물이어서 곤란하다"고 거절했다. 신원조회에 걸려 사회활동에서 배제당한 신세인데 나를 잘 아는 선배마저 이렇게 괄시한다고 매우 통분했지만, 김질락의 거절은 천만다행이었다. 그 후 통일혁명당 사건이 터져서 나의 많은 지인들이 투옥되어 중형을 받았고 김질락의 숙부인 김종태, 김질락 본인, 이문규가 모두 젊은 나이에 형장의 이슬로 사라지는 비극이 발생했기 때문이다.

나도 이 사건에 연루되었다면 이 글을 쓸 수 없었을지도 모를 일이다. 복학으로 대학은 졸업했지만, 취업의 길은 막혔다. 병역의 의무라도 수행하려고 징병검사를 신청했지만 병종 불합격 처분을 받았다. 사상에 문제가 있는 자를 사병들 속에 끼여 넣을 수 없다는 이유로밖에 달리 해석할 도리가 없는 불합격처분이었다.

친구들의 도움으로 어려운 시절을 버티다

언론사에 취직해 있던 한국일보의 이수정故 李秀正, 문광부장관 역임, 김석조현재 국제변호사, 동아일보의 정종문 주필 등이 길에서 만나면 식사 대접을 해주고 얇은 호주머니를 털어 용돈을 나누어 쓰자면서 나의 처참할 정도의 어려운 생활형편을 응원해 주었다. 동가숙東家宿, 서가식西家食이 내 삶이었다.

한국은행에 다니던 광주일고 1년 선배 배동인 형에게 급한 일로 돈을 빌려 쓴 일이 있는데, 그 형은 약속한 날에 돈을 갚지 않으면 화를 잘 낸다는 소문을 듣고 약속한 날에 돈을 마련해서 가지고 갔다. 그는 오히려 화를 내면서 자네같이 정의로운 학생운동을 하다가 고생하는 후배에게 용돈 좀 나누어준 것인데 갚지 말라고 거절하며 구내식당으로 데리고 내려갔다. 그는 커피보다는 우유 한 잔 마시는 것이 더 좋을 것이라면서 우유를 일방적으로 주문했다. 듣던 대로 실용과 원칙에 나름 충실한 선배였다.

그 후 배동인 형은 독일로 유학을 떠났다. 그는 그곳에서 유신체제 반대운동을 하다가 한국대사관에서 입국거부대상자로 분류되었다. 나는 분단국 문제 한독정책협의회 한국 측 대표로 1980년 독일을 방문했을 때 선배를 서독 수도 본Bonn에서 만날 수 있었다. 그때도 본의 베토벤 동상 앞 맥주 집에서 선배가 술값을 냈다. 선배 노릇을 하겠다는 태도였다. 그 후 배동인 형이 쾰른대학에서 박사학위를 받고 귀국해 대학에 취직해야 하는데 입국거절조치가 풀리지 않아 어려움을 겪는다는 이야기를 들었다. 나는 안기부 담당국장에게 연락하여 신원보장을 약속하고 귀국하도록 해결했다. 또한 강원대학교 교수로 발령 나도록 지원했다. 전두환 당 총재 비서실장이었던 나의 끗발이 먹혔던 것 같다.

한국독립당 사건과 두 번째 투옥

|

대일 굴욕외교에 '청년운동'으로 맞서

내가 대학을 졸업하고 일자리를 구하기 위해 방황하던 1964년부터 1965년은 마침 한일국교정상화협상이 막바지에 이를 때였다. 야당들은 대일굴욕외교 반대투쟁을 벌이면서 각 대학에서 한일국교반대시위가 번져가고 있었다. 처음에는 정부가 학생시위의 불가피성을 긍정하고 시위가담자나 주모자를 처벌하기보다는 대화를 통한 설득에 중점을 두었지만, 시위는 갈수록 격화되고 대학마다 농성시위가 확산되었다. 결국 정부에서는 위수령을 선포하고 군인들이 고려대학교에 진입, 농성 중인 학생들을 해산시켰다.

4·19혁명 시기에 연계되었던 각 대학 선후배들은 너나없이 이 사태를 중시하고 즉각 항의모임을 만들어 군인들이 학원을 짓밟은 사건을 규탄했다. 나는 바로 이런 상황을 지켜보면서 국민들의 심각한 반일反日정서를 외면하고 서둘러 한일국교를 정상화함으로써 혁명정부의 제1차 경제개발 5개년계획 추진에 필요한 재원확보에만 매달리는 자세가 싫었다. 더욱이 일본의 한국합병이 원천무효 임을 주장해야 할 정부가 청구권자금이라는 경제적 유인과 한일국교를 서둘러 정상화하라는 미국의 압력에 눌려 "원천무효"가 아닌 "이미 무효"라는 논리로 한일회담을 타결한 처사에 나는 치가 떨리는 분노를 느꼈다. 나는 다시 투옥되는 한이 있더라도 원칙을 벗어난 대일굴욕외교에 반대하는 데 앞장서기로 작심, 새로운 학생 청년운동을 조직하는 데 나섰다.

4·19 당시 고려대학교 데모의 선두에 섰던 박상원朴商源, 재미 중 사망, 김유진국회의원 역임, 김덕규국회부의장 역임, 조홍규국회의원 역임 후 사망 등과 제휴하여 대학 OB팀을 학원방위군이라는 명칭으로 조직하였다. 항일운동의 후예임을 자부하면서 낭인생활을 하는 김두한金斗漢 씨를 중심으로 노동계 인사들

을 포섭하여 대일굴욕외교반대와 4·19 정신수호를 위해 군사정권을 견제할 민간운동기구로 민족방위군이라는 명칭의 단체조직에 착수했다. 동시에 한국독립당을 방문, 조각산趙覺山 당수를 만나 4·19세대와 항일독립운동의 정통을 이어받은 한국독립당이 제휴하여 대일굴욕외교가 몰고 온 오도된 국정 노선을 바로 잡기로 합의하고 함께 일하던 동지들을 전원 한국독립당에 입당시킨 후 한국일보에 이 사실을 공지하는 광고를 냈다.

보궐선거참여와 내란음모

때마침 대일굴욕외교반대투쟁 실패에 책임을 지고 서울에서 의원직을 사퇴한 정일형 의원, 박순천 의원, 조재천 의원, 김재광 의원 등의 선거구에서 보궐선거 시행이 공고되었다. 나는 바로 이 기회를 타서 한국독립당 후보를 보궐선거에 출마시켜 우리들이 추구하는 한일국교반대투쟁이 옳은 선택이었는가 여부를 서울 유권자들에게 묻는 기회로 삼기로 했다. 이 방침에 따라 나는 한국독립당의 사무총장 자격으로 한국독립당 후보를 서울 중구에 박상원을, 용산구에 김두한金斗漢을 내세워 선거운동에 돌입했다.

선거결과는 박상원은 차점으로 낙선하고 용산구에 출마한 김두한은 당선되었다. 선거운동 과정에서 김두한과 박상원이 박정희를 너무 신랄하게 비판한 과격 발언을 문제 삼아 치안본부는 한국독립당과 4·19세력이 뭉쳐 내란을 시도했다고 몰면서 관련자들을 전원 구속하였다. 이른바 한독당 내란음모사건이었다. 1965년 11월 17일 생일날 나는 종로에서 경찰에 붙잡혀 수감되었다. 특히 검찰은 4·19혁명에 가담한 행위를 내란의 전과前科로 몰았기 때문에 담당 검사 황공열과 나는 법정에서 논리적 공방을 펼쳤다.

4·19혁명 참여는 민주헌정수호였기 때문에 내란 전과로 몰아서는 안 된다고 강력히 역설하였다. 나는 내란죄가 국헌國憲을 문란하게 하거나 국토

를 참절僭竊할 목적으로 폭동을 음모한 자라는 형법규정을 인용하면서 "나는 4·19에 앞장섰기 때문에 국헌을 수호했고 같은 피고인인 김두한 씨나 상하이 박김두한 계의 박치덕 씨처럼 광산업도 하지 않기 때문에 국토를 참절한 일도 없다"고 주장했다. 사건자체를 희화화戲畫化하기 위해 읊은 진술인데 내 말을 듣고 있던 김두한이 자기에게 불리한 소리를 하는 줄 알고 깜짝 놀라면서 "아니 이 동지, 왜 이러세요?"하고 피고석에서 소리치면서 일어나 내 팔을 잡아당겼다. 장내는 판사, 변호사, 검사까지 웃어 재끼는 폭소의 바다가 되었다. 이런 투쟁을 통해 6개월 만에 무죄 석방으로 풀려났지만, 이 사건에 연루된 것도 취업에는 막대한 지장이 되었다.

여운홍 옹의 형무소 특별면회

옥중에서 재판을 준비하고 있을 때 박정희의 정치고문이었던 여운홍 옹이 특별면회로 교도소를 방문, 나를 형무소장실로 불러냈다. 옥중에서 특별면회를 받고 형무소장 실로 불려가서 커피 한 잔을 대접받는다는 것은 대단한 특혜처럼 느껴졌다. 자기가 민복기閔復基 법무부 장관에게 이야기해서 이렇게 면회를 왔다고 말하고 건강관리에 유념하라고 당부했다.

이것이 인연이 되어 석방된 후 여운홍 선생을 댁으로 방문했다가 그분이 집필 중이던 몽양 여운형 전을 한글에 맞도록 재구성하는 데 협조했다. 가회동의 여운홍 씨 댁은 생전에 몽양 선생이 살던 집인데 당시는 여운홍 선생의 숙소였다. 월북한 이만규李萬珪 1882~1978 씨가 쓴 몽양 여운형 투쟁사를 대부분 옮겨 쓰면서 여운홍 씨 개인의 경험담을 넣어 몽양 여운형으로 재구성해서 출판했다. 이 일로 나는 몽양선생을 내 또래의 누구보다 더 자세히 알게 되었다. 그분은 공산주의자는 아니었지만, 공산주의 연구를 통해 새로운 지식을 받아들인 한말의 선각자 중 한 분이었다고 나는 느꼈다. 해방 후 여러 차례 평양을 방문, 김일성을 만나 좌우합작정부 수립을 추진하다가 결국 좌익의 총에 맞아 대한민국 정부 수립을 못 보고 삶을 마감했다. 동서냉전이 심화되는 상황에서 중도中道에 선다는 것이 얼마나 힘든 일인지를, 또 한국 정치에서도 중도에 선다는 것이 얼마나 어려운 일인가를 몽양 선생의 삶과 죽음이 우리들에게 잘 보여주었다.

여운홍 선생은 출옥 후 내 눈에 반점이 생겨 눈동자를 조금씩 먹어들어가는 모습을 본 후 자기가 잘 아는 Dr. Kinney 씨를 통해 나를 세브란스 병원 안과로 데리고 가서 수술을 받도록 해주었다. Kinney 씨는 미국대사관의 윌리엄 랭돈William Rangdon과 더불어 하지 장군의 군정 업무를 도우면서부터 여운홍 선생과 절친한 분이었다고 소개해 주었다.

500일 수감생활 끝에 '실력 배양' 필요성 깨달아

나는 두 차례에 걸쳐 500여 일을 서울 현저동 101번지의 형무소에서 옥살이를 마치고 나왔다. 나 자신이 학문적으로나 시대를 읽는 지식에서 매우 뒤처진 존재임을 깨달았다. 북한에 우리와 같은 대학생이 있을 것이라는 생각이 매우 어리석었음을 경찰과 검찰의 취조과정에서 깨달으면서 남북한학생회담 제안이 한국 상황에 안 맞는 주장임을 스스로 느끼며 좌절했다. 한독당韓獨黨 사건에서 무죄로 석방은 되었지만, 권력에 밉보이면 잘잘못을 떠나 박정희 정권하에서는 구속당하기 십상이라는 사실도 깨달았다.

짙은 반성과 회개의 시간을 통해 앞으로는 "비둘기처럼 순결하고 뱀처럼 지혜롭게" 세상을 살아야겠다고 결심했다. 군사정권의 국가재건최고회의를 능가할만한 이영일의 실력재건에 혼신의 노력을 기울이기로 작심했다. 이런 결의 하에 이익환李益煥 동문미국의 시애틀에 거주하는 정치학과 동기생의 소개로 서대문에 가정교사로 취직, 생계를 유지하면서 다른 한편으로는 매일 도

보로 학교 도서관에 다니면서 학생운동 때문에 공백이 커진 지식 결핍을 채우기 위해 노력했다. 나의 부족했던 부분을 보충해야 한다는 절박감 때문에 촌분을 아끼면서 열심히 공부했다. 대학 4년 동안의 전 기간보다 더 많은 책을 읽고, 더 많은 사색의 시간을 가졌다. 하나님의 은총을 갈구하는 심정으로 교회 생활에도 충실하고 강원용 목사님이 펼치는 신앙 강좌, 특히 기독교 사회윤리강좌에도 열심히 참여했다. 이 시기에 강원용 목사님의 스승이었다는 폴 틸리히Paul Tillich, 카를 야스퍼스Karl Yaspers, 라인홀드 니이버Reinhold Nieber, 칼 바르트Karl Barth라는 분들의 이름이나 이론이나 주장을 소개받고 그분들의 저서를 부분적으로라도 읽을 기회를 갖는 것이 큰 수확이었다.

미워할 수 없는 우리들의 대통령

5

출옥 후 사회 재적응 노력

사회과학도의 길을 다시 걷다

|

나의 문제의식은 1957년부터 1964년 사이에 소위 아시아, 아프리카, 중남미 지역이라고 하는 제3세계에 도입된 민주정체들이 모두 실패하고 변종되는 원인을 논리적으로 이해하고, 그 해결방안을 모색하는 데 집중했다. 이것은 나만의 문제의식은 아니었다. 미국의 대후진국정책을 입안하는 학자들도 비교정치학과 행태과학이라는 새로운 정치학방법론을 제시하면서 신생국 정치체제가 안고 있는 역사적, 사회적, 문화적, 심리적 문제 상황을 설정, 분석하면서 여러 가지 처방을 내놓고 있었다. 특히 이들은 서방민주정치제도가 신생국들에 단순히 이식되는 것만으로는 성공할 수 없기 때문에 미국의 신생국에 대한 외교는 상황에 맞는 처방이 필요하다고 주장했다.

　그러나 미국은 이런 실용적 연구에 유관 마피아 정객들이 편승, 미국의 남미에 대한 경제적 지배정책수행에 필요한 괴뢰정권을 만들거나 칠레의 아

제2편 내 무덤에 침을 뱉어도 좋다   175

엔데 정권붕괴에서 보듯 자율적 발전의 길 모색을 차단하기도 하였다. 나는 Seymour Lipset, Gabriel Almond, Lucian Pye, Rupert Emerson, David Apter, Daniel Lerner 등의 연구물을 차례로 탐독하면서 한 차원 더 높은 시각을 갖기 위해 새뮤얼 헌팅턴Samuel Huntington, 폴 케네디Paul Kennedy 등을 읽었다. 나는 이런 연구물들을 통해 "모든 나라는 그 나라에 주어진 제반조건 속에서 달성하려고 하는 발전의 이념적 목표가 있고 이를 성취하는 발전의 이념적 한계치"가 곧 근대화이며 그 명칭의 포장은 그때그때 지도자들의 필요에 의해 변용될 수 있다고 보았다. 이런 맥락에서 볼 때 한국에서 군사혁명을 일으킨 박정희는 어떤 인물인가를 자꾸 생각하지 않을 수 없었다. 그는 케말파샤형의 인간일까 아니면 이집트의 나셀 스타일일까. 이런 궁금증이 내 뇌리를 가득 채웠다.

성균관대학의 조교생활과 정치평론가

나는 어려운 시절에 많은 분의 도움을 받았다. 특히 월간 사상계思想界의 부완혁夫完赫 선생은 내가 우연히 사상계를 방문하자 용돈이라도 벌라고 좋은 영문 자료의 번역을 맡겨주었고 몇 차례의 번역 테스트를 거친 후에는 시국문제를 주제로 글을 쓰도록 배려해주었다. 대학 전임강사 이상에게만 허용되던 사상계 기고寄稿자격을 준 것은 그때로서는 파격이었다. 이때 발표한 두 편의 글, 한국정치사상의 메타볼리즘1968.2월과 개발독재발상법 서설1969.9월을 읽고 부완혁 선생은 사상계에 발표된 내 글의 직업란에 '평론가'라는 타이틀을 붙여주며, 정치평론가로 해야 맞지만 용도를 특정하게 되면 수입收入올리는 데 불리할 것이라면서 사상계가 우선 평론가로 이영일을 발령한다고 했다. 사상계 기고를 계기로 월간 정경연구政經硏究에도 안인학 선배故 安仁鶴, 문리대 불문과가 편집장으로서 번역 글과 시국논문을 발표하게 해주었는데, 이런 글

쓰기가 가능했던 것은 1965년에 성균관대학 교수였던 김규택 선생이 나를 성균관대학부설 사회과학연구소의 조교로 발령해 자기연구실을 사용하도록 해주었기 때문이다.

김규택 선생은 서울공대 출신이지만 미국의 시카고대학에서 정치학을 공부한 후 성균관대학의 행정학과 교수로 재임 중이었다. 그는 나의 어려운 처지를 알고 자기연구실을 사용해 공부하도록 권유하면서도 혹시 내가 운동권 출신으로 탈선할 것을 우려해서인지 수많은 영어원서를 가져다주면서 빠른 시일 내에 요약, 보고 해달라고 요청했다. 또 용돈 벌이에 필요한 일감도 얻어주면서 격려해주었다. 몸은 힘들었지만 이렇게 배려해주는 김규택 교수를 나는 참으로 고마운 분으로 모셨다. 매일 어려운 정치학원서를 부지런히 읽으면서 지시받은 일을 꾸준히 처리했다. 이때는 매일 성균관대학 김 교수 연구실에 나와서 살았는데 나올 때마다 이 학교 교수로 재임 중이던 차기벽 교수, 윤근식 교수가 항상 불러서 구내 교수식당에서 나에게 점심을 사주었다. 참으로 고마웠다.

이때 김규택 교수는 한국을 방문한 재미교포학자 김한교金漢敎 교수를 소개해주었다. 그분은 한국 신문 중 동아, 서울, 조선일보의 사설을 해방 직후부터 1960년에 이르기까지의 기간 동안 계수별로 내용을 분석한 차트를 만들어 달라고 주문했다. 이 일을 해준 것이 인연이 되어 그는 나에게 자기가 근무 중인 미국 신시내티대학의 전액장학금을 얻어주면서 유학 오도록 초청장을 보내주었다. 이미 나는 해외 유학시험에 합격해 두었기 때문에 신원조회만 떨어지면 곧장 미국에 갈 수 있었다. 대학동문인 한승주 박사정치학과 동기며 외무장관 역임가 비행기 표 구매를 도와주어 찬스가 생겼지만, 중앙정보부에서 '이영일 유학불가 판정'을 내려 유학의 꿈은 사라졌다. 그때 나는 지금의 나의 아내인 정정애鄭晶愛와 열연 중이어서 함께 유학 가기로 했었는데 유학의 꿈이 깨지자, 대신 결혼하기로 방향을 전환, 1968년 11월 23일 강원용 목사님의 주례로 경동교회에서 결혼식을 올렸다.

양量이 축적되면 질적 변화가 오는 것은 필연이다

|

새롭게 솟구치는 자신감

사람은 어느 때든지 기회가 오면 자기 전공 분야에서 열심히 공부하는 것이 필요하다. 내가 2년 반 동안 성균관대학교 연구실에서 정치학 서적을 탐독했는데 이 기간이 대학 4년보다 실력증진에서는 큰 성과가 있었다. 4·19혁명에 참여했고 민족통일운동이라는 진보적 학생운동에 나섰다고 해서 자기 인생의 모든 문제가 풀리는 것은 아니다. 아무 실력도 쌓지 않은 채 운동에만 올인한다면 지사志士다운 풍모는 기를지언정 인생 자체는 망가지기 마련이다. 자기 나름의 전문성과 실력이나 판단력이 약하면 조만간 모든 운동권 자체에서마저 용도폐기 되기 마련이다. 대학생운동에 앞장서고 거기에 올인한 사람 가운데 인생에서 성공하고 자기가 추구한 목표를 달성하는 사람은 만萬 사람 중 한 명이 될까 말까 하다는 사실을 깨닫기는 쉽지 않다.

특히 한국 사회처럼 지조志操의 윤리가 문화의 깊은 뿌리로 작동하는 사회에서는 더욱 그렇다. 그러나 상황이 바뀌더라도 자기의 용도를 인정받기 위한 내밀한 노력과 자기준비는 언제나 필수다. 내가 정치학 원서 100여 권을 독파하고 난 후부터 스스로 생각과 태도와 판단에 변화가 일어남을 느낄 수 있었다. 학생운동에 나섰다가 폐인이 되었다는 말을 듣지 않겠다는 굳은 결의의 산물이었다. 소리 없이 은밀한 곳에서 열심을 품고 기도하는 보람이었다. 이러한 노력은 자기 삶에 대해 자신감을 갖게 해주었다. 특히 중점을 두고 파헤치면서 연구한 신생제국들의 근대화 과정 연구는 나름대로 전문가

미워할 수 없는 우리들의 대통령

연然 할 만큼 자신감도 생겼다. 원고청탁을 받으면 글을 쓸 자신도 생겼다.

좌절의 인생이 자신감의 인생으로 바뀐 것이다. 이런 내적 자기변화가 없었더라면 아내와의 결혼은 꿈도 꿀 수 없을 처지였을 것이다. 아내에게 청혼할 자신이 생긴 것은 열심히 공부하고 노력한 보람이었다. 나는 그 후 국회의원도 세 차례나 지내는 행운의 시간을 가졌지만, 말년에 치매로 고생하다가 별세하신 나의 은인 김규택 선생님에게 아무런 보은도 못 한 것이 항상 마음의 빚으로 남는다.

정치부 기자 사양하고 국제부 선택

결혼을 해서 서울 수유동의 단칸방에 살림을 차렸지만, 직장이 없는 상태의 결혼이었다. 몇 군데 취업시험에서 필답고사에는 합격했지만 구두신문에서 신원조회 때문에 낙방했다. 정상적인 취업은 어려웠다. 여러 가지 궁리 끝에 동양통신의 김성곤 회장민주공화당 재정위원장의 비서인 현소환정치학과 1년 선배, 연합통신 사장 역임, 올해 작고 선배를 찾아가 직장문제의 애로를 말하고 도움을 청했다. 그는 나의 처지를 김성곤 회장에게 보고하고 "이제 이영일도 결혼까지 했으니 취업의 길을 열어주자"고 건의했는데 김 회장이 흔쾌히 수락하고 이력서 2종을 가져오라고 했다. 옥중전과기록이 들어있는 것과 전과기록이 없는 두 통의 이력서를 제출했다. 김성곤 회장은 낙하산으로 들어왔다는 것보다는 시험을 치르고 들어왔다는 것이 직장에서 더 떳떳할 것이라면서 단독으로라도 와서 시험을 보라는 것이었다. 논문과 영어시험이었는데 좋은 평가를 얻어 외신부로 발령을 받았다.

동양통신 정치부장 김성진 씨후일 문공부장관 역임는 나에게 정치부에서 일할 생각이 있다면 끌어주겠다고 했다. 나는 정치도 싫었고 정치인들을 만나 취재하기는 더더욱 싫어서 고명식 선배정치학과 대선배가 부장인 외신부에서 일을 배우겠다고 사양했다. 오랜만에 동료 있는 직장을 얻은 셈이다. 봉급은 처자와 어머니, 중·고등학교에 다니는 세 동생까지 거느리기에는 한참 모자랐다. 다행히 김성곤 회장의 비서인 현소환 선배가 간헐적으로 약간씩 지원을 해주었고, 거기에 원고수입까지 합쳐서 어렵게 생계를 이어갔다. 또 경동교회에서 알게 된 박형규 목사가 CBS 방송국 상무가 되어 나에게 주 1회씩 외신해설 프로를 맡겨줘서 비록 방송출연료는 보잘것없는 수준이었지만 고맙게 수락하고 매주 열심히 방송에 나갔다. 가장으로서 도리를 다하겠다는 생각이었다. 큰딸이 태어나면서부터 살림은 더 어려워졌다. 투옥과 사회적 배제의 어려움을 겪은 탓에 나는 가난을 잘 견뎌냈지만, 가족들에게는 참으로 힘든 삶이었다.

나는 한때 법정투쟁과 거리 투쟁으로 명성을 날린 학생운동권의 투사였지만, 결혼한 이후 극도로 초라해진 내 모습에 내심 좌절이 컸다. 뭔가 심한 가치 박탈을 느꼈다. 더군다나 단칸 셋방임에도 결혼하지 않은 친구들이 놀러 와서 밤새가며 토론을 하는 바람에 내 처妻는 부엌에서 뜬눈으로 지내는 때도 있었다. 이때 우리 셋방에 놀러 와서 철야 토론을 하던 이창균철학과은 독일 유학 중에 월북하여 조선노동당 중앙위원까지 올랐다는 말을 풍문에 들었지만, 지금 생사는 알 수 없다.

동양통신사에서 국토통일원으로 전직轉職

동양통신에서의 삶은 어려웠지만, 학교 졸업 후 처음으로 동료 있는 직장에서 일한다는 보람 때문에, 또 세계 유수의 기자들이 쓰는 기사를 우리말로 옮겨 시간대에 맞춰 각 신문사에 통신을 보내야 하기 때문에 새벽 6시부터 9시까지의 이른 근무시간 동안 쉴 틈 없이 바쁘게 일했고 보람도 있었다. 특히 미국 UPI에서 잘 나가는 기자들의 기사를 매일 번역하면서 영어도 늘었고 문장 실력도 개선되는 것을 피부로 느낄 수 있었다. 내가 일하는 시기에 월남전은 한창이었고 닉슨 독트린이 발표되었다. 암스트롱이 달에 착륙하는 사건도 발생했다.

그런데 이때 동양통신을 떠나지 않을 수 없는 일이 생겼다. 새벽 근무시간에 김대중金大中 야당 의원이 두 차례 전화를 해왔다. 박정희 3선 개헌 기도를 외신들이 어떻게 보도하고 있느냐는 물음이었다. 또 다른 하나는 자기 당 소속 박영록 의원이 독일 베를린에 가서 손기정을 일본사람이라고 돌에 새긴 기념비의 글씨를 지워버리다가 들켜 독일 경찰에 붙들려 간 사건의 진위에 대한 물음이었다. 나는 다른 이야기를 할 틈이 없는 바쁜 새벽 근무시간이었기 때문에 물음에 대한 대답을 간단히 해주고 전화를 끊었다. 이 일이 있은 후 민주공화당 김창근 대변인으로부터 반도호텔지금은 롯데호텔 커피숍에서 만나자는 전화가 왔다. 정치학과 선배인 김창근 의원을 개인적으로는 잘 몰랐지만 나가지 않을 수 없었다. 김창근 의원은 만나자마자 동양통신을 그만두고 민주공화당 길재호 사무총장의 보좌역으로 와서 정치활동을 할 용의가 없느냐고 물었다. 나는 정치활동을 안 하기로 하고 아내와 결혼했기 때문에 정당에는 가지 않을 생각이며 모처럼 동료들과 함께 어울리는 직장에서 언론 일을 배우겠다고 사양했다. 이 말을 들더니 얼굴색이 바뀌면서 "당신, 김대중에게 가려고 그러는 것 아니냐"면서 신중하게 생각해서 결정하라고 다소 위협적인 태도를 보였다.

정홍진 국장과의 만남

그다음 날 중앙정보부에서 국장을 맡고 있는 정홍진鄭洪鎭 선배가 만나자는 제안을 해왔다. 문리대 사회학과 출신으로 후배들을 따뜻하게 도와주는 좋은 선배로, 평소 잘 아는 처지였기 때문에 흔쾌히 만났다. 그는 나와 김대중

관계가 당정黨政 간에 문제가 되어 민주공화당으로 오지 않는다면 틀림없이 대통령 선거 정국에서 이영일은 김대중에게 갈 인물이니 언론계에서는 손을 떼도록 하란다는 것이다. 내 의사와 전혀 관계없는 견해들이 나를 둘러싸고 퍼지고 있는데 당황하지 않을 수 없었다. 자기가 보는 바로는 동양통신에 있기는 어려울 것 같으니 다른 방도를 같이 연구하자고 한 후 헤어졌다.

이튿날 사무실로 출근하니 이제는 김성곤 회장의 호출이었다. 그는 만나자마자 길재호 사무총장이 이영일 씨를 높이 평가하니 당에 와서 그분을 도우면서 정치적으로 크는 길을 모색하면 어떻겠냐고 물었다. 나는 두 차례의 감옥 생활의 고초를 겪었으며 김 회장님 덕택에 모처럼 직장을 얻어서 보람 있게 근무하고 있는데 겨우 2년밖에 안 된 기자 생활을 청산하고 진로를 바꾸고 싶지 않다고 말하고 가능하면 계속 동양통신에서 일하도록 해달라고 간청했다.

김 회장은 잘 알았다고 하면서 현소환 비서를 불러 이영일을 미8군의 연수기관에 보내 영어를 훈련시킨 후에 동양통신 주미 특파원으로 내보내도록 주선하라고 지시했다. 나는 이때까지 살아오면서 김성곤 회장의 이 말처럼 고마운 말을 들어본 적이 없다. 너무 고맙고 기뻤다.

국토통일원을 선택

다음날 정홍진 선배는 언론계에서 손을 떼도록 하라는 것이 상부의 지시이기 때문에 김성곤 회장의 뜻대로 되기는 힘들 것이라면서 여與나 야野의 입장을 넘어서 일할 직장으로 새로 만든 국토통일원에 가서 일하도록 주선하겠다고 제안했다. 통일문제는 내가 평소부터 관심을 가졌고 그 문제 때문에 혁명재판까지 받았음을 생각할 때 정부기관으로 자리를 옮겨 통일문제연구에 정진하는 것도 보람된 일이라고 생각하고 동의했다.

그러나 국토통일원에 취업하는 일도 쉽지 않았다. 우선 상임연구위원으로 위촉하겠지만 신원조회 문제가 미해결 상태이기 때문에 임시직 촉탁으로 발령한다는 것이다. 임시직 촉탁은 요즘 말로는 비정규직으로서 근무일에만 수당이 나오고 일요일이나 휴일이 끼면 급료가 나오지 않는 자리였다. 그 당시 국토통일원은 박정희가 분단국가로서 통일에 대비하는 국가기관을 만들어야 한다는 뜻으로 1969년 창설하였고 초대 국토통일원 장관으로 신태환 서울대학교 총장이 임명되었는데, 그는 장관 취임 후 업무의 방향을 모색하던 중 첫 사업으로 통일에 관한 국민여론조사에 착수했다고 한다. 그러나 학자 출신이었던 신태환 장관은 정부에서 중요시하던 보안문제를 경시, 여론조사결과가 잘못 누출되는 바람에 취임 1년 되던 해에 해임되고, 민주당정부에서 재무부 장관을 지낸 김영선 씨가 제2대 장관으로 임명된 직후였다.

나는 부완혁 선생과의 인연으로 사상계사의 편집문제를 논의하는 자리에 자주 참석했다. 그래서 이미 사상계 편집위원 중 한 분이셨던 김영선 장관과는 잘 아는 처지였다. 특히 5·16쿠데타 후 김영선 장관은 민주당정부 각료들만이 따로 수용되었던 마포교도소에 수감되어 있었다. 옥중에서는 뵙지 못했지만, 학생운동가로서의 내 이름은 김 장관도 잘 알고 있던 터였다. 김영선 장관은 국토통일원의 업무가 아직 정착되지 않은 상태이기 때문에 처우가 좀 만족스럽지 못하더라도 통일에 필요한 연구를 창의적으로 추진해 달라고 당부했다. 이렇게 해서 1970년 10월 운명은 나를 통일전문가의 길로 들어서게 하였다.

김지하金芝河의 5적賊 시 게재 비화

동양통신에서 근무할 때 외신부는 아침 6시부터 근무를 시작해 9시경이면 일이 끝나기 때문에 일을 마치면 나는 가끔 종로 백조빌딩에 있는 사상계사로 가서 부완혁 선생을 만나 세계정세, 월남정세를 놓고 토론도 벌이고, 편집장이던 황활원과 교열기자로 근무하는 김승균성균관대학교 민통련위원장으로 함께 혁명재판을 받음과 어울려 점심을 함께하는 일이 많았다.

1970년 5월 사상계사는 4·19혁명 10주년을 맞이하면서 4·19 특집을 준비 중이었다. 나는 황활원 편집장에게 4·19혁명 10주년을 맞는 뜻깊은 시기에 4·19혁명과 5·16쿠데타의 상호관계를 새롭게 정리할 필요가 있다고 문제를 제기하고 1년 사이를 두고 제한된 공간 안에서 이루어진 두 사건을 서로 대립하는 것으로 파악할 것인가, 아니면 서로 보완하는 것으로 파악할 것인가를 대비해 보는 것도 의미가 있다면서 나에게 집필을 맡겨주면 글을 쓰겠다고 말했다. 황활원은 흔쾌히 동의하고 논제를 "4·19혁명의 발전론적 고찰"로 해달라고 원고를 청탁했다. 나는 날을 지새면서 원고를 완성, 사상계사에 보냈는데 부완혁 사장이 읽은 후 4·19혁명과 5·16쿠데타를 상호보완관계로 파악하자는 주장을 사상계지에는 실을 수 없다면서 단호히 게재를 거부하라고 황활원 편집장에게 지시했다. 황활원은 내가 쓴 글을 전부 읽고 난 후 부완혁 사장의 주장에 강력히 반발하면서 편집장이 부탁해서 써온 원고를 거부하라는 것은 자기를 불신하는 것이라면서 사상계사에 사표를 냈다.

이 사건으로 사상계지 5월호 편집이 어렵게 되었다. 부완혁 선생은 황활원 파동 때문에 원고가 빠진 부분들을 채우는 방법으로 자기가 시詩답지도 않다고 해서 게재 거부처분을 했던 김지하의 담시 5적譚詩 五賊을 김승균에게 다시 가져오라고 했다. 돌연 게재하기로 결정한 것이다. 김지하의 5적은 편집장이 청탁한 원고가 아니고 김지하가 임의로 기고한 글이기 때문에 부완혁 사장의 게재거부를 황활원이 수용했던 것이다.

오적五賊이 사상계에 발표된 다음 날 정계는 발칵 뒤집혔고 보수정당들은 김지하의 시를 계급적 증오심을 유발하는 체제 부정적 시로 단정하고 수사를 촉구하였다. 치안 당국은 부완혁 씨를 비롯하여 김승균과 시인 김지하를 반공법 위반으로 구속, 송치하였다. 이 소식을 접하고 나는 심히 당황했다. 나와 대학캠퍼스에서 함께 술 마시고 토론하고 때로는 욕하고 다투기도 했던 김지하가 구속되었기 때문이다. 그는 문리대 미학과 출신으로 이름이 김영일金英一이었기 때문에 학내에서는 이영일을 정치 영일이라고 부르고 김지하를 미학 영일이라고 부를 만큼 친밀한 관계였다. 그러나 나는 김영일의 시인으로서의 아호가 지하芝河인 줄은 몰랐다. 나와 그는 마르크스주의나 볼셰비키 등 공산주의나 사회주의의 이론 문제를 놓고 많은 토론을 했는데 나와 토론하다가 막히면 김지하는 나를 볼셰비키 아닌 말셰비키라고 공박했었다. 지금 생각해도 우스운 추억이다.

나는 서울 교도소로 부완혁, 김지하, 김승균 등을 몇 차례 면회를 다니면서 위로했는데 재판 결과 모두 풀려나와서 다행이었지만 월간 사상계지는 이때 폐간되었다. 황활원 편집장은 미리 사상계를 떠났기 때문에 옥에 갇힐 복은 없었다. 그는 사상계사를 나와서 청진동 일우에 주촌酒村이라는 술집을 열어 장안의 인기를 모았다. 김지하의 출감 후 나는 지하의 취업을 주선하기 위해 기독교 방송의 박형규 상무도 함께 가서 만났고 청와대의 김성진 대변인을 찾아가 김지하가 안정된 여건에서 글을 쓸 수 있도록 주선해달라고 부탁도 했다. 관심은 표명하면서도 소극적이었다. 크리스천 아카데미로 강원용 목사님을 찾아가서 의논했지만 뾰쪽한 대안이 나오지 않았다. 내가 자기에게 도움을 줄 수 없음을 눈치챈 김지하는 프레스센터 지하다방에서 한 주일 후에 만나기로 하고 헤어졌는데 약속한 일시에 그는 나타나지 않았다. 그때 그는 강원도 원주로 가서 지학순 주교를 만나 그곳에서 거주하게 되었다고 풍편에 들었다.

4·19혁명에 대한 '소신 발언'으로 비판 받다

내가 사상계지에 기고했다가 게재 거부당한 글, 즉 '4·19혁명의 발전론적 고찰'은 묵정동에 있는 세계대학봉사회 강당에서 4·19혁명 10주년 기념행사로 열린 4·19 주역들의 학술세미나에서 주제 논문으로 발표함으로써 다시 빛을 보게 되었다. 각 대학의 4·19 주동자 100여 명의 대표가 참석한 모임은 주최자기 따로 없이 4·19혁명 10주년 기념사업 준비모임이라는 명칭으로 모였다. 4·19가 의거냐 혁명이냐를 놓고 갑론을박이 전개되었고, 내가 4·19와 5·16을 상호 보완 관계에서 이해할 필요가 있다는 주장을 내놓자 이 문제를 놓고도 논란이 일었다.

나는 이날 1960년은 아시아, 아프리카 등 저개발 국가들에서 민주주의가 꽃피는 시대가 아니었음을 강조했다. 해방의 이데올로기로서 도입된 서방식 민주주의가 변질, 와해, 왜곡되는 상황인데 왜 한국에서만 서방적 의미의 민주주의가 만개할 수 있었겠느냐고 물었다. 4·19혁명 다음 해에 발생한 5·16쿠데타에 대해 국민들이 "올 것이 왔다"는 식으로 받아들인 태도를 우리들은 주목해야 한다고 지적했다. 이어 나는 4·19혁명을 단순히 서방민주주의에 대한 열망에서 분출된 혁명으로 보기보다는 국가발전, 국가근대화의 열망을 실현하는 데 목표를 둔 국민적 의지의 발로로 보아야 하는데 민주당정권은 이런 국민의 열망을 외면하고 민주원칙에만 매달려 국민들에게 꿈과 비전을 주지 못했기 때문에 4·19혁명의 주체 세력이 될 자격을 원천적으로 결여하고 있었다고 비판했다.

4·19혁명을 국가근대화라는 목표를 지향하는 혁명으로 이해한다면

5·16쿠데타도 4·19혁명의 발전과정으로 이해할 수 있고 이 점에서 상보相補 관계에 있다고 평가해야 할 것이 아니냐고 호응을 구했다. 4·19 주동 세력 중 안정된 직장을 가진 친구들은 나의 주장에 공감을 표시했지만, 아직도 직장 이 없거나 정당 판에서 활동하는 친구들은 나의 주장을 4·19에 대한 모독이 라고 반발했다. 나는 답변을 통해서 5·16이 4·19를 죽였다고 진단한다면 또 다시 혁명에 나서야겠지만 4·19가 그렸던 꿈을 군사정권이 하나씩 해결해나 가고 있다면 이를 상호보완관계로 보면서 협력을 통한 국가근대화의 길로 나가야 한다고 답변했다. 이때 나의 정치학과 2년 후배인 김경재金暻梓, 2선 국 회의원, 한국자유총연맹 총재 역임가 일어서서 언변을 통해 "이영일 선배는 악마의 발톱을 천사의 이마로 바꾸고 있다"고 반발하면서 5·16은 4·19혁명에 대한 반동이라고 단언했다. 이날의 토론 내용은 김승균金承均이 사장으로 있는 일 월서각日月書閣에서 『4·19혁명 10주년기념 4·19혁명의 역사적 재평가』라는 책으로 발간되었다. 나는 이 행사가 있은 후부터 4·19혁명과 5·16쿠데타를 상호보완관계에 있는 사건으로 이해해야 한다는 입장을 굳히면서 5·16쿠데 타를 일으킨 박정희의 정체가 무엇인지를 밝히려고 노력했다.

국토통일원 상임연구위원으로 위촉

4·19혁명 10주년 행사가 있은 후 나는 앞서 기술한 바와 같이 국토통일원의 상임연구위원으로 위촉되어 장충동에 있는 통일원으로 출근했다. 월급이 동 양통신보다 나아질 것을 기대했지만 요즈음 흔히 듣는 말로 비정규직이었기 때문에 예산 항목상 일당日當을 받는 신분이어서 수입이 나아진 것은 별로 없 었다.

그러나 당시는 통일원이 무엇을 할 것인가, 무엇을 연구할 것인가를 발 굴하는 단계였기 때문에 연구과제에 메일 필요 없이 자유롭게 연구 테마를 찾고 있었다. 나는 이 기회를 활용하여 통일원 자료실을 드나들면서 지난 10년 동안 나에게 많은 시련과 고통을 준 박정희의 정체를 파악하는 데 많은 시간을 할애하기로 했다. 그때는 지금보다 자료가 별로 많지 않았지만 내가 관념적으로 생각한 박정희와 실제로 국가를 운영하는 지도자로서의 박정희를 연구하는 데 큰 지장은 없었다.

미워할 수 없는 우리들의 대통령

6

박정희 대통령의 국정철학을 살펴본다

개발독재론과의 만남

|

'개발독재' 용어를 처음 언론에 알리다

나는 성균관대학교 사회과학연구원 조교 시절, 도처에서 열리는 근대화 관련 세미나에 열심히 다니면서 새로운 학문이나 이론을 습득하는 노력을 게을리 하지 않았다. 그 습관은 지금도 이어지고 있다.

1965년으로 기억되는 어느 날 윤근식尹槿植 교수와 함께 고려대학교 아세아문제연구소가 주최한 한국근대화를 위한 국제학술회의에 참관했다. 그곳에서 나는 독일에서 온 부르노 자이델Bruno Seidel 교수의 논문 발표를 듣고 크게 감명 받았다. 브루노 교수는 이날 발표에서 후진국 발전의 새로운 형태로 민주국가이면서도 경제개발을 위해 지도자가 대중을 끌고 나갈 독재적 결단이 요구되는 상황들 때문에 정책의 집행방식이 독재로 기우는 이른바 개발독재Entwicklungsdiktatur가 등장한다는 사실을 지적했다. 개발독재란 용어는 나의 문제의식에 절절히 어필해왔다. 물론 그 후 미국에서 온 Karl Lowenthal 교수도 개발독재Developmental Dictatorship이라는 견해를 발표했지만, 나의 사유에 가장 크게 영향을 미친 것은 Bruno Seidel이었다.[9] 나는 이 세미나를 다녀온 후, 사상계사 사장이던 부완혁 선생을 방문, 아시아, 아프리카대륙에서 민주정치가 붕괴되고 풍화風化하는 양상들이 보편화되고 있는데 이를 비교 연구하여 이를 한국 실정에 대입, '개발독재발상법 서설'이라는 제목으로 글을 써 보고 싶다는 구상을 말했다. 그분은 사상계가 폐간되는 사태가 일어나는 일이 없는 범위 내에서 깊이 연구해 좋은 글을 써보라고 허락해주었다. 1968년의 일이다. 이를 계기로 나는 외람되지만, 우리나라에서 '개발독재'라는 용어를 처음으로 언론에 유포시킨 장본인이 되었다. 다행히 정부에서는 사상계에 발표된 나의 글 '개발독재발상법 서설'을 별로 문제 삼지 않았다. 어느 면에서는 박정희가 내심으로 지향하는 바를 내가 대필해준 것으로 평가할 수도 있었을 것이다.

나는 글에서 민주주의의 변용에 나선 아시아, 아프리카 지도자 8명을 모두 이 범주에 집어넣었고 박정희도 그중의 한 사람으로 포함시켰다. 그러나 비교정치이론 관련 자료들을 자세히 검토해보니 내가 분석대상으로 삼았던 국가들은 모두가 미국정부가 관여하거나 조종한 친미정권이었고 남미지역의 칠레처럼 자율적 발전을 모색한 정권은 분석에서 빠져있었다.

특히 이 시기는 민간정부를 뒤엎고 집권한 군사독재정권의 공과功過가 도처에서 하나씩 드러나기 시작했다. 한국을 제외하고는 개발독재에 성공한 국가는 전무했다. 군부세력 간의 다툼으로 집권군부가 바뀌는 제2, 제3의 쿠

---

9   Bruno Seidel, "Fundermental Problems of Societies in Transition," The Report on the international conference on the problem of Modernization in Asia (Asiatic Research Center,1965), p.368

데타가 연이어 일어나는 경우가 많았고 자원이 많은 신생국 군부들은 선진국의 메이저들과 결탁, 정권을 장악한 후 사적 치부私的 致富에 광분하기 일쑤였다. 부富가 소수권력자에게 집중할 뿐 국가의 발전수준은 정체되었고 민생은 열악한 상태 그대로였다.

이런 상황에서는 저개발제국에 이식된 서방식 민주정체는 변질될 수밖에 없었다. 서방식 민주주의는 더 이상 해방의 이데올로기가 아니었다. 서방식 민주정체가 저개발국적 현실에 맞느냐 여부를 따지는 것은 지나치게 호화스러운 말이고 군사독재자들의 권력의 사유화私有化 현상은 항상 제3, 제4의 쿠데타를 부르는 악순환을 가져왔다.

박정희 정권하의 한국만은 쿠데타 악순환의 예외

한국의 박정희 정권만은 예외였다. 한국 군사정부는 경제개발 5개년 계획을 입안, 국가의 뚜렷한 발전목표를 세운 가운데 국가발전에 필요한 외자를 도입했다. 한편 근대화를 주도할 교육훈련, 국민들의 성취동기를 자극할 국민운동을 전개하면서 국민들이 능동적으로 국력배양에 참여할 여건을 조성했다. 물론 이러한 여건을 마련하는 데는 군사정부 수립 이전에 추진되어왔던 준비의 축적을 결코 과소평가해서는 안 될 것이다. 우선 이승만 대통령 시절 그 어려운 경제적 조건하에서도 문맹퇴치문맹률 87%를 1%까지 줄여나갔다와 함께 초등의무교육제를 시행했다. 또한 농지개혁을 통하여 농촌 소유형태를 소작농에서 자영농 체제로 개혁했다.

특히 4월 혁명을 통하여 나라의 주권이 독재자의 총칼에 있지 않고 국민에게 있음이 확고해졌기 때문에 박정희 집권의 전 기간이나 그 뒤를 이은 전두환, 노태우 대통령의 어느 정권하에서도 주권이 국민이 아닌 권력자의 수중에 있다는 생각을 감히 내세우지 못했다. 박정희 시대 주권자인 국민에게 여론 수렴을 거치지 않은 독단적 권력 행사가 많았고 부작용도 적잖았다. 그러나 주권이 국민에게 있다는 사실을 부정하는 일은 없었다. 국가의 모든 주요결정은 투표를 통해 국민의 동의를 구했다. 이것은 주권재민의 정신을 확립한 4·19민주혁명의 큰 공로로, 유산遺産으로 평가해야 할 것이다.

청렴과 엘리트 정치

한국에서 군사정부가 다른 신생국들과는 달리 실패하지 않고 성공한 원인은 앞선 정권들의 유산이나 4·19혁명의 성공도 지적되어야지만 가장 중요한 것은 혁명지도자 박정희의 리더십과 용병술이었다. 그는 권력을 사유화하거나 사적 치부私的致富를 추구하지 않고 국력배양을 위해 자기의 모든 것을 올인 All in하였다. 권력의 사유화라는 표현이 다소 생경할지도 모르나 쉬운 예를 든다면 김대중 대통령이 유명한 여류 연극배우 한 분을 갑자기 환경부장관으로 임명하는 것 같은 현상을 나는 권력의 사유화로 인식한다.

　박정희는 우선 국가발전의 주체 세력을 군에서 훈련된 엘리트와 대학교육을 이수한 민간의 새로운 엘리트들을 결합시켜 국력배양을 위한 관료지배체제를 강화했다. 여말선초麗末鮮初의 신진사대부가 등장할 때처럼 대학졸업의 엘리트층과 군에서 훈련받은 조직엘리트들을 유기적으로 결합시켰다. 이를 박정희 형 관료권위주의체계라고 명명한 학자도 있는데 이들이 국가발전의 사실상 주체였다. 박정희는 이들을 선두에 세워 국가발전의 청사진을 그리게 하고 새마을 지도자들을 몰이꾼으로 하여 전 국민을 국력배양의 대열에 참여토록 유도한 것이다. 앞에서도 지적했거니와 박정희 자신도 미국 군사학교에서 공부하면서 국가운영의 경영기술을 습득한 것도 그를 성공하게 한 요소의 하나가 되었을 것이다. 박정희는 18년 동안 반대 세력을 다부지게 제압함으로써 장기집권을 했다는 점에서 독재자임에 틀림없다. 그리고 동료의 손에 목숨을 잃었다는 점도 독재자들이 걷는 인생의 허무한 측면을 그대로 보였다. 그러나 그의 집권 18년 동안 한국과 국민들이 누리고 도달한 국가 발전의 수준을 놓고 평가한다면 그는 서구적 민주주의를 한국적 수준과 현실에 적합 시키면서 국가발전을 이룩한 가장 성공적인 지도자의 반열에 오를 업적을 쌓았다.

그는 중남미의 독재자들처럼 자기의 권력을 사적 치부의 수단으로 삼지 않았고 국력배양의 수단으로 삼았다. 여기에 그의 성공비결이 있었다. 그의 시대를 학자들이 개발독재시대라고 말하는 것은 결코 틀린 평가는 아니다. 그렇다고 국리민복에 무관심했던 전제적專制的 독재자는 더더욱 아니었다.

박정희가 김재규의 총에 시해된 지 39년이 지났지만, 역대 대통령에 대한 국민여론평가에서 아직도 현직 대통령보다 더 우수하고 일 잘하고 업적을 많이 남긴 분으로 추앙받는 것은 결코 과장이 아니다. 물건이 좋으면 광고가 필요 없듯이 지도자가 쌓은 공로는 그의 사후에도 더욱 큰 향기를 발산하는 모양이다.

베이징 컨센서스와 워싱턴 컨센서스

지난 20세기 말경부터 21세기로 역사가 바뀌면서 한반도를 둘러싼 지구촌의 경제학계에서는 워싱턴 컨센서스Washington Consensus와 베이징 컨센서스Beijing Consensus를 놓고 어느 노선이 옳으냐는 열띤 논쟁이 이어졌다. 민주주의를 자국의 현실에 적합하게 시행한다면 반드시 서구사회가 걸어온 패턴을 밟을 필요가 없다면서 "중국의 발전 실적을 보라"고 말하는 것이 베이징 컨센서스라면, 워싱턴은 자유시장경제와 다원적 정당제도야말로 인류의 미래를 펼쳐나갈 정도라고 주장하는 것이 워싱턴 컨센서스이다.

박정희는 주권자인 국민을 섬기는 점에서는 워싱턴 컨센서스에 서면서도 민주주의 원칙에 맹종하지 않고 한국의 실정에 맞도록 민주주의를 창의적으로 운영한 점에서는 베이징 컨센서스를 수범한 측면도 엿보인다. 4·19 직후의 민주당정부처럼 서방민주주의의 원칙에 무작정 매달리지도 않았다. 그는 국력배양을 위해 언론의 선동, 정치적 반대세력이 주도해서 벌이는 자기 정권의 이미지를 악마화惡魔化하는 선동 공작에 단호히 대처했다. 여기서 말하는 박정희의 민주주의는 서구적 의미의 민주주의라기보다는 도구적 의미의 민주주의로 보아야 할 요소가 많았던 것도 사실이다.

중국 지도자 등소평鄧小平이 개혁개방정책을 펼치면서 응용한 발전모델이나 베트남의 개혁개방정책의 다른 표현인 도이머이刷新정책이 시행될 시기에 응용한 모델이 비공식적으로는 박정희가 성공시킨 한국형 발전모델이었다는 것은 잘 알려진 이야기다.

박정희 리더십의 본질

그간 세간에는 박정희의 생애를 다룬 저작이 적잖다. 그러나 내가 관심을 갖는 것은 박정희 전 생애에 대한 스토리보다는 그의 정치적 선택과 결단의 원천이 무엇이었는가였다. 국토통일원 차관을 역임했던 동훈董勳 씨는 초창기부터 청와대의 사정비서실과 공보비서실에서 근무했기에 통일원 교육홍보실장이던 나에게 박 대통령에 대해 많은 이야기를 들려주었다. 내가 그간 박정희에 관해 읽은 책과 여러 사람들과의 대담을 통해 얻은 지식이나 정보를 종합해보면 그의 리더십의 본질은 대략 다음과 같이 요약된다.

첫째, 박 대통령은 선천적으로 우수한 두뇌의 소유자였다. 대구사범학교 진학이 이를 증명한다. 자기가 존경했던 셋째 형인 박상희가 불합격했던 대구사범에 합격하면서부터 그의 심중에는 엘리트의식이 싹텄다. 그 당시 일제 치하에서 사범학교는 꿈의 학교였다. 학비 걱정 없고 취업이 보장되며 모든 행사에서 우대받는 학교였다. 다만 교사로서 일정한 의무복무기간을 마치지 않는 한 대학진학이 허용되지 않는 것이 단점이었다.

박정희는 보다 높은 꿈을 이루기 위해 경북 문경에서 시작한 교사복무기간을 마친 후 조선인으로서는 수재가 아닌 한 진학하기 힘든 만주군관학교를 지망, 합격한 것도 두뇌에 대한 자신감 때문이다. 더욱이 그는 성적이 우수해서 일본 육사 3학년으로 학사 편입하는 데 성공했다. 일본 제국주의자들로부터 군사교육만 철저히 이수하고 그들을 위해 싸울 기회도 갖지 않은 채 만군滿軍에서 광복군으로 전향, 편입하여 귀국한 것도 그의 생애의 윤리적 기초가 남달랐음을 말해준다.

해방 후 한국군의 지도부는 만주군관학교나 일본육사를 통해 군사훈련을 받은 사람으로 충원되었고 이 중 미군이 운영하던 군사영어학교를 거친 사람이면 곧장 군 엘리트로 클 수 있는 조건이었다. 이 점에서 박정희는 한국군에서 성장할 모든 여건을 완비한 사람이었다. 군 입대가 늦어져 후배들보다 계급은 낮지만 그의 경력과 학력은 선후배들이 그를 존경하면서 따르게 했고 그가 사범학교 출신으로서 몸에 익혔던 수신修身과 지적 교양, 공사公私를 분명히 가릴 줄 아는 선비적 문제의식은 그를 통찰력 있는 지도자로 만든 남다른 자산이었다.

그는 가난한 집안 출신이었기 때문에 서민들의 애환을 통달했고 한국군에 입대한 후 분단된 한반도에서 군 출신들이 당면했던 사상적 도전을 극복할 수 있는 능력을 실존적으로 체득했다. 특히 그는 자기의 손위 형인 박상희가 남조선노동당원으로서 1946년 대구 10월 폭동의 주역으로 활동하다가 사망한 사실을 통해서 알 수 있듯이 공산주의 사상과 조직, 전략전술에 오염되었던 경력이 있었기 때문에 북한 공산주의자들이 걸어오는 사상 공세에 정확히 대처할 능력을 더 잘 지닐 수 있었다.

둘째, 그는 자기에게 주어진 상황과 여건을 가장 지혜롭게 활용한 인물이었다. 그는 6·25전쟁을 거치면서 강화되기 시작한 한국의 군 조직을 한국을 한 차원 높은 국가로 발전시킬 수 있는 능력집단, 인적 자원으로 인식했다. 한국 사회의 전 계층 중에서 한국의 군대만큼 잘 조직되고 훈련되고 현대화된 집단은 없었기 때문이다. 그 자신도 미국에 파견되어 연수를 받고 왔기 때문에 군 조직만 잘 활용하고 동원하는 데 성공한다면 한국 사회를 근대화할 수 있다고 내다본 것이다. Colon Associates 보고서는 그에게는 교과서 같은 보물이었을 것이다. 그는 문민우위를 떠드는 민간인 정치지도자들을 허망한 존재거나 별 볼일 없는 허깨비들로 간주했다. 또 동료 군 장성들을 보면서도 그들의 애국심 결핍이나 사적 치부, 이승만 대통령의 충견忠犬이 되어 출세 가도를 달리기 위해 발버둥 치는 모습을 내심으로 경멸하면서 자기에게 주어진 사명을 바로 깨달았다고 한다. 그는 다른 군 장성들이 범접할 수 없는 도덕적 우위를 유지하면서 군 생활을 했고 부대를 지휘했기 때문에 한신韓信 장군과 더불어 군의 존경과 사랑을 받는 장성반열에 올랐다.

또한 그의 사생관은 분명했다. 전쟁에서도 나라를 위해 생명을 바쳐 일해야겠지만 평시라도 나라가 누란의 위기에 처하면 구국을 위해 생명을 바칠 각오가 되어 있었다. 이 점이 다른 군 장성들과 구별되는 박정희만의 강점이었다. 그는 아울러 서민 출신으로서 대중의 애환을 잘 알기 때문에 대중동원과 지지창조에 남다른 기량을 발휘했다. 새마을 노래를 본인이 직접 작사했다는 것은 서민동원심리를 체득한 소치로 보아야 할 것이다.

국민참여, 국민동원의 개발 행정, 개발 정치

국력배양의 철학과 실천

|

국력배양이 정책 결정의 유일한 기준

박정희를 말할 때 으레 생각나는 용어는 한 마디로 국력배양이다. 흔히 외국에서나 역사책에서는 부국강병론을 제기하는 것이 관례인데 그는 부국강병 대신에 국력배양을 내세웠다. 군 출신 대통령이기 때문에 강군强軍만을 강조한다는 말을 피하기 위해서라고 그랬을지 모르나 국력이 튼튼하면 안보도 실현되고 강군도 될 수 있다는 논리일 것이다. 그는 모든 정책 입안의 준거를 항상 국력배양에 기여하는 것이냐 아니냐에 두었다고 한다. 아무리 좋은 구상이나 정책이라 할지라도 국력배양으로 직결되지 않을 경우 우선순위에서 뒤로 밀린다는 것이다.

　당시의 여당 의원들이나 장관 지낸 분들의 입에서 나오는 공통된 증언이 국력배양이었다. 한 국가의 역량을 키우기 위해 대통령과 공직자들이 모든 에너지를 국력배양에 쏟아 붓는다면 태산이 높다 하되 하늘 아래 뫼인 것처럼 국력이 배양되지 않을 수 없을 것이다.

그는 문민우월주의를 떠들면서 실력 없이 민주화나 자유를 읊조리는 사람들을 중시하지도, 두려워하지도 않았다. 때로는 경멸하고 때로는 달래기도 하면서 언론이나 지식인들을 대중들의 국력배양을 향한 에너지 동원에 활용했다. 제1차 경제개발 5개년 계획을 입안할 당시 미국정부나 기업인들은 한국의 외자도입계획을 지원하기는커녕 이 계획을 비현실적이라고 평가, 오히려 훼방했다. 잘 아는 바대로 제1차 경제개발 5개년 계획을 입안했을 때 주한 미8군 사령관을 지낸 Van Fleet 장군이 이끄는 미국 사절단이 한국을 방문했다. 이들은 5개년계획 성공에 필요한 외자도입계획을 브리핑 받은 후 한국이 추진하고 있는 독일, 이태리, 프랑스 상사들과의 외자도입계약들을 취소하면 더 유리한 조건으로 외자를 공급하겠다는 가계약을 체결한 후 귀국했다. 미국으로 돌아간 후, 그들은 한국이 세운 모든 계획이 비현실적이라고 평하면서 한국과 맺은 가계약을 모두 취소해버렸다. 5개년 계획을 추진할 수 없도록 했던 것이다. 그러나 박정희는 이러한 견제에 물러서지 않았다. 그는 좌절하지도 않았다. 박정희도 어느 면에서는 이승만 대통령에 못지않은 용미用美주의자였다. 미국의 간교한 견제를 받으면서도 이를 공공연히 비난하거나 욕하지 않고 서독정부와 교섭, 광부와 간호원의 봉급을 담보로 필요한 최소한의 외자를 얻어낸 일은 한국근대화 역사에서 길이 기억, 평가될 일이다.

박정희는 끝내 제1차 경제개발 5개년 계획을 성공시켰지만 결국 재원부족을 채우려고 굴욕적인 내용이 담긴 한일국교를 정상화하지 않을 수 없었다고 한다. 그는 미국이 강력히 요구하는 민주화 요구를 수용, 군정을 민정으로 이양하면서도 여기에 미국의 경제 원조를 연계시켰던 것 역시 그의 기억할만한 국력배양 외교였다.

미워할 수 없는 우리들의 대통령

부정축재처리에서 보인 박정희의 지혜

박정희는 부정축재자들을 미워했다. 그러나 부정으로 축재된 재산을 국가로 환수하면서도 그 기업 관리의 책임을 부정축재자 자신들에게 맡겨 부정축재로 갚아야 할 빚을 국가에 다 갚게 한 후 그들에게 다시 기업을 돌려주는 조치를 함으로써 재산도 환수하고 기업인들도 살게 해주는 일거양득의 지혜를 발휘했다. 이러한 지혜를 발현하는 데는 5·16 후 일본에 피신해 있다가 귀국한 이병철李秉喆, 삼성그룹 창업자의 조언이 크게 작용했다고 알려졌다. 결국 부정축재자들은 그들이 세운 기업을 자기들이 운영하고 그 운영을 통해 부정으로 축재했다고 판명된 액수를 국고에 납부하면서 자기 기업을 정상화했다. 정상화된 기업들이 국가발전과 국력신장에 기여하도록 적극적으로 육성한 결과 한국 경제를 비약적으로 발전시키는 강력한 동력이 되었다.

국민들의 허리띠를 조이는 경제가 아니라 허리띠를 풀고 먹고 살 수 있는 경제를 만드는 쪽으로 박정희의 국력배양철학이 바뀌면서부터 정부는 기업들이 대형화될 수 있도록 각종 특혜를 제공했다. 한국에서는 미국의 록펠러나 포드처럼 스스로 사업을 일으켜 재벌이 된 기업은 거의 없다. 한국은 자본의 본원적 축적이 없는 식민지로부터 해방된 신생국가이기 때문에 정부가 인위적으로 대기업을 만들고 정부가 만든 대기업들이 정부를 대신해서 관련 산업 분야에 투자하도록 유도한 것이다. 자본의 본원적 축적이 있을 때만 가능한 경제개발의 효과를 관제官制기업들이 대행하도록 경제정책을 펼친 것이다.

그러나 박정희가 아무리 좋은 지혜를 짜고 노력해도 만일 혁명주체들이나 정부의 실력자들이 권력을 이용, 사적 치부를 통해 정권을 농락했다면 세계랭킹 10위권에 도달한 오늘의 한국은 존재하지 않았을 것이다. 한일국교 정상화로 얻은 청구권자금은 유실된 부분도 적지 않았지만 가장 큰 몫이었던 포항제철이 세워져 공작기계를 생산하는 한국 근대화의 원동력이 되게 한 것도 박태준을 사장으로 기용한 박정희 리더십의 성공작이라고 보아야 할 것이다.

흰 코끼리와 노란 코끼리가 많아야 경제발전

박정희는 경제발전에서 큰 업적을 쌓았는데, 여기에는 참모들의 건의에 항상 귀를 기울이고 마음을 열었다고 한다. 혁명 초 박정희는 내핍을 강조했다. 미국의 견제를 뚫으면서 경제를 살려 나가려면 온 국민이 허리띠를 졸라매는 길밖에 없다고 결론을 내렸기 때문이다. 일제강점기 시절 사범학교에서 배운 수신교사修身敎師 출신다운 발상일 것이다.

그러나 박정희는 민정이양이 끝난 어느 날 한국일보 사장인 언론계 중진 장기영張基榮 사장을 청와대 안가로 초청, 약주를 나누었다. 대화 중에 장기영 사장이 "국민들은 허리띠를 졸라매자는 대통령보다는 허리띠를 확 풀고 마음껏 밥을 먹게 해줄 대통령을 더 바란다."라고 말했다. 박정희는 "나도 가난하고 어렵게 살아온 사람인데 그렇게 하고 싶지 않은 대통령이 어디 있겠소, 방도가 없을 뿐이죠."라고 말했다. 이에 장기영 씨는 바로 "방법이 있습니다. 외국에서 차관을 얻어다가 공장도 세우고 산업도 다각적으로 일으키고 남아도는 노동력으로 물건을 싸게 만들어 팔아 빚을 갚으면 허리띠를 조이지 않더라도 잘 살 수 있다"고 했다. 이 말에 귀가 열린 박정희는 그를 당장 경제기획원장관 겸 부총리로 임명하여 수출주도 한국 경제시대의 문을 열었다고 한다.

장기영은 외자도입으로 세워지는 공장의 건설현장을 대통령과 함께 돌아보면서 여러 색깔의 타워크레인이 올라가는 광경을 손으로 가리키면서 "각하! 저렇게 흰 코끼리와 노란 코끼리들이 많이 올라가야 경제가 발전합니다."고 했다. 이러한 정책전환을 통해 한국은 경제도약의 새 시대를 맞이하게 되었다. 허리띠를 조여야 먹고사는 경제를 허리띠를 풀고 먹고 살 수 있는 경제로 경제운용체제를 바꾼 것은 실로 획기적인 정책전환이었다. 박 대통령의 경제적 가치관에서 일어난 일대 변화였다.

　이러한 선택과 결단이 가능한 것은 그가 권력을 입신양명의 수단으로 여기지 않고 국력배양이라는 큰 꿈을 실현하는 수단으로 보았기 때문이다. 우리나라에서 민주화에 기여했다고 떠드는 정객들을 보면 하나같이 자기와 자기 가족들의 입신양명 수단으로 권력을 행사한 분들이 대부분이다. 그런 류에 속하여 대통령이 된 분들도 지금 모두 국립묘지의 일우一隅를 차지하고 있다. 하나같이 위정자가 아니고 좋게 말해서 정객으로 분류될 위인들이다. 흔히 정치학자들이 반지성적 피로감反知性的 疲勞感을 느낀다고 말할 사람들이 우리나라 정계의 거물들로 불리던 시절이 있었고 아직도 그러한 자들이 판치고 있다. 이런 정치를 내심 경멸했던 대목도 박 대통령을 바로 이해하는 데 꼭 기억되어야 할 부분이다.

박정희의 기업중심 노선이 성공기틀

박정희는 국가발전전략을 검토하면서 결코 빼놓을 수 없는 것이 그가 철저히 기업국가를 지향했다는 사실이다. 그가 새마을운동의 성공으로 명성을 얻었기 때문에 그를 농업 입국에 성공한 지도자로 평가한다면 큰 오해다. 그는 경제발전의 주체를 엘리트 관료집단과 기업으로 보았다. 유능한 인재를 공직에 취업하도록 끌어드리는 한편 부정축재자들을 유능한 기업인으로 재생시켰던 것이다. 돈 버는 재주와 지혜를 가진 사람을 그는 기업가로 보고 그들을 앞세워야 경제도 크고 국력도 배양된다는 신념을 가지고 있었다. 그는 농업이 천하의 대본大本이라는 전통적 가치도 중시했지만, 공업화를 통한 경제발전을 강조하는 그로서는 내심 기업을 국가발전의 대본으로 삼고 있었다. 그는 부정축재한 경제인들을 미워했지만, 앞에서도 지적했다시피 그들로부터 부정으로 축재한 재산을 국가에 모두 갚도록 하되 그 방법으로 그들이 부정한 방법으로 축재한 기업을 다시 잘 경영해서 빚을 갚도록 한 것이다. 이 결과 부정축재로 단죄된 사람들은 부정축재한 돈을 정부에 갚으면서 다시 자기 기업을 살려야 했다. 때문에 낭비 없이 효율적으로 기업을 경영, 빚도 갚고 자기 기업도 되살려냈다. 박정희는 이렇게 재생한 기업인들에게 조세감면 혜택을 비롯해서 필요한 자금을 융자해주고 국책사업을 할당해주어 경제발전에 공헌하도록 했다. 바꾸어 말하면 정부지원으로 민간이 주도하는 대기업을 양성하여 산업발전의 견인차 역할을 맡도록 했던 것이다. 여기서 기획과 지원업무를 엘리트 관료집단이 담당했다면 경제발전의 실천적 주체는 기업가들이었다.

박정희는 이병철형李秉喆型 인간, 정주영형鄭周永型 인간이 경제발전을 일으킬 수 있다는 신념에서 이러한 기업형 인물 양성에 그는 역점을 두었다. 미국에서는 헨리 포드Henry Ford형 인간이나 록펠러Rockefeller형 인간이 자생되었지만, 한국에서는 대기업과 기업가를 의도적으로 정부가 키워 만들었다.

박정희의 기업 중심 노선은 옳았다. 한 예로 자동차공업의 발전 역사를 살펴보자. 지금 아시아 43개국 중 자동차를 생산해 내는 나라는 일본, 한국에 이어 중국이 추가되었다. 그간 한국에는 여러 개의 자동차 공장이 스스로의 힘으로 생겼지만, 국내외의 경쟁에서 실패하여 많은 자동차 회사가 도산하고 최근까지 살아남은 자동차 업체는 현대 자동차뿐이다.

우리 세대가 기억하고 있는 이름으로 하동환 자동차, 신진 자동차, 아시아 자동차, 새한 자동차, 기아 자동차 등이 있었지만 현대가 강자로 살아남아 한국은 지금 세계 5위의 자동차 수출국으로 자리매김하고 있다. 기업가로서 정주영 회장의 능력이 이러한 결과를 가져왔다. 박정희는 현대가 생장하도록 지원했지만, 경쟁에서, 경영에서 창의력을 발휘, 승리한 것은 정주영의 리더십이었다. 이병철의 삼성반도체도 마찬가지고 우리나라 조선공업도 이러한 전례에 따라 크게 발전한 것이다. 기업과 기업인을 키우고 지원한 박정희의 기업 중심 노선이 이러한 성공의 기반이었음은 부인할 수 없다.

소련이 멸망할 때 고르바초프는 소련 공산주의가 망한 것은 자본주의 때문이 아니라 자본주의가 배출한 창의력 있는 기업과 기업가 때문이었다고 자탄했다고 한다. 오늘날 북한이 한국에 뒤진 것은 박정희 같은 리더 밑에 창의력을 가진 기업가를 만들어 내지 못한 데 큰 원인이 있다. 중국에서는 다행히 덩샤오핑鄧小平 같은 지도자가 나와 사회주의 시장경제를 부르짖으면서 외자를 적극 도입하는 한편 개혁개방 노선을 달린 결과 죽竹의 장막에 싸였던 중국이 오늘날 G2의 중국으로 변하게 되었다.

산 산 산 나무 나무 나무

박정희 시대를 회고할 때 항상 떠오르는 광화문의 포스터 생각이 난다. 〈산 산 산, 나무 나무 나무〉라는 포스터는 광화문 네거리에 오래 붙어있었다. 박정희 대통령이 산림녹화사업을 시작하면서 농림부에 속했던 산림청을 내무부로 관할부서를 바꾸고 내무부 소관의 초대 산림청장에 손수익孫守益씨를 임명했다. 그는 산림청을 통해 한국산야를 푸르게 할 책임을 지고 임명받은 것이다. 그는 임명되자마자 광화문 네거리 한복판에 〈산 산 산, 나무 나무 나무〉를 대형 현수막으로 만들어 부착했다. 대단한 호소력을 가진 현수막으로 기억된다. 박정희는 나무를 산에 심는 식목에서 심은 나무를 가꾸고 비료를 주는 식목으로 식목운동의 방향을 전환하면서 녹화사업에 치중했다. 나무가 사는 산야를 인간송충이들이 침해하는 것을 제한하기 위해 그린벨트를 만들고 심은 나무를 가꾸고 돌보는 육림의 날을 제정했다. 그는 4월 달에 심은 나무가 가을에 죽어 넘어지거나 말라버리면 발견하는 즉시 해당 지역의 지사나 군수를 문책했다. 당시는 임명제 시대이기 때문에 육림사업이 부실할 경우 그 책임을 해당 행정관서의 책임자에게 바로 추궁하였다. 공무원들은 나무를 심는 일부터 비료를 주고 가꾸는 일까지 매일 챙기지 않으면 각하 지시사항위반으로 문책을 당하는 운명이었다.

이러한 노력과 강압에 힘입어 한국의 산야는 녹색으로 물들었고 바야흐로 세계유수의 산소 공급국가의 반열에 한국을 올려놓았다. 박정희의 녹화운동에는 많은 무리가 따랐지만 그것으로 우리나라의 녹색환경이 보존되고 북미대륙의 캐나다 지역과 더불어 한국의 산야가 동북아시아에서 손꼽히는 녹색지대로 분류되는 것은 오로지 박정희의 큰 공로의 하나로 기억되어야 할 것이다.

박정희의 안보 경제 외교

|

두고두고 문젯거리가 된 한일국교 정상화

박정희는 야당과 국민의 반대에도 불구하고 한일국교를 정상화시키고 베트남 파병을 결정하였다. 이는 자국의 국력배양과 미국의 아시아 정책에 보조를 맞추기 위함이었다. 이러한 선택과 결단이 없었다면 그가 일으킨 혁명이나 한국의 국력배양은 성공할 수 없었을지 모른다. 그러나 한일국교 정상화 과정에서 이승만 대통령 이래로 양국관계 정상화의 원칙이어야 할 1910년의 한일합방은 '원천 무효Originally Null and Void'라는 우리의 주장을 관철시키지 못한 것은 유감이다. 일본이 주장한 '이미 무효론Already null and void'을 이동원李東元 외무부장관을 시켜 받아들이게 함으로써 한일국교 정상화 협상을 타결한 것은 후일 역사에 과오로 지적될 소지를 남겼다.

이승만 대통령 지시로 한일수교협상을 맡았던 김용식 외무부 장관은 원천무효론을 고수하다가 협상대표직에서 물러나야 했다. '원천무효'를 포기하고 '이미 무효'를 받아들였기 때문에 불법적인 식민통치 36년에 대한 배상권을 포기하는 결과를 초래했다. 청구권을 일본이 독립 축하금으로 둘러댈 여지를 제공한 셈이다. 또 졸속 타결한 조약문 속에 명기되지 않은 위안부 문제, 징용으로 끌려간 사람들의 보상 문제 등 일본에 합법적으로 청구할 법적 근거를 살려내지 못했던 것이다.

최근까지도 향후 한일관계가 미래를 향하여 발전적으로 풀리지 않고 계속 갈등으로 이어진 근본 원인도 따져보면 여기에서 비롯된 것이다. 물론 청구권 자금으로 받은 돈을 포항제철 건설 등 제1차 경제개발 5개년 계획을 성공시키는 밑천으로 활용한 것은 평가하겠지만 1965년 한일 수교를 원칙보다는 실리를 앞세워 처리한 것은 비판받을 소지를 남겼다. 그러나 불행한 것은 야당들이 구호로는 대일굴욕외교 반대투쟁을 벌이면서도 왜 어떤 조항 때문에 굴욕인가를 제대로 알고 투쟁한 사람이 없었다는 사실이다. '김종필-오히라 메모'를 무슨 대단한 정치적 결단인 양 떠드는 것도 깊이 들여다보면 창피스럽기 짝이 없다.

국익을 위한 베트남 파병 용단

베트남 파병은 박정희로서는 매우 어려운 결단이었다. 베트남 전쟁에 개입한 미국의 선택이 결코 잘한 일이 아니었음이 역사적으로 밝혀졌지만, 케네디 대통령이 프랑스의 잘못된 식민정책을 대공투쟁의 명분하에 이어받아 군사적으로 개입한 것은 미국 내의 반전운동에서 본 바와 같이 결코 잘한 일은 아니었다. 베트남 전쟁에서 미국은 엄청난 손실을 입고 심지어 한국군 파병까지 부탁할 정도로 어려움에 봉착했다.

　미국은 세계 제일의 강국이었지만, 미국이 지원한 자유월남 정권이 내부적으로 단합되지 못하고 정부 내에 깊숙이 호찌민의 월맹에 동조하는 세력들이 뿌리를 내렸고 여기에 국민들의 마음도 반미적反美的이었기 때문에 미국은 월맹을 이길 수 없었다.

　월남 전쟁은 지구 최강국의 군대라도 현지의 호응이 없고 현지 주민들이 반미反美, 반정부적으로 저항하는 상황에서는 결코 승리할 수 없다는 중요한 교훈을 남겼다. 우리나라에서도 어느 날 한미관계가 이렇게 되지 말란 법이 없다. 한미 양국이 항상 긴장을 늦춰서는 안 될 것이다. 그러나 한국은 미국과 한미상호방위조약을 체결한 나라이기 때문에 '서태평양지역에서 미국안보가 위협받는 경우' 한국은 미국을 지원할 의무가 있었다. 때문에 미국이 요구하면 파병하지 않을 수 없었다. 그러나 월남전은 미국의 안보에 위협이 되는 전쟁이라고 말할 수 없었기 때문에 미국은 한국에 조약상의 의무로 파병을 요구한 것이 아니라 군사적으로 지원해달라고 부탁해 온 것이다.

　그러나 박정희는 그의 최초의 방미 시 케네디 대통령에게 파병 지원 의사를 밝힌 바 있었지만, 막상 파병문제가 현실화되자 파병이익과 거부이익을 구체적으로 비교하면서 결단에 많은 고민이 따랐을 것이다. 파병이라기보다는 사실상 용병이나 다름없는 군인과 노동자를 파견하는 것이었기 때문에 명분과 실익을 놓고 선택의 어려움이 컸다. 그러나 월남전이 장기화되고 한국이 파병을 하지 않을 경우 주한미군의 2개 사단 내지 1개 사단을 월남으로 보낼지도 모른다는 정보는 그의 파병 의지를 굳혔다. 그는 국회를 설득하여 파병동의를 얻어냈다. 민주공화당의 서인석 의원이 행한 파병반대토론은 신선한 충격이었다. 박정희는 여당 의원의 반대토론을 대승적 견지에서 문제삼지 않고 수용하였다.

우리의 참전에도 불구하고 월남전은 호찌민의 승리로 끝났다. 자유월남은 공산월남에게 무력통일 당함으로써 지도에서 사라졌다. 자유월남의 수도 사이공은 지금 호찌민시로 도시 이름도 바뀌었다. 한국은 월남전 파병으로 5만여 명의 인명이 희생됐지만, 정치적, 군사적, 경제적으로 얻은 이익도 매우 컸다는 평가가 나온다. 한국 군인들이 실전훈련의 귀한 경험을 쌓을 기회였고 나아가 한미 공동의 안보협력의 소중한 체험을 갖게 되었다. 아울러 한미 관계를 더욱 굳게 만드는 계기가 되었다는 점에서도 안보 외교상 얻은 성과도 적지 않았다고 볼 수 있다.

여기에 못지않게 경제적 이득도 많았다. 전략물자 납품에서 일본이 얻은 이익보다는 적었지만 제1차 경제개발 5개년 계획을 마무리 짓고 제2차 경제개발 5개년 계획을 추진할 물질적 기초를 얻는 데 큰 밑천이 되었다. 전략물자 납품의 한 종목으로 시작된 시멘트 산업은 월남전 특수에서 큰 몫도 차지했지만 그 후에도 새마을운동의 토목 사업, 건설 사업을 발전시킬 사회간접자본의 역할에도 유용하였다. 한국의 경공업을 통한 수출산업진흥에도 주요한 기반을 조성케 하였다.

다시 복원된 한국과 베트남 관계

지금 한국은 공산화된 베트남과 다시 수교를 하고 있다. 베트남을 방문하는 한국 대통령들은 베트남 전쟁 참전에 유감을 표명했지만, 베트남 정부는 한국의 참전 사실에는 전혀 개의치 않았다. 그들은 자기들이 승리한 전쟁이기 때문에 한국이 용병傭兵적으로 참여한 사실을 전혀 문제 삼지 않았다. 베트남 정부는 자기들은 과거보다는 미래를 더 중시한다면서 한국의 베트남 투자유치에 힘을 쏟고 있다고 한다.

나는 2015년 베트남의 수도 하노이를 가족들과 함께 여행하면서 공산치하에서도 개혁개방을 하면서 나날이 발전하는 베트남의 모습을 보았다. 하노이 시에서 가장 높은 랜드마크가 우리나라 대우건설이 지은 빌딩이었고 삼성그룹은 대규모 전자 공장을 베트남에 세웠다. 그러나 베트남이 통일 직후부터 이렇게 발전의 기틀이 마련된 것은 아니다. 공산화통일이 되면서부터 사이공 정부에서 공직에 있었거나 그 사회에서 중요한 역할을 했던 사람들은 거의 처형되거나 숙청되었고 숙청을 면한 사람들은 예외 없이 공산체제에 적응할 수 있는 교육훈련을 받아야 했다. 미국인들이 공산화를 위한 세뇌교육이나 정치재교육Reeducation이라고 부르는 교육과정에 보내어져서 베트남공산주의 형의 인간으로 개조되어야 했다. 거의 20년 이상의 세월이 이러한 인간개조교육에 소요되었다고 한다.

나는 하노이 방문기간 중에 청빈하게 살았던 베트남 민족의 지도자 호찌민의 생가生家도 가 보았다. 최근 남중국해 문제로 베트남과 중국이 갈등관계에 놓인 것을 계기로 반세기 전에 싸웠던 베트남과 미국 간에 협력이 새롭게 재개되면서 베트남 캄란 만灣의 군항을 미국 군인들이 다시 사용하도록 협력이 이루어졌다고 한다. 외교에는 영원한 적도 영원한 우방도 없고 그때그때의 자국의 국익이 있을 뿐이라는 영국 정치가 팔머스톤 경의 명언이 다시 머리에 떠올랐다. 우리나라처럼 과거에만 지나치게 얽매이는 태도는 이제는 지양할 때가 되었다. 특히 우리가 과거사의 안경으로만 오늘의 한일 양국관계를 보면서 잘못 지내는 것이 바람직한 일일까? 외교적으로 베트남인들에게 배울 점이 많다고 생각했다.

새마을운동과 한국인의 '엽전의식' 청산

|

실패한 천리마운동, 성공한 새마을운동

박정희의 업적을 논하면서 흔히 빠트리는 가장 중요한 업적은 '우리도 할 수 있다'는 철학을 내세워 우리 마음속에 깊이 뿌리내리고 있던 엽전의식을 극복하게 한 것이다. 남의 나라에 식민 지배를 받았던 국민들의 심성 가운데는 부지불식간에 약자의식, 자기의 가능성을 부정하고 비하하는 의식, 흔히 듣는 한국말로 표현하면 엽전의식이 깊이 침투해있다는 것이다. 이런 현상은 식민지를 체험한 모든 나라에서 공통적으로 나타난다.

박정희는 이를 간파하고 '우리도 할 수 있다'는 구호로 한국 농촌을 근대화시키는 새마을운동에 점화했다. 외자 도입 없이 국민의 마음과 몸으로 내 고장을 잘 사는 고장으로 바꿔나가자는 대통령의 호소는 전 국민의 내면에 꿈틀거리고 있던 잘살아 보고 싶다는 욕망을 행동으로 끌어내는 호소였다. 한국 농민의 애환에 통달했던 그의 호소는 농민들의 마음을 움직였다. 국력 배양에 자발적으로 동참하는 국민운동 즉 새마을 운동대열이 펼쳐진 것이다. 모택동의 대약진운동이나 김일성의 천리마운동은 모두 실패로 끝났지만, 박정희의 새마을운동만은 역사에 살아남는 국민운동으로 발전했고, 다른 나라에서도 본받으려고 노력하는 운동으로 승화했다. 실로 놀라운 리더십이었다.

새마을지도자 연수원 강사로 선정

나는 국토통일원 교육홍보실장으로 승진한 1975년부터 일주일에 한 번씩 수원 새마을지도자 연수원에 출강, 한국의 통일정책과 북한의 대남전략을 강의할 기회를 얻었다. 내가 왜 이 일을 맡아야 하는지 알 수 없었다. 사전 교섭 없이 청와대 정무수석인 정상천 씨가 수원에 있는 새마을지도자 연수원에서 강의를 하라고 명령식으로 통보를 해왔다. 그건 지시였고 명령이었다.

새마을 연수원에서 뜻밖에 반가운 분을 만났다. 새마을 연수원 원장인 김준金準 선생을 만난 것이다. 내가 김준 선생을 처음 만난 것은 1959년 1월이었다. 서울대 정치학과 1학년 겨울방학 때 서울로 유학 간 친구들과 광주에서 대학에 다니는 고등학교 시절 동창들이 어울려 향진회鄕進會라는 농촌봉사대를 만들었다. 광주동부교회의 백영흠白榮欽 목사님은 전남대학교 농과대학의 조교수 직을 사임하고 전북 순창군 복흥면 쌍치 계곡으로 들어가 산지개발에 나선 김준 교수를 도와주라고 권면했다. 우리 향진회원들이 전남 도경道警에서 내준 트럭을 타고 쌍치 계곡을 찾아갔을 때 김준 선생은 우리를 크게 환영해주었다. 이때 함께 갔던 친구로는 이미 고인이 된 회장 승정우고대 미생물학과, 원광한의원 원장, 양성철정치학과 동기생, 주미한국대사 역임, 유인학전남대학법대 1년, 2선 국회의원을 역임, 현재 4·19 유공자회 회장 등 20명이었다. 일주일 동안 우리 일행은 김준 선생이 펼치는 산지개간의 필요성에 공감하고 라면을 끓여 먹으면서 계곡 방향에 삼나무를 촘촘히 심었다. 정말 뜻깊은 추억이었다.

이 봉사활동 이후로 나는 4·19혁명, 민족통일연맹운동과 투옥, 한독당내란음모사건에 연루된 제2차 투옥 등으로 이어지는 험난한 삶 때문에 김준 선생을 까마득히 잊고 살았다. 그런데 이곳에서 뜻밖에 김 선생을 만나게 된 것이다. 그는 박정희가 주창, 선도한 새마을운동의 산파역을 하면서 지도자 양성 프로그램으로 이곳에 새마을지도자 연수원을 세우고 원장으로 부임했다. 이 연수원에서는 농촌지도자는 물론이거니와 한국 사회의 각계각층 지도자들을 초청하여 새마을운동과 그 정신을 교양하였다. 이 곳은 독일의 연방정치교육 본부Die Bundes Centrale fuer Politische Bildung를 연상시키는 기능을 맡고 있었다. 나는 이곳에 출강하면서 많은 분을 만났는데 고려대학교 김상협 총장, 남덕우 경제기획원 장관, 나를 혁명재판에서 심판했던 이회창 판사, 이

한동전 국무총리 등 지도층 인사들을 상대로 강의하는 것은 큰 보람이었다. 처음에는 명령형 차출이 싫었지만 나중에는 영광으로 느껴질 만큼 즐겁고 보람 있었다. 여기서 행한 나의 통일정책과 북한의 대남전략 강의로 나는 전국에서 통일문제의 대가처럼 부풀려졌고 이로 인해 전국을 누비는 수많은 강연에 초청받았으며, 이것이 밑거름되어 뒷날 통일원에서 펼친 통일꾼 운동을 조직할 여건도 만들어졌다.

이제 새마을운동을 주창 선도했던 모든 분은 고인이 되었다. 박정희는 물론이거니와 김준 원장, 그분과 함께 일했던 박진환朴振煥 박사도 모두 저세상 사람들이 되었다. 나라가 다시 어려운 시기를 맞았는데 하나님께서 다시 좋은 일꾼들을 많이 보내주시기를 기도한다. 부원장이었던 곽정현 선생郭定鉉, 국회의원 역임은 지금도 헌정회에서 자주 만나 나라 걱정을 함께 한다.

대통령과 국민의 '잘살아보세' 의기투합

나는 정계를 떠나 한중문화협회 총재를 맞고 있던 2015년경, 중국정부에서 한국의 새마을운동을 배울 연수생 파견계획을 협의하겠다고 중국 국무원의 한 간부가 나를 찾아왔다. 그는 새마을운동이 왜 성공했느냐고 물었다. 나는 중국공산당에서 모택동 주석이 말하던 군중노선群衆路線을 한국 실정에 맞도록 재구성한 것이라고 쉽게 답했다. 그러나 그는 모택동의 군중노선의 의미를 잊은 세대여서 내 말귀를 이해하지 못했다.

나는 쉬운 표현으로 국민을 잘살게 하겠다는 대통령의 의지와 잘살아 보겠다는 농민들의 의지간에 전기가 통해 스파크가 일어난 것이 새마을운동을 성공시킨 원동력이라고 말했다. 그제야 비로소 그는 국가영도들의 국가경영철학과 농민들의 생존철학 간에 서로 포용하는 교감이 이루어질 때 비로소 새마을운동이 중국에서도 성공한다는 뜻으로 받아들였다. 공산당의 당원이 될 입당요건을 보면 새마을운동은 비교도 안 될 정도로 많은 도덕적 책무와 봉사를 명시하고 있지만, 그것은 문서상의 표현이고 실제로는 전혀 아닌 모양이었다. 제대로 공부하고 훈련된 공산당원이라면 새마을운동을 전혀 연구하거나 배울 필요가 없을 것이다. 중국에서는 공산당원만이 부패할 권한이 있다. 시진핑習近平 주석의 반부패투쟁 역시 한마디로 공산당원의 부패척결 운동으로 보면 된다.

서구 따라잡기를 시작했다

우리나라에서는 새마을운동이 성공하면서부터 국민들은 삶에 대해 점차 자신감을 갖게 되었고 '우리도 할 수 있을 뿐만 아니라 우리도 외국을 따라잡을 수 있다'는 성취동기가 활성화되었다. 자신감과 용기를 갖게 되었다. 나는 2012년 런던에서 열린 제30차 하계 올림픽에서 우리 선수들이 축구에서 영국 선수를 격파하는 것을 보면서 옆에 있던 아내에게 33년 전에 돌아가신 박정희의 엽전의식 청산의 효과가 이제 그 효험이 더 크게 나타나고 있다고 평가한 바 있다. 축구발상지의 영국 선수를 엽전들이 이겨버린 것이다. 이만큼 위대한 정신사적 유산을 남긴 분이 누구인가. 우리 역사에 있다면 성웅 이순신과 박정희뿐일 것이다. 엽전의식의 타파는 일제 식민지 생활에서 배태된 패배의식의 청산 극복임과 동시에 일본을 따라잡고 오늘날 세계로 뻗어 나가는 한류의 저력이 된 것이다. 이것이야말로 주변 대국들의 견제에도 불구하고 언젠가는 통일을 성취해 낼 한국 민족주의의 밑자본이 될 것이다.

　이상에서 본 바와 같은 노력의 축적 위에서 한국이 이룩한 경제발전은 전 세계가 놀랄 만큼 경이적이었다. 송복宋復 교수는 이순신과 유성룡의 만남을 소재로 쓴 그의 저서 『위대한 만남』에서 조선 역사는 GNP 1달러로 시작하여 1달러로 끝난 역사라고 풍자한 바와 같이 발전이 없는 정체의 역사로

212　　　　　　　　　　　　　　　　　　미워할 수 없는 우리들의 대통령

자리매김했다. 그러나 박정희 시대는 조선시대와 같은 정체停滯는 사라지고 5000년 역사상 가장 비약적이고 눈부신 국가발전이 단기간 안에 이루어졌다. 울산을 무대로 전개된 정유공장시설들은 중화학 공업의 성과를 웅변하였고 철강생산과 조선공업도 비약적으로 발전했다. 경상북도 구미시는 대한민국에서 GNP가 가장 높은 1인당 4만 달러의 고지를 넘어섰고 거기서 생산되는 스마트폰은 오늘의 세계를 주름잡는다.

제2차 세계대전 이전에 일본의 식민지였고 해방된 후 동족상잔의 전쟁으로 전 국토가 폐허가 되었던 나라가 훌륭한 지도자를 만나서 경제를 발전시키고 하계 올림픽을 유치하여 세계발전의 중심대열에 뛰어드는 기적을 이루었다. 독일이 분단 상태에도 불구하고 아데나워 수상과 에르하르트 경제상이 추구한 사회적 시장경제정책을 통해 전재戰災를 극복하고 유럽에서 제일 잘사는 국가로 발전한 사실을 '라인강의 기적'이라고 평가한 세계인들은 한국이 이룩한 급속한 경제발전에 대해서도 '한강의 기적'이라는 평가를 부여했다. 한강의 기적은 박정희의 재임 기간만을 지칭하는 것이 아니다. 박정희가 깔아놓은 발전의 궤도를 딛고 서서 나라의 더 큰 발전을 도모한 전두환 시대까지를 통틀어 일컫는 표현일 것이다.

8

국토통일원에 간 이영일의 행보

국토통일원에 첫 발을 내딛다

나는 국토통일원에서 1970년부터 1980년까지 10년 동안 요직을 두루 거치면서 알게 된 정보와 지식과 체험을 종합적으로 정리, 박정희의 통일안보철학을 내 나름의 관점에서 공부할 기회를 가졌다. 공무원 생활이란 자기가 활용하기에 따라서 생활도 보장되면서 전문성도 기를 수 있는 인생의 좋은 기회가 된다. 나는 내 인생에서 통일원에 근무하던 10년 동안만큼 보람되고 뜻있게 보낸 시간은 없었던 것 같다. 나에게 이러한 기회를 갖도록 축복해주신 하나님께 감사한다.

평화통일의 단계적 접근방안 입안

나는 앞에서도 설명했지만, 통일원에 상임연구위원이라는 비정규직으로 취업한 셈이지만 대외적으로 볼 때는 2급 공무원으로 대우한다고 했기 때문에

미워할 수 없는 우리들의 대통령

동양통신에 같이 있던 동료들은 나를 매우 부러워했다. 그러나 비정규직으로 처우 받던 시절에는 아니꼽던 일이 한둘이 아니었다. 그러나 김영선金永善 장관은 나를 각별히 신뢰하고 중요한 과제를 많이 할당해 주었다. 그중에서도 김 장관은 나에게 아무 지침을 주지 않을 테니 한반도에서 통일이 평화적으로 이루어질 방도를 내 소신대로 만들어서 보고하라는 것이었다. 주무부서는 정책기획실 정치외교정책담당관인데 상임연구위원실에 이처럼 중요한 과제를 맡긴 것이다. 그 당시 통일원은 신설부처였기 때문에 간부직에는 영관급領官級 예비역들이 많았고 실무자들은 각 부처에서 승진에서 누락되었거나 승진하기 힘든 사람들이 자원했기 때문에 부실한 사람들도 적잖았으며, 중앙정보부에서도 내부에서 별로 탐내지 않는 사람들이 와 있었다. 장관 입장에서는 큰일을 믿고 맡길 사람들이 거의 없는 지경이었다.

이때 상임연구위원실에는 프랑스 파리대학에서 국제정치사연구로 학위를 받은 홍순호 박사故 洪淳鎬, 서울 문리대 미학과, 이화여대 명예교수와 독일 뮌헨대학에서 국제정치학 박사학위를 얻고 갓 귀국한 김택환 박사金宅煥, 서울 문리대 독문학과 그리고 나를 포함한 세 사람이 함께 근무했다. 장관은 세 사람이 공동연구하도록 지시했지만, 함께 중지를 모아 일한다는 것이 그렇게 쉬운 일은 아니었다. 또 함께 일해야 할 두 분 박사님들 역시 학부 시절의 전공과 학위가 일치하지 않았던 점도 협력에 어려움을 갖게 했다. 대외직명은 정치학박사들이지만 정치학에 대한 기본토대가 약했기 때문이다. 두 분과 몇 차례 방법론에 대해 의견을 나눈 후 내 나름의 프레임을 만들어 단계적 통일접근방법을 독자적으로 구상하게 되었다.

그때는 월트 로스토Walt Whitman Rostow의 경제발전단계이론이 사회적으로 빛을 보는 시절이었기 때문에 남북한의 경제발전단계 추정은 로스토우 모델을 원용하고 정치 분야도 A.K.F. Organsky의 정치발전단계설을 참조하면서 정치지표와 경제지표의 상관관계를 도식화하였다. 남북한의 군사대비는 토머스 셸링Thomas Shelling의 분쟁해결모델을 부분적으로 응용하면서 한반도에 적용 가능한 단계이론으로 재구성하였다. 이 틀을 이용하여 그간 연구된 남북한 비교연구자료들을 대입시키면서 단계적 통일방안을 안출했다. 교류협력방식도 비정치적 분야에서 인도적 분야로, 경제 분야로 확대하는 단계설을 정립했다. 이런 연구에서 흥미로운 것은 국토분단 이후 이런 단계설이 처음으로 만들어진다는 사실이었다.

특히 단계설은 구체적으로 추구해야 할 목표를 설정하기가 용이하고 시간 전망도 포함할 수 있기 때문에 목표지향적 보고서 형식으로는 참으로 유용하였다. 실제로 상황이 그렇게 될지는 미지수이지만 무언가 목표를 놓고 접근할 수 있다는 점에서 행정을 하는 사람들에게는 아주 유용한 방법론이었다. 근 반년에 걸쳐 연구된 정책보고서는 장관이 주관하는 통일원 내부회의에 보고되고 의견수렴과정을 거쳐 실무를 맡을 정책기획실 정치외교담당관실로 이관 조치했다.

나는 통일원 전체 간부들 앞에서 단계적 통일접근방안을 브리핑한 것을 계기로 통일원 내부에서 상임연구위원의 위상을 제고시켰고, 이를 계기로 비정규직 급여가 월급제로 바뀌면서 정규직으로 처우를 받게끔 개선되었다.

북한 전문가 박일성 선생과의 만남

상임연구위원의 처우가 개선되면서 중앙정보부에서 근무하던 전문 인력 일부가 상임연구위원으로 오게 되었고 뒤이어 청와대를 출입하던 송영대宋永大 MBC 기자가 김성진 대변인의 추천으로 상임연구위원으로 발령받았다. 이때 중앙정보부에서 판단관으로 일하다가 온 박일성朴馹星 씨는 나에게 좋은 스승이었다. 그는 북한에서 공산당 간부로 일하다가 귀순한 분이기 때

미워할 수 없는 우리들의 대통령

문에 북한 실정에 통달할 뿐만 아니라 북한의 전략전술을 이론적으로 숙지하고 있어서 나에게 많은 가르침을 주었다. 특히 박일성은 북한 대남전략의 변증법적 이해가 탁월하였다. 공산당이 조달하는 힘을 '큰 거짓말 7에 적은 폭력 3'을 배합한다면서 거짓말도 진리로 느끼게끔 큰 거짓말을 만들어야 한다는 것이다. 나는 그의 지론을 남북한 관계의 구체적 현실에 적용하면서 남한 사회에서 펼쳐지는 북한의 모략선전 양상을 분석하였다. 특히 양이 증대하면 질적 변화가 일어나는 과정에 대한 그의 구체적 예증은 질변률質變律의 타당성에 대한 웅변이었다.

나는 그로부터 수업하듯이 매일 토론하면서 대남전략이론을 학습했다. 운동권시절에 읽었던 레닌의 『What is to be done』의 의미가 비로소 실감되었다. 나는 그를 통해 북한의 대남전략을 체계적으로 알게 되면서, 내가 통일원 정치외교정책담당관으로 발령받은 후에는 상임연구위원이던 박일성 씨에게 따로 연구비를 할당, 북한의 대남전략이론을 체계화하도록 지원, 그 연구의 진수를 통일원의 다른 직원들도 학습할 기회를 제공했다. 나만큼 진지하게 관심을 갖는 분들이 의외로 적어 실망했다.

나는 오늘날 북한의 대남전략에 대해 글과 강연으로 전국적인 명성을 얻었는데, 이렇게 된 데는 그분의 도움이 가장 컸다고 고백한다. 이미 고인이 되셨다고 들었지만 나를 수제자처럼 사랑해주신 그분에 대한 고마움은 잊을 수 없다. 고인의 명복을 빈다.

이규학李圭學 차관에게서 행정훈련을 쌓다

나의 통일원 근무와 관련하여 또 한 가지 얻은 귀중한 체험은 까다로운 시어머니처럼 직원들을 달달 볶았던 이규학 차관의 행정지도였다. 박정희의 동기생으로서 국방부 차관보를 거쳐 국토통일원의 초대차관으로 부임한 3성 장군 출신의 이규학 차관은 모든 업무를 행정적으로 처리 가능한 문제로 집약하고 재구성하는 능력이 남달리 탁월하였다. 그가 어떤 학문 분야에서 탁월하다거나 군사이론이나 정치이론에 밝은 것은 전혀 아니었지만 모든 사물을 조리에 맞게 처리할 조치의 체계를 만들어 낼 능력은 출중했다.

연구직 공무원들은 연구 과제에 관련된 자료를 방만하게 모아오기는 했지만 이를 구체화시킬 방도와 필요한 조치, 시계열로 표시될 순서를 정립, 제시하는 것이 서툴거나 부족했다. 박사학위를 가졌거나 다른 분야에서 관록을 높게 쌓은 사람이라도 보고서를 가지고 이규학 차관 앞에만 가면 창피할 정도로 야단을 맞거나 퇴짜를 맞기 일수였다. 특히 해외에서 박사학위를 가지고 들어온 사람들은 자존심에 상처를 입고 고민하는 사람도 있었다. 차관의 지시를 어렵게 생각하면 한없이 어렵고 까다롭지만, 알고 보면 아무것도 아닌 논리와 합리의 체계화였다. 나는 의외로 그분의 말을 쉽게 알아들었고, 유행하던 차트형 보고서를 만드는 데 쉽게 익숙해졌다. 특히 충무계획의 일환으로 국가비상기획위원회가 주관해서 실시하는 지휘소 CPXComand Post Exercise훈련 시에는 주어진 전시상황戰時狀況에 합당한 상황처리훈련이 필요하고 상황이 바뀌면 변화에 맞추는 조치계획 변경이 필요하였다. 매년 연습을 계속하면서 전년도와 비교된 새로운 조치계획의 발전이 필요했는데, 직원들이 이러한 훈련에 잘 따라오지 못하는 경우가 많았고 그때마다 통일원에서 직원들의 인사가 뒤따랐다. 해임되기도 하고 승진하기도 했다.

나는 CPX의 통제단장, 실시단장, 분석평가단장을 하면서 이규학 차관이 요구하는 행정능력을 상당 수준 반영한 탓에 다른 직원들에게 이영일을 본받으라고 말할 정도로 칭찬을 받았다. 연습 때마다 전 직원을 상대로 강평한 것은 직원들의 호평을 받았거니와 이 체험 또한 내가 나머지 인생을 살아가는 데 큰 자산이 되었다. 고인이 되셨지만, 그분에게 고마운 마음이 남아있다.

제7대 대통령 선거와 4대국 안보론

내가 상임연구위원으로 있는 동안 제7대 대통령 선거가 있었다. 박정희와 김대중 후보 간에 전국을 무대로 하는 유세전이 가열되었다. 나는 조선호텔에서 야당 대통령 후보가 된 김대중 후보로부터 선거운동에 참여해줄 것을 정식으로 직접 요청받았지만 우여곡절을 거쳐 들어온 통일원을 박차고 나가 선거운동에 뛰어들 처지는 아니었다. 나는 참여를 거부하는 대신 선거대책본부 대변인으로 부산일보사 정치부 기자이던 안병규4·19 당시 문리대 사회학과 4년, 그 후 2선 국회의원 역임한 후 고인이 됨를, 정책참모로 이동규李東奎, 서울농대 졸업 후 KBS 정책실장 역임 후 病死를 천거하고 선거운동에서는 손을 뗐다.

선거운동이 막바지에 이르렀을 때 김영선 장관이 상임연구위원실로 갑자기 들어와서 "요즈음 이영일 군은 김대중 선거운동을 돕고 다니는 것은 아니지" 하면서 내 근황을 묻고 한마디 질문을 던졌다. "이 군, 한 가지 묻겠는데 요즘 김대중이 유세 때마다 주장하는 4대국 안보론을 어떻게 생각하나?" 나는 즉석에서 "긴 안목으로 보면 다자안보의 필요성은 느끼지만 지금 일본을 4대국의 하나라고 해서 한국 안보에 끌어넣자는 것은 옳지 않으며, 또 일본은 헌법상 전쟁행위를 할 수 없는 비무장 중립非武裝 中立을 지향하는 국가이기 때문에 일본을 포함시키는 4대국 안보론은 어불성설"이라고 지적했다. "4대국 안보론은 얼핏 그럴듯하게 들릴지 모르나 실현 불가능하며 마치 한국이 안보에서 4대국 신탁통치를 받는 나라처럼 몰아가는 것은 앞으로도 우리에게 유익할 수 없다"라고 대답했다. 내 말이 끝나자마자 김영선 장관은 자리에서 일어났다. 곧장 청와대로 달려가 김성진 청와대 대변인에게 내 이야기를 전한 모양이다.

다음날 박정희 후보는 장충단 공원 유세에서 4대국 안보론을 4대국에 의한 신탁통치를 하자는 말이냐고 강하게 반박하였다. 신문에는 박정희 후보의 반박 연설이 대서특필되었고 김대중 후보는 더 이상 4대국 안보론을 읊지 않았다. 선거의 결과는 김대중에게 호남에서의 몰표뿐만 아니라 친야당 지지율이 올라가 무시 못 할 수준의 지지도를 보여 94만여 표 차이로 박정희 후보가 신승했다. 그러나 김대중은 이 선거를 계기로 호남지역의 몰표를 굳히는 지역감정의 정치무기화에 성공, 재기의 발판을 마련했다.

박정희는 제7대 대통령 선거를 어렵게 치르고 난 후부터 절차적 민주주의에 환멸을 느끼고 국민의 표를 얻어 나라의 큰 발전을 도모하기 어렵다는 결론을 얻은 것으로 보인다. 향후 한국 정치는 박정희의 권위주의적 통치 질서의 추구와 김대중의 지역감정을 유발하는 선동정치가 맞물리면서 정치적 퇴영의 시기로 향하게 되었다.

정치외교정책담당관으로 특진

국정감사에서 통일정책보고

김영선 장관은 내가 주도적으로 입안한 평화통일을 위한 단계적 접근 방안은 먼저 국정감사에서 국회의원들에게 보고하고 국회의 평가를 들어 본 후 청와대에 보고하기로 일정을 잡았다. 나는 이때까지 신원조회 문제가 해결되지 않았기 때문에 공식 석상에서는 정규 공무원 신분으로 업무 보고를 할 수가 없었다. 특히 청와대 보고는 경호요시警護要視 A급에 해당하는 자는 국가원수 앞에서 보고할 수 없도록 내규가 되어 있어 나는 보고자로 나설 수 없다고 차관이 말했다.

1972년 10월 17일에 실시될 국정감사에서 정책 보고는 정책기획실장이 하도록 되어 있었다. 실장이던 백인선白仁善 씨는 만주국滿洲國에서 공무원으로 근무하다가 해방 후 군에 입대, 영관으로 예편한 후 통일원의 1급 공무원으로 취업한 분이었다. 그러나 자기가 직접 만들지 않은 정책보고서를 몇 차례 연습한 후 장관 앞에서 제대로 보고하기는 힘들었을 것이다. 실장이 잘 못하면 바로 실장 밑에 있는 정치외교정책담당관이 보고를 대행해야 하는데 실장을 제치고 자기가 잘하는 모양을 보인다는 것은 공직 세계에서는 용납되기 힘든 상황이었다.

장관은 브리핑 연습에 실망한 나머지 차관에게 결자해지結者解之라고 말하면서 국정감사 시에는 정식 공무원 신분은 아니지만 상임연구위원인 이영일에게 브리핑시키도록 하라고 지시했다. 퇴근 무렵 장관이 호출하여 나에게 내일 브리핑 준비에 만전을 기하라고 했다. 나는 이미 만들어진 보고서 시나리오를 새로 점검하고 다음날 아침 장관 앞에서 예행연습을 한 후 국정감사장에 들어갔다. 이동원李東元 외교위원장은 증인 선서 후, 통일연구원장이 나와서 보고해달라고 했다. 장관이라는 호칭이나 국토통일원이라는 정부기관의 정식명칭을 일부러 모르는 체하면서 의사를 진행했다.

장관은 간략히 인사 말씀을 하고 나에게 평화통일 접근방안이라는 정책보고를 하게 했다. 35분가량의 보고 시간이 내게는 너무 길게 느껴졌지만 국회의원 전원이 너무 진지하게 보고를 청취하고 이제 우리나라 통일원이 제대로 업무의 향방을 잡은 것 같다면서 칭찬 일색이었다. 국정감사장에 마련된 오찬 행사에서는 학생운동 시절부터 나를 잘 알던 국회의원 송원영, 장덕진 의원 등이 반갑게 악수하면서 "거리의 사자獅子가 이제 통일의 사자"가 되었다고 칭찬해주었다. 오찬 후 정책질의에 답하기 위해 감사장에 다시 들어왔다. 국회의원들은 갑자기 허둥지둥 내빼듯이 자리를 떴다. 그 순간 10월 유신이 선포되고, 국회가 해산되었던 것이다.

대통령 지시로 이뤄진 '신분세탁身分洗濯'

평화통일접근방안 입안은 내 인생에서 아주 중요한 전기가 되었다. 김영선 장관은 매주 박정희가 참가한 가운데 청와대에서 열리는 수요안보회의의 주요 멤버로 참가하였는데, 중앙정보부 부장, 외무부 장관, 문화공보부 장관과 통일원 장관이 주요 멤버였다. 국가안보의 중요 정책이 이 회의에서 결정되었다.

수요회의에 참석하기 위해 청와대에 들어간 김영선 장관은 마침 박정희와 독대할 기회가 생겼을 때 고맙게도 내 이야기를 보고하면서 과거 운동권 출신이었지만 일을 해본 결과 유능해서 키우고 싶다고 말했다고 한다. 장관이 그런 뜻이라면 김계원金桂元 중앙정보부 부장과 의논해서 처리하자고 했다는 것이다. 그때 마침 김계원 부장이 들어오자 박 대통령은 김영선 장관이 잘 활용하겠다고 추천한 이영일 문제를 잘 처리하라고 지시했다. 청와대 회의를 마치고 집무실로 들어온 장관에게 이런 경위를 들은 다음날 중앙정보부에서 연락이 왔다. 남산으로 와서 이야기 좀 나누자는 것이다.

누구나 가기를 꺼려하는 남산 콘세트 건물로 나를 부른 중정中情 직원은 표지에 이영일 관련이라는 서류를 뒤적이면서 필요한 난을 일방적으로 채워 넣었다. "성격은 온순한 편이지요"라고 혼자 말하면서 그대로 적는 모양이다. 이렇게 해서 나는 1962년부터 1972년까지 10년 동안 옥죄던 신원조회의 족쇄에서 풀려났다. 한번 걸리면 빠져나오기가 이렇게 힘든 줄 몰랐다. 신원조회 해결 통보가 온 지 얼마 안 되어 장관실에서 연락이 왔다. 나를 정책기획실 정치외교정책담당관2갑으로 임명했다는 것이다. 너무 뜻밖이었다. 비록 별정직이지만 중앙부처의 국장에 해당하는 2급 갑으로 국토통일원의 수석정책담당관이 되었기 때문이다. 내 나이 32세에 이런 영광이 찾아온 것이다. 임명장 수여식에서 김영선 장관은 "오늘 30대 초반의 이영일 상임연구위원을 정치외교정책담당관으로 임명했는데, 이런 인사는 정부가 생긴 이래 전에도 없었고 앞으로도 없을 것"이라고 말하면서 파격적 기용이니 큰 업적을 내길 기대한다고 말했다.

이 소리를 전해들은 아내의 표정은 너무 밝았다. 실업자와 결혼했고 혼자된 어머니와 시동생들이 주렁주렁 달린 가정에서 큰 며느리가 된 아내의 그간 고충이 얼마나 격심했는지는 상상에 맡긴다. 그러나 하나님의 은혜로 모든 어려움을 이기고 보람 있는 삶의 전망을 갖게 되었다.

9

박정희 대통령의 통일 안보 철학의 전개

닉슨 독트린의 충격은 컸다

|

월남전을 서둘러 종결시키는 미국

박정희에게 1970년대는 실로 도전과 시련으로 점철되는 시기였다. 미국은 지구 최강국이면서도 월남전 개입이 실책失策이 되어 엄청난 국력을 소모하며 내외여론에서 밀리는 형국에 놓여 있었다. 중국과 러시아는 호찌민의 월맹越盟을 지원하고 국제정치적 영향력을 증대시켰다. 반면 미국의 국내 여론은 대외 개입 축소로 변화되어 갔다. 닉슨은 국내 여론에 밀려 아시아 주둔 미군을 철수시키는 이른바 닉슨 독트린을 발표하였으며 월남전을 조기 종결시키려는 평화 협상이 키신저 주도하에 진행되는 상황이었다.

월남전의 상황이 조기 종결시킬 만큼 전황이 개선되지 않았지만 미국정부는 사상자가 늘어나고 전비 부담이 커지면서부터 반전 여론 앞에 무릎을 꿇지 않을 수 없었다. 키신저는 미군이 월남에 주둔할 명분을 없애고 민족자주 원칙을 내세워 공산당이 침략해도 좋을 명분을 주는 이른바 파리평화협정을 만들어 주면서 월맹 정치국원 레둑토와의 협상을 마무리 짓고 있었다. 바로 이 시기에 북한의 김일성은 4대 군사노선정립을 끝낸 상태 하에서 한반도를 제2의 월남으로 몰고 가 그들 주도로 통일을 달성하려는 음모에 박차를 가하고 있었다. 박정희는 국내외 상황의 이러한 불리不利를 극복하고 한반도에서 전쟁이 재발하는 것을 막기 위해 내치, 외교, 안보에서 철저한 대비를 서두를 수밖에 없었다. 그는 매주 일회씩 수요안보회의를 열어 모든 상황을 점검하고 필요한 조치를 강구해 나갔다.

김일성의 4대 군사노선과 3대 혁명전략

김일성의 군사준비 태세와 대남전략

박정희의 집권 시기 동안 남북한 간의 경쟁은 그 이후의 어떤 시기보다도 더 격렬했다. 평화공세와 무장간첩을 앞세운 군사 공세가 부단히 이어졌다. 김일성은 나름대로의 일정표를 만들어 놓고 대남혁명공세를 펼쳤다. 특히 김일성은 1970년 조선노동당 제5차 당대회를 열고 4대 군사 노선의 완수를 선언했다. 내용인즉 전 인민의 무장화, 전 군의 간부화, 군 장비의 현대화, 전 국토의 요새화를 완료했음을 내외에 천명하고 이를 토대로 대남인민민주의의 혁명을 추진하겠다고 선언했다. 이것은 김일성이 1965년 인도네시아 반동에서 열린 비동맹 정상회의에서 밝힌 3대 혁명역량 이론을 실천에 옮겼음을 말하는 것이다.

　　김일성이 말한 3대 혁명역량 전략은 첫째, 국제혁명지원역량, 둘째, 북한정권의 혁명추진역량, 셋째, 남한의 혁명호응 내지 동조역량이 결합되었을 때 결정적 시기를 조성, 남한정권을 전복, 통일을 달성한다는 것이다.

국제혁명지원역량이란 남한에 대한 북한의 모든 공세를 민족해방투쟁으로 평가하고 국제사회가 이를 긍정, 호응하도록 여건을 조성하는 능력인데, 이를 위해 북한은 소련, 중국과는 동맹으로서 연대를 강화하는 한편, 김일성 주체사상 연구 소조를 아시아, 아프리카 등지에 만들어 나가면서 북한 정권에 대한 국제사회의 지지를 넓혀가자는 것이다. 이 사업에는 미국에서 대한민국의 탄생을 비난하거나 북한의 남침을 북침이라고 주장하는 학자들이나 미군의 한국 주둔을 비판하는 학자들도 포섭의 대상이 되었다.

둘째로 북한 혁명역량이란 바로 4대 군사노선의 완수인 것이다.

셋째로 중요한 것이 남한 내에서의 혁명호응역량을 확보하는 것인데, 이를 위해 김일성은 자기의 항일혁명역사를 날조하면서 대한민국 성립의 역사를 부정하는 데 공작의 역점을 두었다. 이 공작에서 가장 중요시한 것은 이승만의 대한민국을 수립하기 위한 노력을 민족분열 공작으로 단죄하는 것이었다. 대한민국 건국자체를 이승만의 "소남한단정 노선의 소산"이라고 비판하는 자들을 끌어 모아 세력화하도록 지원하는 한편 6·25전쟁 시절에 부역했던 자들의 친인척이나 가족을 포섭하고 지하당 공작에 협력하는 세력들로서 범좌파汎左派진영의 인사들의 역량을 적극 지원, 가동시키는 총체적 활동을 말한다.

간접침략을 저지하자

1970년 북한 노동당 대회는 북한 내 혁명역량이 4대 군사노선의 완성으로 농축할 만큼 성숙했음을 만방에 과시하고 이제 중국, 소련과의 동맹적 제휴의 바탕 위에서 국제혁명지원역량을 고도화하고 남한 내부의 혁명호응역량을 확보, 강화하는 일만 남았다는 것이다.

그러나 박정희는 미군이 한국 방위의 일익을 담당하는 동안 북한의 전면 남침은 어려울 것으로 보고 북한이 시도하는 도전을 한마디로 '간접침략'이라고 정의하고 간접침략 저지에 국가역량을 적절히 배치하였다. 바꾸어 말하면 북한의 대남 공세에 호응할 남한 내부 태세를 점검하고 북한의 공세가 침투할 소지가 있는 곳을 사전에 차단하는 것이었다. 한국이 월남에서처럼 체제 내적 허점이 나오지 않도록 철저히 대비하는 것이다. 박정희는 안보에는 1%의 허점도 용납될 수 없음을 강조했다. 정치적 차원에서 북한의 통일 공세에 맞서기 위해 국토통일원을 정부기구로 창설했고 국가비상기획위원회도 아울러 정부기구로 설치, 중앙과 지방을 막론하고 전 공무원들에게 지휘소 훈련CPX을 실시했다. 전시를 당하여 적에게 노출될 허점을 사전에 찾아 방비토록 하는 훈련을 강화시키는 것이었다.

특히 박정희는 역대 다른 대통령들과는 달리 대한민국 육군에서 우수한 정보장교의 한 사람이었다. 그는 남로당 경력이 들통나 처형될 위기를 맞았으나 백선엽 장군 등이 그의 구명에 나섰고 그 자신도 한국군 내부에 배치된 남로당 인맥의 적출에 적극 협력함으로써 목숨을 건졌다. 백선엽 등, 한국군 지도부는 그의 두뇌와 청렴과 정보장교로서의 능력을 평가하여 다시 군의 문관으로 발탁하고 다시 군 장교로 재임용하여 군 신분을 되찾는 행운을 얻었다. 그는 육군본부 정보과장의 보직을 맡으면서 1949년 12월에 북한의 남침 준비 공작계획을 정확히 파악, 상부에 보고했다. 이 보고 내용은 너무도 정확, 지금도 육군본부의 전사戰史室에 원본이 비치되어 있다고 한다. 따라서 박정희는 대통령으로서 뿐만 아니라 국군통수권자로서도 실무를 마스터한 분이기 때문에 안보문제에 관한 한 남달리 민감하고 강박관념을 가질 만큼 엄격하고 예민하였다.

집요했던 북한의 '우회침략' 공세

나는 이런 대통령 밑에서 일하는 통일원의 정치외교정책담당관이 되면서부터 매일 분주한 나날을 보냈다. 월남전이 끝나가면서도 한국의 월남화를 노리는 김일성 집단의 공세는 멈추지 않았다. 때문에 매주 수요일 청와대에서 박 대통령은 안보회의를 주재하고 통일원 장관도 회의 멤버로서 참석했다. 나는 장관의 정책보고서를 준비, 작성하는 일이 가장 중요한 일이었다. 하루 전인 화요일에는 지금 고인이 된 김경원 박사하버드 대학 정치학박사, 유엔대사 역임 와 장관실에서 수요회의에 보고할 대책자료 작성을 위해 긴 토론시간을 가 졌고 필요한 정책아이디어를 도출, 대책보고서를 내가 직접 작성하여 장관에 게 올렸다.

매일 읽어야 할 정보자료는 산처럼 쌓였다. 다행히도 나의 정치외교학과 1년 후배인 이원명 보좌관독일 본대학 정치학 박사, 정신질환으로 고생하다가 병사함이 남달리 날카로운 분석력으로 나를 잘 도와주었다. 그러나 박정희 정권에서 가장 어렵고 중요한 일은 북한이 제5차 노동당 전당대회에서 밝힌 이른바 4 대 혁명역량을 완수한 상태에서 펼치는 대남 인민민주주의 혁명투쟁공세를 막는 것이었다. 통일혁명당이라는 북한의 지하당 공작은 실패로 돌아갔지만 북한의 공세는 제2, 제3의 통혁당 구축작업을 부단히 추구하였다. 또 기회가 닿는다면 무력공세도 펼칠 준비와 능력을 구비하면서 땅굴을 파 내려오기도 했다.

한국을 방어하기 위한 주한미군의 밀착억제Close Deterrence의 기제가 작 동하는 한 북한의 전면 남침은 어렵겠지만 우회침략의 길은 항상 열려있는 것이다. 박정희는 직접 남침이 아닌 북한의 우회침략을 간접침략으로 정의하 고 간접침략 저지에 총력을 쏟도록 안보담화를 통해서 항상 강조했다. 나는 '북한의 대남전략 차원에서 본 한국의 강약점 연구'를 정치외교정책담당관

미워할 수 없는 우리들의 대통령

실의 새로운 정책과제로 선정하고 이 구상을 통일원 소관 충무계획안에 반영시켜 나갔다.

국토통일원의 지휘소 연습CPX

통일원에는 정부의 CPX 시, 일반 정부부서와는 다른 상황이 부여되었다. 일반 정부부처는 북한이 남침했을 때를 상정하고 피난, 이동과 문서존안 등 국가기능을 유지하면서 적침으로부터 안전을 확보하는 것이다. 이는 적의 공격에 밀렸다가 다시 원상을 회복하는 반격수복대비계획인데 통일원은 전쟁개시일이 북진개시일北進開始日로 되어 정부 연습이 끝날 때쯤이면 통일원은 평양–원산 선을 수복한 시점에 도달하는 수복시 대비계획을 준비하는 것으로 되어있었다. 따라서 통일원 연습은 미수복未收復 지구의 실태를 분석하고 미수복 지구에서 활동할 요원 차출과 교육계획을 마련하는 것이었다. 필요한 홍보대책, 통일에 따른 제반 법률문제 등을 평소에 팀별로 분장해서 연구, 비축하였다가 국방부의 민사 군정업무를 지원하는 기능을 수행토록 준비했다.

나는 이런 훈련의 통제 단장, 실시 단장, 분석평가 단장을 역임했다. 그간 통일원이 10여 년에 걸쳐 연구해온 조치계획보고서들은 낙동강계획으로 비밀 분류되어 국가비상기획위원회에 이관되었다. 그 후 김대중 정부가 들어서서 국가비상기획위원회를 해체한 후 수복 시 대비책연구 차원에서 강구된 대외비 자료들은 그 후 어떻게 처리되었는지 지금은 알 길이 없다.

1·21사태는 왜 일어났나

이 시기에 박정희는 자기 자신의 체험을 통해 북한 대남공세의 맥을 잘 알았기 때문에 간접침략을 막기 위한 노력에 대해서는 국력배양에 못지않게 지원을 아끼지 않았다. 김일성이 노리는 남한 내 혁명역량구축계획이 추진되거나 성공될 수 있는 요소를 박정희 시절만큼 철저히 차단한 시기는 없었을 것이다. 박정희는 김일성의 모든 대남공작을 무위로 만들었다. 5·16 후에는 자기 형님 박동희의 친구요, 동지였다가 월북했던 황태성이 김일성 특사로 남파되어 내려왔지만 그를 만나지 않고 간첩으로 처형했다. 여기에서 김일성은 박정희를 제거하지 않고는 그들의 대남 공세가 성공할 수 없다고 판단하고 1968년 1월 21일 북한 정찰국 소속 특공대 31명이 휴전선을 넘어 청와대를 습격, 박정희의 목을 따가려고 했던 것이다.

다행히도 이들의 동향은 한국의 군경에 포착되어 남파된 특공대가 거의 사살되고 김신조金新朝라는 특공대원 한 명이 생포되면서 저들의 기도가 만천하에 드러났다. 나는 집을 수유리에서 청운동 시민아파트로 옮겨 청와대와 지근거리에서 살고 있었다. 때문에 사건 당일 밤 자하문 근처에서 콩 볶듯이 울리는 총성을 들으며 잠을 설쳤는데 자고 나니 어마어마한 사건이 벌어진 것이다. 이날 습격사건을 저지하는 과정에서 종로경찰서 서장이 흉탄에 숨지는 불상사가 발생했지만 더 큰 사고는 없었다. 특공대원들은 도주했지만 모든 전선이 차단된 상황이었기 때문에 거의 사살되었다. 지금 김신조는 과거를 씻고 한국에서 목사가 되었다.

나는 통일원 교육홍보 실장 재임 중 김신조가 쓴 저서 등을 구입하거나 팔아주면서 한국 사회에 잘 적응토록 지원하였다. 처음에는 삼부토건에 근무하였는데 결혼 후에는 사고방식이 많이 한국화되었다. 월남한 사람들은 처음에는 도와줘도 고맙다는 인사가 없었는데 김신조가 우황청심환 두 병을 들고 장충단의 통일원 내 사무실로 찾아와 인사하는 것을 보고 한국 현실에 대한 이해 수준이 결혼 후에 개선된 것 같아 다행스럽게 여겼다.

1·21사태를 계기로 우리 군은 북한 측을 상대로 박정희에게 가한 공격 이상으로 상응하는 보복을 추진하려고 했지만 확전擴戰을 우려한 미국 측의

미워할 수 없는 우리들의 대통령

만류로 실제 행동으로 구체화되지는 못했다. 이에 안보태세 확립은 한층 더 고양되었다. 또한 북한이 구사하는 대남전략의 맥을 차단하는 데 안보정책의 중점을 두게 되었다.

지속되는 김일성의 혁명투입공작

1·21사태 실패 후에도 김일성은 혁명투입전략의 하나로 대남지하당 공작을 추진, 통일혁명당을 조직하고 이를 확대해 나가려고 했다. 그러나 관련자들이 일망타진되어 북한의 야심적인 공작은 무위로 끝났다. 통일혁명당에는 앞서도 잠시 지적했지만 대학 선배였던 김질락, 이문규공군 장교 예편가 체포되어 사형당했고 문리대 선배였던 오병철철학과, 신영복서울상대 출신, 육군사관학교 교관, 박성준서울상대 출신, 한명숙 전 국무총리 남편, 이혜경사회학과 등이 무기 내지 20년형을 받았다. 이 사건 후에도 지하당을 목표로 하는 무장간첩들의 해상 침투는 끊임없이 지속되었다. 특히 삼척 울진 무장간첩 침투사건은 이 시기에 발생한 대규모 사건이었다. 그러나 정부의 대공 첩보망에 걸려 거의 실패로 끝났다. 정보부와 보안사의 대공 활동은 북한의 모든 공작이 뿌리를 내릴 수 없을 만큼 철통 안보를 과시했다.

대결 구조에서 대화 구조로의 전환

|

김일성 혁명노선의 남한침투에 우려

김일성은 60년대 전 기간을 통해 혁명투입 전술로서의 지하당 공작, 무장간첩 남파 등을 부단히 추구했지만 하나도 성공하지 못했다. 싸우면서 건설하자는 박정희의 간고한 안보태세 때문이었다. 김일성은 자기가 주창한 3대 혁명역량의 중핵인 북한 혁명역량을 강화한다는 목표 아래 4대 군사노선을 정립하고 이 역량 조달에 모든 노력을 경주했다. 결국 1970년에 열린 조선노동당 5차 당대회는 김일성이 추구한 4대 군사노선의 완성을 전 세계에 알리는 행사였음은 전술한 바와 같다.

나는 통일원 정치외교정책담당관으로서 북한노동당 5차 당 대회의 전경, 김일성이 육성으로 하는 당 대회 보고 연설을 TV로 시청하면서 북한으로부터 오는 안보의 파고가 높을 것을 걱정하지 않을 수 없었다. 특히 김일성이 강조하는 인민민주주의 혁명노선이 한국 사회에 어떻게 침투해서 전개될 것인가를 진지하게 검토하지 않을 수 없었다.

8·15평화통일선언과 세지마 류조瀨島龍三의 역할론

바로 이 시기에 박 대통령은 대북제의로서 1970년 8월 15일 광복절 기념사를 통해 8·15평화통일선언을 내놓았다. 박 대통령의 8·15선언이 나온 배경에 관해서는 대북 전문가들 간에도 여러 견해가 엇갈렸다. 가장 정설로 통용되는 것은 박정희가 월남전의 진행 양상과 아시아지역에서 미군을 감축하기로 하는 닉슨 독트린의 발표를 본 후 한국이 취해야 할 금후의 방향설정에 목표를 두었다는 것이다. 여기에 야사로 분류될 정보 사항이 하나 추가된다. 즉 일본 기업인 세지마 류조의 역할론이다.

세지마 류조는 일본 육사 출신으로 관동군에서 복무하다가 소련에 포로로 끌려갔던 박정희의 일본 육사생도 시절의 선배였다. 그는 포로에서 석방된 후 일본 이토추伊藤忠 상사에 들어갔다가 회장까지 올라간 인물인데 박정희의 절친인 것으로 알려졌다.

그는 서울에 올 때마다 박정희를 비공식적으로 만나 통치에 필요한 정책이나 정보를 제공했다. 그는 경제면에서는 한국의 무역회사체제를 종합상사체제로 발전시켜 비즈니스도 하면서 세계 각국 정보를 얻어 오는 기능을 갖

미워할 수 없는 우리들의 대통령

도록 하라고 건의했다. 또 다른 중요사항은 김일성과 모택동의 대화 내용을 일본 종합상사를 통해 파악하고 박정희에게 전했다는 것이다. 내용인즉 김일성이 4대 군사 노선이 완료되었기 때문에 중국이 월맹의 호찌민을 도와주는 것처럼 북한을 지원해주면 6·25전쟁 때 실패한 남조선 해방과업을 완수하고 싶다고 포부를 피력했다는 것이다. 이에 대해 모택동은 중소관계가 악화되어 미국과 중국이 바야흐로 제휴하려는 마당에 북한이 남침 전쟁을 일으키는 것은 부적절하다고 반대하면서 모택동은 김일성에게 중국혁명의 성공에서 많은 교훈을 얻어야 한다고 말했다. 중국혁명은 국부군보다 무력에서는 약했지만, 중국의 노동자와 지식인들 특히 학교 교사들을 혁명의 역군으로 활용함으로써 장제스 정권의 강점을 약화시키고 약점을 극대화시켜 타도할 수 있게 만든 데서 승리의 기회를 잡았다고 아이디어를 제공한 것이다. 혁명투입 같은 단기적 조치보다 더 멀리 보는 안목의 필요성을 역설했다는 것이다.

김일성은 월남이 패망하자 1975년 4월 18일 베이징에서 기자회견을 통해 "한반도에서 전쟁이 일어나면 없어지는 것은 휴전선이고 성취되는 것은 민족통일"이라고 선언했다. 이러한 선언과 함께 혁명투입전략과 병행하여 대남공작목표 가운데 남한의 지식인 중에서 대학생과 교사와 노동자, 그리고 종교인들을 반정부투쟁에 나서도록 조직화하는 작업을 추진하기 시작했다. 대학생 공작이 초기에는 전국대학생협의회전대협로 표출되었고 뒤이어 전국교직원 노동조합전교조과 민주노동자총연맹민노총이 결성되었다. 전교조와 민노총은 김대중 정권에서 모두 합법화되었다.

대결에서 경쟁과 대화로

세지마 류조 등으로부터 북중 관계와 북한의 대남공작방향을 청취한 후 박정희는 두 개의 큰 조치를 강구한다. 하나는 8·15선언을 통하여 남북한 어느 체제가 국민의 창의, 개발, 건설을 북돋는 선의의 경쟁에서 더 우월한가를 겨뤄보는 체제경쟁에 북한이 나설 것을 제안했다. 남북한 분단 이후 대한민국이 북한에 내놓은 최초의 정책제안이었다. 이어 박 대통령은 이 선언에서 평화적인 남북통일을 선언하고 그 방도로서 남북한이 통일수단으로서 무력과 폭력의 사용을 항구적으로 배제할 것을 제안했다. 평화통일이라는 말이 단순한 수사가 아니고 남북한 간에 실천해야 할 과제로 굳힌다면 이것은 6·25전쟁 이래 우리 한국이 견지해온 통일로서 '백두산영봉에 태극기 날리는 상태의 회복'이라는 수복收復통일개념을 지양하는 것이다. 심각한 국론대립을 유발할 문제였다. 그러나 내외정세변화라는 시점의 축적을 딛고 서서 나온 제안이었기 때문에 냉전 세대들의 반발을 불러일으키지 않고 내외여론에서 큰 지지를 끌어냈다. 평화통일 선언과 선의의 체제경쟁 제의는 금후 한국이 통일을 향하여 나아갈 가장 큰 지침이 되었다. 특히 체제경쟁노선은 박정희가 강조한 국력배양철학의 목표가 됨으로 해서 국가발전의 올바른 궤도를 깔게 되었다. 1970년 당시까지만 해도 북한은 1인당 국민소득에서 한국을 앞지르고 있었기 때문에 남한의 269달러 대 북한의 271달러가량(국토통일원, 1972년 자료 참조) 그들은 내심 박정희의 제안을 얕잡아 보았을 것이다.

그러나 1972년을 기점으로 남북한의 1인당 GDP는 서로 비슷해지다가 한국이 계속 앞질러 나가게 되었고 오늘날에는 북한이 세계최빈국의 하나로 전락했지만 한국은 세계 10위권에 드는 경제대국으로 성장했다. 박정희가 세운 선의의 경쟁노선이 오늘 한국을 만드는 발전의 올바른 궤도가 된 것이다.

밀사로 평양에 간 이후락李厚洛 중앙정보부장

박 대통령이 취한 또 다른 조치 중 하나는 남북한의 대결구조를 대화 구조로 전환시키는 이니셔티브를 취한 것이다. 처음에는 8·15선언 발전책의 하나로 남북한 이산가족의 생사 소재를 확인하자는 적십자회담을 북한에 제의, 낮은 차원의 대화에 시동을 건 후 그 통로를 이용하여 보다 큰 차원의 남북대화를 여는 결단을 내린 것이다. 1972년 5월 이후락 중앙정보부장을 비밀리에 북한으로 보내 남북대화의 길을 트는 7·4남북공동선언을 끌어낸 것이다. 김일성은 베트남 전쟁에서 공산 측이 성공한 예를 따라 한국을 월남화 할 공작을 꾸준히 추구하고 있었다. 박정희는 김일성이 비축해놓은 4대 군사노선을 업고 무력남침을 시도해 올 가능성을 차단하기 위해 남북한 대결구조를 대화구조로 바꾸는 대담한 정책전환을 단행한 것이다. 북한의 첩자들을 색출 처단하는 중앙정보부장을 대통령특사로 평양에 보낸다는 것은 가히 영웅적 결단에 속하는 조치가 아닐 수 없었다. 실로 원려심모遠慮深謀의 지도력에서 나온 판단이요 결단이었다.

남북대화 지원업무를 적극 추진

남북공동성명이 발표되기 이전에 남북한 간에는 최두선崔斗善 대한적십자사 총재가 제안한 남북한 이산가족을 찾기 위한 회담에 북한 측이 호응해 나옴으로써 판문점에서 남북적십자회담이 열렸다. 이 회담이 시작되면서부터 필자가 맡은 통일원 정치외교정책담당관실은 일복이 터졌다.

　　김영선 장관은 남북적십자회담은 중앙정보부가 주관하지만, 남북대화에 나설 협상요원의 교육훈련은 통일원이 맡게 되었다면서 시급히 협상요원의 교육훈련지침을 마련하라는 것이었다. 북한지역 수복 시 대비책연구에만 몰두하던 팀에게 남북대화의 협상요원훈련까지 맡으라는 것은 상황에 전혀 맞지 않는 지시였다. 그러나 그때는 상말로 "밤송이라도 까라면 까"야 하는 군사행정문화가 광범히 확산되어 있었기 때문에 '노No'란 있을 수 없고, 무슨 지시라도 내려오면 '예스Yes'뿐이었다.

나도 '예스'는 했지만, 시간과 인원이 부족했다. 장관 지시로 정치외교정책담당관실이 보강되었다. 국외자료담당관실의 이철중앙정보부 출신으로 러시아 전문가 보좌관을 부담당관으로 승진 발령했고, 조영규 보좌관 등 전체 인원이 10명 수준으로 늘어났다.

재미 양성철 교수의 자료구입지원

나는 협상 교육 자료를 만들기 위해 미국 Eastern Kentucky 대학에서 정치학을 가르치고 있는 양성철 박사梁性喆, 후에 국회의원과 주미대사를 역임한 나의 대학 동기생에게 대공협상에 관한 일체의 미국 측 자료를 급히 구해서 우송해줄 것을 부탁했다. 만 리 길 이상 멀리 떨어져 있었지만, 친구가 좋았다. 즉각 자료 두 권을 구해 보내줬다. 한국휴전회담 시 협상대표였던 Turner Joy 제독이 쓴 "How Communist Negotiate"와 "How can we negotiate with communists"가 도착했다. 즉각 번역해서 자료로 활용하기 위해서는 빠른 번역이 필요한데 내가 얼마 전까지 근무했던 동양통신 외신부를 방문, 고명식 부장에게 사정을 말하고 번역을 부탁했더니 책 두 권을 여러 쪽으로 나누어서 전 부원들에게 번역을 맡기고 자기가 총괄 점검하기로 했다. 3일 내에 번역이 완료되었다. 정치외교팀들이 내용을 분석하여 필요한 자료를 도출하고 귀순한 북한 인사들을 불러 북한 대표들의 예상 공세를 검토한 후 상황에 맞는 협상지침을 작성했다.

이철 부담당관과 조영규 보좌관당시의 3갑은 타워호텔에서 철야 작업을 하면서 토의된 내용의 차트화 작업을 완료했다. 장관실에서 예행연습을 한 후 적십자회담 사무국에서 협상단을 상대로 협상요원 교육을 실시했다. 대통령 지시사항에 대한 조치를 끝마치고 정치외교담당관실의 교육훈련요원들을 적십자회담 본부 사무국에 파견 근무시키면서 중앙정보부와 업무협조를 잘해

나갔다. 식사를 거르거나 잠을 제대로 못 자는 일도 많았지만 불평하는 사람은 하나도 없었다. 남북한 차원에서 통일원이 당연히 해야 할 정당한 업무를 맡았고 또 다루어야 할 주제가 민족적으로 가치 있는 일이었기 때문에 문제해결에 다소라도 공헌할 수 있다는 것 자체가 큰 보람이었고 즐거움이었다.

남북한 간의 정치접촉 대책 수립을 지시

1972년 5월 초순 김영선 장관은 나를 호출하고 새로운 업무지시를 내렸다. 남북한이 정치적 수준에서 접촉할 방도를 연구해 보고하라는 것이었다. 그 당시까지만 해도 적십자회담을 지원하는 일로 정치외교정책담당관실의 업무가 폭주했는데, 장관은 주마가편走馬加鞭이라면서 서둘러 만들라는 것이었다.

이때 이원명李源明 보좌관은 내외정세의 추이로 볼 때 남북한 간에 높은 수준에서 대화를 모색할 상황이 조성된 것으로 본다면서 인도적 접근, 비정치적 접근, 정치적 접근이라는 단계적 접근은 시간만 많이 걸리고 진전이 느리기 때문에 고위급 수준에서 대화를 해야 다른 회담들도 잘 풀려나갈 것 같다고 상황풀이를 했다. 그의 예리한 분석력을 나는 평소부터 평가해 왔기 때문에 함께 작업의 방향을 정하기로 했다. 그러나 이튿날 아침에 장관실에서 나를 급히 호출했다. 장관실에 가보니 이원명 보좌관이 넘어져 있었다. 그는 갑자기 장관실로 올라와서 "남북한 간에 고위급 접촉이 진행되고 있는데 통일원이 이렇게 있어서는 소외된다고 떠들다가 저렇게 넘어졌다"는 것이다.

이후락 방북 비밀 샜을까봐 노심초사

김영선 장관은 이후락 부장의 방북 사실을 알고 있는 극소수의 사람 중 한 사람이었다. 뒤에 알고 보니 이때 김영선 장관은 혹시 이 비밀이 어떻게 새어 나가 이원명이 알게 된 것인가 하고 심히 놀랐다는 것이다. 나는 이원명

가족들에게 병증을 알리는 한편 서울대학교 병원에 급히 입원 조치시켰다. 이원명은 정보를 알아서가 아니고 내외정세를 보면서 그 나름의 육감으로 예단한 것이었다. 이원명은 그를 직접 데리고 일하던 최봉기 보좌관당시 3갑에 의하면 평소부터 한국의 분단 문제를 남달리 그 본질에서부터 파헤치려고 달려드는 경향이 있어, 일하는 데 불편이 많았다고 말했다. 가끔 지혜로운 아이디어가 튀어나오긴 하지만 평소에 일을 맡기는 데는 불편이 많았던 것도 사실이다.

그러나 나는 그의 천재성을 아꼈다. 나는 청와대의 정무비서관으로 통일원 업무를 관장하는 심융택 비서관에게, 이원명이 서울대병원에서 공상公傷으로 치료받게 해달라고 부탁했다. 심 비서관은 총무처 차관과 의논, 총무처 공상심사위원회에 이원명 문제를 상정하여 정신질환에 대한 공상 규정이 없음에도 불구하고 정치상황과 내외정세의 급변 시기에 공무의 연구와 집행에 정신적으로 어려움을 받는 공무원이 있을 수 있다는 상황을 가정하고 이런 정상을 참작하자는 취지의 설명을 통해 공상안을 통과시켰다.

이 파동을 겪으면서 남북한 정치접촉대책에 대한 장관의 지시는 유야무야되었다. 곧이어 7·4남북공동성명이 발표되었다. 이원명은 서울대병원에서 병증이 많이 개선되었지만, 간헐적으로 호전과 악화가 되풀이되었기 때문에 더 이상 공직생활은 어려웠다. 그는 몸 상태가 좋아졌을 때 독일로 유학을 떠났고 그의 아내와 아들은 미국으로 이민을 떠나 가정은 해체된 거나 다름없이 되었다. 그는 독일 본Bonn 대학에서 정치학박사를 취득한 후 귀국하여 한국일보사 통일문제연구소에서 일하다가 2016년 심장병으로 병사했다. 아까운 천재의 죽음이었다. 그의 박사학위 논문은 분단 한국의 안보와 통일문제 해결에 많은 시사점을 던진 좋은 논문이었다.

7·4남북공동성명과 시국의 변화

|

정홍진鄭洪鎮의 북한 방문이 대화의 큰 문을 열다

박정희는 적십자회담으로 시작된 남북대화의 통로를 열고 이 통로를 통해 북한의 김일성을 상대로 정치적 수준의 대화를 모색하였다. 나를 국토통일원에 오도록 주선해준 정홍진 선배는 적십자회담을 직접 추진하던 중 북한 측과 교섭한 끝에 자신의 카운터 파트였던 북한 측 김덕현과의 대화를 통해 직접 북한으로 들어갔다. 이후 대화의 문을 열고 중앙정보부 이후락 부장과 함께 평양을 방문, 김일성과의 대화를 나누게 되었다. 김일성은 이후락을 접견한 후 자기도 박성철 부수상을 서울로 보내 박정희를 접견하면서 대화를 나누었다. 이런 대화를 통해 남북한 간에는 역사적으로 큰 의미를 지니는 7·4남북한공동성명이 발표되었다.

7·4남북공동성명은 통일원칙으로 첫째, 외세에 의존하거나 외세의 간섭 없이 자주적으로 해결한다. 둘째, 서로 상대방을 반대하는 무력행사에 의거하지 않고 평화적 방법으로 실현한다. 셋째, 사상과 이념과 제도의 차이를 초월하여 하나의 민족으로서 민족적 대단결을 도모하여야 한다고 명시하고 이 원칙에 연해서 상호비방 중상, 무력도발 금지, 제반 교류협력의 실시, 적십자회담 협조, 남북한 직통전화개설, 남북조절위원회의 구성과 운영을 합의하는 조치가 뒤따랐다.

이 성명이야말로 한반도를 지난 28년 동안 규정해온 남북한의 냉전질서를 청산하는 중요한 합의였기 때문에 국내구조에 큰 충격을 주었다.

국회를 설득한 김종필 총리의 답변

여름 국회가 소집되었다. 7·4남북공동성명이 지니는 의미와 그것이 초래할 정치적, 사회적, 안보적 의미에 대해 궁금증이 솟아나기는 여야를 막론하고 다를 바가 없었다. 다만 여당은 당 총재인 대통령이 취한 조치이기 때문에 적극적인 질의 공세를 펴기보다는 의원총회를 통한 정부 측의 설명을 수용하는 모습이었다. 야당도 국제정세변화라는 상황의 논리 때문에 적극적인 반대에 나서지는 못하였지만, 국민들의 궁금증 해소를 명분으로 적극적인 공세에 나섰다. 민주당정부 시절 외무부 장관을 역임한 정일형 의원, 한때 지리산 토벌대장으로 명성을 날렸던 박병배 의원 등이 정부를 상대로 질의 공세를 펼쳤다. 나는 장관의 답변자료 지원을 위해 매일 국회본회의로 출석했기 때문에 당시의 질의응답 상황을 자세히 들을 수 있었다.

국회의원들은 사상과 이념과 제도를 초월한다면 그 대안이 무엇인가를 따졌고 자주적으로 외세를 배제한다면 한미동맹은 어떻게 되며 반공이라는 가치를 포기한다면 대한민국의 존립 가치는 무엇이냐고 따졌다. 또 7·4공동성명은 남북한을 각각 별개의 국가로 본다는 선택일진데 북한을 국가로 인정한다면 분단을 고정화시키는 것이 아닌가, 7·4남북공동성명이 발표되면 현재 휴전협정은 어떻게 되는 가 등 날카로운 질문이 쏟아졌다.

통일원은 정치외교정책담당관실 주관 아래 동서독의 관계변화를 염두에 두면서 분단국가에 적용되는 국제법의 일반이론을 프랑스 파리대학에서 국제법을 전공한 김준희 박사건국대 교수와 노명준 박사한국외국어대학를 통해 필요한 연구를 해두었다. 때문에 법리 문제에 관한 한 어려움은 없었다. 다행히 모든 질의는 김종필 총리를 상대로 진행되었다. 장관이 답변할 필요는 없었고 김종필 총리의 이계록 비서관에게 필요한 자료를 건네주는 것으로 내일은 끝냈다.

나는 이때 김종필 총리의 국회 답변 태도에 참으로 감탄을 금할 수 없다. 능수능란한 말솜씨도 대단했지만, 질문한 의원들의 내심을 읽으면서 질

미워할 수 없는 우리들의 대통령

의한 상대방이나 북한의 김일성에게 자극을 주지 않도록 발언 내용을 선별하면서도 제3자들이 공명하도록 답변을 풀어나갔다. "나라의 장래를 진심으로 걱정하시는 뜻에서 주신 질문 하나하나를 저 역시 똑같은 심정으로 듣습니다."고 전제를 깔고 "남북한 간에 다시 전쟁이나 무력행사나 무력도발 등이 없어지는 것이 우리 모두의 바람이라면 그러한 환경을 만들어 나가기 위해서는 상대방을 의식하지 않을 수 없고 상대방과 우리가 함께 공감할 수 있는 합의를 도출하다 보면 표현상 우리 맘에 꼭 드는 표현만을 사용할 수 없는 어려움도 있었음을 양해해 달라"는 식의 답변을 펼쳤다. 또박또박 하면서도 느린 허스키한 목소리로 어려운 질의응답을 잘 넘겼다. 3일간 계속된 질의응답을 통해 모든 문제가 다 해소된 것은 아니지만 언론에서는 김종필 총리의 답변 태도에 대해 매우 긍정적인 반응이 쏟아졌다.

청와대 유혁인 수석비서관의 당부

국회에서의 질의응답이 끝난 후 청와대 유혁인柳赫仁 정무수석 비서관은 안보 관련 부서의 실무책임자들을 청와대 강당으로 소집하고 특별 당부의 말을 전했다. 그는 이 자리에서 우리가 현시점에서 필요한 것은 7·4공동성명의 제2항 즉 "서로 상대방을 반대하는 무력행사에 의거하지 않고 평화적으로 통일을 실현한다."인데 1항과 3항은 북한 측이 요구한 사항으로서 우리가 받았지만 그렇다고 우리의 기존의 입장이 달라진 것은 아니라고 강조했다. 그는 남북한 간에 대화가 열리면 사상전은 더 치열해지기 때문에 대화도 형태를 바꾼 전쟁의 하나임을 명심하고 대외적으로는 비반공非反共이나 대내적으로는 반공사상무장을 오히려 더욱 강화해야 한다고 강조했다. 상황변동에 맞춰서 적절한 대비태세를 갖추자는 대통령의 비공개지시를 유혁인 수석비서관이 전달한 것이다. 그러나 대외적으로 비반공이고 대내적으로 반공사상무장을 강화한다는 것은 지시하기는 쉬워도 실천하기는 어렵기 짝이 없었다. 그러나 우선 통일원에서 관여했던 KBS의 대북방송 등 북한이 청취할 수 있는 매체를 통한 대북공세사항은 일단 중지시킨 가운데 국내 분위기를 이끌어갔다. 나는 통일원에서 지원해 설립한 전국 각 대학 및 언론기관 통일연구소를 동원하여 지역별로 7·4공동성명의 배경을 설명하고 관련된 조치에 협력하도록 당부하는 행사를 서둘러 조직하였다.

10

6·23선언과 대 공산권 문호개방정책의 전개

분단모순의 실현으로 분단모순을 극복한다

|

분단현실을 인정하자

대한민국은 분단이후 이날까지 한반도 내에서 유엔이 승인한 유일합법정부다. 때문에 대한민국 정부와 법통正統性을 다투는 별개의 정치체가 존재한다는 사실을 부인하는 입장을 취해왔다.[10] 북한을 정부로 인정하는 것은 분단을 고정화시키는 선택이라고 해서 이를 반대하고 헌법상 북한의 지위는 정통정부에서 분리된 반란단체, 즉 괴뢰傀儡로 규정했다. 따라서 어떤 외국정부라도 대한민국을 승인한 후에 북한을 다시 승인한다면 그 정부와는 국교를 단절

---

10 아직도 찬반논쟁이 있는 주제다. 당시 유엔총회결의는 한반도에서 국제사회를 대표하는 유엔이 승인한 유일한 합법정부는 대한민국이다. 그러나 유엔감시 하에 선거가 실시되지 않은 지역에 대한민국과 법통을 다투는 다른 정치체가 존재한다는 항목이 결의안에 포함되지 않았기 때문에 유엔이 인정한 한반도내의 유일 합법정부는 대한민국이 되는 것이다. 그러나 소련중심의 공산권에서는 북한정권의 존재를 인정했다는 것도 사실이다.

한다는 이른바 할슈타인Hallstein 원칙을 고수했다.[11] 7·4공동성명에서 대한민국이나 조선민주주의 인민공화국이라는 정식국호를 사용하지 않고 이후락李厚洛이나 북한 측의 김영주金英柱가 "상부의 뜻을 받들어"라는 표현 뒤에 서명한 것은 양자 공히 분단고정화를 피하려는, 즉 통일을 포기하지 않으려는 의지의 표명이었다.

그러나 국제정치의 현실에서는 분단의 현실 인정을 불가피하게 했고 동서독東西獨 관계도 분단현실의 인정을 전제하면서 전개되었다. 특히 독일은 분단모순을 실현함으로써 지양한다는 변증법 논리를 내세웠고 동서독의 유엔 동시 가입이 통일에 지장이 되지 않는다는 주장을 논리화시키고 있다.[12] 이러한 세계정세의 흐름을 지켜보면서 박정희는 1973년 6월 23일 한반도의 평화와 통일에 관한 대통령 특별선언을 발표하고 "통일에 방해가 되지 않는다는 전제에서 남북한이 유엔에 함께 가입하는 것도 반대하지 않는다"는 정책성명을 발표했다. 또한 체제와 이념을 달리했던 공산권 국가들에게도 문호를 개방하겠다고 선언하였다. 7·4공동성명 이후의 남북한 관계를 분단국가의 현실인정추세와 보조를 같이하면서 분단현실의 인정을 통해 분단을 지양하려는 새로운 외교정책을 펼치게 된 것이다.

김준희 교수의 반공법 위반 사건

나는 6·23선언이 발표되는 시점에 김준희 교수金俊熙, 건국대 교수의 국가보안법 위반 피고사건의 증인으로 법원에 불려 나갔다. 피고 김준희 교수의 변호

---

11 이동원 장관시절 모리타니아에 한번 적용한 바 있다.

12 브란트 수상은 동서 양독은 서로 조약을 체결하거나 유엔에 동시가입 하더라도 "눈에 보이지 않는 독일통일헌법이라는 지붕 밑에서 공존하기 때문에 서로 외국이 되는 것은 아니며 눈에 보이지 않는 통일헌법이 눈에 보이는 헌법으로 변할 때 비로소 통일이 된다"는 유명한 통일지붕국가론을 주창하였다.

미워할 수 없는 우리들의 대통령

인인 한승헌韓勝憲 씨가 나를 증인으로 불렀다. 김준희 교수는 민족통일촉진회라는 모임에서 행한 강연을 통해 남북한은 분단국가로서 법적지위가 동일하므로 남북한을 각기 남북조선으로 동격화시켜 호칭하고 박정희와 김일성도 그들이 쓰는 호칭으로 불러 동격화하였다. 그는 남북한이 유엔에 동시 가입하는 것이 옳다고 주장했다. 이것이 반공법 위반의 소지가 있다고 해서 구속된 것이다. 김준희 교수가 표현상 다소 앞서가는 주장을 피력했다고 해서, 프랑스에서 박사학위를 취득하고 건국대학교 교수였던 분을 반공법 위반으로 구속한 것은 다소 시대착오적이었다. 검사는 김준희의 이러한 언동이 국익에 부합하느냐의 여부를 나에게 물었고 변호사는 학자의 입장에서 내외정세를 분석하면서 내놓은 이런 주장과 발언은 구속할 사유가 될 수 없다고 맞섰다.

김준희 교수는 박정희의 유신체제를 비방하려는 뜻에서 논리를 펼치다가 누군가의 고발로 입건된 것인데, 발언의 중간 중간 반정부적이거나 용공적으로 몰릴 내용이 들어 있었다. 그러나 국제정세가 분단국의 현실인정추세로 흐르는 분위기와 6·23선언이라는 새로운 외교정책이 발표되는 시점에서 이런 발언을 반공법으로 다스리는 것은 상황 윤리에 비추어 부적절하다고 생각했다. 그러나 나는 국가공무원 신분이었다. 유엔 동시 가입이 국가정책으로 확정되지 않은 상황에서 김준희 교수의 주장이 국익에 합당하다고 말할 수는 없었다. 나는 국제정세의 흐름이 분단국가의 현실인정추세로 나가고 있는 것은 사실이지만 정부가 아직은 남북한 동시 유엔 가입을 국책으로 결정하지 않은 상황이기 때문에 현시점에서 국익에 합치한다고 말할 수는 없고 다소 주장이 앞서간 것 같다고 증언했다. 김준희 교수는 집행유예로 석방되었지만 나에게 섭섭한 마음이 있었을지 모른다. 나는 통일원에서 분단국가에 적용될 법의 일반이론연구를 김 교수에게 연구과제 용역을 위촉했었다.

그는 좋은 정책보고서를 내준 훌륭한 국제법학자였기 때문에 그날 증언 후 나도 마음이 아팠다.

검찰은 유신비판을 단속하기 위해 그를 입건 구속해놓고 명분을 반공법 위반으로 걸어 넣었던 것이다. 이 사건 후 그분을 다시 만나지 못해 위로의 말씀도 드리지 못했다. 결국 세상은 그분의 예측대로 돌아갔다. 그러나 모든 예측의 성공률은 타이밍이다. 한승헌 변호사는 그가 쓴 분단시대의 법정비록 法廷祕錄 가운데 김준희 사건을 다루었지만, 나의 증언에 대해서는 따로 언급하지 않았다. 한승헌 변호사는 재야법조계나 야당 인사들로부터 진실하고 성실한 변호사로 지금도 높이 존경받는 분이다.

루마니아 작가 게오르규의 통일원 방문

6·23선언으로 대 공산권 문호개방정책이 시행됨에 따라 소설 『25시』의 작가로 명성이 높은 루마니아의 게오르규가 한국을 방문하면서 통일원을 찾아왔다. 나는 유상근 통일원 장관실로 게오르규를 안내했다. 장관의 환영 인사에 이어 나는 우리 정부가 발표한 6·23선언의 내용과 필요성을 설명하고 한국은 루마니아와 인적 교류뿐만이 아니라 정부 수준의 관계 정상화의 길도 열리길 바란다는 취지를 설명했다. 그 당시 루마니아의 차우셰스쿠 대통령은 김일성의 개인 우상화 독재와 죽이 맞아 두 차례나 북한을 방문하고 김일성식 독재모델을 만드는 인물이었기 때문에 게오르규의 한마디 한마디에 귀를 기울였다. 그는 사제의 신분이기 때문에 평양을 방문한 일이 없었다고 말하고 권력에 의한 인간성의 소외현상이 일어나지 않는 나라를 사랑한다면서 한국이 좋은 민주국가로 발전하기를 염원한다고 말했다. 이어 오늘 진지한 자세로 대화를 깊게 나눠준 이李 실장 같은 분이 통일시대의 한국 지도자가 될 것을 기대한다고 덕담을 남겼다. 이 말을 들은 유상근 장관은 내가 틀림없

미워할 수 없는 우리들의 대통령

이 그렇게 될 것이라고 게오르규의 발언에 맞장구를 쳤다. 그분을 다시 만나지는 못했지만, 그의 소설 『25시』를 읽으면서 받은 감동은 그 뒤로도 줄곧 사라지지 않았다.

이용희 장관과 앙드레 퐁텐과의 대화

1977년에 이용희 장관이 통일원 장관으로 취임했다. 대학 시절 은사가 장관으로 부임해 즐거우면서도 그분의 까다로운 성미가 걱정이었다. 한국 국제정치학의 태두인 분이기 때문에 학식에서 그런 분을 능가할 장관을 모시기는 힘들 것이라며 직원들은 너나없이 큰 기대를 가졌다. 나도 이 장관의 부임을 계기로 직제개편을 통해 교육홍보국장에서 교육홍보실장으로 승진했다. 이때 프랑스의 일간 『르몽드』지의 앙드레 퐁텐 주필이 유신체제 이후의 한국 상황을 살핀다는 명목으로 서울을 방문하고 관훈 클럽에서 토론 행사를 마친 후 통일원을 방문했다. 외국인들이 방문해도 영어에 능한 이용희 장관이기 때문에 통역을 부를 필요가 없어 편했다. 이날 앙드레 퐁텐과의 대화에는 내가 배석했다. 앙드레 퐁텐의 질문에 앞서 이용희 장관은 인사말을 통해 인류역사상 개인을 역사의 주체로 발견한 것은 서양이 처음이었다고 했다. 또한 그 개인들이 창의와 권력의 주체가 됨으로써 동양사회보다 더 빠르고 큰 발전을 서양이 이루었다고 말했다. 이에 동양사회의 한 축인 한국에서도 점차 인권의 주체로서 개인의 지위가 확립되는 추세인데 이 점에서는 한국이 북한보다는 훨씬 앞서고 있다고 힘주어 말했다.

앙드레 퐁텐은 이 장관의 말에 공감하면서 화두를 안보문제로 옮겨서 질문을 던졌다. 북한에는 외국군대가 없는데 남한에는 미군이 주둔한다는 사실이 한반도 긴장의 원인이 아니겠냐는 것이었다. 상당히 날카로운 질문이었다. 이때 이 장관은 웃으면서 퐁텐 주필께서는 한반도의 군사문제를 전략

차원에서 말하는 것입니까, 아니면 행정구역 차원에서 말하는 것이냐고 되묻으면서 놀랄만한 답변을 해주었다. 이 장관은 행정구역상으로는 북한에 외국 군대가 없지만 군사전략상으로 보면 북한에는 중국과 소련군대가 상주하는 것 이상의 대군이 존재한다고 말했다. 압록강을 사이에 두고 중국최강의 심양 군구軍區의 30만 대군이 만주에 주둔하고 있으며 두만강 너머로는 소련군 극동사령부 산하에 강력한 소련군대가 전개되어 있다면서 일단 유사시를 가정한 지정학적 전략차원에서 보면 북한은 엄청난 외국군대의 엄호 하에 있다고 설명했다. 이러한 상황에서의 전략적 균형을 유지하기 위해 미군 주둔은 정당하다고 말했다. 과연 석학다운 답변 앞에 퐁텐은 더 이상 안보문제의 질문을 이어가지 못했다. 역시 통일원 장관은 아무나 하는 것이 아니구나 하는 생각이 들었다. 이용희 장관은 박정희가 시해당한 후 최규하 총리의 내각에 남지 않고 학계로 돌아간 후 무릎관절 통증을 수반하는 지병으로 고생하다가 작고하셨다.

11

더욱 강화된 권위주의 독재체제

시련의 1970년대

─

자주국방 명분삼아 비밀 핵개발

1970년대의 시작과 더불어 박정희는 내치외교에서 중요한 시련기에 봉착한다. 대내적으로는 제2차 경제개발 5개년 계획이 진행 중이었지만 국제환경으로서의 유가파동은 경제 전반에 침체를 가져왔다. 또 대외적으로는 월남이 공산화되면서 북한으로부터의 공세도 강화되었고 더 심각한 것은 아시아 주둔 미군을 감축시키고 아시아 방위의 1차적 책임을 해당 아시아 국가들에게 떠맡기겠다는 닉슨 독트린이 현실화되기 시작한 것이다. 이러한 내외상황 변동기를 맞아 박정희는 역사적으로 평가하는 데 가장 큰 영향력을 미칠 세 가지의 중요한 결정을 단행한다. 우선 경제적으로는 8·3경제조치를 단행, 모든 기업을 사채의 압력에서 벗어나도록 조치했다. 정치적으로는 유신체제를 만들어냄으로써 자기 통치에 대한 야당과 사회단체들의 간섭이나 제동 거는 행위를 적극 차단하였다. 안보 면에서는 자주국방을 명분으로 비밀리 핵 개발에 착수하면서 주한미군 철수에 대비하는 작업을 은밀히 강구했다.

앞에서도 보았지만, 박정희는 월남의 공산화, 닉슨 독트린, 북한의 4대 군사노선과 인민혁명전략이 던지는 도전 요소를 누구보다도 민감하게 의식하면서 자기 나름의 대비태세를 갖추는 데 역점을 두었다. 남북한 대결구조를 대화구조로 전환하면서도 이를 뒷받침할 국내구조를 다부지게 엮어야 한다는 군 출신다운 결단이 자기 정권의 권위주의적 강화로 나타난 시기였다.

개발독재의 제도화로서의 유신체제

|

내부태세 정비에 과민한 대응

당시 한국 상황은 독재에 의하지 않고는 내외의 어려움을 극복할 수 없다고 말하기는 어려웠다. 그러나 안보문제에서 남달리 민감한 판단과 선견을 가진 박정희는 한국 정치체제로 국가가 당면한 도전 극복이 불가능하다고 판단했다. 안보전략에서는 김일성의 머릿속을 들여다보고 있었다. 바둑에 이기려면 상대방이 놓고 싶은 점에 먼저 자기 바둑알을 놓아야 하는데, 한국의 국내 구조는 김일성에게 이용될 허점이 너무 많이 노출되어 있어 박정희는 남다른 위기의식을 가지고 상황에 대처했다.

그는 김일성의 교육계, 역사학계 침투를 차단하기 위하여 이희승 선생 등을 통해 국민교육헌장을 만들었고, 역사학계 침투를 저지하기 위해 박종홍 교수 등의 학계 원로들의 자문을 얻어 '민족사적 정통성'이 한국에 있음을 고증하기에 이르렀다. 이것은 북한의 간접침략을 막기 위한 조치들이며 아울러 대공정보수사기능을 강화함은 물론 대북사상전에 필요한 정치교육의 중요성도 강조했다.

국민들의 마음속에 이러한 안보관과 국가관을 확립하기 위해서는 서구식 자유민주주의를 한국 상황의 요구에 맞게 수정해야 한다고 박정희는 느꼈다. 이 점에서 박정희 시대는 개발독재시대라고 평할 수 있다. 이러한 의미의 개발독재의 한국적 표현이 다름 아닌 유신체제였다. 따라서 유신체제가 꼭 박정희 개인의 1인 장기집권을 위한 권력욕의 산물로만 단정 지을 수 없는 측면을 여기서 엿볼 수 있다. 물론 박정희 비판세력들은 유신이 1인 장기집권을 위한 수단이고, 뒤에 논급할 8·3조치를 재벌을 위한 특혜조치라고 말하지만 반드시 그런 것만은 아니다.

박정희는 설득을 통해 동의를 얻는 절차를 거치지 않고 자기가 판단하고 결정한 국력배양목표를 강권으로 집행, 구현하였다. 이것이 유신이요, 8.3조치였다. 결국 박정희는 역사 속에 나타난 도전과 응전의 상황 속에서 자기의 생명을 걸고 국력배양이라는 큰 목표를 놓고 역사를 상대로, 국민을 상대로 투쟁했던 것이다. 그것이 그의 인생이었다. "내 무덤에 침을 뱉어라"라는 그의 외침은 그가 살아온 삶의 궤적에 대한 자신만만한 웅변이었다.

10월 유신으로 그간 박정희를 옥죄던 국회는 해산되었고, 그는 통일주체국민회의를 통한 체육관 선거를 통해 제8대 대통령에 당선되어 자기가 추구한 목적의 왕국을 향한 국력 조직화에 박차를 가했다.

자주국방을 위한 중화학공업 추진

국군 현대화의 필요성

한반도에서 전쟁이 재발하는 것을 근본적으로 막기 위해서는 국군의 현대화가 필수적이다. 군수산업을 지원할 중화학공업을 일으키지 않으면 자주국방과 국군의 현대화는 불가능했다. 박정희는 그간 가발이나 신발, 장난감, 섬유 제품 등 경공업 제품만 생산하는 실력으로는 자주국방을 위한 국군의 현대화 달성이 어렵다고 판단했다. 철강산업과 더불어 중화학공업을 일으키고 이를 위해 고속도로와 항만 확충이 필요하다고 생각했다. 그러나 이러한 사업의 필요성과 중요성을 국민들에게 납득시키고 동의를 얻어 사업을 추진하기는 사실상 불가능했다. 그 당시 한국의 발전 수준이 2018년 정도의 수준이었다면 국민들은 중화학공업을 향한 투자의 필요성에 쉽게 공감했겠지만 60년대에서 70년대로 옮아오는 시기의 한국에서는 정치 지도자들의 지적 수준이나 국민들의 수준이 장기적이고 거액이 소용되는 사업 프로젝트를 이해하고 지지해줄 정도는 아니었다.

야당들은 한일국교 정상화를 시도하면 매국노로 몰아세웠고, 월남파병을 추진하면 젊은이들의 피를 팔아먹는다고 비판하는 수준이었다. 고속도로 건설을 반대하기 위해 김대중과 김영삼이 거리에 드러눕는 연좌데모를 벌였다는 사실은 과장이 아니라 진실이었다. 정치학자들이 말하는 이른바 '반지성적反知性的 피로감'을 불러일으키는 이런 열등한 수준의 정치 지도자들에게는 동의나 이해를 구하기보다는 강압이 훨씬 더 효과적인 국력배양 방법이라고 박정희는 생각했다.

박정희는 설득과 동의를 구하는 길을 택하지 않고 국력배양을 통한 자주국방 능력 확보라는 큰 목표를 이루기 위해 자기가 옳다고 생각하는 길을 가기로 작심했던 것이다. 독단일 수도, 독선일 수도 있는 길이었다. 박정희는 선택이 잘못된 경우에는 "내 무덤에 침을 뱉어도 좋다"라는 결의를 가지고 국력배양의 길로 내달렸다. 닉슨 독트린 이후를 내다보는 핵 개발을 위해서 절대로 필요한 것이 중화학공업의 발전인데 이런 야심 찬 구상을 여야가 대화로 풀어갈 상황은 아니었다. 안보도 여야 협력보다는 박정희의 일방적 과업으로 추진, 어느 고지까지는 올라가야 한다는 것이 그의 국군 현대화의 꿈이었다.

외자도입의 적극 추진

그는 우선 경제면에서는 정부보증으로 장단기 외자를 과감히 도입했다. 국내 기업들은 외국으로부터 차관을 도입할만한 신용의 축적이 없기 때문에 정부의 지불보증이 필요했다. 정부보증으로 도입된 외자를 기업들에 할당해주면서 자본의 회임기간이 긴 중화학공업을 선정, 발전시키도록 요청했다. 사실상의 관치금융을 실시한 것이다.

박정희는 그간 본원적 자본축적이 없는 상황 속에서 제1차 경제개발 5개년 계획을 수립했는데, 기초재원은 한일국교 정상화를 통해 조달한 청구권 자금과 정부보증의 외자도입, 부정축재자들로부터 환수된 자산이었다. 그러나 한 차원 더 높은 중화학공업을 추진하는 데는 재원이 태부족했다. 외자도입을 포함한 내외의 재원을 총동원한 투자를 통해 새로운 생산도시로 포항, 울산, 창원, 구미 등을 건설, 수출입국에 매진했다. 다행스럽게도 월남 파병에 의한 월남전 특수로 부족한 재원을 매워가면서 고속도로와 항만을 닦는 기간산업을 밀고 나갔다. 잘 살기 운동으로 시작된 새마을운동을 통해 국민들의 자발적 참여를 유발, 생산비용, 건설 비용을 절감하는 효과를 얻어냈다. 그러나 투자 확대를 뒷받침할 재원부족문제는 결코 쉽사리 해결되지 않았다.

8·3경제의 안정과 성장을 위한 대통령 특별명령 15호 발령

|

닉슨의 환율쇼크 세계 경제 흔들다

위에서 본 내향적 경제개발 노력도 외부의 두 가지 새로운 도전 앞에서 비틀거리기 시작했다. 첫째는 1971년 8월 15일 닉슨 미국 대통령이 달러화에 대한 금 태환을 중지하고 변동환율제를 시행키로 결정하는 환율 쇼크가 세계경제를 강타했다. 애써 벌어들인 달러화의 가치가 급전 강하하였다. 이 때문에 중화학공업처럼 자본의 회임기간이 긴 업체들은 과잉투자로 인해 경영난에 허덕였으며 급기야는 자금난으로 부도 위기에 처했다.

기업들은 할당된 외자와 금융기관에서 차입한 자금보다 늘어난 자금 소요 때문에 사채 부담이 갈수록 커졌다. 정부는 결국 자주국방의 기틀인 군 장비 현대화의 기반 조성을 위해 추진하고 있는 전략방위 산업 계획을 포기할 것인가 아니면 변칙적 방법이긴 하지만 사채동결이라는 반시장적 조치를 통해 난국을 극복하면서 시간을 벌 것인가를 놓고 고민했다.

결국 박정희는 1972년 8월 3일을 기해 "경제의 성장과 안정에 관한 대통령 특별명령 15호"를 발령했다. 모든 신고된 사채는 상환을 동결하되 3년 거치 5년 상환토록 하며 사채를 투자로 전환했을 경우 해당 액수만큼 면세조치를 하는 획기적 조치를 내렸다. 이 조치로 기업들은 부도 위기에서 벗어났다. 정부는 부도 위기를 모면한 기업들에게 공개를 요구, 66개 기업이 공개에 응했으며 향후 355개 기업의 주식이 상장되어 증권업을 육성할 토대를 마련했다. 나아가 사채업자들에게는 350개의 상호신용금고를 만들도록 유도하여 제2 금융권으로 끌어들이는 조치를 취했다. 사채동결은 분명히 독재적 결정이다. 국민들과 이해관계 당사자들의 저항이 조직화된다면 성립이 불가능한 조치였다. 박정희는 국민들의 이해와 동의를 구하는 절차 없이 야당의 강력한 반대에도 불구하고 사채를 동결하는 반시장적, 반자본주의적 결단을 통해 한국을 근대화시키고 국군 현대화를 추진할 대장정을 지속할 수 있게 되었다. 이를 통해 고속도로, 중화학공업, 새로운 수출 공업도시, 국민의료보험공단 등이 만들어졌다. 도처에 그린벨트를 설치, 국토의 녹지 환경을 보전하는 조치가 이울러 강구되었다.

동결된 사채는 서민 저축이 아니었다

회고하자면 8·3조치 상호신용금고로 편입되지 않은 대부분의 사채는 재벌 자신들의 것으로 기업의 자본 부족을 자기 돈으로 메꾸고 필요한 사채 장사를 스스로 한 경우가 대다수였다. 그래서 기업은 망해도 기업가는 살아난다는 말이 퍼졌다. 또 정치인들은 부정으로 벌어들인 돈을 대기업들에게 맡겨 놓고 연간 30% 이상의 높은 이자를 챙기는 경우도 상당히 많았다.

　서민들이 한 푼 두 푼 모은 돈이 재벌 기업에 사채로 들어가 동결됨으로써 서민들을 울렸다는 주장은 선동으로써는 성립해도 결코 사실이 아니었다. 재벌기업에 돈을 꿔줄 만큼 여유 있는 서민들은 거의 없었다. 재벌그룹에 돈을 넣는 큰 손들은 재벌 자신의 개인 돈이거나 정치인들이 부정으로 축적한 돈이었음이 사채 신고를 통해 밝혀졌고 이들 자금의 대부분은 출자出資로 전환되었다.

국내외로 번지는 반유신 운동

유신체제에 대한 국민들의 저항은 만만치 않았다. 김대중은 일본에 망명하다시피 동경에서 체류하면서 반유신反維新 활동을 펼쳤다. 중앙정보부가 친북 세력으로 조사하고 있던 한민통1973.8.13일 동경에서 재일한국인이 결성한 한국민주통일연합과 제휴하면서 반유신 선동에 앞장섰다. 중앙정보부장 이후락은 김대중을 납치, 한국에 끌어오려다가 미국 정보기관의 개입으로 실패했다. 이 사건으로 한일관계가 극도로 악화되었고 인권문제를 들고 나오는 미국과이 관계도 좋을 리 없었다. 특히 이 사건을 계기로 7·4남북한공동성명 이후 개선되기 시작했던 남북관계도 다시 단절되었다. 김일성이 김대중 납치사건에 분노한다면서 남북대화를 단절한다고 선언했기 때문이다. 남북조절위원회 협상도 깨졌다.

육영수 여사 피습 절명

이런 상황에서 박정희는 유신체제로 제8대 대통령에 당선된 후 두 번째로 광복 44주년을 맞게 되었다. 청와대 김성진 대변인동양통신 시절부터 나와 친밀한 관계였음은 나의 필력을 평가해서 중요한 때마다 대통령 연설문을 초안해달라고 부탁했다. 나는 통일원 교육홍보 국장이었지만 김성진 대변인의 부탁을 흔쾌히 수락하고 나름대로 구상해 연설문 초안을 몇 년째 쓰고 있었다. 광복절 대통령 연설은 통상 5분이었다. 그러나 나는 해외 동포들에게 대통령이 연설을 5분정도로 한다는 것은 너무 싱겁고 밋밋하기 때문에 적어도 10분으로 연설 시간을 늘리는 것이 좋겠다는 의견을 제시했다. 김 대변인도 흔쾌히 수락했고, 10분이 소요될 연설문을 기초했다. 기초한 연설문은 대변인실 내부검토와 대통령의 의견을 구해 최종 확정되기 때문에 나의 초고가 몇 % 반영되어 있는지 연설을 들어봐야 알 수 있었다.

8월 15일 아침, 나는 집에서 TV를 통해 국립극장에서 열리는 광복절 행사를 지켜보고 있었다. 연설이 시작되자마자 총성이 울렸다. 박종규 경호실장이 총을 빼 들고 박 대통령을 연단 밑으로 머리를 숙이도록 한 후 뛰쳐나가는 모습을 보았다. 그때 육영수 여사가 문세광의 흉탄을 맞고 절명했다. 그 순간 내 머릿속에는 1·21사태가 연상되면서 김대중 납치사건에 대한 보복으로 김일성이 테러범을 한국으로 들여보내 일을 저지른 것으로 느꼈다. 정부는 문세광으로부터 배후를 밝혀내는 데 실패했다. 결국 문세광은 테러범으로 법의 심판을 받고 형장에서 사라졌다. 나는 육영수 여사가 돌아가신 후 대통령 연설을 10분으로 늘리자고 건의한 일이 마음에 걸렸다. 마음이 아팠다. 나는 육 여사의 사망에 직접 연관은 없지만, 연설 시간을 늘리자고 한 건의가 불행한 사고의 원인이 아니었을까 하는 생각 때문에 남모를 아픔을 느꼈다.

미워할 수 없는 우리들의 대통령

국군 현대화 계획의 추진 발전

박정희가 추구한 자주국방에의 길은 1971년부터 1976년까지 6개년의 국군 현대화 계획으로 구체화되었다. 재래식 무기 분야에서 대북 우위를 추구하는 국군 현대화 계획은 정부가 대기업들과 제휴해서 대규모로 확대해나간 중화학공업 건설로 구체화되었다. 대기업들은 대통령이 강조하는 군수산업 참여로 중화학공업 해당 분야를 분담 추진했다. 현대, 삼성, 두산, LG그룹 등이 신무기와 군 장비의 주요부품을 생산하면서 군수품의 수출도 병행했다. 공무원들에게는 방위산업 시찰행사가 국방부와 총무처 주관 하에 실시되었다. 나도 창원 등지를 시찰하면서 자주국방의 토대가 수출을 동반하면서 추진된다는 사실을 알고 흐뭇한 심정이었다.

역사에 가정법이 없다지만 만일 박정희나 그와 비슷한 철학과 경륜을 가진 분이 대통령으로 선출되어 대한민국의 오늘을 이끌었다면 북한이 핵과 미사일로 오늘날처럼 한국을 괴롭힐 수 있을까를 자문해본다. 박정희 시대에 북핵문제가 일어났다면 한국은 어떻게 대처했을까를 놓고 여러 가지로 깊은 생각에 잠기기도 했다. 박정희는 북한이 국제사회의 반대를 무릅쓰고 핵무장 하는 것을 결코 방치하지는 않았을 것이다. 이스라엘이 이란과 시리아의 핵무장 시설공작을 정보로 확인한 후 직접 공군작전을 통해 폭격, 제거했다는 것은 잘 알려진 일이지만 북한의 핵무장 기도를 아는 순간부터 한국의 대응은 특공대를 편성, 북 핵의 실력제거냐 아니면 독자적 핵 개발이냐의 양자 중 하나를 반드시 택했을 것이다. 박정희는 혁명가적 생사관을 가진 인물이었기 때문에 계급은 육군 소장이었지만 박정희가 달고 있는 별은 요즈음 유행어로 회자되는 '똥별'이 아니었다. 그는 1·21사태 때도 상응 보복을 획책했지만, 미군의 만류로 참았다. 북 핵은 1·21사태와는 비교도 안 될 만큼 심각한 도전이었다. 미국의 만류에 눌려 주저앉을 박정희가 아니었다. 나라의 사활이 걸린 문제였기 때문이다. 그러나 박정희 집권 당시 김일성은 핵 개발로는 도전하지 않았다.

이때 미국은 닉슨 독트린을 발표, 아시아 주둔 미군을 대규모로 철수하고 아시아 각국의 방어는 아시아인들의 손으로 막는 것이 일차적인 책무라고 강조하였다. 박 대통령은 닉슨 독트린의 내용을 보고 받고 나서 즉각적으로 "그렇다면 우리도 핵 개발에 나서지 않을 도리가 없군" 하였다는 것이다. 우리도 감연히 독자적으로 핵무장을 통해 안보 상황에 대처해야 한다고 판단을 내린 것이다. 지금의 '똥별'들 같으면 상상도 못 할 결단을 했던 것이다.

그러나 남북한은 어느 면에서든 안보 상황에 중요한 변동이 발생하면 핵 개발을 반드시 검토했던 것으로 보인다. 박정희가 닉슨 독트린 이후 핵 개발을 생각했듯이 북한에서도 유사한 측면이 있었던 것 같다. 1989년 12월 세바르드나제 소련 외상이 북한을 방문, 한국과 소련이 수교하게 되었음을 통보하자 북한 최고인민회의 의장 김영남은 세바르드나제에게 "우리도 그렇다면 핵무기를 만들 수밖에 없다"고 노기에 찬 목소리로 응답했다는 이야기가 세바르드나제 회고록에 들어있다. 결국 외부로부터 받는 안보지원역량 상에 변동이 생길 때 등장하는 대안이 핵무장인 것 같다.

핵 개발 시도와 미국의 전면견제

박정희는 닉슨 독트린 발표 이후 자주국방을 위한 국군 현대화 작업과 방위산업건설에 박차를 가하는 한편 자주국방의 최종형태로 핵 개발이 포함되어야 한다는 생각을 굳혔다. 1975년 6월 20일자로 중화학공업추진위원회의 오원철吳源哲 수석비서관에게 핵 개발을 적극 추진하도록 지시한 것으로 알려졌다. 나는 중학교 후배인 신선호申善浩, 율산그룹 회장으로부터 자기 형인 신은호申殷浩, Earnst Shin 박사가 정부로부터 초청받았다면서 프레스센터 지하식당에서 만나자고 연락이 왔다. 신은호 박사는 카네기공과대학에서 원자물리학 분야의 세계적 석학으로 노벨상 후보로 추천될 만큼 명성 있는 분이었다. 고향 선배요, 친구의 형인 그분을 만나 보기 위해 프레스센터로 달려갔다. 신은호 박사는 정부의 초청은 받았지만 초청이유를 충분히 설명 듣지 못하고 귀국한 상황이었다. 나는 이에 일단 유혁인 청와대 정무수석에게 신 박사가 귀국한 사실을 보고하고 그를 접견하도록 주선했다. 유혁인 수석은 자기의 소관은 아니지만 필요한 조치를 취하겠다고 말하고 나에게 이 문제에 대해 더 이상 관여하지 말라고 암시해 주었다. 나도 짚이는 감이 있어 더 이상 연락하거나 주선하기를 그만두었다. 신 박사는 정부와의 협의를 통해 핵융합연구소를 설치하기로 하고 필요한 설계도면을 가져오기 위해 미국으로 돌아갔다. 그는 미국에 도착하자마자 미국정부의 요원들에게 공항에서 연행되어 간 후 다시 한국에 돌아오지 못했다고 한다. 미국의 견제와 감시는 우리의 상상을 초월할 만큼 심했다. 『무궁화 꽃이 피었습니다』라는 김진명의 소설은 픽션이지만 미국이 한국의 핵 개발 저지에 나서는 시나리오의 일면을 보여준 점에서 시사하는 바가 컸다고 생각한다.

박정희의 지시에 따라 대전 에너지연구단에서는 국내 전문가들로 핵 개발을 위한 팀을 구성해 작업이 시작되었다. 그러나 미국의 감시원들은 수시로 에너지연구단을 드나들면서 한시도 감시의 눈을 떼지 않고 견제와 저지에 총력을 기울인 것으로 알려졌다. 연구는 상당한 진전을 이루었고 필요한 도면제작도 끝난 단계에서 박정희가 시해당했던 것이다. 이때부터 핵 개발 사업은 중단되었고 전두환 정권에 와서 한국의 독자적인 핵 개발과 장거리 미사일 제작 계획은 한미합의로 백지화되었다. 이 부분은 전두환 편에서 다시 관련 부분을 살핀다.

카터 대통령의 인권 압박

박 대통령을 향한 국내의 유신체제 반대운동은 대학가가 중심이 된 학생들의 동요를 제외하고는 정치권에서의 큰 저항은 약했다. 미국에서는 카터 대통령 당선을 전후하여 박 대통령에 대한 인권 압력이 가중되었다. 카터 대통령은 당선 직후부터 박정희의 모든 정책을 인권 억압 측면에서만 평가했다. 그는 한국을 밀착 방어하기 위해 미군이 한국에 주둔하는 것이 인권 억압 정권을 옹호하는 결과를 초래한다고 판단, 주한미군 철수계획을 공언하면서 부분 철군을 단행하였다. 그는 침례교회의 신자로서 미국의 아시아전략이나 주한미군이 아시아에서 갖는 미국 국익을 위한 전략적 의미에 대해서는 문외한이었다. 여기에 셀리그 해리슨Selig S. Harrison이라는 워싱턴포스트The Washington Post지의 동북아지사장을 역임하고 북한을 여러 차례 방문, 김일성과 친하게 지냈던 친북성향의 미국 언론인이 카터 대통령과 친밀한 관계를 유지하면서 반한감정을 주입시켰다고 한다. 이런 요인 외에도 카터는 박정희의 중화학공업 노선이나 핵무기에 대한 선호 태도들을 경계하면서 박정희에 대한 인권 압박을 강화했다.

1979년 6월 카터는 서울을 방문, 한미정상회담을 가지면서 주한미군 철수카드를 꺼내 들었다. 그러나 박 대통령은 월남전 참전 시 한미 간에 합의된 브라운 각서를 내놓으며 철군 반대 입장을 분명히 하고 카터와 격렬한 논쟁을 벌였다고 한다. 이 사건으로 한미양국 관계는 냉담해졌다. 카터 대통령이 방한하고 5개월 후에 중앙정보부장인 김재규가 박정희를 시해한 사건이 일어났다. 이 때문에 김재규의 대통령 시해 배후에 미국의 작용이 있었을 것이라는 루머는 아직도 나돌고 있다. 결국 박정희는 부인이 피살된 지 5년 만에 자기도 가장 신뢰했던 중앙정보부장의 손에 시해당하는 운명을 맞이했다. 쿠데타를 통해 한국 근대화의 토대와 자주국방의 기틀을 다져왔던 박정희는 국력배양과 국군 현대화를 위한 업적에도 불구하고 국내외에서 나날이 성숙하는 독재혐오의 분위기와 인권신장 요구 속에서 비참한 최후를 맞이했다.

12

후대를 위한 국력배양에 헌신한 지도자

국민섬긴 '민족주의자' 박정희

나는 한국 현대사를 회고할 때 우리 국민들에게 큰 빚을 남긴 몇몇 정치지도
자들이 항상 머리에 떠오른다. 그중 한 분으로 올해로 타계한 지 39년을 맞는
박정희를 꼽지 않을 수 없다. 그는 우리 국민들이 오늘날 누리는 경제발전과
국력신장을 피부로 느끼게 해준 큰 지도자였다. 또 초대 이승만 대통령 역시
'유엔 감시 하의 자유총선거 방식으로 대한민국을 수립'하고, 자유민주주의
와 시장경제를 바탕으로 국가건설을 추진하고, 6·25전쟁 위기를 극복하여 국
권을 수호하고, 한미방위동맹을 맺어 한국 안보가 실현될 여건을 마련함으로
써 대한민국의 국가적 정통성을 확립한 점에서 그 기여가 크다고 본다.

모든 인간이 다 그러하지만, 정치지도자들 역시 누구를 막론하고 장점이
있으면 단점이 있고 공로가 있으면 과오가 있기 마련이다. 역사는 다만 장단
점의 구성비, 공과 과의 구성비를 놓고 그의 성패를 평가하는 것이다.

박정희는 비록 권위주의적 통치를 한 점에서 독재자라고 비난하는 사람

262   미워할 수 없는 우리들의 대통령

들이 많지만, 시종일관 국민을 주권자로 섬긴 점에서는 민주주의자였다고 믿는다. 그는 장면 총리나 민주당정권 사람들처럼 서방적 의미의 민주주의에 매달리지 않고, 한국적 현실의 요구에 맞게 민주주의를 잘 응용한 지도자였다. 민주주의 앞에 '한국적'이라는 어두를 붙인 것이 민주주의의 왜곡이나 변질이라고 비판하는 사람들도 있지만, 그것이 국민의 권익 실현에 꼭 필요한 국력배양의 길이었기에 그는 "내 무덤에 침을 뱉어도 좋다"면서 민주주의를 한국의 실정에 맞게 추진했다. 민주주의 앞에 '교도教導'나 '기초'같은 어두를 붙인 정권들이 그 후 걸어온 길을 보면 하나같이 사적치부私的致富나 개인의 입신양명 수단으로 민주주의를 왜곡하고, 권력을 남용했다. 중남미의 소모사 대통령, 프랑수아 듀바리에, 트루히요, 앵크루마, 서남아시아의 야히어 칸은 하나같이 자기 나라의 부를 모두 독재자 개인의 소유나 가족들의 소유로 만들어 해외로 빼돌린 국가 지도자들의 이름이다.

이런 나라들은 개발독재라는 말조차 쓸 수 없는 부패한 나라였다. 그러나 박정희는 권력을 결코 사적 치부의 수단으로 삼지 않았고 후대를 잘 살게 할 국력배양의 수단으로 삼은 지도자였다. 국가안보를 튼튼히 다진 지도자였다. 이 점이 중남미나 아시아, 아프리카, 중동국가의 독재자들과 한국의 박정희를 근본적으로 구별하는 점이다. 오늘날 한국 국민들은 이 사실을 인정하기 때문에 어떠한 여론조사에서도 박정희는 가장 큰 업적과 일을 많이 한 대통령으로 평가된다. 종북 성향의 정치인들과 일부 종교인들만 예외일 뿐이다.

'나 아니면 안된다' 함정 빠져

박정희도 모든 권력자가 걷다 실패한 장기집권의 함정에 빠졌다. 자기 아니면 국력배양이 안된다는, 자기 아니면 국가안보가 실현되기 어렵다는 '자기 존재의 필수 불가결 설'의 함정에 빠졌다. 3선 개헌과 그것을 넘어선 유신체제를 위한 정치공정政治工程은 박정희와 국민과의 거리를 떼어놓았다. 그를 향한 국민의 존경과 지지를 저항과 증오로 바꾸는 정치과정이 시작되었다. 국민지지를 창조하기 위해 많은 설득과 공작이 전개되었지만, 국민은 쉽사리 넘어가지 않았다. 논어에 "民至愚 不可欺者 民也, 民至弱 不可勝者 民也"라는 말이 있다. 즉 "백성은 지극히 어리석으나 가히 속일 수 없는 것이 백성이요, 백성은 지극히 약하나 가히 이길 수 없는 것이 백성이다"는 것이다.

지금부터 39년 전에 일어난 10·26사태는 박정희라는 혁명가가 걸어야 할 필연의 길인지도 모른다. 그러나 그의 이러한 문제점에도 불구하고 그가 한국의 발전에 미친 기여와 공헌은 결코 부정되거나 과소평가되어서는 안 된다. 실패로 끝난 그의 핵 개발도 마찬가지다. 그러나 간과해서 안 될 사실은 박정희 키즈Kids들의 집권이라고 해도 좋을 제5공화국이 탄생했기 때문에 박정희와 그의 업적이 역사 속에서 짓밟히지 않고 살아남게 되었다는 사실이다.

박정희 키즈 제5공화국 출현

박정희 시대 말기는 경제적으로 매우 어려웠고, 그가 중화학공업을 일으키기 위해 단기 차입으로 비싼 외자를 도입한 것은 실로 위험한 도박이었다. 모든 외자가 정부보증이었기 때문에 반드시 갚아야 할 외채였다. 그러나 비싼 외자로 세운 공장들이 거의 가동중단 상태에 빠져 있었다. 외자의 원리금을 갚기 위해 돈을 외국에서 더 빌려와야 하는 것이 경제 관료들의 일상이 될 만큼 상황이 매우 어려웠다. 제2차 석유파동의 여진은 한국 경제의 어려움을 한층 더 가중했다. 또 정치판은 시해로 끝난 박정희 이후의 권력을 잡기 위해 이른바 3김 씨 중심의 선동정치와 각 분야에서 솟구치는 혼란과 갈등은 한국의 내일을 점칠 수 없을 만큼 심각한 상황으로 몰고 갔다.

미워할 수 없는 우리들의 대통령

박정희 시해 사건의 수사 과정에서 김재규 시해 음모에 동조했다는 이유로 정승화 육군참모총장이 군 수사당국에 체포된다. 이 사태를 주도한 전두환 세력의 권력 장악 공작이 성공하였고, 3김 씨의 영향력은 차단되었다. 결국은 박정희 키즈로 불릴 군부의 새로운 지도자들이 정권을 장악했다. 제5공화국이 수립된 것이다. 제5공화국은 박정희가 벌여놓고 끝맺지 못한 중화학공업을 되살려 한국 공업화의 수준을 한 단계 더 높이 끌어올리고 군국 현대화 과업을 이어받아 이를 발전시켰다. 또 갚지 못한 엄청난 외채들을 모두 갚았기 때문에 박정희가 해온 일들이 업적으로 평가되어 오늘날까지 역사로서 빛나고 있는 것이다. 한국 경제가 외채망국론을 털고 나와 외채를 상환하고 원조 받던 나라에서 원조를 제공하는 나라로 바뀐 것은 제5공화국의 성공 때문이다. 제5공화국의 성공이 없었다면 박정희의 업적도 큰 빛을 보지 못했을 것이다. 여기에서 역사의 연속과 단절문제를 항상 새롭게 음미해 볼 가치가 있지 않을까.

4·19혁명과 5·16쿠데타의 관계

4·19혁명은 흔히 민주혁명이라고 한다. 물론 4·19의 시작과정이나 동기, 또 궁극적인 지향 점에 민주화의 의지가 포함된 것은 사실이다. 그러나 그것만이 전부는 아니었다. 젊은 대학생들이 앞장선 가운데 전 국민을 한목소리로, 한 방향으로 뭉쳐 궐기하게 한 참된 동기는 무엇이었던가. 거기에는 근대화를 통한 빈곤퇴치, 권력형 부정부패의 척결, 분단시대의 극복과 통일이라는 염원이 하나로 뭉뚱그려져 있었다. 따라서 서구적 의미의 민주주의를 위한 혁명이라기보다는 민주화를 명분 삼으면서 '부패 없고 잘사는 통일국가를 만들자는 국민혁명'이 바로 4·19혁명이었다고 나는 주장한다.

돌이켜 볼 때 4·19혁명이 원했던 바로 그 요구와 열망이 5·16쿠데타의 과업수행을 통해서 하나씩 실현되어 왔다. 이 점에서 4·19와 5·16은 그것이 발생한 시간과 공간으로 보아 결코 갈등관계나 대립관계가 아닌 상호보완관계로 파악되어야 한다는 것이 나의 일관된 주장이다. 나의 이러한 주장은 비교정치학연구를 통해 한국의 발전 방향을 나름대로 진단한 데서 내린 결론이다. 4·19혁명과 5·16쿠데타를 상호보완관계에서 파악해야 비로소 4·19혁명이 역사에서 살고, 이 혁명에서 목숨을 잃은 180여 명, 영령의 넋에 올바로 보답하는 길이라고 생각한다.

마치면서

사물에 대한 역사의 평가는 고정된 것이 아니다. 박정희가 구축해놓은 국가발전방식은 이제 새로운 도전을 받고 있다. 박정희 형 국가발전방식의 추동체推動體는 한국의 우수한 관료집단이었다. 그러나 이 집단은 상황에 따라 과제가 바뀌면서 그 존재와 기능의 재검토를 요구받고 있다. 더 이상 관료는 국가발전을 추동할 유일한 집단이 아니다. 더 이상 권위주의적일 수 없게 되었고 사회의 다른 부분보다 능력이 더 뛰어나다고 평가받기도 어렵다. 기회와 능력의 평준화 시대는 관료집단도 수많은 샐러리맨 집단의 하나에 지나지 않는다.

현재는 통치의 시대가 아니고 협치協治, Governance의 시대다. 관료, 정당, 분야별 전문가, 시민단체, 언론기관들이 서로 협력해야 국가운영이 가능한 시대로 변했다. 통치형 엘리트로는 국가경영이 힘든 시기가 된 것이다. 국가가 모든 정보를 독점하던 시대도 지나갔고 필요한 정보를 모두가 공유하는 시대의 문이 열렸다. 국가가 여론을 조장하는 시대가 아니고 전 국민이 여론을 만들고 전파하는 인터넷과 디지털 시대, 즉 사물 인터넷의 시대이기 때문이다. 이제 국가의 성격을 독재냐 아니냐를 놓고 따진다는 것 자체가 무의미

미워할 수 없는 우리들의 대통령

하다. 민주화를 향한 변화가 아니라 민주화 선상에서 변화가 치솟고 있는 시대이기 때문이다. 지난 시기에 내 서가를 채웠던 민주주의 서적들은 이미 용도 폐지된 지 오래다. 희미한 옛 애인의 추억처럼 서가에 꽂혀 있을 뿐이다.

지금은 모든 부정, 부패와 비리를 은폐하기 힘든 개방사회다. 관료 부패의 청산과 관피아 척결이 시대적 요구로 등장했다. 협치의 시대에 맞는 국가 운영의 리더십이 요구된다. 4·19혁명의 주제나 5·16의 주제는 이제 더 이상 우리 시대가 추구해야 할 변화나 발전의 가치가 아니다. 이러한 추억을 넘어서서 새로운 시대를 내다보는 지혜가 요구된다. 4·19와 5·16 이후 반세기가 지난 시점에서 우리는 또 다른 시대, 남북한의 새로운 공존 시대의 출현에 대비해야 한다.

우리는 너나없이 행복하기를 추구한다. 그러나 지구촌의 어느 나라에서 태어나느냐가 행복의 첫째 조건이다. 주권이 국민에게 있는 나라에 태어나는 것이 주권이 당에 있거나 일인 독재자의 총구에 있는 나라에서 태어나는 것보다 더 행복하다. 또 교통, 통신의 발달로 우리가 사는 현재는 국가의 테두리가 국민을 철저히 구속하지 못한다. 교육의 국경, 경제의 국경, 문화의 국경도 점차 사라지거나 약화되고 있다. 북한처럼 거주이동의 자유를 제한하면서 국가를 탈출하려는 자들을 반역죄로 다스리는 한계국가限界國家도 점차 사라지고 있다. 결국 4·19와 5·16을 거쳐 발전해 온 우리나라야말로 국민이 행복하게 살아야 할 궤도를 깔고 앞서가는 국가의 대열에 끼어 있다. 이 길을 여는 데 공헌한 이승만, 박정희 두 분 대통령의 리더십에 우리는 큰 빗을 지고 있다. 그분들의 명복을 빈다.

제3편

대한민국을 웅비시킨 대통령

전두환 대통령

1

곁에서 본 대통령 전두환, 인간 전두환

필자는 전두환全斗煥 대통령의 전기傳記나 평전評傳을 쓰기 위해 펜을 든 것이 아니다. 앞에서 쓴 이승만 대통령이나 박정희 대통령은 고인이며 본인의 회고록을 남기지 않았다. 또한 그 부인들도 자서전을 남기지 않았다. 그러나 전두환 대통령은 세 권으로 된 자신의 회고록을 썼고, 평소 꾸준히 일기를 쓰는 습관 때문에 본인이 남긴 기록이 많다. 그는 조선시대의 사관史官만큼은 못해도 그에 비견할 통치사료담당비서관統治史料擔當祕書官을 대통령 비서실에 처음으로 설치했다. 그리고 기록물을 항상 유지, 관리했으며, 이러한 이유로 그가 직접 집필에 관여하여 만든 회고록을 능가할 저술이 나오기란 힘든 일이다. 그러므로 당시의 시대상이나 사료가치에 중점을 둔다면 회고록이나 그의 부인 이순자 여사의 자서전을 읽는 것으로 족할 것이다.

그러나 내가 이 글을 쓰는 것은 그분을 제3자의 관점에서 지켜보면서 내나름대로 매긴 채점표를 가지고 그 분의 공과 과를 평가해보기 위해서다. 강원도 속초에서 보는 금강산의 모습과 원산 쪽에서 보는 금강산의 모습이 다

미워할 수 없는 우리들의 대통령

르듯, 보고 느끼는 사람의 가치관이나 입장에 따라 지도자에 대한 인물 평가는 항상 달라질 수 있기 때문이다.

대한민국 제11대 대통령과 제12대 대통령을 역임한 전두환 대통령이하 존칭 생략은 내외 모두 현재 생존해 계시고 특히 전 대통령은 내가 한때 민주정의당 총재 비서실장으로 비교적 가까운 거리에서 보좌했던 분이다. 이런 개인적인 관계 때문에 나는 다른 사람보다 비교적 그를 잘 이해하고 있다. 이 때문에 인물 평가에서 아주 객관적일 수만은 없다.

그러나 나는 대학에서 정치학을 전공한 자로서 가능한 한 객관적 입장을 유지하려고 노력하였으며 또 한국 정치가 흘러온 역사의 맥락을 살피면서 그가 정치적으로 책임을 져야 하는 시대가 갖는 의미를 나름대로 정의해 보았다.

경제·민주 발전 숙제남긴 이승만

전두환 편을 쓰기 전에 탈고한 이승만은 한국이 전 민주주의 시대에서 민주주의 시대로 옮아오는 과도기 시대의 대통령이었다고 평가한 바 있다. 이승만은 해방 직후의 혼란과 남북한 간에 치열하게 전개된 사상전을 뚫고 대한민국이라는 나라를 세우는 건국 과업을 달성했다. 그러나 세운 나라를 민주적으로 발전시키는 데에는 열악한 조건들이 많았다. 문맹률은 87%였고 1인당 국민소득도 35달러에서 50달러를 밑돌 만큼 어려웠다. 민주국가를 세울 경제적 기초가 너무 취약했던 것이다. 여기에 세계 각지에 흩어져 있던 동포들도 해방된 조국을 찾아 밀물처럼 몰려 들어왔다. 게다가 정부 수립 후 2년도 못 되어 김일성의 남침으로 동족상잔의 전쟁이 발생했다. 이때 유엔은 유엔의 감시와 결의로 탄생시킨 대한민국을 침략으로부터 지키기 위해 16개국이 유엔군으로 참전했고 북한의 침략을 지원하기 위해 중국, 소련이 참가

함으로써 제2차 세계대전 이후 20개국 군대가 한반도 내에서만 3년간 싸우는 큰 전쟁이 벌어진 것이다. 이 전쟁으로 한반도는 남북한 할 것 없이 완전히 전쟁의 폐허로 변했다.

이승만은 나라를 세우고 전쟁에서 나라를 지키고 한미방위조약을 체결, 국가안보의 토대를 마련하는 등 엄청난 정치적 공헌을 했다. 그러나 제1차 전후 복구가 끝나던 1950년대 후반부터 그의 1인 장기집권에 대한 국민적 염증이 심해졌다. 정권에 대한 국민의 지지는 급감했고 이승만은 부정선거로 정권연장을 시도하다 4·19혁명으로 대통령직에서 물러났다. 이승만은 건국과 호국의 임무를 완료한 점에서는 평가받을 만하다. 그러나 1875년생의 이승만 대통령은 동양적 충효사관忠孝史觀이 몸에 배어있던 20대까지의 삶과 30대 이후 서구적 민주문화 속에서 독립운동가로서 살아온 삶이 충돌하는 갈등을 겪고 있었다. 해서 그의 정치는 전前민주주의에서 민주주의로 옮아가는 과도기적 민주화 시대를 넘어서기 힘들었을 것이다. 그것이 그의 한계였다.

그는 12년간 집권했는데, 사실 아시아의 다른 지도자들에 비해 12년은 그렇게 오랜 기간도 아니다. 서독의 아데나워Adenauer 수상은 14년간 집권했지만 그의 집권은 1인 집권이 아니고 기독교 민주당의 장기집권, 즉 당의 장기집권이었기 때문에 문제가 일어날 소지가 없었다. 이승만 박사도 1인 장기집권을 지양하고 정권을 평화적으로 이양하는 대통령이 되었더라면 그는 한국 정치사에서 몸소 민주주의를 실천한 분으로 역사에 기록되었을 것이다. 그는 한국이 필요로 하는 건국, 호국, 경제발전, 민주발전이라는 네 가지 과업 중 경제발전과 민주발전이라는 두 가지 중요한 과업을 후대에 넘기고 그의 시대를 끝맺었다.

장기집권에도 '미완'으로 남은 박정희

뒤이어 성립한 민주당정부는 집권세력의 분열과 분출하는 대중의 욕망을 다스릴 정치 능력의 부족으로 혼란의 정국을 수습하지 못한 상황에서 5·16쿠데타를 만나 정권을 쿠데타 세력에게 빼앗겼다. 쿠데타로 정권을 장악한 박정희는 민주발전의 경제적 토대를 닦는 데 심혈을 기울였다. 4·19 이후 주권자의 지위를 되찾은 국민들의 지지를 확보하기 위해 민주당정부가 발휘하지 못했던 국가 질서를 확고히 유지하면서 경제발전에 국력을 집중했다. 박정희는 경제발전 5개년 계획을 수립하고 이 계획의 달성을 위해 정부가 지불을 보증하는 외자를 도입하는 한편 한일국교정상화를 통해 대일 청구권자금을 끌어들여 경제발전을 도모하는 데 필요한 물질적 기초를 마련했다. 월남 파병도 경제발전의 토대를 다지는 데 일조했던 것이 사실이다. 아울러 국가발전에 국민들이 자발적으로 참여하도록 유도하는 동원정치의 일환으로 새마을운동을 전개, 국민적 호응을 얻었고 새마을 사업의 일환으로 추진된 산야의 녹화운동과 그린벨트 조성 등 환경개발에서도 눈부신 성과를 올렸다.

안보 면에서는 이승만 박사가 다져놓은 한미동맹의 기반 위에서 북한의 간접침략이 뿌리를 내릴 소지를 없애는 데 주력하였다. 우선 대남 간접침략의 저변이 될 우려가 있는 전교조나 민노총이 싹틀 여지를 없앴다. 특히 1970년대부터는 남북한 관계를 선의의 체제경쟁 관계로 전환하는 한편 북한의 동참을 요청했다. 그는 북한에게 한국과 더불어 창조와 개발과 건설을 향한 선의의 체제경쟁에 나설 것을 제안하며 특사를 보내 남북한 관계를 대결구조에서 대화구조로 바꾸는 획기적 조치를 강구했다. 남북한 적십자회담을 통한 이산가족 찾기와 7·4남북공동성명발표 등은 박정희 시대의 주요한 특징으로 기억된다.

그는 경공업과 소비재산업개발에 역점을 두는 제1차, 제2차 경제개발

5개년 계획의 성과만으로는 자주국방의 경제적 기초를 마련하기 힘들다는 판단하에 중화학공업건설에 국력을 집중하기 시작했다. 그러나 18년에 걸친 1인 장기집권은 국민의 저항에 부딪히지 않을 수 없었다. 대학가에서 시작된 국민의 저항은 부마釜馬사태 때 절정에 도달했다. 경제발전과 안보를 명분으로 만들었던 유신체제는 결국 그가 김재규의 총에 시해당함으로써 끝났다.

임기를 마치고 차기 지도자에게 정권을 평화적으로 이양했더라면 그는 경제발전, 안보, 민주화에 기여한 분으로 역사에 기록되었을 것이다. 그러나 그는 일본 제국주의 문화 속에서 성장했던 시기에 자아의식이 형성되는 정치 사회화 과정을 거쳤고 병영문화 속에서 살아왔던 한계를 넘지 못했다. 4·19혁명이 원했던 가난으로부터의 해방과 조국 근대화의 꿈을 이룩할 물질적 토대를 마련했으며 한미안보협력을 강화한 점에서는 그 업적이 크게 평가되어야 한다. 그러나 중화학공업 등 여러 가지 일을 벌여만 놓고 임기를 채우지 못한 채 대통령직을 자기 죽음으로써 끝낸 점은 후세 사람들에게 끝없는 아쉬움으로 남는다. 전두환 대통령은 이러한 시대적 교훈을 등에 업고 제11대 대한민국 대통령의 직책을 맡게 된다.

필자는 전두환 이야기를 두 부분으로 나누어 살피고자 한다. 전반부는 나와 전두환 정부가 인연을 맺게 된 상황의 전후관계를 회고한 후 전두환의 대통령으로서의 발자취를 큰 틀에서 살펴보고 그의 공과 과를 평가해 보고자 한다. 그러나 여기서 분명히 해둘 점은 이승만이나 박정희와는 달리 내가 직접 보고 느끼고 체험한 것만을 토대로 전두환 시대를 회고하고자 한다는 것이다.

전두환에 주목하는 7가지 이유
전두환 대통령은 대통령 병에 걸려서 대통령직을 쟁취한 입신양명형의 지도자는 아니었다는 점에서 내가 지금껏 알고 지낸 여타의 정치인들과 다르다. 그는 대통령을 꿈꿔온 적은 없으나 시대가 자신에게 대통령직을 떠맡겼을 때 이를 용기 있게 받아들인 지도자였다고 할 수 있다. 그는 또한 국가를 위해 도움이 된다는 명분만 있으면 리스크에 개의치 않고 이를 추진하는 리더십을 지니고 있던 지도자였다. 이는 박정희 대통령과도 비슷한 점이다. 나라를 위해 목숨 바칠 것을 각오하도록 훈련받은 군 출신 지도자와 그런 훈련이 없는 민간 출신 대통령 간에는 리더십에 차이가 있고 더욱이 리스크가 걸린 사안에서는 더 큰 차이가 난다. 민간 출신 대통령들은 리스크가 적고 생색과 명분이 서는 일에서는 앞장서지만 아무리 명분이 좋더라도 자기에게 실리가 없고 리스크가 따르면 이를 피하거나 외면하는 경향이 많다.

그러나 국가 발전에 헌신함으로써 역사에 기록을 남긴 이승만, 박정희, 전두환은 적어도 국익을 위해서라면 어떤 리스크라도 이를 회피하는 행태를 보이지 않았다. 지금 검토할 전두환도 이런 의미에서 리스크에 위축되지 않고 대의에 충실했기 때문에 가진 능력 이상의 업적을 남겼다. 그의 리더십의 특징을 분야별로 검토해보기로 하자. 우선 내가 주목하는 첫째 덕목은 대통령 병에 걸리지는 않았지만 시대가 자기에게 그 직을 맡도록 요구했을 때 이를 받아들일 뱃심과 용기가 있는 지도자였다. 한국 같은 나라에서 난세에 대통령직을 맡는 것처럼 리스크가 큰 결정은 없을 것이다. 이것이 내가 첫 번째로 주목하는 점이다.

둘째로 그는 이승만, 박정희 시대에서 얻은 교훈을 토대로 단임 정신에 확고히 서서 내치외교를 수행, 후임자에게 평화적으로 정권을 넘긴 채 손녀딸을 안고 당당히 청와대 문을 걸어 나온 단임 약속을 지킨 지도자라는 사실이 중요하다.

셋째는 김일성이 박정희 대통령에게 가한 것처럼 그의 생명을 **빼앗으려**

고 여러 가지 음모를 했음에도 불구하고 안보와 통일을 위한 대화정책을 적절히 조율함으로써 대결정책과 대화정책에서 균형을 유지하는 데 성공한 지도자라는 점이다.

넷째로는 6·25전쟁과 전후복구기, 개발독재시대를 거치면서 만성화된 물가를 바로 잡아 한국의 경제체질을 바꿈으로써 경제발전의 건전한 토대를 마련하고, 박정희 대통령이 자주국방을 위해 방만하게 벌여놓았던 중화학공업을 살려내어 경제를 도약시키고 국가 경제를 외채의 굴레에서 벗어나게 했다는 것이다. 실로 대단한 업적이었다.

다섯째로 그는 인사人事가 만사萬事라는 말이 있듯이 대한민국 정부 수립 이래 가장 인사를 잘함으로써 자기가 가진 능력보다 훨씬 더 큰 업적을 만들어낸 지도자였다.

여섯째로 수많은 리스크에도 불구하고 88 서울올림픽 유치에 성공, 한국을 세계 속의 한국으로 우뚝 솟아오르게 한 큰 지도자 중 한 분이라는 사실이다.

일곱째로는 재임 중 정권 유지의 수단으로 한 번도 군부대를 동원하거나 계엄령을 선포해 상황대처에 나선 일이 없다는 사실이다. 즉 군을 정권 유지의 사병으로 삼는 일을 하지 않았다는 것이다.

이 밖에도 남북관계나 복지제도 개선 등에서 많은 업적이 있지만 후대에 본받을 만한 업적을 꼽으라면 이상 일곱 가지 항목으로 집약할 수 있고, 뒤에서 차례대로 업적과 공헌을 평가하기로 한다. 본론에 들어가기 전에 이 글을 쓰는 이영일이 전두환 정부와 어떻게 인연을 맺게 되었는가를 먼저 밝히는 것이 올바른 순서인 것 같아 먼저 내 이야기를 쓰는 것에 대해 독자들의 양해를 구한다.

2

전두환 정권과의 첫 인연

내가 1970년부터 1980년까지 10년 동안 국토통일원의 요직을 두루 거치면서 연구직 고위 공무원을 지내던 시기만 해도, 나는 전두환이라는 이름 석 자를 들어본 일도 없고 관심도 없었다. 고등학교 시절의 짝이던 홍성률洪性律이 육사에 진학하고 또 그가 장군까지 진급했다는 이야기를 들은 적은 있지만, 나는 군 출신들과 삶의 방식이나 문제의식이 달랐기 때문에 그렇게 다정하게 지낸 편이 아니었다. 다만 나의 삶 속에서 한국의 군 문제를 다루게 된 것은 통일연수원장지금의 통일교육원, 1977~1980 시절로 회상된다. 나는 통일연수원장 시절에 대한민국 각 군의 정훈 장교들을 전원 여러 기수로 나누어서 통일연수원에 입교시켜 안보연수를 시키는 일에 착수하면서부터 군의 조직과 사기 문제를 집중적으로 연구하기에 이르렀다. 나는 원장이었지만 국군정신전력을 책임지는 정훈 장교 반에서만은 일부러 원장 특강 시간을 마련, 두 시간씩 열강을 함으로써 다른 연수원 교수들의 미흡한 부분을 채우면서 연수 효율을 높이는 데 힘을 쏟았다. 정훈 장교들은 대체로 교육받은 대로 전달교육을 잘 하는 편이지만, 내가 직접 군부대에 와서 특강을 해달라고 요구하는 사람들도 있었다.

4회에 걸친 대한민국 육군 제6군단에서의 특강

|

정훈 장교들의 요청으로 몇몇 부대에는 직접 출강하기도 했고 국군정보사령부에서 특강을 하다가 홍성률 대령서중·일고 동기생을 만나기도 했다. 그러나 가장 인상에 남는 군부대 출강은 김용휴金容休 장군이 군단장이던 6군단 소속의 4개 부대를 방문해 직접 출강한 일이다. 6군단 정훈 참모 류근영 대령의 부탁으로 본부부대에서만 한 강좌를 하기로 하고 부대를 방문했는데 첫날 첫 강의 시간에 김용휴 장군이 직접 수강자로 참석한 것이다. 강의를 마치자마자 김용휴 장군은 이렇게 나들이하기도 쉽지 않으니 기왕 온 김에 자기 예하부대를 위해 이틀간만 더 수고해 달라고 간청했다. 이때 김용휴 장군의 비서실장으로 김동신 소령이 찾아와 자기가 광주일고 후배라고 나에게 인사를 했다. 김동신은 후에 육군참모총장과 국방부장관을 역임했다. 나는 부드러운 미남자인 김용휴 3성 장군의 간청을 받아들여 4개 부대 순방강의를 모두 마치게 되었다. 이 일이 뒷날 나와 5공을 연결하는 계기가 될 줄을 누가 알았겠는가. 사람 일은 아무도 모른다는 말이 맞는 것 같다.

5·18 이후 신군부가 등장하여 박정희 대통령 시해와 더불어 야기되는 국가 혼란을 수습하는 과정에서 최규하崔圭夏 씨가 제10대 대한민국 대통령으로 선출되었다. 바로 이러한 상황에서 6군 단장이던 김용휴 장군은 최규하 대통령 정부의 총무처 장관이 되었다. 그는 총무처 장관으로 취임함과 동시에 어려운 시국에서는 국가공무원들이 안보시국관을 제대로 정립, 대처해야 혼란한 국정을 바로 잡는다는 신념을 가지고 3급 이상 중앙부처의 전 공

무원을 세종문화회관에 집결시켜 안보와 경제교육을 시키기로 방침을 세웠다. 이어 경제교육은 김원기金元基, 1924~2001 경제기획원장관에 맡기고 안보정세 부분 강사로는 필자를 지명 차출하기로 국무회의에서 의결했다는 것이다. 나의 동의와 관계없는 일방적인 결정이었다. 나는 통일원 장관으로 입각한 지 일주일도 채 안 되는 최완복崔完福 장관에게 이 일은 국가기능상 통일연수원장이 맡을 일은 아니라고 사양했지만, 공무원 교육을 총괄하는 김용휴 총무처 장관이 나를 강사로 추천했기 때문에 이를 수락하지 않을 수 없었다. 이 사건은 결국 5공과 나를 연결시키는 계기가 되었다. 이때부터 나는 합동수사본부장에 중앙정보부장서리를 겸한 보안사령관 전두환 장군에 대해 관심을 갖지 않을 수 없게 되었다.

독일 TV에서 광주의 5·18사건을 보다

|

5·18사태가 일어나던 당시 통일연수원장으로 재직하던 나는 1980년 5월 15일부터 27일까지 독일 내독관계성Ministrium fuer Inner Deutsch Beziehungen 초청으로 독일 출장 중이었다. 나는 이규호李奎浩 통일원 장관을 모시고 한국과 독일 양국 간에 처음 열린 정책협의회 장관회담에 배석했다. 그러나 실무수석대표직을 맡아 양국 실무자 업무협의를 하기 위해 이곳에 도착한 지 3일만에 5·18이 일어났다. 독일 수도 본Bonn에서 이규호 장관은 에곤 프랑케Egon Franke 내독관계성 장관과 제1차 회의를 마치고 5월 19일 2차 회의를 갖도록 예정되어 있었는데, 이 장관이 5월 17일 최규하 정부의 문교부 장관으로 임명되었기 때문에 제2차 한독장관급회담을 하지 못한 채 서둘러 귀국하고 말았다.

졸지에 장관을 떠나보내고 나는 함께 통역으로 온 이태영 박사동국대 교수와 양영식 보좌관후에 통일부차관이 됨과 함께 예정된 방문 일정에 따라 독일 외무성 겐셔 외상을 방문했다. 그는 한국의 5·18사태에 크게 실망한다면서 한국과 독일 관계를 재검토하겠다는 조로 강한 불쾌감을 표시했다. 나는 한국에서의 데모는 밖에서 보면 강경대결과 진압으로 보이지만 국가의 계속성에 영향을 줄 만큼 심각한 것은 아니라고 두루뭉술하게 답변을 하고 나왔다. 더이상 다른 기관들을 방문할 의욕을 잃었지만 이규호 장관의 관심사였던 독일연방정치교육본부는 방문하지 않을 수 없었다. 독일연방정치교육본부는 독일 분단상황 하에 서독이 자국 국민들을 상대로 벌이는 정치교육의 지침을 만들고 동독의 심리전 공세에 맞설 자료를 개발하면서 통일 독일을 준비하는 기관이었기 때문이다. 내가 통일연수원장직을 잘 수행하려면 이런 기관에 와서 몇 개월이라도 연수를 받아야 할 것 같았다.

장관도 떠나고 없는 상황에서 우리 일행은 내독관계성과 정책자료 교환협정을 체결하고 양 독 간에 진행되고 있는 교류 현장을 시찰하는 일정을 대체로 소화했다. 우리 일행이 방문한 곳은 동서독 광부들이 함께 일하는 Gozran 광산이었는데 서로 간에 전혀 긴장감 없이 매우 우호적인 분위기에서 양 독 광부들이 일을 잘 하고 있었다. 정말 부러웠다. 우리에게도 저런 날이 반드시 올 것을 기대하면서 베를린과 프랑크푸르트를 거쳐 귀국길에 올랐다.

나는 동경에서 이틀간 머물면서 일본신문과 국내신문을 통해 국내의 복잡한 정세의 흐름을 파악하기 위해 다각적으로 동향을 살폈다. 그러나 국내는 계엄 하에 있었기 때문에 국내의 실상을 제대로 파악하기란 힘들었다. 다만 내 어머니가 계신 내 고향 광주가 피의 도시로 변하여 군의 진압 작전이 전개 중이라는 불길한 소식밖에 듣지 못했다.

미워할 수 없는 우리들의 대통령

"김대중이 광주에서 군부와 한판 붙는다"··· 소문 나돌아

내가 5월 15일 독일로 떠나기 직전에 지금은 고인이 된 김영렬당시 서울시 교육금고에 근무이 자기의 야당 인맥을 통해 들은 바 '김대중이 광주에서 군부와 한판 붙기로 했다'면서 '김상현이 패거리를 몰고 내려갔다는 소식을 들으니 심상치 않다'고 전해주며 광주 가족들이나 친지들에게 몸조심할 것을 당부하라고 말했다. 나는 이 전화를 받고 홀로 계시는 어머님보다는 전남일보 논설위원이면서 내가 조직한 통일꾼협의회 광주 책임자였던 장기웅張起雄 씨가 머리에 떠올랐다. 나는 광주지역 통일꾼들이 시끄러운 판에 끼지 말도록 단속하라고 연락해 두었다. 그러나 김대중은 광주에 가기 전에 체포되어 수감되었다는 보도가 나왔기 때문에 상황을 제대로 알기가 어려웠다. 그렇게 많은 궁금증을 안고 5월 27일 서울로 돌아왔다.

이튿날 통일연수원으로 출근했다. 조치현 서무과장曹峙鉉, 후에 통일연수원장으로 정년퇴임과 함께 연수원 교수들이 내 방으로 몰려왔다. 그들은 광주에서 많은 사람들이 죽었는데 내 어머님과 친척들은 별일 없느냐고 안부를 살피며 군인들이 데모하던 사람들을 무차별 학살했다는 투로 분노를 표하고 있었다. 나는 진상도 모르면서 함부로 입을 잘못 놀리면 이 직장에서 함께 일하기 힘들 수도 있다고 경고하며 입단속을 당부했다. 이규호 통일원 장관 후임으로 네덜란드 공관을 이끈 최완복 대사가 장관으로 부임했다. 나는 새로 부임한 장관에게 귀국보고를 드리고 장충동에 있는 통일연수원으로 장관을 초청, 업무 현황을 보고하였다.

최규하 대통령의 정치 일정과 5·17조치

박정희가 시해된 10·26사건 이후 급격히 고조되는 민주화 열기 속에서 1980년 4월에는 강원도 동원탄좌의 사북舍北광산에서 잔인한 폭동이 일어났다. 진압 과정이 힘들었지만 가까스로 난동사태를 수습했다. 국내정세는 계엄이 선포된 상황인데도 매일같이 대학이 중심이 된 데모가 대규모로 진행되었고 그 추세가 줄어드는 것이 아니라 확대일로에 있었다. 박정희 이후 대한민국에서 정권을 잡겠다는 인물로 여당의 김종필, 야당의 김영삼, 김대중 등 3인이 치열하게 경합했다. 그들은 계엄 아래 국내정세를 자기에게 유리하게 이끌기 위해 여론장악에 열을 올리고 있었다.

최규하 대통령은 연내 개헌을 완료하고 새로 만들어진 헌법에 따라 선거를 통해 정권을 평화적으로 이양하겠다는 정치 일정을 발표했다. 그러나 야당은 최규하 정부를 유신잔당이라고 규정하면서 정치 일정을 보다 앞당겨 정권이양 준비 외의 다른 일에도 일체 관여하지 말라고 요구하였다. 특히 뒤늦게 정치활동에 나선 김대중은 정상적인 게임으로는 자기가 대통령에 당선되기 힘들 것이라는 판단 하에 민중의 힘으로 정권을 장악할 것을 기도하면서 각급 학원 데모를 막후에서 조종, 지도하고 있었다. 그는 민중혁명 상황 속에서만 자기에게 집권의 기회가 올 것으로 내다보고 서둘렀던 것 같다.

이런 상황에서 최규하 정부는 비상계엄을 전국으로 확대하면서 질서유지에 대한 도전을 엄단하는 한편 계엄사령부와 내각을 연결하는 기구로 국가보위비상대책위원회를 구성하였다. 그리고 최규하 대통령이 위원장이 되어 이 기구를 실질적으로 운영할 상임위원장으로 박정희 시해 사건을 조사하던 보안사령관 겸 합동수사본부장인 전두환을 임명했다. 동시에 김대중 등 대중시위를 배후 조종한다는 자들을 검속하는 조치를 단행했다. 이것이 5·17조치였다.

5·18광주사태의 발생
광주사태는 후일 노태우 대통령 때 광주민주화운동으로 명칭이 바뀜

|

이 소식이 알려지면서 김대중의 강고한 지지기반인 광주에서 대규모 반정부 시위가 벌어졌고 급기야 무장투쟁으로 비화하기에 이른다. 결국 민간과 군인들 간에 165명이 사망하고 수많은 부상자가 발생하는 광주 사태가 벌어진 것이다. 이 사건이 계기가 되어 국무총리 신현확申鉉碻 씨가 사임하고 뒤이어 최규하 대통령도 전두환 대통령에게 후사를 맡기고 하야했다.

계엄사태 속에서 벌어지는 이러한 격변 상황을 수습하기 위해 박정희 대통령 당시 상공부장관을 역임했던 박충훈朴忠勳 씨가 국무총리서리로 추대되었다. 곧이어 그는 대통령 권한 대행을 맡으면서 유신헌법에 따라 통일주체국민회의를 소집, 대통령을 선출하는 절차를 진행했다. 이 선거에서 전두환은 대한민국 제11대 대통령으로 선출되었다.

정부의 3급 이상 고급공무원 상대로 특강

|

국내정세가 앞날을 내다볼 수 없을 만큼 급격히 변화하는 시기일수록 국가공무원들이 앞장서서 국기를 바로잡고 민생을 안정시켜야 한다는 것은 위기시기의 정답일 것이다. 그러나 대부분의 공직자들은 일손을 놓고 시쳇말로 복지부동의 자세로 움츠러들었다. 박정희 대통령 시대에 국가발전을 주도했던 엘리트 집단인 국가공무원들이 시국안정을 위해 앞장서지 않고는 계엄상황을 풀고 국정의 안정을 도모하기가 쉽지 않은 형국이었다.

바로 이러한 시기에 국가공무원들의 시국관을 바로 잡아 국정을 안정화시키는 데 공무원들이 앞장서도록 유도하기 위해 김용휴 총무처 장관이 나섰다. 그는 국무회의에 건의하여 1981년 8월 초에 3급 이상의 국가공무원을 세종문화회관 대강당에 모이게 하여 집체시국교육을 실시하기로 했던 것이다.

'광주' 어떻게 설명할까 밤샘 고민

당시의 시국에 관련된 경제교육은 김원기 경제기획원 장관이 맡았고, 주변정세와 안보 상황을 주제로 한 시국관 교육은 의당 국보위를 주도하는 신군부에서 누군가가 나올 것으로 기대되었다. 그러나 국무회의에서는 김용휴 총무처 장관이 통일연수원장이던 나를 강사로 추천하면서 최완복 통일원 장관에게 의견을 물었다. 최 장관은 금방 부임했기 때문에 내 얼굴만 알 뿐 능력이나 자질에 대해서는 전혀 모르는 상태였다. 국무회의를 마치고 들어온 최 장관은 이틀 후에 실시될 공무원 교육에서 나에게 강의를 맡을 것을 지시했다. 나는 그 강의가 국가기능상 통일연수원장이 맡을 일이 아니며 외교안보연구원장이나 중앙정보부 국제국장이 맡을 사안이라면서 사양했다. 최완복 장관은 오후에 다시 국무회의에 다녀오더니 나에게 "나갈래강의하러 나갈 것인가", "나갈래통일원을 그만두고 나갈 것인가"를 선택하라고 했다. 내가 강사를 맡지 못하겠다고 하자 김용휴 장관이 매우 못마땅해 했다는 것이다.

나는 강사로 나가지 않을 수 없음을 직감하고 강의준비를 하겠다고 말했다. 5·18 이후의 국내 상황은 정무직인 1급 이상의 공무원은 말할 것도 없고 모든 공직자는 국보위의 결정 하나로 공무원 신분을 잃을 수 있는 상황이었다. 내가 1시간 강의를 위해 밤을 새며 원고를 준비하기는 이때가 처음이었다. 혁명 주체가 아니기 때문에 현 집권세력이 가지는 정세관을 전혀 모른 채 알아서 기는 형식으로 강의안을 마련하는 일이 정말로 힘들었다. 특히 광주 사태를 어느 수준까지, 어떤 방향으로 언급해야 할 것인지도 고민스러웠다.

미워할 수 없는 우리들의 대통령

그러나 나는 광주사태는 아직 평가가 완료되지 않은 사건으로 보고 이번 강의에서는 아예 언급하지 않기로 했다. 강의안 작성이 끝난 후 그래도 너무 신경이 쓰여서 아내에게 한번 들어보라고 하며 강의안을 전부 읽어 주었다. 아내는 매우 설득력 있고 공감이 간다고 청취평을 해주었다. 나의 약점을 가장 많이 아는 아내의 평가가 그렇다면 안심하고 그대로 강의하기로 하고 세종문화회관으로 직행했다.

박수터져나온 시국 강연

세종문화회관 대강당은 모두 4,200명을 수용한다는데 중앙부처 서기관급 이상의 공무원들로 1, 2층이 가득 찼다. 대통령 권한대행인 박충훈 씨를 비롯해서 전 각료들과 차관들이 빠짐없이 참가했다. 박충훈 대통령 권한대행의 인사에 이어 김원기 경제기획원장관의 경제 특강이 행해졌고 세 번째로 내가 등단했다. 이렇게 큰 강당에서 대한민국에서 잘나가는 관료들을 몽땅 한자리에 앉히고 강의할 기회를 얻기는 결코 쉬운 일이 아니었다. 게다가 모두 비자발적으로 참여했지만 듣는 귀와 판단능력은 한참 빼어난 분들이기 때문에 안보 특강이라고 해서 듣는 이들에게 겁만 주는 이야기를 늘어 놓는다고 성공할 수는 없었다.

　나는 정세분석 모델인 한반도의 남방 삼각관계와 북방 삼각관계의 구도를 놓고 한국이 놓여있는 안보상의 위치를 객관화하고 북한의 대남전략 중 남한이 가진 강점과 약점을 들추면서 북한이 남한 내에서 활용하려는 공작 목표 가운데 우리의 가장 큰 취약점이 사북사태 같은 봉기나 국론분열임을 지적했다. 이어 공직자들이 앞장서지 않고는 북한이 노리는 국론분열을 효과적으로 막아 낼 세력이 없다고 강조하고 어려운 시국에 공직자가 맡을 사명의 무게를 역설하는 것으로 강의를 끝맺었다.

강의를 마칠 때는 우레와 같은 박수가 터져 나왔다. 세종문화회관에서 연극이나 음악이 아닌 시국 강연에 그와 같은 반응이 나올 것을 기대한 사람은 없었을 것이다. 내 앞에서 강의한 경제기획원장관의 강의에는 청중 반응이 너무 밋밋했기 때문이다. 반면에 나의 강의는 성공적이었다. 통일연수원에 돌아오자 간부들이 원장실로 몰려와 오늘 강의가 너무 감명 깊었다면서 칭찬세례를 쏟아 부었다. 최완복 장관은 내가 그렇게 훌륭한 강의를 할 줄은 예상하지 못했다며 칭찬을 아끼지 않았다. 어떤 간부는 원장님을 이곳에서 오래 모시기 힘들 것 같다고 말했다. 곧 좋은 곳으로 차출될 것으로 내다보는 소리였다. 전두환 중앙정보부장서리의 비서실장직을 맡고 있던 허문도가 전화를 걸어와, 청와대 허화평 씨가 오늘 이영일의 강의가 아주 성공적이었다고 평가했음을 전했다. 곧이어 총무처 차관이던 김용래 씨가 오늘 공무원 교육의 성과가 너무 좋았다고 말하며, 녹음해둔 내 강의를 카세트로 만들어 전국 공직자들의 교육자료로 활용하겠다며 동의를 구하기도 했다.

'광주' 빼버린데 대해 일부 불멘소리

보건사회부 기획관리실장이던 이두호故 李斗護, 정치학과 동기생가 전화로, 오늘 강의는 아주 훌륭한데 광주사태에 대한 언급이 없는 것이 유감이라고 말했다. 그러면서 나더러 자기 고향 문제라 일부러 뺀 것이 아니냐고 힐문하는 것이었다. 나는 광주사태는 아직 전체적인 맥락에서 평가가 완료되지 않았기 때문에 현시점에서 언급하는 것은 부적절하다고 보아 포함시키지 않았다고 답했다. 경북사대부고 출신이어서 다소 민감했는지 모르지만 이두호와 같은 생각을 하는 사람도 분명 있었을 것이다. 그러나 사건의 주체들도 말하기를 주저하는 이야기를 내가 일부러 언급할 필요는 없을 것이다.

신 군부의 태도에 안도

나는 이날 강의를 마친 후 앞으로 국정을 좌지우지할 신군부가 내 강의를 그대로 받아들인 것으로 보아 앞으로 전두환 정권이 들어선다고 하더라도 이승만 대통령과 박정희 대통령이 깔아놓은 국정의 궤도에서 크게 이탈할 것 같지 않다는 느낌을 받고 안도했다. 대한민국을 자유민주주의 국가로 발전시켜나간다는 정치궤도, 시장 경제원칙에서 경제발전을 도모한다는 경제궤도, 그리고 한미방위동맹을 토대로 국가를 보위한다는 안보궤도가 그대로 유지된다면 크게 걱정할 문제는 없을 것 같았기 때문이다. 이날 강의를 계기로 해서 신군부 측과 나 사이의 마음의 거리가 갑자기 좁혀지는 것 같았다.

나는 4·19 직후 민주당정부 시절에 발생했던 그 수많은 데모, 의사당을 점거하는 4·19 부상자들의 행패, 각종 민원의 폭력적 분출을 보았기 때문에 10·26사태 이후 일어나는 혼란을 범상히 보아 넘길 수 없었다. 틀림없이 경제적 붕괴가 예견되었기 때문이다. 그리고 이런 혼란을 "남조선 혁명역량"으로 발전시키려는 북한의 공작이 활성화될 것이 우려되었다. 아니나 다를까 경제성장률도 마이너스로 역진하고 있었다.

당시에는 정부의 관계부처 간부들이 모여 함께 검토하는 시국대책회의에 통일원 간부를 불러 주거나 끼워주는 일이 없었다. 그러나 내가 공무원 교육에서 좋은 반응을 얻어서인지 나에게는 여러 회의에 참석하여 의견을 말하라는 요청도 들어왔고 지방자치단체들도 나에게 강의초청을 했다. 시간관계상 모두 응하지는 못했지만 국방대학원 같은 곳에서의 요청이 있으면 반드시 갔다.

KBS의 시국대담 100분 프로에 연속 4회 출연

5·18이라는 큰 소요가 일단 진정되면서 민주화의 열기는 시들해졌다. 김대중은 옥중에서 내란음모죄로 재판을 받는 처지였고 김종필도 부정축재자로 몰려 구속 수감되었다. 김영삼도 가택연금 상태에 있었기 때문에 시국은 오히려 안정을 되찾고 있었다. 한때 시중에는 개헌을 통해 정부 형태를 2원 집정제로 바꾸고 신당을 만들어 외교국방은 최규하 대통령이 맡고 내정內政은 신현확申鉉碻 총리가 맡을 것이라는 소리가 널리 퍼졌다. 그러나 광주사태를 거치며 신현확이 정계은퇴 의사를 밝힘으로써 신당설은 자취를 감추었다. 결국 국내 상황의 주도권은 최규하로부터 전두환을 중심으로 하는 신군부 쪽으로 점차 옮아갔다.

신군부 측에서는 이처럼 변화하는 상황을 국민들이 받아들이게 하는 홍보선전의 필요성에 직면하였다. KBS의 이원홍 사장은 "새 시대가 오고 있다"는 100분짜리 대담프로를 제작하면서 출연진 구성은 허문도 정무비서관에게 맡겼다. 허문도는 나를 포함해서 이상주 박사서울대학교 사범대, 김형효 박사서강대학교 철학과, 김영작 박사동경대학교 국제정치학과 등을 대담토론자로 선정했다. 토론에 들어가기 전에 허문도 비서관은 이원홍 씨와 함께 정치 PD처럼 토론의 과제를 제기하면서 토론자들의 발언과 역할을 분담하도록 유도했다. 한국 정치의 상황평가 문제와 관련하여, 국가안보를 위한 경륜과 책임감을 가진 군부가 이처럼 어려운 시국에 국정을 주도해야 시국을 안정시키고 국가발전을 지속할 수 있다는 결론을 도출해내는 것이 목표였다. 주 1회씩 3회에 걸쳐 진행된 토론은 TV 시청자들에게 큰 관심을 유발했고 군인 출신들이 아닌 학계 전문가들의 목소리와 이들이 말하는 시국평가에 대해 공감이 확산되었다. 그 결과 3회로 예정되었던 프로그램은 1회 더 연장되었다.

미워할 수 없는 우리들의 대통령

나로서는 처음부터 이 토론참여가 크게 내키지 않았다. 하지만 3김이 설치는 혼란 속에서는 박정희가 쌓아올린 발전의 기틀이 모두 무너지고 북한 공산주의자들이 노리는 허점이 갈수록 커질 수 있다는 걱정 때문에 토론에 참여하게 되었다. 결국 상황은 소위 '박정희 키즈'가 중심이 되지 않고는 시국의 안정이 어려울 거라는 결론을 도출할 수밖에 없었던 것이다. 이상주 박사는 그 후 전두환의 교육문화수석비서관을 거쳐 교육부장관, 마지막에는 김대중 대통령 비서실장직까지 맡았다. 그리고 김형효 박사는 전국구 국회의원으로 활약하다가 정신문화연구원 교수로 재직한 후 2018년에 작고하였다. 나는 민주정의당 전국구 국회의원 및 민정당 초대 중앙정치연수원장에 임명되었다.

5적五賊을 쓴 시인, 김지하金芝河의 석방을 건의

1980년 어느 가을날 서울문리대학 2년 후배인 소설가 김승옥金承鈺이 장충동에 있는 통일연수원으로 나를 찾아왔다. 그는 순천 출신이자 문리대 불문학과 출신으로 가끔 목로주점에서 만나면 한 잔씩 나누는 사이인데, 그가 나를 찾아온 것은 뜻밖이었다. 그의 용건은 김지하를 석방시키자는 것이었다. 정권이 바뀌면 정치범을 석방시키는 것이 관례인데, 김지하는 박정희 정권 때 구속된 정치범이나 아직까지 석방되지 않았다는 것이 요지였다. 그는 전두환 정권은 박정희 정권의 연장이냐 아니면 새 정권이냐고 따져 물었다. 이 선배의 TV 토론을 들으면 전두환 정권은 유신의 연장이 아니고 새 시대 새 정권이라고 했는데 김지하를 계속 구속해 두는 것은 유신정권의 연장으로밖에 보지 않을 수 없다고 항변조로 나에게 말하는 것이었다. 이어 그는 김지하가 6년 전 결혼 직후 구속되었는데 그때 임신한 애가 내년이면 초등학교에 입학하니 입학식에 아버지 손목잡고 학교에 가게 해주는 것이 옳은 일이 아니겠느냐고 호소했다. 나는 그의 모든 말과 주장에 100% 공감했다. 한때 김지하도 나의 절친한 벗이었는데 지금까지 잊고 있었다는 사실 자체가 미안해지기까지 했다.

나는 그길로 청와대로 찾아가 허문도 비서관을 만났다. 그도 나의 생각에 공감하면서, 다만 정부가 시국사범 석방의 조건으로 반성문의 첨부를 요구하고 있으므로 마산 교도소로 가서 김지하의 반성문을 하나 얻어줄 수 있느냐고 물었다. 나는 그 자리에서 거부했다. 김지하는 미전향 간첩도 아니고 유신체제에 항거한 사람에게 반성문을 요구한다면 그 친구 성격상 옥사獄死하는 일이 있더라도 반성문은 쓰지 않을 것이라고 잘라 말하고 자리를 박차고 나왔다. 허문도는 내가 불쾌한 표정으로 떠나는 것을 본 후 자기가 혼자 마산 교도소로 직접 달려가서 김지하를 만났다고 한다. 그는 김지하와 이런저런 시국담과 옥중 생활 이야기를 나눈 후 요즘 김지하 시인의 심중을 종이 한 장에 간단히 몇 자 적어 줄 수 있겠느냐고 물었는데 그는 즉석에서 '아! 사람은 간사한 것이여, 따뜻한 된장국과 막걸리 한 잔이 이렇게 그리운가'하는 글귀를 적어 주었다고 한다. 그는 그길로 돌아온 후 전두환 대통령께 김지하 이야기를 보고하고 김지하가 쓴 글귀가 정말 시인다운 반성문이라고 주장해서 김지하를 석방시켰다고 나에게 연락해주었다.

그 후 허문도와 김지하는 자주 연락을 나누고 서로 만나다보니 나보다 더 가까운 친지가 되었다고 한다. 나는 그 후 김지하 이야기를 까마득히 잊고 있었는데, 김승옥이 중풍으로 넘어진 후 그가 쓴 『내가 만난 하나님』이라는 단행본에서 김지하 이야기를 하면서 나를 만난 이후 그가 석방된 이야기를 적고 있다. 비록 통일연수원을 찾아온 일은 잊고 책에서 나를 연수원장이 아닌 국보위원으로 잘못 기재하기는 했지만 말이다. 최근 김승옥은 건강이 많이 좋아져서 말은 어눌하지만 보행에는 지장이 없다고 듣고 있다.

권정달權正達·이종찬李鐘贊과의 만남

|

1980년도 저물어가는 10월 하순 보안사에서 권정달 대령이라는 분이 전화를 걸어왔다. 의논할 일이 있으니 시내 프라자호텔로 나와 달라는 것이었다. 프라자호텔의 지정된 방으로 들어갔더니 "잘 오셨습니다. 옆방으로 들어가서 이야기 좀 나누시죠."하면서 그는 또 다른 사람과 전화로 연락을 나누고 있었다. 옆방에서 나를 기다리는 사람은 이종찬이었다. 그는 하얀 종이 한 장을 내놓으면서 거기에 서명하라고 했다. 'OOO당 창당발기인 승낙서'였다.

나는 정치할 의사가 없음을 밝히면서 통일문제 전문가로 활약하는 것이 꿈이라고 말했다. 그리고 현재 북한에는 남조선 전문가가 1,000여 명 이상인데 우리나라에는 나 정도 수준의 북한 전문가도 많지 않으니 통일원에 계속 근무하게 해달라고 부탁했다. 그러나 이종찬은 미소를 지으며 통일주도세력을 양성하는 것이 신당의 목표 중 하나임을 강조하면서 우리가 다방면으로 조사해서 엄선한 인물인 만큼 이 자리에서 그냥 서명해두는 것이 좋을 것이라고 말했다. 서명해두는 것이 좋을 것이라는 말이 갖는 뉘앙스 때문에 나는 멈칫했다. 이 자리에 내가 온 것은 선택을 하기 위해서가 아니라 선택되었다는 통고를 받기 위함이었음을 직감했다.

나는 정당을 하려면 이념을 같이해야 하는 것으로 알고 있는데 당명도 없고 이념도 모르고서 어떻게 당을 할 수 있겠느냐고 물었다. 하지만 그는 바로 그렇기 때문에 나 같은 사람을 창당준비요원으로 선발하여 함께 당을 만들자는 것 아니겠냐고 답변하는 것이었다. 나는 더 이상 할 말이 없었고, 나이 40에 진로를 바꾸는 것이 내 운명인 모양이라 생각하며 서명하였다. 며칠 후 창당준비위원회에서 연락이 왔다. 12월 1일자로 통일원의 통일연수원장 직을 사임하고 당사로 나와서 창당 작업에 참여하라는 것이었다.

나는 새로 통일원 장관으로 부임한 이범석李範錫,1922~1983 장관에게 자초지종을 설명하며 혹시 기회가 닿으면 당보다는 통일원에 더 머물게 해달라고 간청하였다. 그는 정당으로 나가 일하는 것도 좋지만 이영일 씨 같은 전문가는 통일원에서 일을 더 하는 것이 좋을 것 같다면서 자기가 며칠 후 전두환 대통령과 조찬 회동할 기회가 있으니 말씀을 드려보겠다고 답했다. 그는 1972년 남북 적십자회담 수석대표시절에 내가 진행한 대공협상지침교육을 이수한 바 있어 개인적으로 잘 아는 사이였다.

대통령 내외와 조찬회동을 마치고 청사로 돌아온 이 장관은 아침에 내 이야기를 전두환 대통령에게 건의 드렸더니 자리를 같이하고 있던 영부인은 동의했지만 대통령은 통일원 사람들도 국회에 진출할 필요가 있어 차출하기로 했는데 이제 바꾸는 것은 바람직하지 않다고 딱 잘라 거절했다는 것이다 이 이야기는 자리에 함께 있었던 이장춘李長春 비서관, 비엔나 대사와 필리핀 대사 역임 이 확인해 주었다.

통일부 재직 10년을 화려하게 마무리하다

나는 1980년 12월 1일 남산 중턱옛날 KBS 자리의 통일원본부 대강당에서 성대한 퇴임식을 가졌다. 이범석 장관이 나의 장도를 축원하는 연설을 하며 한가지 잊지 못할 숙제를 던져 주었다. 그는 우선 "이영일 원장은 통일원에서 10년 동안1970.2~1980.12 정책기획실 정치외교정책담당관, 북한정치연구관, 교육홍보국장, 적십자회담 전략지원반장, 교육홍보실장, 통일교육원장 등 요직을 두루 거친 분이기 때문에 이 분이 통일원을 떠나는 것은 몸만 떠나는 것이 아니라 머리에 저장된 지식과 정보와 경륜이 동시에 떠나는 것이므로 통

미워할 수 없는 우리들의 대통령

일원으로는 막대한 손실"이라고 말했다. 이어 그는 "앞으로 통일문제를 계속 다루어나갈 후배들에게 꼭 참고하거나 관리해야 할 자료 목록을 만들어주어 전략연구발전에 공백이 생기지 않도록 해달라"는 간곡한 부탁의 말씀을 남겼다. 역대 어느 장관님에게서도 듣지 못했던 훌륭한 말씀이었다.

퇴임식이 끝난 후 전 직원들이 도열한 가운데 나는 통일원을 떠나왔다. 어떠한 간부나 장관들도 이처럼 멋진 퇴임식을 가져 본 일이 없었다. 그날 장관을 비롯한 간부들은 물론이거니와 정치적으로 성공하기 바란다는 취지를 담은 상당한 전별금을 전달받는데, 여기에는 통일원의 수위들과 청소부들까지도 참여했다고 총무과장이 뒤에 들려주었다. 내가 정말로 열심히 뛰었고 열정을 바쳐 정책연구에 헌신했던 통일원 생활 10년은 정말 보람 있던 시절이었다. 고희古稀 때 통일원에서 함께 일했던 후배들이 정세현丁世鉉 전 장관을 준비위원장으로 세워 『한국 통일문제의 현주소』라는 명칭으로 고희기념논문집을 만들어 준 것도 그간 나의 통일원 생활의 보람을 말해주는 것 같다. 고희논문집 행사에 참여했던 이한동李漢東 전 국무총리는 "공직사회의 선후배 간에 이런 논문봉정식이 이루어지는 것을 평생 처음 본다"면서 "참으로 멋있다"고 축사에서 말했다.

민주정의당 창당 작업에 뛰어들다

민주정의당은 인사동 골목의 옛 정일학원 자리에서 창당 준비 작업을 진행하고 있었다. 권정달 사무총장과 이종찬 사무차장, 이상재 조직국장, 김두종 조사국장 등이 바삐 움직이는 주역들이었고, 동경대학에서 박사학위를 받은 대학 1년 후배인 김영작 박사가 당 이념연구실을 맡았다. 개혁주도세력으로 불리던 보안사 출신의 허화평, 허삼수, 민간인으로 참여한 허문도 등과 협의

하면서 민주정의당의 이념인 민주, 민족, 정의, 복지, 통일의 체계화작업을 진행 중이었다. 나는 처음에는 꿰다놓은 보릿자루처럼 아무 일도 맞지 않은 상태로 있었다. 그리고 얼마 후에 결정된 창당준비위원회의 사무처 인사에서 당 청년국장으로 임명되었고 중앙일보 정치부장이던 조남조 씨가 선전국장으로, MBC 앵커이던 하순봉씨가 기획국장으로 임명되었다. 초기에 조직국장으로 활동하던 이상재는 사무차장으로 승진하고 김두종은 그내로 조사국장에 임명되었으며 박현태 한국일보 편집국장이 조직부장으로 임명되었고, 당 정치연수원장에는 이상연씨_{후에 국정원장역임}가 사무차장급으로 임명되었다.

졸지에 당을 만들어 선거를 치러야 할 상황이었기 때문에 사무차장인 이상재는 매일 아침 자기 방에서 창당준비위원회의 회의를 열고 대소사를 결정했는데, 주요한 결정들은 보안사 출신들이 처리했지만 창당에 따른 행정업무는 당 운영 경험이 있는 민주공화당 사무처 요원들이 주로 활용되었다. 박정희의 서거로 당 총재를 잃고 당이 해체됨에 따라 오갈 데가 없어진 사무처 요원들은 이상재의 지시를 입안의 혀처럼 받들면서 순종하였다. 매일 여러 유력인사들의 추천으로 새로운 사람들이 영입되어 왔고 이상재는 이들을 적재적소에 배치하는 일을 도맡아 진행했다.

특출한 능력 발휘한 '준위' 이상재

나보다 나이가 다섯 살 위인 이상재는 군대 내의 계급은 보안사의 준위였지만 단순한 준위로만 평가해서는 안 될 만큼 리더십과 판단력이 뛰어난 사람이었다. 창당 시기의 조직업무는 정말로 힘든 일이었지만 그는 조사국장 김두종이 모아온 자료를 토대로 영입된 인사들을 적절히 당직에 배치하였다. 민간인으로 영입된 사람들은 이상재의 요구대로 당직 배치에 순응했지만 군장성들 중에는 일개 준위의 조직배치를 못마땅하게 여겨 간혹 충돌이 일어나기도 했다. 하지만 국보위상임위원장인 전두환의 전폭적인 신뢰를 받고 있는 이상재에게 맞서 이길 사람은 없었다.

그는 언론 통폐합부터 당직인선, 전국구의원 선발, 지역구 공천에 이르기까지 어려운 일을 도맡았는데 기실 그에게는 그런 일을 능히 감당할만한 능력이 있었다. 오랜 세월 동안 보안사의 대공팀에서 근무하면서 무장간첩을 체포하고 심문하고 사법처리해 오던 그의 남다른 인생체험이 어려운 일을 두려움 없이 소신껏 처리할 힘을 실어준 것 같았다. 그는 11대 국회에 진출할 의원들을 만든 장본인이었지만 본인은 원내진출을 사양했다. 좋지 않은 평판을 각오하고서도 행해온 그간의 조처가 자기 개인의 입신양명을 위한 것이 아님을 입증하고 나아가 그것이 자기를 지키는 길이라고 생각했던 것 같다. 그는 12대에 전국구로 원내에 진입하고 14대에는 자기 고향인 공주에서 지역구 국회의원으로 당선되어 원내에 진출했지만 의원으로서 특별히 능력을 드러낸 일은 없다. 그 당시는 오히려 광주사태와 관련해서 5공 청문회가 열리고 전두환이 백담사로, 안양교도소로 수감되는 상황이 전개되면서 그의 원내생활은 빛을 낼 수 없었고, 그는 오히려 몸을 사려야만 했다. 2017년 집안 목욕탕에서 넘어져 뇌진탕으로 그는 생을 끝마쳤다. 서울성모병원에 마련된 그의 빈소는 쓸쓸하기만 했다.

민주정의당 초대 중앙정치연수원장과 제11대 국회의원에 피선

민주정의당이 창당된 후 전두환이 당 총재에 피선되었고 운경 이재형雲耕 李載瀅 선생이 당 대표로 취임했다. 나는 창당 후 초대 당 중앙정치연수원장에 임명되었다. 청와대에서 신임 당직자 임명장 수여식이 열렸는데 나는 이때 처음으로 전두환을 대면했다. 임명장 수여식이 끝난 후 청와대에서 만찬 행사가 이어졌다. 전두환은 나에게 TV에서 볼 때는 나이가 지긋해 보였는데 실물을 대하니 너무 젊고 패기가 넘친다고 칭찬했다. 그리고 자기가 알기로는 이영일 정치연수원장이 통일문제 전문가라면서 앞으로 통일이 되면 평양주재 고등판무관을 맡아야 할 것이라고 말해 좌중의 박수를 받았다.

당직 임명이 끝난 후 곧 행해진 제11대 국회의원 선거에서는 민주정의당이 압승했다. 나는 전국구 52번으로 추천되었고 내 바로 앞 번인 51번에 김종인金鐘仁이 추천되었다. 그는 6·25전쟁 때 광주로 피난 와서 나와 서석국민학교 5, 6학년을 같이 다녔고 광주서중으로 진학, 2학년까지 같이 다니다가 환도 후 그의 조부이신 대법원장 김병로 선생이 서울로 불러 중앙중학교로 전학했다. 나는 상임위원회 선택 문제를 신중히 검토하다가 의원들 간에 별로 인기가 없는 통일외교통상위원회를 선택했다. 내가 인기가 없는 위원회를 지망하자 이종찬 원내총무는 오히려 반겼다. 나로서는 정치연수원장직과 국회의원직을 동시에 수행해야 하기 때문에 일이 많이 몰리는 상임위원회보다는 내가 그 업무를 잘 아는 상임위원회를 택한 것이다. 나는 통일원 재임 중 국회 통일외교통상위원회에 와서 매년 업무 브리핑과 예산 설명을 도맡아 해왔기 때문에 결코 낯설지 않은 위원회였다. 나는 결국 브리핑을 하러 다니던 상임위원회에서 브리핑을 받는 위치로 처지가 바뀐 것을 실감하게 되었다.

제12대 국회 '광주' 지역구서 당선

나는 1985년 광주 서구에서 제12대 국회의원으로 당선되었다. 지금의 광주 남구까지를 포함한 넓은 지역이었다. 그때는 광주사태의 여진이 계속되고 있어서 민주정의당의 추천을 받고 출마는 했지만 당선을 장담하기는 힘들었다. 물론 1구 2인제一區 二人制여서 특별한 하자만 없다면 당선은 무난할 수도 있

미워할 수 없는 우리들의 대통령

다지만 그래도 지역 정서가 수용치 않는 분위기였기 때문에 선거전이 어려울 것으로 예상되었다. 그러나 나는 유세전에서 승세를 잡을 수 있었다. 우선 학력과 경력에서 타 후보에 꿀리지 않고 국토통일원에서 공직자로서 근무했기 때문에 흠결이 있을 수 없었다. 또 민정당 초대정치연수원장으로 전국적인 성가聲價를 지니고 있었기 때문에 능력에 대한 시비는 일어날 여지가 없었다.

내가 유세에서 강조한 것은 광주의 두 가지 문제점이었다. 하나는 눈에 보이는 문제로 지역의 낙후성이요, 다른 하나는 눈에 보이지 않는 문제로 한과 응어리라고 지적했다. 나는 광주가 한 선거구에서 두 명을 선출하는 점을 말하며, 눈에 보이는 광주 문제인 지역의 낙후성 문제는 신명을 바쳐 내가 앞장서서 해결할 것임을 장담했고, 눈에 보이지 않는 광주 문제는 야당으로 당선된 분과 제휴하여 해결하도록 할 것이라 강조했다. 이어 나는 '광주시민이 언제까지 해태 타이거즈가 이기는 재미로만 살겠는가'를 따져 묻고 챔피언이 되려면 왼손과 오른손을 다 써야 상대를 누를 수 있다면서 여당과 야당을 하나씩 당선시켜 달라고 호소했다.

나의 유세 연설은 전국적인 관심을 모아 전국 각 신문에서 기사화되었다. 당선 후 공동당선자인 김녹영 씨와 함께 서울의 주요언론사를 인사차 방문 다닐 때 한국일보의 정현필 논설위원이 내 손목을 잡고 '광주에 문제가 있음을 인정하고 발언한 것'을 높이 평가한다면서 격려를 보내준 것은 지금도 고맙게 기억한다.

4년만에 사라진 '광주 폭도' 표현

광주에서 당선된 후 도하 각 신문에는 내가 당 총재비서실장으로 임명되었다는 보도가 났다. 당사에 들려 이한동李漢東 사무총장을 만났더니 나에게 인사 경위를 설명했다. 당직인선 차 청와대에서 전두환 총재를 만났더니 "이영일이 광주지역 선거유세에서 승세를 잡았다니 당 대변인으로 임명하라"고 지시했다고 한다. 그 자리에서 이한동은 광주 국회의원이 당 대변인이 되어 매일 지역정세에 안 맞는 성명이나 기자회견을 하기는 힘들 것이니 대변인은 적합하지 않다고 말했다. 그보다는 당 총재비서실장으로 임명하여 광주지역의 민의를 수렴케 하고 대통령이 광주 출신 비서실장과 함께 국정을 운영한다는 이미지를 주는 것이 본인에게도 좋고 지역이나 국정에도 유리할 것 같다고 진언하였더니 대통령이 흔쾌히 이를 받아들였다는 것이다. 이한동 사무총장의 말이 백번 옳았다. 역시 국무총리를 역임할 만한 이한동 총장이었다. 폭탄주 경쟁에서 여러 차례 맞대결을 벌였던 인연이 새삼 생각났다.

　총재비서실장 임명장 수여식이 끝난 후 대통령은 독대 자리를 만들고 나와 대화를 나누었다. 당 총재를 겸한 대통령은 국정과 당정의 조화가 중요하기 때문에 당론의 흐름을 총재가 항상 올바르게 알아야 하고, 대통령이 주도하는 국정방향도 당직자들이 잘 알아야 차질 없이 협조가 잘 될 수 있다는 점을 강조했다. 그러므로 총재비서실장이 당과 청와대 사이의 링커 역할을 잘해야 한다는 것이었다. 나는 모처럼 주어진 대통령 독대 기회였기 때문에 이 기회를 활용했다. 대통령에게 광주사태와 관련해 구속되었거나 수배되었거나 사망자의 유족이나 부상자들에 대한 호칭이 모두 '폭도'라는 점을 들며, 광주사태가 일어난 지 4년이 지난 오늘날까지도 '폭도'라는 호칭이 따라다니는 것이 문제라고 자못 비장하게 건의하였다. 그러한 단어를 사용해서는 국민화합이나 사태 해결에 전혀 도움이 안 된다는 것이었다. 약간의 침묵이 흐르고 몇 자 메모를 한 뒤 이영일 실장의 건의를 수용하는 쪽으로 연구하도록 하겠다는 답변을 받았다. 내가 청와대를 나온 직후에 이학봉 수석에게 지시가 떨어진 모양이다. 의전비서실을 통해서 누가 대통령을 만나고 나갔는지를 확인했을 것이다.

미워할 수 없는 우리들의 대통령

이튿날이 지나서 이학봉 수석이 폭도라는 말을 쓰지 않도록 조치했다는 전화를 주었다. 광주사태가 끝난 지 4년이 지나서야 폭도라는 용어가 폐기된 것은 뭔가 잘못된 일이었지만 유족들이나 부상자를 만나 대화를 나누어야 할 입장에 있는 나로서는 반드시 관철시켜야 할 일이었다. 당연한 일이지만 대통령이 나의 건의를 수용해줘서 고마웠다.

해직교수 전원 복직을 청와대에 설득

폭도문제 해결이 알려지자마자 광주일고 후배로 전남대학교 교수로 재임 중인 전남법대의 정환담 교수와 김성기 교수가 나를 집으로 방문하였다. 해직교수 복직문제도 이제 더 미룰 수 없는 심각한 과제라며 관련 교수들의 의견을 수렴할 기회를 나에게 마련하겠다고 제안해온 것이다. 이들의 제안에 따라 광주 시내 송기숙 교수 집에서 이홍길 교수, 이방기 교수, 노희관 교수, 김동원 교수 등 몇몇 해직 교수들과 함께 해직 교수 문제해법을 놓고 진지하게 토론하는 시간을 가졌다. 나는 이들과 만나 대화를 나누면서 겉으로 말은 안 했지만 마음에 큰 통증을 느꼈다. 왜 국립전남대학교 교수들이 일거에 해직을 당해서 오갈 데 없이 놀면서 세상을 원망하고 자탄하며 살아야 하는가.

나이도 대체로 40대에서 50대에 이르기 때문에 자녀들이 한창 학교에 다녀서 한 푼이라도 아쉬운 판에, 월급도 몇 년씩 못 받고 어려운 친구들끼리 어울려 등산이나 다니면서 허송세월을 해야 한다는 사실이 너무나 마음이 아팠다. 이들을 만났을 때 나는 마치 죄인이 된 것 같은 신경이었다. 이들의 이야기를 들으면서 가지고 간 술을 함께 마시면서 틈틈이 위로의 말씀을 건넸다.

결국 해직 교수를 일거에 전원 복직시키고 체불된 월급을 보상해주는 것이냐 아니면 이를 시간을 두고 단계적으로 추진할 것이냐의 논의가 진행되었다. 옥석구분도 없이 마구잡이로 계엄사가 단행한 해직처분이었기 때문에 해직 기간에 받지 못한 봉급까지 원상회복시키는 즉각 전원복직론부터 단계적 복직론 등 두서너 개의 대안이 나왔다. 나는 내가 모든 것을 일방적으로 결정할 처지가 아니었기 때문에 장담은 못 했지만 이런 논의를 청와대 비서진에 반영하여 좋은 처리방도가 나오도록 노력하고 건의안이 마련되는 대로 대통령에게 직접 건의하려고 작심했다.

다행히 청와대 정무비서관 가운데는 나와 대화가 통하는 인물이 있었는데 그는 고故 최창윤 비서관이다. 육사를 졸업한 후 미국 하와이대학에서 정치학박사를 취득하고 육사 교수를 거쳐 청와대 정무비서관이 된 최창윤 비서관과 나는 해직 교수 복직문제를 진지하게 토의하였다. 그는 해직 교수만이 아니라 해직 교사 문제도 있고 그밖에 해직 공무원 문제도 있기 때문에 큰 차원의 결정을 통해 일괄 해결하려면 논의를 내부에서 숙성시켜 보자고 했다. 군 출신들 가운데는 광주사태 관련 해직자들에게 적의를 품는 사람들이 있기 때문에 너무 성급히 밀어붙이다가는 될 일도 안 될 수 있다는 조심스러움이 최창윤 비서관의 몸에 배어 있었다. 그러나 나는 정치인이기 때문에, 내 선거구의 일임을 부각시키면서 대통령 측근들을 설득시켜 나갔다. 결국 정부는 해직 교수와 교사문제의 일괄 해결을 향한 결정을 내렸고 해직 기간에 못 받은 월급문제도 아울러 해결하게 되었다. 그러나 하루가 급한 사람들의 일을 해결하는 데 시간이 걸려 미안한 마음을 금하기 힘들었다. 시대의 풍운은 무고한 사람들에게 예기치 못한 고통과 시련을 안겨주는 것 같다. 광주에서 간신히 당선되어 조그마한 민원이라도 하나씩 해결하는 데 다소 기여할 수 있었다는 것이 그나마 다행이었다. 구약성경의 에스터Esther 전을 읽으면서 나의 당시의 심경을 비춰보기도 했다.

두 해직 교사를 복직시키다

해직 교수 문제로 관련자들을 만나는 중에 이홍길 교수가 본인도 해직된 상태였지만 더 급한 두 사람의 해직 교사가 있다면서 한번 만나서 이야기를 들어보고 도와줄 수 있으면 도와달라고 말했다. 광주대동고등학교 영어교사인 박석무朴錫武 선생과 전남대사대부중학교의 정규철 선생이었다. 신양파크 호텔에서 두 분을 만나 자초지종을 들어보니 상식적으로는 해직될 사안이 아니었다. 두 분 모두 학생들로부터 존경을 받는 분이었고 박석무 선생은 해직된 후에는 한문 서당을 만들어 학생들을 지도하고 있었다.

나는 광주에서 제일 영향력이 크다는 보안사령부 광주부대의 이용린 지부장을 만나 이 두 분 문제를 진지하게 토의하였다. 이 지부장은 두 분의 이름은 자기도 잘 아는데 문제가 있는 분들이며 특히 정규철 씨는 국가보안법 위반전력도 있다면서 난색을 표했다. 나는 민주정의당의 전두환 총재 비서실장이 자기 선거구에 내려와서 사소한 민원 하나도 처리하지 못한다면 내가 당의 직책을 맡을 필요가 없지 않겠느냐고 답했다. 그리고 결국 광주사태도 이대로만 끌고 갈 수 없고 국민화합 차원에서 해결책을 강구해 나가야 할 터인데 정치 감각이 높은 이 지부장까지도 낡은 법 논리에 묶여 문제해결을 늦춘다면 광주 문제는 답답한 상태 그대로 방치되겠다고 말하고 나왔다. 며칠후 두 분 선생님 문제는 일단 해결하는 쪽으로 방향을 잡았다고 연락이 왔다. 나는 두 분 선생에게 더 이상 아무런 연락도 문의도 하지 않았다. 결국 해직 교사 문제도 해직 교수 문제와 함께 공정한 방향으로 해결되었다. 원래 없었어야 할 일을 해결했다고 생색내는 일만큼 모자란 일도 없을 것이다. 박석무씨는 그 후 국회의원을 역임했고 지금은 다산연구소를 운영하는 국학의 대가반열에 올라 활약하고 있다.

링컨 같은 대통령을 닮자

총재비서실장직은 대통령이 해외출장을 갈 때 당을 대표하여 공식 수행원이 된다. 1985년 2월에는 전두환 대통령 시절 제2차 한미정상회담 수행을 위해 워싱턴DC를 방문했고 4월 구라파 4개국 순방 시에도 공식 수행원이 되어 영국, 프랑스, 독일, 벨기에를 방문했다. 공식 수행원으로서의 해외출장 일정이 끝난 것과 때를 같이해서 미 국무성 초청으로 나는 1개월간 미국을 여행하게 되었다. 이 초청 업무를 주관하는 미 국무성의 공보원은 내가 방문하고 싶은 장소를 미리 제시해주면 그것을 일정에 반영하겠다고 하였다. 매우 건강한 사업방식이었다.

　나는 워싱턴DC에서 가까운 미국의 초대 대통령인 조지 워싱턴 대통령의 출생지 마운트 버논Mount Vernon을 1번으로 선택했고 다음으로는 대통령이 꼭 살피도록 당부한 지방자치단체 선거실시지역 세 군데를 선정했으며, 면담 인사로는 명성을 날리던 새뮤얼 헌팅턴 하버드대 교수를 지명했다. 국무성은 신린섭이라는 한국계 미국인을 나의 통역을 돕도록 배정해주었다. 내가 가보고 싶었던 대통령 출생지는 링컨의 고향인 켄터키도 있었지만 켄터키는 1983년 대학 동기생인 양성철 박사의 안내로 방문한 곳이기 때문에 이번에는 뺐다. 미국 대통령 출생지로 국립공원이 된 곳은 조지 워싱턴과 아브라함 링컨의 탄생지였다. 미국에서 초등학생들이나 중학생들이 수학여행코스로 가장 많이 선택하는 곳이 이곳이고 여기 오면 두 분 대통령의 어린 시절의 착한 행실과 미국을 위한 업적들을 전문가 선생님들이 재미있게 설명해준다. 나도 학생들 틈에 끼여 해설을 들으면서 복수민족으로 구성된 미국인들을 하나로 통합하는 데 이 사업이 중요하다는 것을 깨달았다. 대학 시절에 배운 찰스 메리엄 교수의 미국시민형성Making of American Citizen론이 바로 이런 사회화과정의 하나로 떠올랐다. 이곳을 방문한 학생들은 자기도 자라서 링컨이나 워싱턴 대통령 같은 인물이 되겠다는 희망을 갖기도 한다고 들었다.

나는 귀국 후 대통령에게 여행 경과를 보고하는 가운데 우리나라에서도 "나도 커서 저런 대통령 같은 인물이 되겠다."고 말할 어린이들이 언제쯤 나올지 모르겠다고 빈말처럼 한마디를 던졌다. 대통령은 무심한 표정을 지으면서 묵묵부답이었다. 말년이 좋지 않기 때문에 어린이들이 되고 싶은 모델로 떠오를 대통령이 나오기 힘든 나라가 우리나라가 아닌가. 과거의 업적이 아무리 훌륭해도 인물 평가는 항상 현재를 기준으로 하기 때문에 업적을 남긴 지도자로 인해 혜택을 보면서도 고마움을 느끼지 못하는 것이 우리의 오늘이 아닌가. 참으로 개탄스럽다.

나와 전두환과의 인연 맺는 과정 이야기는 이것으로 끝내고 다음 절에서 내 나름의 기준으로 전두환 대통령을 논평해보기로 한다.

3

전두환 대통령의 업적 평가

시대의 소명에 답한 대통령 전두환

|

대통령직은 정치 활동에 나서는 사람이면 누구나 도달하고 싶은 꿈이다. 나라가 크건 작건 간에 대통령직은 그 자리를 차지하겠다는 꿈과 야심을 가진 사람들이 항상 경합하는 자리이다. 그리고 물론 목적을 달성한 사람도 있지만 대부분은 실패하기 마련이다. 한 자리를 놓고 다투는 싸움이기 때문에 후보들 간에 연형합종連衡合從도 비일비재하다. 목적은 수단을 정당화한다는 마키아벨리의 격률을 믿고 모든 수단을 동원하여 경쟁하기도 한다. 지금까지 우리나라에서 대통령에 당선된 사람들 중에는 40년 동안 광야를 헤맨 모세 Moses와 같은 분도 있었다. 이승만은 1905년부터 1945년까지 항일독립운동에 헌신하고 광복된 조국에서 독립된 나라를 세우는 일을 필생의 신념으로 생각한 정치인이었다. 그리고 정치의 무능과 혼란 속에서는 민주주의도, 국가의 안위도 보장할 수 없다는 절박한 심정에서 쿠데타를 일으켜 정권을 장

미워할 수 없는 우리들의 대통령

악한 박정희도 있다. 하지만 김영삼처럼 자기 신념인 민주주의를 위해, 김대중처럼 분단국가에 태어나서 통일의 길을 뚫어보겠다는 뜻을 이루기 위해 대통령이 되겠다는 결사적 집념을 보인 사람들도 있었다.

"내 꿈은 대통령 아닌 육군참모총장"

전두환에게는 대통령이 되겠다는 결사적 집념은 없었다. 그는 대통령에 당선된 후 자기의 꿈은 대통령이 아니라 육군참모총장이 되는 것이었다고 여러 번 밝혔다. 나는 민주정의당 초대 중앙정치연수원장과 당 총재비서실장을 맡았던 관계로 전두환 대통령을 개인적으로 독대할 기회도 많았고 주요당직자였기 때문에 여러 간부들과 함께 대통령을 만날 기회가 많은 편이었다. 만날 때마다 들은 이야기 중 하나가, 자기는 대통령이 되는 것이 꿈이 아니었고 육군참모총장이 되기 위해 충직한 군인으로서의 생활에 열정을 쏟았다는 것이었다. 그는 대위 시절에 정계에 입문할 기회가 주어졌지만 그것을 사양했던 비화秘話도 곧잘 이야기했다.

전두환이 군에서 성장할 수 있었던 주요 계기는 그가 대위 시절에 육사 동창생 자격으로 사관학교에 뛰어 들어가 육군사관학교 후배들이 5·16쿠데타를 지지하는 시위를 벌이도록 공작하고 마침내 육사생들의 5·16 지지 시위 행사를 이끌어낸 것이다. 육군사관학교 생도들이 전원 서울 시내로 나와 행진하면서 5·16 지지 시위를 펼친 것은 혁명 성공의 분위기를 조성하는데 결정적 공헌으로 평가되며, 5·16쿠데타의 성패를 가르는 주요한 계기가 된다.

이 사건으로 그는 박정희에게 발탁되어 국가재건최고회의에서 민원담당 비서관으로 임용되었다. 이때 육사 출신은 아니었지만 함께 활약했던 차지철車智澈 대위는 박정희 최고회의 의장의 권유에 따라 국회진출에 동의했지만 전두환은 군에 남아 대통령을 잘 받들겠다면서 정계진출을 끝까지 고

사했다고 한다. 그 후 차지철은 국회의 실력자가 되어 대학에서 명예박사학위도 받았고, 내가 통일원 교육홍보실장으로 근무하던 시절에는 국회외교위원장의 위치에 오를 수 있었다. 그러나 전두환 대위는 차지철과는 달리 정계 입문을 고사하고 미국에서 고급지휘관 훈련을 세 차례나 이수한 후 월남 전쟁에 참전하여 무훈을 세우고 전방 1사단장으로 복무 중 제3땅굴을 발견하는 등 육군총참모총장직을 향한 행진을 계속하였다. 사단장을 마친 후에는 경호실의 작전차장보를 맡아 군에서 승진할 수 있는 경력을 쌓다가 국군보안사령관으로 승진하는 기회를 만들었다. 육군참모총장으로 가는 징검다리 확보에 성공한 것이다. 이때 10·26사태가 일어나 그의 이름이 전국에 알려지게名破四海 되었다.

그는 말한다. 그가 대통령이 된 것은 박정희가 가장 신임했던 중앙정보부장 김재규가 셰익스피어의 비극 『줄리어스 시저』의 브루투스처럼 대통령을 자기 총으로 직접 시해하고 정권을 잡으려고 획책할 때 자기는 국군보안사령관으로서 국가원수 시해 사건의 수사책임을 맡았기 때문이라는 것이다. 국가원수 시해범으로 김재규는 쉽게 체포했지만 그 시해의 배경이 된 정권 탈취계획과 배후의 관련인맥을 밝히게 되면서 상급자인 정승화 육군참모총장을 강제로 체포하지 않을 수 없었고, 그를 강제로 체포하면서부터 국군보안사령관 전두환은 호랑이 등에 올라타지 않을 수 없게 되었다는 것이다.

박정희 시해 사건 진상규명책임을 맡아

즉 전술한 바와 같이 전두환은 박정희 대통령 시해 사건을 수사하는 국군보안사령관 겸 합동수사본부장직을 맡게 되었다. 필자도 이때 처음으로 전두환의 이름을 알게 되었다. 군이라는 조직에서는 직분이나 이유가 무엇이든 간에 부하가 상관을 구속하는 것은 하극상이며, 그렇게 하극상으로 몰리게 되

미워할 수 없는 우리들의 대통령

면 살아날 길이 없는 것이다. 그래서 상관을 잡으면 호랑이 등에 올라탔다는 비유가 성립한다. 상황이 실제로 호랑이 등에 탔다고 할 만큼 절박하지 않을 수도 있지만 당사자가 느끼는 안전의식은 다분히 주관적이기 때문에 호랑이 등에 탔다는 느낌을 과장이라고 말할 수는 없다. 전두환은 사건 수사상의 필요성 때문에 군의 가장 큰 상사인 정승화 육군참모총장을 체포했다. 체포하는 과정에서 발생한 군부대들 간의 총격 사건은 필연적으로 책임을 수반하므로, 그는 보안사령관으로서 자기의 안전을 지킬 방도를 강구해야 했다.

전두환의 국군보안사령부에는 허화평, 허삼수, 이학봉, 이상재 등 군에서 두뇌 있기로 정평 난 참모들이 그를 옹위하고 있었다. 이들은 자기 보스를 보호해야 한다는 사명감, 그리고 국가원수를 시해하여 국권을 찬탈하려던 음모를 확실히 파헤치겠다는 정의감에 불탔다. 그러나 당시의 국내 상황은 김재규 수사가 공정하게 진행될 분위기가 아니었다. 김재규를 유신체제 타파를 위해 자기 몸을 내던진 의인義人으로 몰아가려는 분위기가 조성되는가 하면 이런 혼란 상황을 자기 정권장악의 호기로 이용하려는 정치권의 공작이 날이 갈수록 치열해지고 있었다.

어느 정치지도자도 김재규에 의한 국가원수 시해 사건의 진상을 조속히 밝히라고 요구하지 않았다. 박정희 시해 사건의 진상규명은 불행히도, 박정희 후임으로 대통령 권한대행을 승계한 후 통일주체국민회의 선거를 통해 제10대 대통령으로 취임한 최규하 대통령과 보안사령부의 합동수사본부를 제외하고는 누구의 관심거리도 되지 않았다. 진상규명 자체에 대한 정치적 수요도 사실상 전무한 실정이었다.

상황이 이렇게 왜곡되어가자 박정희 시해 당시 김재규와 통했던 정승화 육군참모총장은 노재현 국방장관 등과 제휴하여 전두환 등 보안사팀의 무력화를 시도하면서 정치권과 협력하여 시국주도권을 장악하려는 움직임을 보였다. 이런 상황을 방치할 경우 그것의 결과가 자기희생임을 전두환은 모를 리 없었겠지만, 최규하 대통령은 이렇게 급박하게 돌아가는 정국의 흐름을 간파할 만큼 예민한 지도자는 아니었다. 그러므로 그는 합동수사본부장에 보안사령관, 궐석 중인 중앙정보부장서리까지 도맡아 있던 전두환의 보고와 건의에 의존하여 대통령직을 유지할 수밖에 없었다. 결국 군 내부의 갈등이 12·12사건으로 폭발했다. 최규하 대통령은 정승화와 전두환 간에 벌어진 싸움을 알지 못하고 있다가 사후결재 함으로써 이 싸움의 승자인 전두환의 손을 들어주게 되었다. 최규하는 대통령이었지만, 전두환을 중심으로 한 보안사령부와 그와 연대하고 있던 군부 내의 육군사관학교 출신 장성들이 이끄는 신군부 세력에 업혀있는 처지에 불과했다.

전국 비상계엄으로 확대된 5·17조치

한편 정치권에서는 군부의 동향이 심상치 않다는 것을 인지하면서도 아무런 조치를 취할 수 없었다. 김대중은 다가오는 선거를 의식하여 대중조직에 전력투구하고 있었고 김영삼은 박정희 이후 선거에서라면 자기가 당연히 차기 대통령이 될 것으로 낙관하면서 자기조직을 관리해갈 뿐이었다.

2018년 6월 24일자로 고인이 된 김종필은 차기 대통령이 될 수 없도록 박정희에게 철저히 소외당했지만, 그렇다고 해서 박정희가 저야 할 역사적 책임에서 결코 자유로울 수 없는 몸이었다. 그러나 신군부 인사들은 불행히도, 누구를 막론하고 3김씨 중 어느 한 분이 국가지도자가 되어야 나라를 위기에서 구하고 박정희가 벌여 놓은 개발과 외채의 난맥상을 잘 풀어내어 국가운영이 정상화되리라 예상하거나 점찍어 놓은 사람은 없었다. 그들은 3김씨를 거세해야 오히려 나라가 안정될 것으로 내다보고 이들의 정치적 선동력을 제거하기 위해 최규하 대통령의 재가를 얻어 계엄령을 전국에 걸치는

미워할 수 없는 우리들의 대통령

비상계엄으로 확대했다. 이를 5·17조치라고 했다. 이 조치로 김대중과 김종필은 구속되었으며 김영삼은 가택에 연금되었다.

제11대 대통령에 선출되다

계엄령이 전국 비상계엄으로 확대되고 김대중 등 정치지도자들이 구속됨에 따라 서울과 광주 등지에서는 시위가 격렬해졌다. 이희성 대장은 계엄사령관으로서 부마釜馬사태를 수습한 전례에 따라 광주에 특전사령부 진압부대를 파견했다. 그러나 시위대에 대한 군부대의 과잉진압이 원인이 되어 시민들까지 시위에 합세하는 민중저항사태로 사건이 확대되고 부마사태와는 달리 많은 사상자가 발생했다. 이 사건의 수습과정에서 신현확 국무총리는 사임하고 박충훈 상공장관이 국무총리서리에 임명되었다. 곧이어 최규하 대통령도 자기가 맡고 있는 대통령직이 자기가 감당하기에는 벅차다면서 사임하는 바람에 국무총리서리인 박충훈 씨가 대통령 권한대행까지 겸임하는 사태가 초래되었다. 박충훈 씨는 곧 헌법 절차에 따라 통일주체국민회의를 소집, 대통령 선거를 통해 제11대 대통령으로 전두환 씨를 선출했다.

　일부 전두환 지지자들 가운데서는 최규하 대통령의 사임을 요순堯舜시대의 양위讓位처럼 말하는 사람이 있지만 사실 그렇지는 않다. 최규하는 자기가 맡고 있는 대통령직이 스스로 원해서 실력으로 쟁취한 것이 아니며, 개헌을 통해 수립되는 새 정부에 그 권한을 이양해야 할 임시직임을 잘 알고 있는 터였다. 따라서 국내 상황이 전두환을 중심으로 돌아가고 자기가 이들 군부세력에 얹혀있는 신세임을 깨닫자 곧 하야를 결심한 것으로 봐야 할 것이다. 최규하 대통령이 이러한 결심을 하는 데에는 김정렬 전 국방부장관의 자문이 크게 작용했다고 한다. 결과적으로 보면 전두환 자신은 자기의 꿈이 대통령이 되는 것은 아니었지만 주어진 상황이 그를 육군참모총장보다 더 책임이 무겁고 나라의 장래에 더 큰 영향을 미칠 대통령직을 맡게 한 것이다. 호랑이 등에 올라탔다가 내려오면 죽을 수 있다는 상황의 중압 속에서 그는 이를 자기의 숙명으로 받아들이고 대통령직을 맡은 것이다.

단임 약속을 지킨 대통령

민주정의당이하에서 민정당으로 약기이 국민들에게 내놓은 이념은 앞에서도 지적했듯이 민주民主, 민족民族, 정의正義, 복지福祉, 통일統一이었다. 그러나 좋은 구호를 나열한다고 해서 국민들이 그러한 구호에 현혹되어 그대로 지지를 보내리라고 기대해서는 안 된다. 그런 구호가 실현 가능할 것이라는 전망이 주어져야 한다. 나는 당 중앙정치연수원장으로서 당이 내놓은 5대 이념을 쉽게 풀이해서 당원들과 국민들이 공감하도록 만들어야 했지만 이념교육이 단순히 구호풀이에 머물러서는 소기의 성과를 얻을 수 없다. 그런데 당의 5대 이념과 함께 전두환 정부가 내놓은 참신한 아이디어가 있다면 그것은 곧 '단임 정신'이었다. 박정희 밑에서 정치를 배운 젊은 군인들, 속칭 박정희 키즈들이 박정희의 국력배양 노선을 따르면서도 1인 장기집권이 아닌 단임 정신을 실천하겠다는 것이었다.

이승만 박사가 3선 개헌으로 12년간의 장기집권을 하다가 4·19혁명으로 권좌에서 물러났고 박정희 대통령도 3선 개헌과 유신체제로 18년 동안 1인 장기집권을 강화하다가 친지의 손에 목숨을 잃고 역사의 무대에서 사라졌다. 이런 정치사에서 얻을 수 있는 가장 큰 교훈은 1인 장기집권의 폐해를 청산하고 단임 정신을 실천하는 것이었다. 단임 정신의 공약과 실천이야말로 전두환 정권이 그나마 국민들로부터 긍정적인 평가를 받을 수 있는 유일한 근거와 명분이 될 수 있었을 것이다. 그러나 독일 철학자 헤겔은 그의 법철학 서문에서 세계사를 보면 선대들의 역사에서 후대들이 아무런 교훈도 얻지 못하고 과거의 잘못을 되풀이하고 있음이 드러난다고 설파한 바 있다. 일단 권력을 장악하면 손쉽게 내놓고 물러가지 못하는 것이 인간의 속성일진데 누가 단임을 믿겠느냐는 것이 전두환의 약속에 대한 세간의 평가였다.

국민 환심 사려는 말장난

한때 박정희의 신임을 받아 MBC 사장을 역임한 고향 선배 중 한 분인 이환의李桓儀 씨와 민정당 당사 근처의 한식당에서 오찬을 함께 한 일이 있었다. 그 역시 '단임' 이야기는 국민들의 환심을 사려는 일시적인 말장난이니 그 말을 너무 믿지 말라고 나에게 충고를 해주었다.

나는 일단 당 연수원장으로 당원 연수의 기본방향을 연수원 참모들과 함께 작성하였다. 이 작업에는 김원웅 연수부국장金元雄, 제13대 대전 야당 국회의원으로 당선, 국회 통일외교 통상위원장 역임이 참여하여 많은 아이디어를 제시했다. 연수계획안의 핵심은 단임 정신을 어느 정도의 비중으로 반영시키느냐는 것이었는데, 나는 당의 5대 이념과 동격으로 단임 정신을 강조하는 연수계획안을 만들었다. 사무처 간부회의는 나의 계획안을 전폭 지지했다. 그러나 이재형李載瀅 당 대표와 권정달 사무총장은 흔쾌히 결재하지 않고 나더러 총재를 만나 일단 보고를 드린 후 그 결과를 토대로 당론을 확정 짓자는 태도였다. 너무 민감한 주제인지라 고위당직자들도 그 문제에 관해서는 함부로 가부可否를 말하기를 꺼려하는 눈치였다. 나는 개인적으로 권정달 사무총장은 잘 모르지만 운경雲耕 이재형 선생과는 학생 청년운동을 하던 시절부터 그의 사직동 댁을 자주 드나들 만큼 가까웠다. 그 역시 야당 비주류의 지지를 받고 있던 정치 9단급의 리더로서 젊은 청년들을 주변에 거느리기를 좋아했다. 특히 나의 문리과대학 동문으로서 가깝게 지내던 박인근과 더불어 운경 선생의 말동무 노릇을 할 정도로 나는 운경 선생과 가까운 편이었다. 그러나 운경 선생도 단임 정신을 부각시키는 문제에 관해서만은 놀랄 만큼 신중하였다. 여기에 보안사 대령 출신의 권정달 사무총장마저 운경 선생처럼 신중한 자세를 취했다.

1981년 4월 어느날, 청와대 의전실에서 당 총재인 전두환 대통령에게 민정당 정치연수원장인 이영일이 민정당 당원연수계획을 보고드릴 일정이 나왔으니 오후 3시까지 대통령 집무실로 와서 보고하라는 연락이 왔다. 나는 김원웅 훈련 부국장을 대동하고 대통령집무실로 들어갔는데 의전비서관은 대통령집무실에는 연수원장 혼자만 들어가서 보고하라는 것이었다.

대통령에게 연수업무계획 보고

나는 이날 박정희 대통령 시절, 매년 부처별로 실시했던 연도순시가 머리에 떠올랐다. 차지철이 경호실장이던 시절에는 경호실 요원이 각하를 상대로 하는 보고는 30분을 초과해서는 절대로 안 되며 자세가 조금이라도 흐트러져서도 안 된다는 등 강경한 주의사항을 사전에 고지 해 주기 때문에 그런 전례가 되풀이될 것으로 예상했는데, 아무런 사전 주의사항 없이 바로 집무실로 들어오라는 것이었다. 행정부처가 아닌 당에서 드리는 보고이기 때문에 그런 것 같았지만 너무나 간소한 절차에 놀라지 않을 수 없었다.

나는 준비된 보고문건인 미니 차트를 들고 대통령 앞에 나갔다. 만면에 웃음을 띤 전두환은 친형님처럼 자리에 앉으라고 권하면서 보고를 청취했다. 보고가 끝난 후 논평에서 단임제를 강조하고 부각시킨 것을 높이 평가하면서 단임제는 나의 신념이니 "우리 당원이면 누구나 총재가 단임 약속을 지키고 정권을 후임자에게 평화적으로 인계하는 대통령이 될 것"임을 확실히 믿도록 교육에 만전을 기해 달라고 당부했다. 이날 나는 '극일제공克日制共론'을 교육내용으로 강조하겠다고 다짐했다. 내용인즉 우리나라가 하루빨리 일본을 따라잡고 중국의 발전 추격을 뿌리치고 상대적으로 높은 발전 고지에 올라서야 민주, 민족, 정의, 복지, 통일의 5대 이념을 관철할 수 있다는 것이었다. 극일제공론을 보고했을 때 그는 정말 기쁜 표정을 지으면서 연수계획 전반을 그대로 승인하는 결재란에 서명해주었다. 나는 공직생활을 하면서 공적 보고서를 가지고 높은 분들 앞에서 여러 번 브리핑한 바 있지만 이날처럼 보고자와 피보고자 사이에 간격을 전혀 느끼지 않으면서 편안한 마음으로 보고를 드린 일은 처음이었다.

전두환 대통령이 군인 출신들과 민간인 출신들을 다루는 방법이 전혀 다르다고 말하는 이들도 있지만, 내가 느낀 바로는 그는 보고하는 사람에게 항상 여유와 편안함을 느끼도록 해주는 리더십을 가진 분이었다. 대통령직에서 물러난 후 10여 년 동안 연희동 자택으로 세배하러 다녔지만 그의 온화한 자세와 솔직한 태도는 여전히 변하지 않고 그대로였다.

당에 돌아와서 이재형 당 대표와 권정달 사무총장에게 대통령의 결재 사실을 보고하고 결재서류의 공란에 당 대표와 사무총장으로부터 사후 서명결재를 받았다. 이재형 대표는 대통령의 단임에 대한 결의가 굳건함을 믿고 그 후부터는 당원입교식에서 당 대표가 하는 훈시 중에 대통령 단임 정신을 항상 강조하기도 했다.

사면은 단임의지의 표현

제5공화국 초기에는 김대중 내란음모사건 처리문제도 큰 비중을 차지하는 정치문제 중 하나였다. 대법원은 김대중에게 사형을 선고한 상태였다. 사형집행의 최종결정권자는 전두환 대통령이었다. 여권 내에서는 차제에 한국 정치의 암적인 요소를 제거해야 한다는 주장이 주류였다. 특히 보안사 출신의 군 출신들은 예외 없이 사형집행을 강력히 촉구했다. 야당정치권에서도 평소 김대중의 행태를 잘 아는 정치인들 중에서는 차제에 그를 제거하는 것이 살려두는 것보다는 낫다는 견해를 은근히 여당 쪽으로 흘리는 사람들이 많았다. 더욱이 차기 대통령직을 노리는 사람일수록 김대중의 제거를 바라는 경향이 강했다.

전두환을 둘러싸고 있는 사람들의 다수는 김대중 제거론 지지자들뿐이라고 말해도 전혀 과장이 아니었다. 이런 논의가 당 내외에서 퍼지는 시기에 청와대에서 당 중앙 집행위원들을 초청하는 만찬모임이 열렸다. 나는 중앙집행위원은 아니었지만 주요당직자로서 이 모임에 참석했다. 식사가 끝날 무렵 대통령이 시국문제를 화두로 던지면서 "내가 대통령이 된 후 총선에서도 대승하고 시국이 안정되는 등 경사가 많은데 이렇게 좋은 상황에서 나는 피를 보고 싶지 않다"고 발언하며 김대중에 대한 사면의 뜻을 넌지시 던졌다. 그 말에 반박하는 사람도 없었지만 맞장구치는 사람들도 없었다. 약간의 침묵이 흘렀다. 대통령도 더 이상 말을 잇지 않고 새로 임명된 당 중앙 집행위원들이 힘을 모아 당 대표를 중심으로 당을 잘 이끌어 갈 것을 당부하였다.

나는 이 순간 연수업무보고 때 전두환이 단임정신을 강조할 때 던진 말 한마디가 뇌리를 스쳤다. 단임 정신의 핵심은 체제 내에서 적을 만들지 않고 국민의 화합을 추구할 때 가능하다는 이야기였다. 나는 전두환이 강조하는 단임 정신이 결국 김대중을 살리는 효과를 낳는다고 느꼈다. 전두환도 정국 안정이라는 견지에서 김대중의 사형을 집행하여 얻을 수 있는 이익이 충분하다는 것을 모를 리 없었다. 그러나 그는 대한민국이라는 체제 안에서 더 이상 자기의 적을 만들지 않는 것이 단임 정신을 지키는 원칙의 하나라면서 자신의 신념을 끝까지 말고나간 것이다. 그는 적敵과 적수敵手를 구별했다. 적은 없애야할 존재지만 적수는 선거로 누르거나 제압하면 되는 존재였다.

그는 김대중을 적이 아닌 적수로 보았던 것 같다. 그것이 현명했는지 여부는 역사에 맡기더라도 어찌 되었든 전두환은 자기가 사형집행을 하지 않고 살려서 미국으로 보내준 김대중에게 뒷날 반대로 도움을 받게 되었다. 김영삼 대통령에게 구속되어 중형을 선고받은 전두환은 국민여론에 밀려 사면조치를 취하겠다는 김영삼 대통령의 제안에 새로 대통령에 당선된 김대중이 동의함으로써 무기징역형에서 벗어나게 되었다. 김대중 대통령의 사면으로 풀려나게 되었던 것이다. 이는 역사의 흥미 있는 대목이다.

김대중 석방은 레이건의 압력 때문이 아니다

흔히 사람들은 레이건 대통령이 전두환을 미국으로 초청하여 한미정상회담을 해주는 조건으로 김대중의 사형집행을 막았다고 하지만, 아마 그러한 압력이 있었다면 결과는 달라질 수도 있었을 것이다. 레이건이 전두환을 미국에 초청한 것은 미국 보수정치의 리더로서 소련과 중국을 상대로 하는 대공투쟁에서 한국과의 긴밀한 협력을 강화하기 위해서였다. 더욱 중요한 것은 레이건이 요구했던 핵과 미사일 포기를 전두환이 약속했기 때문이다.

　나는 제1차 한미정상회담에는 불참했지만 레이건과의 제2차 정상회담에는 공식수행원으로 방미하여, 상황을 잘 알고 있었다. 그러나 김대중의 사형을 집행하지 않고 신병치료를 명분으로 미국에 가도록 여행허가를 내준 조치는 한미관계발전에 도움이 되었던 것은 사실이다. 김대중을 살린 전두환의 결정을 레이건의 압력 때문인 것으로 폄하하는 것은 잘못된 것 같다. 그것은 오히려 단임 정신을 실천하기 위한 포석의 하나로 보아야 옳다. 전술한 바와 같이 그는 김대중의 사형을 집행하지 않고 노신영 중앙정보부장을 시켜 신병치료를 명분으로 김대중이 미국으로 가도록 주선해 주었다. 이러한 결정을 못마땅하게 여기는 주변 측근 참모들과 정치권의 원망스러운 눈빛을 피하면서 그는 김대중에게 재기의 길을 열어주었던 것이다.

단임 약속 이행과 백담사 유배

단임을 지키는 길은 결코 쉽지도 않을 뿐더러 대통령직에서 물러난 이후의
자기의 위상이나 안전판을 생각해본다면 더욱 어려운 일일 것이다. 전두환
대통령은 임기가 끝나갈 무렵 서울 서초동 효성빌라에 사는 자기 동서 김상
구金相㻞 의원 집을 야간에 방문했다. 나의 집은 같은 빌라로 김상구 댁과는
두 동 건너에 있었다. 나를 찾는다고 해서 급히 아내와 함께 김상구 의원 댁
으로 갔다. 그때 전 대통령은 다른 모임에서 한잔하고 동서 집으로 일부러 온
모양이었다. 내 딸 지윤이가 집에 있는 안주를 가지고 와서 함께 잔을 돌리게
되었다. 내 처는 김상구 의원 부인과 함께 온 영부인과 대화하느라 방에 들어
가고 남자들끼리만 한잔하면서 대화를 나누었다.

  단임을 지켜야 하는 시간이 가까워 올수록 마음이 약해지고 외로워지
는 것을 피부로 느낀다는 독백과도 같은 이야기가 무심결에 튀어나왔다. 나
는 적당한 위로의 말이 떠오르지 않아 듣고 있었지만 그 자리에서 그가 느끼
는 쓸쓸함에 공감하지 않을 수 없었다. 단임에의 길은 결코 쉬운 길이 아니
다. 그러나 그는 단임 정신을 지키겠다는 목표를 향하여 국정을 이끌어 왔고
나는 연수원장으로 재임 중 강의를 통해 단임 정신을 가장 열심히 전파하고
강조했던 사람이다. 미국과는 달리 한국 정치에는 단임을 약속한 대통령에
게 아무런 안전판이 없다. 그레고리 헨더슨Gregory Henderson이 말한 대로, 새
로 정권을 잡은 사람들은 예외 없이 전임자를 부정해서 자기 입지를 세우는
악순환이 한국 정치의 특색이나 다름없었다. 앞에서 지적했지만, 박정희도
미국에서처럼 이승만을 건국의 아버지로 받드는 대신에 김구 선생을 부각시
켰다. 4·19 직후의 시기라는 면도 감안했겠지만 자기보다 학력이나 경륜이

미워할 수 없는 우리들의 대통령

나 업적에서 훨씬 앞선 사람을 내세우길 꺼려했기 때문이다. 오히려 반反 이 승만 노선에 섰던 분들을 앞세워 국민교육헌장을 만들고 대한민국의 역사를 자기로부터 다시 중흥시키려는 접근을 시도했던 것은 잘 알려진 사실이다. 결국 전두환도 자기의 안전을 위해 대통령직을 계승시킨 노태우盧泰愚 대통령의 선의善意에 자신의 운명을 맡길 수밖에 없었다.

　　청와대를 떠나 연희동 자택으로 이사한 후 모처럼 인사를 간 자리에서 그는, "이 의원, 당신은 지금 교회에 다니지. 나도 앞으로 교회에 다니고 싶은 데 어느 교회로 가면 좋겠는가?" 하고 물었다. 나는 내가 다니는 경동교회 강원용姜元龍 목사와 의논해보고 답을 드리겠다고 말했다. 강원용 목사와 의논했더니 경호문제가 따르기 때문에 어느 교회를 딱 집어 말하기 힘들다면서 자기에게 숙제를 주면 연구해서 답을 하겠다고 약속했다. 그러나 노태우 대통령은 야당으로부터 도전을 받고 있어, 단임 약속을 지키고 자기에게 정권을 물려준 전두환 대통령을 수호하기 힘든 상황이었고 그럴 의지도 없었다. 김영삼金泳三이 주장한 소선거구제를 채택했다가 국회가 여소야대로 몰렸기 때문이다.

　　결국 노태우는 최악의 상황을 피하는 수단으로 참모들과 의논하여 전두환 내외를 백담사로 유배 보내기로 결정했다. 총선거에서 여소야대정국을 만든 소선거구제를 노태우가 받아들인 것은 내가 듣는 바로는 박철언朴哲彦 등의 건의 때문이었다. 6·29선언을 한 노태우가 인기가 좋기 때문에 소선거구제를 채택해도 과반의석을 차지하는 데 문제없다고 장담한 지극히 비상식적이고 열등한 건의를 믿고 이를 받아들였던 것이다. 이것은 노태우의 일생일대의 큰 실수였다. 여기서부터 한국 정치는 본연의 궤도를 잃고 표류하기 시작했다.

3당 합당은 본질적으로 정치야합이었다

노태우는 여소야대 극복수단으로 3당 합당을 추진했다. 김영삼의 통일민주당, 김종필의 민주공화당, 노태우의 민정당을 하나로 합당, 신한국당을 만든 것이다. 결국 한국 정치 지형을 호남 대 비호남으로 양분하는 졸렬한 결정을 내렸다. 호남지역은 김대중 지지 세력이 독식하도록 완전히 내주고 나머지 지역은 3당이 하나로 뭉쳐 장악하려 했던 치졸하기 짝이 없는 정당 간의 게리맨더링gerrymandering이었다. 나처럼 호남에 지역구를 가진 민정계 의원은 사석捨石이 되었기 때문에 더 이상 설 자리가 없어졌다.

나는 모든 공직선거에서 낙선할 수밖에 없게 되었으며, 더 이상 3당이 하나로 된 당에 남을 이유가 없어졌다. 이때 노태우는 김영삼, 김종필과 합의하여 내각제로 헌법을 바꾼다고 하였지만 김영삼의 거부로 개헌은 실패했고, 대통령 후보는 김영삼으로 결정되었다. 박태준을 지지하는 여론이 당내에서 압도적이었지만 노태우는 이상연 중앙정보부장을 박태준에게 보내 대통령 후보로 출마하는 것을 차단시켰다. 나는 이런 처사에 격분하여 이종찬을 대통령 후보로 밀었지만 잘못된 선택이었다. 이종찬은 탈당한 후 새한국당을 만들어 대통령 후보가 되고 나는 거기에 동참하여 대변인직을 맡았지만, 이종찬은 정주영의 국민당과 거래한 끝에 후보직을 사퇴하여 버렸다. 나는 대구역전 광장에서 목정랑睦正郞 동지와 함께 수많은 관중을 모아놓고 이종찬 후보 지지유세를 하다가 이종찬 사퇴 소식을 듣고는, 결국 끝까지 버티지 못하는 인물이라 결론내리며 환멸 속에서 귀가했다. 처음으로 맛본 한국 정치의 쓴맛이었다.

미워할 수 없는 우리들의 대통령

김영삼 대통령의 역사바로세우기와 배신

김영삼은 3당 합당으로 집권한 후 성공한 쿠데타는 불벌이라면서 12·12사태 같은 군사반란에 대해 책임을 묻지 않았다. 오히려 전두환을 댁으로 따로 방문하면서 대통령 당선을 도와주어 고맙다고 사의謝意까지 표했다. 그러다가 3당 합당 후 노태우에게서 김영삼이 받은 불법 비자금 문제가 터져 나와 정치적으로 자기의 입지가 어려워지고 인기가 하강하자 이를 만회하기 위한 수단으로 '역사바로세우기'란 명분을 만들어 5.18 특별법이란 소급법를 제정, 노태우, 전두환을 국가반역분자로 몰아 구속하고 재판에 회부했다. 사법부는 정권이 요구한 대로 전두환, 노태우 두 전직대통령을 유죄로 인정, 중형을 선고했다. 김영삼은 중형선고를 명분으로 형을 선고받은 두 분에게 전직대통령 예우에 관한 법률적용을 거부하고 훈장마저 삭탈했다. 정치가 다 이런 것 아니냐고 말한다면 더 이상 할 말은 없겠지만 형벌 불소급이라는 민주주의의 대원칙을 유린하고 정치적 신의를 짓밟은 것은 민주화를 주도했다고 주장하는 김영삼의 정치적 자질평가에서 중대한 흠결로 남을 것이다. 정치적 신의라는 면에서는 문제가 전혀 없다고 말할 수는 없다.

어떻든 단임을 지킨 전두환은 백담사 유배를 거쳐 김영삼의 역사바로세우기의 덫에 걸려 중형을 선고받고 옥살이까지 감내해야 했다. 그러나 그가 약속을 지킨 단임의 실천은 '87년 헌정체제' 이후 국민의 정치의식 속에 깊이 뿌리를 내리고 전통으로 확립되어 5년 단임제의 씨앗이 되었다. 전두환의 단임 실천은 실로 자랑스러운 한국 정치의 큰 업적으로 평가되어야 할 것이다. 전두환 내외의 아픔과 고통이 밑거름이 되어 대통령 1인 장기집권의 낡은 모델은 한국 정치에서 사라졌으며 단임제가 정착을 하게 된 것이다.

전두환에게 한 가지 유감스러운 일은, 퇴임 후 대통령의 생계와 안전을 국가가 책임지는 장치로서 전직 대통령 예우에 관한 법률을 안전장치로 만들어 놓고도 그 법률에 자기의 모든 것을 맡기지 못한 것이다. 그래서 그는 민정당 총재 시절에 조달해 놓은 정치자금 중 일부를 퇴임 후를 대비해서 비축해 두었다는 합리적인 의심에서 자유로울 수 없는 것이다. 단임의 역사가 없는 나라에서 단임 약속을 실천하는데 따른 불안심리가 이런 유혹에 빠지게 했다고 보아야 할 측면도 있다. 그러나 이것이야말로 그가 어렵게 지킨 단임 정신의 큰 흠결이라 지적하지 않을 수 없다. 앞으로의 대통령들도 이런 흠결을 남기지 않도록 전직 대통령 예우에 관한 법률을 숙독해 두어야 할 것이다.

미워할 수 없는 우리들의 대통령

4

한미동맹 바탕으로 균형잡힌 대북 접근

분단국가에서 대통령에게 요구되는 가장 중요한 덕목은 통일과 안보문제에서 타의 추종을 불허할만한 경륜과 비전을 갖는 일이다. 전두환에게는 그 정도의 경륜이나 비전은 엿보이지 않았다. 대신 그는 국민 대다수가 공감할 수 있는 상식을 통해 북한에 대한 대결정책안보정책과 대화정책통일정책을 균형 있게 펼쳐나갔다. 그의 대북정책은 어느 한편으로 튀거나 치우치지 않았기 때문에 학계나 언론계에서 안보문제나 통일문제를 부담 없이 다룰 수 있었다. 특히 전두환은 전임자인 이승만과 박정희가 깔아놓은 통일안보를 위한 정책 궤도, 즉 한미방위조약체제를 그대로 유지하면서 대미협력을 통한 안보유지에 주력하였다.

특히 그는 1976년부터 본격화되기 시작한 박정희의 군 현대화 계획을 그대로 이어받아 차질 없이 진행시켰고, 이를 위한 방위산업의 증강에도 높은 우선순위를 부여했다. 아울러 박정희가 강조했던 북한 공산주의자들의 간접침략의 소지를 없애는 국내안보에도 역점을 두었다. 따라서 안보체제상으로는 전두환 시대는 박정희 시대와 별로 다르지 않았다. 전교조와 민노총의 불법화정책도 그대로 승계되었다.

한편 북한의 김일성은 박정희 사후에 새로 집권한 전두환 정권이 김일성이 목표하는 남한 내 혁명정세조성을 철저히 차단할 뿐만 아니라 국방 현대화에 더 큰 투자와 노력을 강화하는 동향을 보이자 1968년 1·21사태 때와 마찬가지로 전두환을 저격할 계획을 치밀하게 준비했다. 주지하는 바이지만 1983년 10월 9일 동남아 순방 제1차 기착지인 미얀마의 수도 양곤의 아웅산 장군 국립묘지에서 전두환에게 폭탄 테러를 자행했다. 그 자리에서 수행원들은 희생당했지만 현장에 약간 늦게 도착한 전두환 내외는 가까스로 폭살을 면했다. 북한은 자기들이 강하다고 생각하는 남측 지도자에 대해서는 대화보다 테러에 항상 더 큰 비중을 두는 폭력집단이었다. 그 후에도 전두환을 향한 테러 시도는 이어졌다.

민족화합 민주통일방안 입안 발표

전두환은 북한의 이러한 테러 행태에도 불구하고 통일문제에 대해서는 항상 열린 자세를 견지했다. 그는 1982년은 집권초기였지만 민족화합 민주통일방안을 정립하여 정부의 통일정책으로 발표했다. 그리고 남북한 간의 잠정협정을 체결하여 비정치적, 비군사적 분야의 교류를 시작으로 남북한 관계를 개선해 나갈 것을 북한에 촉구하고 이를 토의하기 위해 남북한 간의 고위당국자회담을 열 것을 제안하고 이를 협의하기 위해 노태우를 수석대표로 하고 민정당의 이영일필자과 민한당民韓黨의 김문석金文錫 의원, 국민당의 강기필姜起弼 의원 등을 대표로 하는 한국대표단을 구성, 발표하였다.

그러나 북한은 이러한 남측의 제안에 즉각 응대하지 않았다. 김일성은 남측의 대화 제안에 반응을 보이지 않다가 앞에서 지적한 바와 같이 미얀마에서 대통령에 대한 폭탄 테러를 시도했다. 이스라엘에서 아웅산 사태 같은 일이 발생했다면 그들은 반드시 동수보복同讐報復의 원칙에 따라 상응하는 조치를 취했을 것이다. 그러나 확전擴戰을 우려하는 미국 측의 만류를 받아들여 전두환이 보복없이 넘어간 것은 지금 생각해도 유감스러운 일이다. 물론 그 당시 군 내부에서는 보복이익과 경고이익을 놓고 많은 논쟁이 있었지만 최종결정은 전두환이 내렸다. 그때 발표한 특별담화에는 "이것이 우리의 평화의지와 동족애가 인내할 수 있는 최후의 인내이며 다시 도발이 있을 경우에는 반드시 응징할 것"이라고 발표, 사건을 보복 없이 끝냈다. 나는 그때 매우 실망했으며 군 출신 대통령답지 못한 처사라고 느꼈다.

수해 구호물과 제안 수용으로 북한을 당황케하다

전두환은 1984년 9월 초 세인이 놀랄 만한 또 다른 결정을 내렸다. 우리나라에서 큰 수해가 발생해 190여 명이 사망하고 1,300억 원이 넘는 큰 재산피해가 난 것을 본 김일성이 북한 적십자사회의 명의로 통지문을 보내 쌀 5만석, 천 50만 미터, 시멘트 10만 톤, 의약품을 지원하겠다고 알려왔는데, 전두환이 이를 수용하겠다고 발표한 것이다. 꼭 1년 전에 아웅산에서 발생한 폭탄테러를 생각한다면 즉각 거부해야 할 제안이었지만 이를 수락한다고 발표한 것이다.

우리나라의 우수한 인재들을 한꺼번에 폭사시킨 사건을 생각한다면 즉각 거부해도 시원찮을 제안이었다. 북한의 김일성은 아마 남한이 받아들이지 않을 것으로 예상하고 이를 제안했는지도 모른다. 남측이 거부한다 해도 수해를 당한 남한 동포들에게 생색을 낼 수 있을 것이고 수락한다면 물자를 지원해주는 것만으로도 동포애를 빛낼 수 있을 것이기 때문이다. 전두환은 평화통일정책자문회의에 이를 상정해서 수용하도록 결정했다. 이 기구가 생긴 후 처음으로 값진 결정을 자문한 것이다.

나는 국회 통일외교통상위원회에 속하는 의원으로서 남한을 도울 능력이 없는 북한 측이 인도주의로 포장한 지원공세를 펼치려는 것으로 보고 오히려 이를 받아들여 헛생색을 내려는 김일성을 궁지로 몰아넣을 것이라는 생각에서 제안 수용을 지지했다.

최초로 이산가족 고향 방문단 성사

북측 제안을 수용하기로 결정한 전두환 대통령의 생각은 나와는 너무 달랐다. 그는 김일성이 모처럼 선의를 보여 수해를 당한 남한 동포들을 구호하는데 협력하겠다고 제안해왔는데 이를 받아주어야 남북교류의 길이 트일 것아니냐고 스스럼없이 말하고 이 제의를 수용하여 남북교류의 전기를 만들겠다고 했다. 1년 전 자기 자신을 겨냥해서 폭탄 테러를 자행하여 수많은 수행원들의 목숨을 앗아가고 그후 어떠한 사과의 말도 없었던 김일성 정권의 제의를 눈 딱 감고 받아들이겠다고 결심하는 것을 보고 나는 정말로 놀라지 않을 수 없었다. 그가 대통령으로서 일반인들과는 달리 한 차원 더 높은 생각을 가지고 대북정책에 임하고 있음을 알고 나의 얕은 생각을 깊이 반성했다. 나는 통일원에서 10년 근무하면서 이 분야의 전문가임을 자처하면서도 그러한 결단을 내놓을 수 없었기 때문이다. 전두환은 상대방의 제의를 받아주어야 남북교류의 길이 트인다고 생각했던 것이다. 그는 이로써 아웅산 묘지사건으로 꽉 막혀버린 남북한 관계를 마침내 대화방향으로 돌아오게 만들었다.

북한의 식량지원을 수용한 것이 계기가 되어 남북 양측은 적십자회담의 본회담을 가진 데 이어 1985년 역사상 최초로 이산가족 고향 방문 행사를 열게 되었고 예술 공연단의 교환방문도 실현되었다. 또 남북한 간에 최초의 경제회담도 시작했다. 인도주의로 포장된 북한의 수해물자지원이라는 전략제

미워할 수 없는 우리들의 대통령

안을 받아들임으로써 남북관계 변화의 물꼬를 튼 것이다. 전두환의 실로 통찰력 있는 결단이었다.

남북정상회담 제안과 밀사 파견

뒤이어 전두환은 1985년 북한에 남북한 정상회담을 제안했고 북한 역시 같은 해 9월 김일성의 비밀 특사 허담을 특파해 정상회담 논의를 타진했다. 전두환도 장세동을 특사로 파견, 김일성을 면담했다. 그러나 1985년 10월 16일부터 18일까지 2박 3일간 장세동 부장이 김일성을 평양에서 면담하고 귀국한 직후인 10월 20일 북한의 무장간첩선이 부산 앞바다로 침투한 사건이 발생했다.

정부는 이처럼 대화가 열린 시기에 남북한 간의 특사회담에서 아웅산 사건에 대한 사과를 해올 것으로 기대했지만 북측은 사과에 대해서는 입을 꼭 닫고 일체의 과거사는 묻지 말고 조국통일을 위해 잘 해보자는 쪽으로 얼버무리는 자세를 보였다. 그때 아웅산 테러에 대해 김일성이 사과를 했더라면 남북정상회담이라는 대사를 위해 부산앞바다로 침투하다 격추된 간첩선 문제는 덮을 수도 있었다. 그러나 북한은 아웅산 테러에 대해 사과도 하지않은 채 남북 간에 고위급 대화가 진행 중인 상황에서 무장간첩을 남파한 것이다. 도저히 용납할 수 없는 만행이었다. 국내에서는 남북정상회담을 꼭 할 필요가 있느냐면서 반발이 일어났다. 이때 북한이 먼저 팀 스피리트 훈련을 빙자해 일체의 남북대화를 중지한다고 발표함으로써 정상회담은 열리지 않고 끝나고 말았다.

전두환은 분단국가의 대통령으로서 통일과 안보문제에서 역대 어느 대통령보다도 더 명확히 자기 길을 걸었다. 북한에 대해서는 단호히 대응하면서도 그들의 대화공세에는 같은 방식으로 응수해 대결구조를 대화구조로 바꾸어 나갔다. 군에서 단련된 작전장교로서의 판단력과 주어진 여건에서 최대의 능력을 발휘하는 담력은 국민들의 안보 우려를 불식하는 데 큰 도움을 주었다. 특히 국내에서 북한노선에 동조하는 세력의 성장을 막아 간접침략의 여건을 끊어내는 데서도 이승만, 박정희와 본질적으로 궤도를 같이했다.

미국의 요구로 미사일과 핵 개발 포기

전두환과 박정희는 핵 정책에서 입장이 달랐다. 박정희는 닉슨 대통령의 아시아 독트린 발표 이후 자주국방을 위한 군 현대화 노력을 강화하는 한편 은밀히 핵무장을 진지하게 검토하고 추진하기 시작했다. 도미 유학 중인 핵과학자들을 입국시켜 주한미군의 철수가 완결된 이후를 대비한 안보정책으로 핵무장준비를 시작했던 것이다. 자료상으로는 1975년 6월부터 핵 작업이 시작된 것으로 알려졌다. 나는 1975년경 개인적으로 과거 율산 그룹의 신선호 회장의 형인 카네기 공과대학의 핵물리학 전공의 신은호Earnest Shin 박사가 정부의 부름을 받고 귀국했을 때 청와대 유혁인 비서관과 연계되도록 주선한 일이 있었다. 그러나 신은호 박사는 핵융합관련 자기설계도면을 가지러 미국으로 되돌아갔다가 공항에서 미국 요원들에게 붙들려 간 후 다시는 고국에 돌아와 핵 작업에 참가할 기회를 갖지 못했다. 지금부터 4년 전 신병으로 고생하다가 신박사는 별세하였다고 그의 아우인 신명호 씨에게 들었다.

전두환은 취임 초부터 핵과 미사일 개발을 중단하라는 미국정부의 강한 압력을 받고 있었다. 결국 박정희 시대에 핵 개발을 주도했던 원자력연구소를 한국핵연료개발공사와 강제로 통폐합한 뒤 명칭에서 '원자력'이라는 말을 빼버리고 '에너지연구소'라는 명칭으로 변경했다. 미국과 IAEA가 한국의 핵과 미사일 개발을 적극 만류했기 때문에 이를 받아들이지 않을 수 없었다. 결국 1980년 전두환은 핵 문제로 박정희 때부터 악화되기 시작한 한미관계를 풀기 위해 '사거리 180km, 탄두 무게 453kg 이상의 미사일 개발을 포기한다'는 내용의 각서를 미국에 보냈고 이를 계기로 레이건정부는 전두환 정부에 대해 지지를 표시했다. 다행히 레이건 정부는 한국 정부와 협의 없이 2개의 미군 사단을 일방적으로 한국에서 철수시켰던 닉슨과는 달리 한미안보동맹을 굳건히 지키고 미군의 한국주둔정책에 변함이 없음을 다짐했다. 따라서 전두환은 미군이 철수한 상태에서 핵무기와 미사일을 앞세워 나라를 지키려는 **민족주의 안보 노선** 대신에 핵 개발을 포기하고 서독처럼 미군주둔을 확보하는 **실용주의 안보 노선**을 채택할 수 있었던 것이다. 이로써 불편했던 한미관계는 다시 정상화되었고 전두환정부도 안정을 회복했다. 한미관계가 완화되면서 대내적으로는 긴급조치해제, 통금해제 등의 개방정책이 가능했고 소련과 중국도 한국의 비핵화정책을 지지했다.

아쉬움을 남긴 핵 포기였다

오늘날 북한 핵 문제로 우리 온 나라와 미국을 비롯한 유엔안보리 회원국들이 골머리를 앓고 있는 상황 쪽으로 시각을 돌려볼 때 한국의 핵 포기는 과연 현명한 선택이었던가를 다시 한 번 생각하게 된다. 특히 최근 우리 국방력 가운데 북한에는 핵이 있고 우리에게는 핵이 없기 때문에 우리나라는 주변 대국을 상대로 하는 안보외교에서 행위자Player가 아닌 말바둑알이나 장기의 졸 등이나 메신저, 또는 브로커 역할밖에 하지 못하고 있는 것이 사실이다. 무기 없는 외교는 악기 없는 음악이라고 말했던 제정러시아이 표토르 대제의 말이 연상된다. 전두환은 핵과 미사일 개발은 우방국 미국의 강력한 요청 때문에 포기했지만 재래식 무기에서만은 북한을 제압할 만큼 군 현대화자위 자강 능력 강화에 주력했다. 여기에 남모르는 핵 카드라도 비장했더라면 하는 아쉬움이 남는다. 그러나 핵을 포기한 대가로 우리는 88서울올림픽도 유치할 수 있었고 세계 10위권에 드는 국력신장을 기할 수 있었음도 잊어서는 안 될 것이다. 특히 최근에는 인구 5,000만 이상에 1인당 GNP 30,000달러 이상을 그룹으로 하는 30~50그룹전 세계의 6개국이 이 그룹에 속한다의 반열에 한국이 오른 것도 핵 포기의 대가였을 것이다.

대 공산권 외교의 문을 열다

박정희는 1973년 6월 23일 대 공산권 문호 개방정책을 골자로 한 평화통일 외교정책선언을 발표했다. 데탕트로 치달으면서 조성되는 국제정세에 부합한 조치였다. 그러나 공산권으로부터의 반응은 거의 없었다. 전두환도 시대의 흐름에 맞추어 이 정책을 승계하였다. 때마침 전두환에게는 공산권인 중국과 대화할 기회가 찾아왔다. 1983년 5월 5일 중국민항CAAC소속 여객기 1대가 무장승객에 납치되어 강원도 춘천 부근 공군기지에 불시착한 사건이 발생한 것이다. 우리와 국교가 없는 중국의 민항기였지만 정부는 헤이그 협약항공기 불법 납치방지를 위한 국제협약의 정신을 존중하여, 국가 대 국가 간의 공식협상을 통해 불시착한 항공기와 승무원과 승객 문제를 처리했다. 뒤이어 1985년 3월에 중국 어뢰정의 한국영해 침범사건이 발생했고 그 뒤에도 중국의 폭격기 1대가 이리 근교에 불시착하는 사건이 발생했는가 하면 1986년 2월과 10월에도 중국공군기가 한국에 망명을 신청한 사건들이 연이어 발생했다.

정부는 이러한 사건들을 일회성 처리로 끝맺지 않고 한중 양국 간에 협력과 관계 개선을 추동할 계기로 활용하였다. 국내법과 국제법에 따른 조치를 통해 사건을 원만히 해결하면서 중국이 남조선이라는 표현 대신에 '대한민국'이라는 정식 국호를 사용하여 한국을 국제법상의 정당한 파트너로 인정시키도록 노력했다. 그 결과 1985년 4월 등소평은 한국이 대만과 단교하는 조건에서 중국과 수교하는 길을 강구하라는 지시를 외교부에 내렸다고 한다. 이와 동시에 등소평은 미국에서 중국 로비스트로 활동하는 안나 셰놀트Anna Chennault를 전두환에게 특사로 보내 중국 민항기 사건과 어뢰정 사건에 대해 감사를 표시하면서 아직 수교가 없어 밀사를 파견했다며, 조만간 수교가 이루어지기를 바란다는 희망을 전해왔던 것이다. 전두환은 중국이 아시안게임과 88서울올림픽, 두 행사에 정식으로 참가해야 모두 성공할 수 있다는 판단에 따라 한·중 간에 생긴 불편한 문제를 선처토록 노력했다. 이 결과가 한중 양국 간에 수교의 길을 트는 기초를 다진 것이다. 중국은 아시안게임은 물론이거니와 88서울올림픽에도 참가했고 1992년 8월 24일 한중 간에는 정식으로 국교가 열리게 되었다. 이는 매우 중요한 외교업적으로 기억되어야 할 것이다.

"일본에 안보차관 100억 달러 요구" 검토

전두환은 군 출신이지만 작전장교 출신이어서 그런지 외교에서도 남달리 돋보이는 업적을 남겼다. 특히 안보외교 분야에서 일본으로부터 40억 달러의 안보차관을 획득해낸 사건은 한국 외교사의 획기적인 업적으로 평가되어야 할 것이다. 일본정부는 한일수교 이래 "한국의 안보가 일본의 안전에 긴요하다"는 입장을 밝혀왔지만 한국 안보를 위한 일본의 기여는 사실상 전무했다. 한마디로 미국과 한국에 의존하여 안보무임승차Free Ride를 하고 있는 셈이었다. 한국의 위치는 중국과 소련이라는 양대 냉전강국들과 지리적으로 인접한 최전초기지였는데, 미국은 주한미군으로 한국 안보에 실질적으로 기여히고 있지만 일본은 자국 안보에 대한 한국의 기여를 인정, 상업차관이나 경협차관은 제공하면서도 한국의 군 장비 현대화와 전력증강을 위한 안보부문에서는 이렇다 할 기여가 없었다.

전두환은 레이건과의 정상회담을 통해 일본의 한국 안보에 대한 기여부족을 지적하고 일본이 한국군 발전에 필요한 안보차관을 제공토록 하여 한·미·일 3국이 안보협력을 촉진할 필요성을 역설, 레이건의 호응과 지원을 약속받았다. 전두환의 제안은 미국이 내심 바라는 바와 일치했기 때문에 전두환의 대일 안보차관요구에 공감했던 것이다. 한국 정계나 외교계의 어느 누구도 감히 이런 발상을 할 수 없었다. 나는 사석에서 허문도許文道로부터, 전두환이 이런 목표로 대일교섭을 추진하고 있는데 내 생각은 어떠냐는 질문을 받은바 있다. 나는 액수가 문제인데 정부에서는 어느 정도를 희망하고 있는지 되물었다. 그는 정부가 최소 100억 달러를 확보할 생각이라고 말해 나는 한일국교를 생각하면서 액수가 과다하여 관철하기가 힘들지 않겠느냐고 말했다. 그때는 국방부를 제외하고는 외교부나 경제기획원에서는 일본이 안보차관을 100억 달러 수준으로 내놓기는 힘들 것으로 전망했다.

그러나 전두환은 미국의 양해를 얻었기 때문에 이를 관철시켜야 한다며, 정부가 안보차관을 강력히 추진하도록 명령했다. 1981년부터 시작된 안보차관논의는 한일 간의 새로운 갈등요인으로 부각되었고, 일본 여론은 경제협력이 아닌 대한안보차관對韓安保借款에 대해서는 대체로 부정적이었다. 일본 스즈키鈴木 내각은 100억 달러가 과다하다고 지적, 양국 정부 간 교섭을 통해 60억 달러로 차관규모를 조정했지만 일본 의회가 60억 달러 안보차관에 동의할 가능성이 없다는 기류 때문에 교섭은 난항을 거듭했다. 이때 스즈키 수상이 돌연 사임하고 나카소네曾中根 수상이 새로 수상으로 취임하면서 분위기가 일신되었다.

나카소네 일본 수상의 최초 한국방문

나카소네 수상은 대미관계를 의식하면서 한일 간의 안보협력을 위한 차관교섭에 긍정적인 태도를 취했다. 그러나 일본 국회에 자기 기반이 약한 나카소네는 안보차관의 의회통과문제를 고심하다가 박정희 대통령 때부터 한국지도자들과 돈독한 인맥을 쌓고 있던 세지마 류조를 한국에 밀사로 파견, 일본 측의 최종안으로 안보차관 40억 달러를 한국이 수용해줄 것을 요청했다. 일본 국회에서 부결되면 재론하기가 어렵다는 현실 판단에 따라 일본에 대한 안보차관은 40억 달러로 낙착되었다. 한일수교 이래 일본으로부터 40억 달러의 안보차관을 얻어낸 것은 한국 외교로서는 처음 있는 경사였다. 그간 한국에는 외교는 있었지만 외교정책은 없었다. 내외정세의 변화에 따라 미국이 냉전질서 아래에서 만들어주는 로드맵을 쫓는 추종외교를 펼치고 있었을 뿐이다. 우리 외교는 능동적인 이니셔티브를 사실상 가져 본 일이 없었다. 그러므로 일본으로부터 40억 달러 안보차관을 얻어낸 것은 그것이 한국의 이니셔티브라는 점에서 획기적인 사건으로 기억되어야 할 것이다.

이 문제가 타결된 것을 계기로 일본 수상으로서는 처음으로 나카소네 수상이 한국을 방문하게 되었고 뒤이어 전두환은 1984년 일본을 국빈으로 공식방문하여 역사상 처음으로 일본 히로히토裕仁 국왕을 접견했다. 한국의 국가원수가 일본 국왕과 공식 대면한 최초의 사건이었다.

일본 자민당 초청으로 일본 방문

당 총재비서실장 직은 당과 정부 간의 연락조정업무이외에도 우방국 정치인들의 방한 초청의 경우 외교부나 국회가 직접 나서기에는 적절하지 않을 경우 드문 일이기는 하지만 당 총재비서실장이 나서서 주선하는 경우가 있다. 중국에서는 당대 당관계로서 당 총서기의 예방이 필요한 경우에는 초청의 주체가 중국공산당 대외연락부가 맡는 것이 관례이다. 우리나라의 경우 당 총재비서실장이 초청인이 될 경우 총재를 겸직하고 있는 대통령 접견이 더 용이하기 때문에 국회나 당 초청보다는 당 총재비서실장의 초청을 선호하는 경우가 생긴다. 나는 이런 형식의 의전업무를 두 건 처리한 바 있다. 하나는 일본중의원의 3선 의원으로 통산성 정무차관을 지낸 나까가와 히데나오中川秀直 의원과 쓰찌야요시히꼬土屋義彦 참의원의장을 초청한 것이다. 요코하마 출신의 나까가와 의원은 후일 일본정부의 관방장관과 자민당의 정조회장政調會長을 역임하였고 쓰찌야 참의원의장은 사이다마겐埼玉縣 지사를 역임한 분들이다.

우선 나까가와 의원은 전두환이 한국 대통령으로서는 처음으로 일본 히로히도裕仁 국왕과 정상회담을 가진 후 양국친선을 다지는 강연내용에 깊은 감명을 받고 전두환 대통령을 존숭한다는 뜻으로 말 한필을 선물했다. 대통령은 나까가와 의원이 보낸 말 한필을 이건영李建榮 마사회장에게 받아 관리토록 함과 동시에 자기가 그를 서울로 초청, 점심 한 끼를 청와대에서 대접하겠다고 하면서 나에게 그를 초청하도록 지시했다. 또 참의원 의장인 쓰찌야 의원은 일본 국회에서 대표적인 친한 파인데 전두환을 직접 만나 뵌 일이 없었다면서 서울로 직접 방문해서 대통령을 꼭 접견하고 싶다고 편지를 보낸 것이다.

두 분 모두 대통령의 초청이지만 초청형식은 비서실장 명의이기 때문에 이들을 접대하는 모든 일정을 의전수석과 함께 내가 준비하고 대통령의 접견이나 오찬장소에 배석했다. 이것이 인연이 되어 나카소네 일본수상은 자민당의 초청 형식으로 나와 허청일許淸一 의원, 그리고 최경주 당 정책위원회 전문위원이 방일토록 초청하였다. 나는 나의 후원회원으로 국창근鞠瑢根 회장국회의원 역임과 김응서 남해종합개발회장을 초청 인원에 포함시켜 동행하였다. 이 당시는 전두환의 방일외교가 한일관계 해빙에 큰 공헌이 되었기 때문에 자민당 초청으로 방문한 우리 일행에 대한 일본 측의 환대도 극진했다. 나카소네 수상은 수상관저로 우리 일행을 초청, 양국 간 문화의 선순환을 주제로

미워할 수 없는 우리들의 대통령

토론시간을 가졌고 후쿠다, 스즈끼 전 수상들의 예방에서도 한국의 젊은 정치인들의 방일을 충심으로 환영했다.

한일의원연맹 측의 초청 연회

일본 측의 일한의원 연맹은 한국에서 일본을 방문한 의원이 이영일, 허청일 두 의원에 전문의원 한 사람과 후원회원 세 분을 합쳐 모두 6인밖에 아니었지만 이례적으로 아카사까의 토오쿄 프린스 호텔에서 공식 환영 연회를 배설하였다. 일본 중의원 의원 20여 명에 자민당 사무처 간부들이 참석하였고 이규호 주일 한국대사도 참석하여 제대로 격식이 갖추어진 환영 행사였다. 맨 처음에 등단한 시이나 모토推名 素夫 일한의원연맹 간사는 환영 연설에서 "한국에 이름이 잘 알려진 일본 정치인 세분이 계신데 그분들이 바로 도요토미 히데요시豊臣秀吉, 이또히로부미伊藤博文, 시이나 에스사부로推名悦三郞이며 앞의 두 분은 총과 칼을 가지고 한국을 찾아갔지만 자기의 아버지인 시나 외상은 펜을 들고 한국에 가서 한일국교를 정상화했다"고 자랑스럽게 이야기를 늘어 놓았다. 제치있고 멋진 연설이었다.

　나는 즉흥적으로 답사해야할 처지기 되었다. 나는 우리 일행에 대한 후대에 사의를 표한 후 시나 모토의원의 환영사 내용을 다 옳은 말이라고 평가한 후 그러나 우리가 이 시기에 기억해야 할 것은 시이나 외상이 정상화한 한·일수교는 일본과 한국의 여당간의 관계정상화이거나 정부 대 정부간의 관계정상화일수는 있어도 한·일 양 국민 차원에서의 정상하에는 아직 이르지 못했다고 지적하고 이제 양국 국민을 대표하는 국회의원들 앞에 놓인 문제는 정부차원 아닌 국민차원에서 양국 간의 관계를 하루속히 정상화시키는 일이라고 힘주어 말했다. 나의 즉흥연설에 대한 반응은 의외로 열기 있는 박수로 이어졌다. 이규호 대사는 내가 한때 통일원에서 장관으로 모시던 분이었지만 이 자리에서는 대사로 참석하여 나의 답사가 매우 정곡을 찔렀다고 평가하였다. 나는 이 행사에 뒤이어 오꾸라 호텔로 일본 자민당 원로 및 간부들을 초청, 만찬을 대접했는데 지금 모두 고인이 되었지만 니카이도 스스무 등 자민당 원로간부들이 대거 참석해서 자리를 빛내주었다.

　이때는 전두환이 일본에서 누리는 높은 인기덕분에 나의 방일도 그 나름의 성과 있는 외교가 되었다. 여행의 마지막 날 아베신타로安倍晋太郎 일본외상을 예방했는데, 외상 실 비서로 근무하던 20대의 아베신조安倍晋條, 현 일본수상가 우리 일행을 영접했다. 저녁시간에는 나카소네 총리의 아들인 나카소네 하라분배中曾根弘文 참의원의원이 우리 일행을 아카사카에서 만찬 초대를 했을 때 아베신조 비서도 참석했던 것으로 기억된다.

5

물가안정과 외채극복의 리더십

박정희의 입에서 국력배양이라는 말이 안 떠났듯이 전두환의 입에서는 '물가안정'이라는 말이 떠나지 않았다. 그가 대통령으로서 가장 많이 강조한 말이 '물가안정'이었다. 천정부지로 치솟는 물가를 잡자는 것이 집권 초기 전두환의 입버릇이었고 구호였다. 물가문제가 나오니 지금은 고인이 되었지만 나의 동향光州 친구인 최수병崔洙秉이 생각난다. 그는 경제기획원 물가국장이었다. 그는 전두환 앞에서 업무브리핑을 하면서 자기의 한자 이름을 풀이했다고 한다. 성은 최崔 씨지만 이름은 '물가' 수洙 자에 '잡을' 병秉이기 때문에 자기는 물가 잡는 데 신명을 바치겠다고 하여 칭찬을 받았다고 나에게 자랑을 한 일이 있을 정도로 대통령의 물가안정에 대한 집념은 너무나 확고했다.

전두환 대통령 본인도 자기 회고록에서 밝히고 있지만 그의 이러한 신념은 아웅산 테러에서 고인이 된 김재익金在益 경제수석이 물가안정의 필요성을 강력히 입력한 탓이라고 말하는 이도 있다.

전두환 대통령의 경제 가정교사 김재익

김재익 수석은 나의 정치학과 2년 선배였지만 선후배들 간에 교류가 많은 성향은 아니었다. 학鶴 같은 풍모에 가방을 들고 등교하면 강의실이나 도서관에서만 잠깐 보일 뿐 다른 사람들처럼 선후배 간에 터놓고 막걸리 잔을 기울이는 선배는 아니었다. 얼굴만 알고 지낼 정도였고 학교 졸업 후 유학을 갔다는 소문만 들었다. 북한의 미얀마 아웅산 폭탄 테러로 순국한 인사들 가운데는 서울대 정치학과 동문들이 몇 분 계셨는데 김재익 수석을 비롯해서 그의 동기생인 서석준徐錫俊, 이기욱李基旭 선배였다. 이들 중 서석준 선배나 이기욱 선배는 후배들과 잘 어울릴 줄 아는 분들이었다. 특히 이기욱 선배는 정치학과 과회장을 지냈기 때문에 나도 자주 만날 기회도 있었고 서석준 선배는 공직생활을 하는 정치학과 출신 후배들에게 경제기획원의 큰 빽이라고 할 만큼 잘 알려진 분이었다. 또 김재익 수석과 동기생으로서 고건高建 선배 역시 서울특별시장에 국무총리를 두 번이나 역임하신 분이고 서울대학교 문리대 학생회장을 거쳐 총학생회장을 지냈기 때문에 후배들과도 잘 어울렸다.

그러나 김재익 선배는 이들과는 전혀 달랐다. 대학 재학 시절에 가정교사도 하고 학업에도 열심이었기 때문에 남들과 그리 잘 어울릴 처지가 아니었는지도 모른다. 그는 미국의 명문인 스텐포드대학에서 경제학 박사학위를 따고 귀국한 후에도 전두환 국군보안사령관의 경제 가정교사가 되어 전두환이 안보 대통령 못지않게 경제 분야에서도 나라를 위해 큰 업적을 남기도록 도운 분이라는 것은 그가 아웅산에서 순국한 후에야 비로소 알려졌다.

김재익 수석이 전두환에게 경제 분야에서 가장 큰 영향을 미친 때는 박정희의 죽음과 때를 같이하여 한국이 경제적으로 몰락할지도 모른다는 우려가 확산되는 시점이었던 것 같다. 박정희가 성장 위주의 경제정책을 강력히 추진하여 업적도 많이 남겼지만, 거기에서 생긴 부작용으로 한국 경제가 대내외적 위기에 휘말려 있었던 때이다.

　박정희 집권 당시 수많은 인재가 정부의 각원부처에서 국가발전을 추진해왔다. 그러나 급속한 성장정책과 이를 뒷받침하기 위한 외자의 과다도입이 부작용이 되어 한국 경제는 마치 말기 암 환자와도 같은 상태였다. 입원하여 수술 받지 않고는 회생하기 힘들게 되었지만, 이러한 상황을 타개할 획기적인 방법을 제시하기도 어려운 상황이었다. 특히 이 시기는 제2차 석유파동으로 석유자원이 소요되는 석유화학공업이 엄청난 타격을 받은 때였다.

　이러한 시기에 김재익은 미국 경제학의 흐름을 타는 학자로서는 상상도 못 할 경제안정화 시책으로써 물가를 잡는 것이 최우선의 과제임을 전두환에게 강력히 입력시켰다. 대통령 역시 그의 주장과 견해를 철저히 신뢰한 가운데 그의 건의를 수용하여 물가안정에 대통령이 할 수 있는 행정력을 총동원했던 것이다. 미국 경제학의 전통은 자유주의 시장경제인데 김재익은 그런 전통을 이어받고 있었음에도 불구하고 행정지도라는 명분을 내세워 국가가 물가 잡기에 앞장서는 반시장적反市場的 정책을 눈 딱 감고 추진하도록 대통령께 강력히 건의하고, 비록 이 정책이 인기가 없고 반대가 많더라도 이를 밀고 나갈 것을 강권했다고 한다.

한 자릿수 물가 첫 정착

물가란 본질적으로 시장에서 결정되기 때문에 대통령이 잡자고 해서 잡히는 것이 아니다. 경제주체들인 정부, 기업, 가계 간 상호이해를 통해 고통을 분담할 때 비로소 물가 안정은 가능해지는 것이다. 대통령은 정부 부문에서 물가인상 요소를 줄임과 동시에 대민관계에서 물가인상 요인을 차단하는 행정조치를 취할 수밖에 없다. 이러한 조치는 결코 인기를 얻기 힘든 조치였다. 그러나 이 당시 가장 유명한 이야기는 (요즘도 가끔 들리는 이야기인데) 정부

예산을 매년 제로베이스Zero Base에서 편성하여 예산증가를 막자는 것이다. 여기에는 공무원이 민간과 기업에 생색낼 요인을 없애 현상만 유지하고, 심지어 자기들의 봉급인상마저 포기하는 조치이기 때문에 대한민국의 주권을 행사하는 관료집단에게는 엄청난 고통이 아닐 수 없었다. 더욱이 예산편성 기준의 하나인 물가상승률을 연 30~40%로 잡던 공무원들에게 한 자릿수로 줄여서 예산을 편성하라는 대통령의 지시는 망령든 노인의 이야기처럼 들렸을 것이다. 그러나 전두환은 재임기간 중에 언제 어디서나 물가 잡기를 강조하지 않은 일이 없고 이를 매일같이 체크하면서 공무원들의 능력평가의 기준으로 몰아붙였다. 면종복배面從腹背가 심할 것 같았지만 너무 철저하게 체크하기 때문에 공직에 몸담고 있으려면 대통령 명령을 위배할 수 없었을 정도였다. 여기에 더해 기업들도 금융권에서 사업에 필요한 융자를 받으려면 자기 사업에서 정부의 물가 안정화 시책에 얼마만큼 협력했는가를 입증해야 할 만큼 강도 높은 물가 안정화 시책을 몰아붙였다.

노동자의 임금과 추곡수매 가격이 인상되지 않으면 민생에 어려움을 가중시킨다. 그러므로 이들을 대표하는 국회는 임금이나 추곡수매가의 인상에 정부가 제동을 거는 것을 용납할 수 없었다. 여당인 민주정의당에서도 정부의 물가안정 드라이브에 대해서는 논리적으로는 맞다고 하면서도 선거를 의식하여 의원총회에서는 큰 소리로 정부를 성토하기까지 했다. 대통령도 통일주체국민회의에서 선출되어 선거를 잘 모르고 김재익 등 참모들은 아예 민생의 현실을 잘 모르는 자들을 기용해서 경제를 운용하기 때문에 선거를 망친다는 이야기마저 거침없이 쏟아지는 분위기였다. 그러나 대통령은 한국 경제의 오랜 고질병인 물가가 천정부지로 오르면 인상된 임금이나 추곡수매가도 노동자나 농민들에게 실익이 없을뿐더러 월급쟁이들은 앉아서 감봉처분을 받는 결과를 초래한다는 입장이었다. 때문에 물가를 잡는 길이 한국 경제도 살리고 개인 살림도 윤택해지는 길이라고 강조하면서 추호의 물러섬 없이 물가 잡기에 총력을 기울였던 것이다.

해를 거듭할수록 안정화 시책은 그 효과를 나타냈고 정부수립 이래 최초로 물가가 한 자릿수 이하로 정착되기 시작했다. 물가가 안정되면서부터 국민들의 실질소득은 올라갔고 나아가 저축률도 높아지면서 국내자금으로 투자재원을 마련해 경제를 발전시킬 토대가 갖추어졌다. 결국 물가 안정화에 성공하면서부터 한국 경제에는 새로운 도약의 전기가 마련되었다. 제5차 경제사회발전 5개년 계획이 확정 발표되었고 그것이 완성된 1986년에는 경제성장, 경제안정, 무역수지개선이라는 3대 목표를 달성하였다.전두환 회고록에서

빚쟁이 국가에서 외채 갚는 나라로

전두환이 남긴 경제발전업적 가운데 가장 빛나는 업적이 물가안정이라면, 이에 못지않게 중요한 공헌이 외채를 끌어오기에 부심하던 나라를 외채를 상환하는 나라로 바꾼 것이라고 할 수 있다.

한국은 일제에서 해방되고 6·25전쟁을 거친 나라였기 때문에 본원적인 자본축적이 있을 수 없었다. 박정희 대통령이 경제개발에 착수할 시점에는 내핍으로 발전을 촉진한다는 자립주의를 표방했지만 그것은 개방국가가 취할 방도는 아니었다. 장기영 경제기획원 장관의 강력한 건의로 외자를 도입하여 제조업을 일으키고 수출로 돈을 벌어 빚을 갚아 가면 내핍하지 않고도 경제를 키울 수 있다는 정책을 채택한 이래, 한국 경제는 낮은 수준이지만 경제발전의 궤도에 올라섰다. 주한미군을 철수한다는 닉슨 독트린과 날로 강화된 김일성의 남침능력을 우려한 박정희는 군사력의 현대화가 당면한 최대의 급선무였다. 그러나 경공업 제품 수출만으로는 국방 현대화에 필요한 재원을 마련하기 힘들기 때문에 한국 경제의 중점을 중화학공업으로 옮기면서

외자도입을 늘려나가게 되었다. 그러나 내적 준비가 부실한 가운데 과도한 외자도입으로 추진한 중화학공업은 한국 경제의 체질을 왜곡시키면서 부작용만 키워 경제적 어려움이 증폭되었다. 이런 상황에서 10·26사태를 맞았다. 전두환에게는 중화학공업을 포기하자는 건의가 빗발쳤고 만기도래한 외채를 갚기 위한 외채유치가 경제공무원들의 과업이 될 만큼 한국 경제는 어려움에 빠졌다.

나는 1985년부터 당 총재비서실장 자격으로 대통령이 주재하는 수석비서관회의에 참석하여 사공일司空壹 수석의 경제동향보고와 대통령의 지시를 주의 깊게 들었다. 그 자리에서 논의되는 주요사항을 민정당 대표인 노태우가 주재하는 당 간부회의에 보고하기 위해서였다. 이때 들은 이야기 가운데 지금도 생생히 기억하는 것은 외채상한선 이야기였다. 외채를 갚기 위한 외채가 나날이 늘기 때문에 신문에서는 외채망국론이 나오고 경제논설들은 실익 없는 중화학공업 포기론 마저 쏟아내고 있었던 것이다.

사공 수석으로부터 상황보고를 다 들은 후 대통령은 외채상한선을 490억 달러로 정하고 그 한계를 넘게 되면 결국 중화학공업을 공매 처분하는 길밖에 없지 않겠느냐고 말했다. 사공 수석은 매번 보고 때마다 물가동향과 외채수급 상황을 보고하기 때문에 나는 항상 그의 보고를 걱정하는 표정으로 듣지 않을 수 없었다. 그때 대통령은 여론이 중화학공업의 포기로 모아지고 있지만 전임 대통령이 군 현대화 필요성 때문에 추진한 계획을 내가 버티지 못하고 포기한다면 결코 잘한 처사가 아닐 것이라면서도, 우리의 외채감당능력에는 한계가 있는 것도 사실이라고 말하며 490억 달러를 상한으로 못 박았던 것이다.

미워할 수 없는 우리들의 대통령

3저 호황三低 好況의 기회를 타고

하늘이 도운 것인지 3저 호황이 불어 닥쳤다. 저환율低換率, 저유가低油價, 저금리低金利라는 3저低 현상에 한국 경제는 최대의 호황을 맞이하게 되었다. 선진국들은 투자의 중점을 첨단산업에 둔 반면 후진국들은 경공업진흥을 적극 추진하는 상황이었기 때문에 한국만 중화학공업에 크게 투자한 나라였던 것이다. 3저 호황과 함께 중화학공업의 현장에서는 가동률이 7% 안팎을 넘나들던 공장들이 풀가동되기 시작했다. 1986년 468억 달러이던 외채가 445억 달러로 줄어들고 87년 말에는 356억 달러로 줄어들었다. 외채가 매년 증가하던 나라가 외채가 줄어드는 나라로 변하면서부터 한국을 보는 세계의 시선은 달려졌고 만기가 돌아오거나 조건이 나쁜 외채를 우선적으로 갚아나가기 시작했다.

외채망국론은 자취를 감추었고 한국은 복 받은 나라로 변하기 시작했다. 이 점에서 1986년은 한국 경제 발전사에서 국제수지가 흑자를 이룬 무역수지흑자원년이 됨과 동시에 선진국으로 약진할 토대가 다져지기 시작한 해로 기억되어야 한다고 대통령은 강조했다. 그때부터 사공일 수석의 업무보고가 승전보처럼 들렸다. 물가안정의 기반 위에서 중화학공업은 번성했다. 혹자는 한국 경제의 최고도약기의 시점을 1985년으로 잡는 사람들도 있다. 그들이 85년 설을 강조하는 이유는 바로 그해부터 중동건설에서 벌어들인 오일 머니가 한국은행에 차곡차곡 쌓이기 시작했다는 것이다. 어쨌든 3저 호황과 중동건설 경기가 합쳐져서 한국 경제는 문자 그대로 대박의 시대를 맞게 되었다. 국민들의 경제생활도 향상되었고 저축률도 크게 늘었으며 소비가 미덕이 되는 시대의 문턱에 들어서게 된 것이다.

전두환을 싫어하는 사람들은 경제발전을 위한 그의 리더십을 잘했다고 평가하기보다는 그의 경제적 성공을 운 좋게 3저를 만난 덕분이라고 폄하한다. 그러나 3저 현상은 한국에만 나타난 것이 아니라, 선후진국 모두에 나타난 현상이었다. 그런데 3저로 약진한 나라와 그렇지 못한 나라가 있는 것도 사실이다. 물가안정의 바탕 위에서 경제체질을 바꾸려는 집념의 리더십이 3저 호황을 국민 경제발전의 축복으로 도약시킨 점을 우리는 인정해야 할 것이다.

박정희의 후광을 무시할 수 없다

전두환의 물가 잡기 정책이 성공한 것은 그 정책의 정당성에도 크게 기인하지만, 지금 시점이라면 그런 정책이 실효를 거둘 수 없었을 것이다. 그때까지만 해도 행정지도라는 명분으로 실시된 명령경제적 요소가 관료나 기업, 그리고 국민들에게 먹혔기 때문이다. 역사에는 가정법이 없다지만 10·26 이후 한국에서 박정희 대통령의 노선을 전면 부인하는 세력이 정권을 잡았다면 대통령이 물가를 한 자릿수로 낮추라는 명령경제적 지시를 내렸다고 해도 먹히지 않았을 것이다. 김재익은 경제 현실을 모르는 서생으로 성토되어 대학으로 돌아갔을 것이고 '적당한 인플레는 경제성장의 원동력이 된다'는 기업인들의 주장이 먹혀 한국 경제는 물가 오름세 심리에 끌려다니다가 박정희 대통령이 착수한 중화학공업이 헐값에 공매되어 사멸했을지도 모른다.

그러나 리더십의 스타일과 힘의 동원근거가 박정희와 상당 부분 유사한 전두환이 집권했기 때문에 박정희 밑에서 순치馴致된 복종이 이어졌으며, 그로 인해 한국의 지속적 성장은 계속될 수 있었던 것이다. 급속히 몰아친 민주화의 열풍에 밀려, 전두환 이후 집권한 어느 대통령도 전두환 시대만큼 대통령 지시의 힘이 크지 않았다.

노태우가 6·29선언으로 집권한 이후 민주화 바람 속에서 일어난 노사분규 때문에 얼마나 많은 기업들이 문을 닫았던가. 민노총은 대통령의 경제정책에 계속해서 제동을 걸었을 것이고 파업을 협박했을 것이다. 이렇게 볼 때 전두환의 리더십이 효험을 발휘하는 데는 박정희가 18년 동안 장기집권하면서 길들여놓은 명령경제적 행정 전통이 이어지고 있었기 때문일 것이다.

그러나 이 대목에서 반드시 짚고 넘어가야 할 것은 전두환의 경제적 성공이 없었다면 오늘날 박정희가 국민 여론 속에서 누리는 긍정적 평가나 높은 지지율도 있을 수 없었을 것이라는 점이다. 박정희가 추진하다가 중단된 사업들을 전두환이 더 높은 수준에서 성공적으로 발전시켰기 때문에 오늘날 박정희도 그 존재가 빛나게 되는 것이다. 전임자를 부정하는 한국 정치의 잘못된 전통에 전두환이 묶였더라면 오늘날 박정희가 국민들에게 받는 지지는 결코 지금처럼 높지 않았을 것이다.

"광주와 무관하다는 주장은 거둬야"

요즘도 주변에서 '광주사태만 아니었다면 전두환만큼 일 잘한 대통령도 없었다'거나 '그때가 제일 살기 좋았다'는 소리를 흔히 듣는다. 나는 이러한 여론이나 평가의 사실 여부를 떠나 전두환을 평가할 때는 으레 '광주사태'라는 꼬리표가 따라다닌다는 사실이 마음에 걸린다. 이렇게 된 데는 전두환 정권이 5·18사태 이후 대국민 홍보에 실패했거나 아니면 반전두환反全斗煥 세력들의 5·18을 앞세운 선전공세의 볼륨이 전두환 측보다 더 높았기 때문일 것이다.

나는 전두환을 맨 처음 만날 당시부터 그가 단임으로 권좌에서 물러난 그 직후의 시점까지 본인의 입으로 자기는 업무상 광주사태와는 직접 관련이 없었다고 말하는 것을 자주 들었다. 그 말이 진실일 수 있다. 또 그것이 진실이었기 때문에 전두환은 단임 약속을 지킬 수 있었을 것이다. 그러나 전두환이 육군참모총장이 되지 않고 한 번도 꿈꾸지 않았던 대한민국 제11대 대통령이 될 수 있었던 것은 10·26사태가 발생하여 그로 인해 12·12사태를 주도하지 않을 수 없었고, 그 사태의 연장선상에서 5·18이 발생했기 때문이다.

그러므로 총체적으로 보아 자기가 광주사태와 무관하다고 말하는 것은 상황 윤리에 비추어 용납되기 힘든 말로 들린다. 현시점에서 가장 바람직한 태도는, 광주사태와 직접 관련되었는지 여부는 본인의 양심과 역사에 맡기고 자신이 광주사태와 무관하다는 주장을 더 이상 앞세우지 않았으면 하는 바람이다.

6

최고의 인재 발굴…인사 정책에 성공하다

전두환은 역대 대통령 중에서 인사정책에서 가장 크게 성공함으로써 본인의 능력보다 더 큰 업적을 남긴 대통령으로 평가되고 있다. 나도 이 평가에 대해서는 이의가 전혀 없다. 그는 국민직선의 대통령이 아니었기 때문에 자기를 열렬히 지지해준 유권자집단이나 당으로부터 오는 압력에서 다른 대통령들보다 더 자유로울 수 있었을 것이다. 그러나 대통령이 자기 뜻대로 인사를 할 수 있다고 해서 모든 대통령이 인사정책에서 성공했던 것은 아니다.

전두환의 인사정책에 영향을 준 두 가지 요소는 첫째, 적재適材를 적소適所에 배치해야만 조직운영에서 능률이 오른다는 진리를 군 생활을 통해서 뼈저리게 느끼면서 성장해왔다는 사실이다 그러나 적재저소주의는 일반적인 인사원칙일 뿐이다. 둘째로 그에게는 이러한 일반적인 원칙보다는 단임을 지켜야 할 대통령이라는 절박함이 더 크게 작용하고 있었다. 전두환은 자기를 지킬 최선의 안전판을 확보하기 위해 국가에 큰 업적을 남겨야만 했는데, 그러려면 각 분야별로 우리나라의 최고인재를 발굴 기용해야겠다는 확실한 인사 철학을 가지고 있었다.

그는 자기의 통치나 지휘체계상 꼭 자기 사람만을 심어야 할 부서, 예컨 대 국정원장이나 검찰총장 같은 부서를 제외하고는 다른 모든 분야에서 대 한민국의 최고권위자를 발굴해서 기용하는 노력에 온 힘을 기울였다. 전두환 비서실의 가장 중요한 기능 중 하나는 '누가 그 분야에서 대한민국의 최고인 가'를 알아보는 데 있었다고 해도 과언이 아니다.

비서실에서 선발한 1안, 2안, 3안을 놓고 검토한 끝에 채택된 인물에 대 해서는 전두환 자신의 친불친親不親에 전혀 구애받지 않고 청와대로 초청, 조 찬이나 오찬을 나누면서 '우리 비서실에서 알아본 바로는 당신이 이 분야의 최고 전문가라는데, 대통령이 일 잘하도록 도와주는 것보다 더 가치 있고 큰 애국은 없다'고 전제를 깔고 해당 분야의 장관을 맡아달라고 간곡히 부탁하 는 절차를 밟았다. 이런 경우 처음에는 고사하지만 그를 선택한 대통령의 평 가와 지적을 들은 후에는 '저를 장관으로 기용하신다면 차관은 어떻게 하느 냐'고 묻는 경우가 많았다고 한다. 이때 대통령은 '당신이 이 분야에서 최고 이기 때문에 당신을 도와 일 잘할 사람은 당신이 알아서 뽑아야 하지 않겠느 냐'는 것으로 중요한 장관교섭과 임명의 대화를 끝낸다는 것이다. 대통령은 곧 총무처에 지시, 그에게 장관임명 절차를 밟게 하고 해당 부처의 후속 인사 는 새 장관 주도하에서 이루어지게 했다.

조선시대의 경연經筵제도를 모델 삼다

전두환 정권 초기에는 비서실이 중심이 되어 이런 방식으로 인물을 찾고 골 랐지만 정권이 안정된 후부터는 이상주李相柱 교육문화수석 비서관 주도 하 에 대통령이 분야별로 견식도 쌓고 또 국내 주요 인사들과의 지광知廣도 넓 히게 한다는 취지에서 조선시대의 경연 같은 형태의 조찬모임을 지속적으로

미워할 수 없는 우리들의 대통령

진행해갔다. 대통령은 이 모임에 참석할 전문가가 제출한 세미나의 주제발표문을 미리 읽고 질문도 하고 토론도 하는 정책토론회를 그의 재임기간 내내 이어왔다. 지도자로서 다 갖추지 못한 인문학적 소양을 채워 나가려는 진지한 노력은 높이 평가되어야 할 것이다. 특히 그가 경제 분야에서 멘토가 아닌 가정교사를 두고 경제정책을 열심히 공부한 점은 후임 대통령에게도 큰 귀감이 될 것이다.

이런 과정을 통해 전두환은 스스로 인재를 찾을 수 있게 되었고, 한번 기용한 인물은 정책적 필요나 상황변화로 현직에서 물러난 후에도 전문성을 계속 살려서 국가에 유익이 되도록 배려하는 지원을 아끼지 않았다. 전두환은 이처럼 한번 동지가 된 사람과는 계속 끈끈한 정을 이어가면서 살려고 노력했는데 이 점은 역대 어느 대통령보다 훨씬 탁월했다. 이런 노력은 모두 그가 공약한 단임 실천의 기반이 되었을 것이다. 그가 대통령직을 그만둔 지 30년이 넘었지만 아직도 해가 바뀔 때마다 그의 연희동 자택에 새해 인사를 하러 오는 하객들로 문전성시를 이루는 것은 그가 인사정책과 관리에서 쌓은 덕망 때문일 것이다.

인사를 망치는 것은 권력의 사유화 때문이다

대통령이 요직인선에 성공하면 정부는 곧 안정되고 각 부처에는 신뢰받는 장관의 지휘 하에 업무가 추진되기 때문에 작업능률이 향상되기 마련이다. 특히 가 분야에서 정평 있는 능력자나 권위자를 발탁하면 그 파급이 전국에 미치기 때문에 그 부처가 일을 잘할 것이라는 긍정적인 평가가 퍼지게 되고 해당 분야의 업무도 발전하게 된다. 이 점에서 전두환은 인사의 성공으로 많은 혜택을 보았고 자기 능력을 넘어서는 업적을 쌓을 수 있었다.

우리나라의 어떤 대통령은 자기가 공부한 기간이 짧고 경륜이 부족해도 남의 똑똑한 머리만 잘 빌려 쓰면 자기의 모자란 점을 보충할 수 있다면서 "인사人事가 만사萬事"라는 명언을 남겼다. 그러나 그렇게 말한 대통령이 집권했던 시기의 인사가 가장 엉망이었다는 것은 후일의 역사가 증명한다. 대개 대통령제하에서 인사를 망치는 것은 대통령이 자기 권력을 사유화하기 때문이다. 우리가 기억하는 권력사유화 현상의 전형적인 예로는 흔히 지적되는 것이지만 현역의 나이 많은 여배우를 환경부 장관에 임명한 사건이다. 국회검증제도가 활성화되기 전이었지만 국론이 들끓었다. 결국 20일 만에 본인의 사임으로 파동은 마무리되었다. 이와 같은 권력의 사유화는 국민을 우롱하는 처사다.

전두환 시대에는 다행히도 권력의 사유화라고 지탄받을 장관임명이나 인사가 눈에 띄지 않았다. 전두환 시대의 인사가 100% 만족할만한 것은 아니었지만 대부분 국민적 공감을 얻는 인재를 기용, 자기가 공약한 단임 약속을 이행해도 부끄럽지 않을 만큼 큰 업적을 남겼던 것이다. 그에게는 정말 인사가 만사였다.

앞으로 다음 정권들도 권력의 사유화가 아닌 능력자 본위의 공정인사를 통해 정부능률을 높이고 국민의 신뢰를 쌓는 정부가 되려면 전두환 시대의 인사를 귀감삼아야 할 것이다. 전두환 대통령 이후 어느 대통령도 전두환처럼 '누가 이 나라에서 이 분야의 최고인가'를 기준으로 인재를 선발하고 기용하지는 않았다. 전두환 같은 대통령이 아직까지 나오지 않고 그럴 전망도 보이지 않는다. 이는 한국 대통령제가 안고 있는 큰 문제가 아닐 수 없다.

미워할 수 없는 우리들의 대통령

7

한국을 웅비시킨 88서울올림픽 유치

전두환의 업적 가운데 자타가 공인할 만한 업적은 88서울올림픽이하 '88올림픽'으로 약칭 유치일 것이다. 스포츠 경기의 유치가 가장 좋은 국가홍보의 기회이고 국제친선과 상호이해를 증진시키는 가장 중요한 외교수단임은 잘 알려져 있지만 올림픽 유치는 단일종목의 경기와는 달리 거국적 행사이고 준비에 소요되는 노력과 비용이 너무 크기 때문에 약소국가들은 감히 엄두도 낼 수 없는 일이었다. 그러나 박정희 대통령은 자기가 사망하던 해 8월에 그의 일본인 친지였고 1964년 도쿄올림픽 추진위원이었던 세지마 류지瀨島龍三와 고또 노보루五島昇라는 도큐東急 회장의 건의를 받아 제24회 올림픽을 한국으로 유치하도록 조치를 취해 두었다. 그러나 10·26사태로 박정희가 고인이 되면서 올림픽 유치문제는 유야무야로 넘어갈 뻔했는데 체육회로부터 이 사실을 보고받은 전두환이 아시안게임과 더불어 올림픽도 같이 유치하기로 결심한 것이다.

그는 이 결심과 더불어 올림픽 추진준비위원회를 결성하고 곧이어 1981년

2월 26일 세계올림픽위원회IOC에 서울에서 올림픽을 개최하겠다는 의향을 밝힌 신청서를 발송했다. 당시 추산된 올림픽 비용은 22억8000만 달러로 한화 1조5500억 원이었다. 우리나라 총예산이 7조5371억 원이었기 때문에 우리에게는 매우 큰 부담이었다. 그러나 올림픽 유치 이익이 부담 이익보다 훨씬 크다고 판단한 전두환은 우리나라의 재계, 외교계, 관계의 역량 있는 인사들을 총망라한 올림픽 유치위원회를 구성하고 이들에게 최선을 다할 것을 촉구했다. 서울과 올림픽 개최 장소를 경쟁하는 상대는 일본의 나고야名古屋였다. 일본 팀은 1964년 올림픽을 경험한데다가 그들이 동원할 수 있는 국제적 인맥이나 외교망, 자본 등에서 한국이 경쟁하기는 매우 벅찬 상대였다. 그러나 상대가 일본이었기 때문에 제3세계국가들을 상대로 펼치는 외교에서는 한국이 상대적으로 유리할 수 있었다.

과거 식민지였던 나라도 이제 올림픽을 주최할 수 있음을 보여주자는 호소는 아시아, 아프리카, 라틴 아메리카의 구 식민지 체험국들에게 강력히 어필되었다. 이들을 설득, 포섭하는 데에는 약소국들을 상대로 선박船舶의 주문 판매에 성공했던 정주영 현대조선회장대한민국 올림픽 대표추진원장의 역할이 주효했다는 평이다. 어쨌든 1981년 9월 30일 서독의 바덴바덴에서 열린 국제 올림픽 위원회 총회에서 표결을 통해 52대 27표로 서울이 나고야를 이기고 올림픽 개최장소로 선정되었다. 이 소식을 듣고 기뻐하지 않은 국민들이 있었을까. 이것이야말로 건국 이후 우리 한민족이 듣는 가장 기쁜 소식이었다.

전 세계에 대한민국을 알린 올림픽

한국은 지구촌에서 인구가 상당히 많은 편이지만 국토의 면적은 매우 작은 나라 중 하나이며, 지구본을 놓고 그 위치를 찾기조차 쉽지 않을 만큼 동북아시아의 일우一隅에 치우쳐 있었다. 그러나 올림픽 유치로 한국은 세계인의 관심을 모으게 되었고 자기 나라의 건각健脚들을 1988년에 서울로 보내야 하기 때문에 올림픽위원회에 가입한 국가들은 너나없이 한국의 서울을 연구하지 않을 수 없었다. 지구상에서 한국의 위치, 경제력, 문화능력, 수교관계까지 검토대상이 아닌 게 없었다. 특히 88올림픽은 두 가지 점에서 세계의 관심을 모았다. 선진국이 아닌 개발도상국인 한국이 올림픽을 감당할 수 있을까에 관심이 쏠렸고, 또한 23회 로스앤젤레스올림픽과 22회 모스크바올림픽이 미소 양진영의 대립으로 인해 반쪽짜리 올림픽으로 치러졌던 터라 과연 88올림픽이 동서 양진영이 모두 참가하는 온전한 올림픽이 될 것인가에 대해 전 세계는 관심을 갖지 않을 수 없었다.

정부에서도 이런 사실에 유의하여, 준비에 만전을 기하는 한편 참가국 수를 늘리는 데 역점을 두었다. 특히 공산권의 88올림픽 참가 여부는 한국의 대 공산권 문호개방외교의 성패를 가르는 중요한 준거였다. 전술한 바와 같이 중국 민항기 사건이나 아시안게임에서 중국 참가를 유도하기 위한 노력들은 이러한 외교목표에 연관해서 취해진 조치였다. 다행히도 88올림픽에는 김일성의 북한을 제외하고 1988년 9월 17일부터 10월 2일까지 진행되는 올림픽에 159개국의 8,397명의 선수가 23개 종목을 놓고 열띤 경쟁을 벌였다. 88올림픽은 사상 최다 국가가 참가해 반쪽 아닌 온전한 올림픽이 되어 전 세계를 안도시켰고, 개발도상국인 한국이 올림픽을 잘 감당하고 멋있게 끝냄으로써 올림픽 개최가 선진국만의 특권이 아님을 입증했다.

한국을 처음 방문한 소련蘇聯 및 동구라파 국가들은 한국이 잘사는 모습에 놀라 올림픽 이후 대한對韓 수교의 붐을 일으키는 계기를 만들었다. 박정희 때가 한국 외교에서 도약을 위한 선행조건 충족단계였다면 올림픽을 유치한 전두환 집권 시기야말로 한국 외교의 도약기, 웅비기로 표현해도 지나친 표현은 아닐 것이다.

올림픽과 국민의식의 변화

올림픽이 다가오면서부터 정부는 박세직朴世直 체육부 장관을 위원장으로 한 올림픽추진위원회를 구성, 운영하였다. 나는 국회 문교공보위원장이었기 때문에 이 위원회에 당연직으로 참가하고 있었고 대통령이 주도하는 회의에 수시로 참석했다. 이때 대통령은 서울의 교통 혼잡을 피할 수 있을 것인가, 외국인들에게 친절할 수 있을까, 또 도시의 큰길가가 불결하게 보이지 않을까 등을 걱정하며 각 부처의 세부대책을 수시로 질문했다. 이때 나는 대통령에게 "너무 걱정하지 않아도 될 것입니다. 우리 국민들은 남이 본다고 하면 더 잘 보이려고 큰길가를 행주질해서라도 깨끗하게 할 것"이라고 농담을 던졌다. 자동차 번호판의 짝, 홀수도 단속할 때보다 더 잘 지킬 것인데 남이 보고 채점하지 않는 올림픽 이후에도 올림픽 때 나타난 질서의식을 내면화할 수 있을지가 걱정이라고 말했다. 함께 있던 분들도 웃으면서 모두 맞장구를 쳤다.

실로 올림픽 기간 중 우리 국민들이 보인 질서의식은 완전히 선진국 수준에 도달하고도 남았다. 특히 정부가 획기적인 기획으로 추진한 한강개발은 올림픽이 국민들에게 준 가장 좋은 선물이었다. 썩은 물로 변해갔거나 썩은 오수가 고여 있던 한강이 변하여 맑은 물이 흐르고 그 위로 유람선이 떠다니며 조각구름이 비단처럼 강 위에 떠 있는 풍경은 런던의 템즈강보다 아름다웠다. 넓고 큰 개천에나 비유될 파리의 세느강과는 비교도 안 될 만큼 멋있었다. 공항에서 올림픽 경기장까지 직행으로 달릴 수 있는 88도로나 한강 개발비를 모두 올림픽 준비 경비로 충당하며 올림픽을 흑자로 끝낸 것도 우리에게 기쁜 일이었다.

북한의 집요한 올림픽 방해 책동

서울에서의 올림픽 개최로 가장 마음이 아팠던 사람은 김일성일 것이다. 남북한 간의 선의의 체제경쟁에서 북한이 완패했기 때문이다. 당초 김일성은 남북정상회담을 통해 올림픽 공동개최도 구상했지만 올림픽헌장이 '한 개의 도시' 중심의 행사로 규정하고 있기 때문에 공동개최의 꿈은 접을 수밖에 없었다. 김일성은 그 후 한반도 안보 상황에 위기를 조성, 각국 선수단이 88올림픽 참가를 꺼리도록 만들려고 KAL기 858 폭파사건을 시도했음은 잘 알려진 사실이다. 특히 김일성은 1986년 쿠바의 카스트로 수상이 평양을 방문했을 때 88올림픽이 제대로 개최되도록 방치하지 않겠다고 다짐했다. 그러나 1986년 11월 모스크바에서 열린 사회주의 국가수뇌회의에서는 북한과 쿠바를 제외한 42개국이 88올림픽 참가를 결정했다.

이런 결정에 분개한 김일성은 마지막으로 세계청년학생축전을 평양에서 개최, 88올림픽에 맞불을 놓는 작전을 폈지만 대내적으로는 행사추진에 따른 외채에 크게 시달려야 했고, 올림픽에 밀려 해외선전전에서도 아무 성과를 얻지 못했다. 결국 북한은 쿠바와 함께 88올림픽 불참국 중 하나로만 기록을 올렸을 뿐이다. 88올림픽을 계기로 중국과 소련 등 공산국가들은 한국과의 수교협상을 개시하게 되었고 소련과 중국에 이어 전 공산주의국가들이 한국과 외교관계를 트는 시대의 문을 열게 되었다. 이때 어떤 사람들은 올림픽 유치가 전두환이 단임 약속을 취소하고 1인 장기집권을 시도하려는 음모가 담긴 이벤트가 아닌가 하는 여론을 퍼트리기도 했지만, 올림픽의 성공은 단임 약속의 이행 기반을 오히려 더 강화해주었다. 단임의 역사가 없던 나라에서 시도된 단임 약속은 뭇사람들의 시험에 걸리기 마련이었다.

8

군은 정권의 사병이 되어서는 안 된다

전두환 시대에서 우리가 볼 수 있는 또 다른 특징은 군 출신 대통령이면서도 사회질서 유지의 방편으로 군부대를 동원하거나 계엄을 선포하는 일을 한 번도 하지 않았다는 점이다. 전두환이 집권한 8년 동안에 한국 정치에서 흔히 겪는 모든 일이 줄지어 일어났다. 북한의 대남 도발은 영일 없이 이어졌다. 전두환을 폭사시키려는 아웅산 테러사건이나 올림픽을 방해하기 위해 감행된 KAL 858의 피격사건은 아직도 모골이 송연해지는 도발이었다. 서해도서 지역을 거점으로 무장간첩침투도 계속되었지만 그러면서도 남북 간에 대화가 열려 분단 이후 최초로 이산가족상봉행사도 이루어졌다. 독재 정권에 반대한다는 대학생 시위는 전두환 정권 말기의 대표적인 사회갈등이었고 개헌이냐 호헌이냐를 두고 벌어진 국내정치권과의 갈등이 쉴 새 없이 진행되었다. 그러는 한편 아시안게임과 하계올림픽 준비 등도 제대로 추진되었다. 또 이 시기 안보상의 큰 도전은 김일성이 주도하는 간접침략으로 남한의 국론을 분열시키고 한미이간韓美離間을 획책하는 반미시위가 대학가를 중심으

미워할 수 없는 우리들의 대통령

로 등장했다는 것이다.

전두환은 이러한 도전이 갖는 의미를 정확히 파악했기 때문에 국내에서 발생하는 모든 문제를 군부대가 아닌 경찰로 대처하기 위해 최선을 다했다. 이러한 노력의 일환으로 한 가지 주목해야 할 것은 전두환이 자기의 친형인 전기환 씨를 잘 활용한 점이다. 역사적으로 보면 대통령이 형제가 많으면 대통령에게 도움 되는 일보다는 오히려 해되는 일이 더 많아 사회적 빈축을 사는 일이 적잖았다. 이러한 우려를 피하기 위해 전두환 대통령도 나름의 고민이 많았을 것이다. 전두환은 그의 아우인 전경환에게는 새마을운동본부 사무총장을 맡겼는데, 그가 사무총장보다는 회장을 더 원하는 태도를 보이고 사회 각계각층에서 그것이 부적절하다는 지탄이 일자 그를 새마을운동에서 손 떼게 하였다. 그러나 전두환의 형님인 전기환 씨는 특이한 역할을 맡았기 때문에 오히려 국민들의 환영을 받는 일이 많았다.

전기환 씨는 대통령 선물의 배달부였다

전두환의 리더십 가운데는 안보나 치안을 담당하는 참모들이 일을 잘하도록 여건을 만들어주는 흥미 있는 구상이 있었다. 그는 자기 형님을 이용하여 전방 사단장이나 경찰국장 등 안보나 치안책임자들에게 수시로 대통령 명의의 격려금을 전달하게 하였다. 누가 보면 충성의 매입처럼 보이지만 그에게는 그런 조치를 취할 경험상의 근거가 있었다. 내가 당 총재비서실장이었을 때 나는 대통령실로부터 "삐삐"호출기가 오면 한 시간 내에 청와대에 도착해야 할 형편이었기 때문에 지역구 국회의원이면서도 선거구를 내려갈 시간이 별로 없었다. 그러나 당원훈련이 실시되는 시기에는 한 번쯤 내려가서 당원들을 격려해야 할 필요가 있었다. 그때마다 대통령에게 출장 허가를 받게 되는데 출장신고를 하면 으레 봉투 하나를 내주면서 당부의 말씀을 주었다. 당 총재비서실장이 지방에 가서 관료들로부터 대접받는 일이 있어서는 안 되고 그럴 필요가 있을 경우에는 오히려 그들을 초청해서 대통령을 대신해서 대접, 격려하라는 것이었다. 그 배려는 지금 생각해도 고마웠다. 그때 대통령이 나에게 들려준 이야기는 아래와 같다. 자기가 1사단장으로 제3땅굴을 발견하고 수고한 사병들의 사기앙양을 위해 사단 장병들을 격려하는 잔치를 크게 벌였는데 박정희 대통령이 표창장을 수여한 후 자기에게 준 격려금이 너무 약소해서 오히려 자기가 빚을 졌다면서, 부하들을 거느리는 사람에게는 부하통솔에 필요한 경비가 꼭 있어야 제대로 상관 노릇을 할 수 있다는 것이다.

그는 형님을 시켜 자기 정치자금의 일부를 통솔해야 할 부하가 많은 지역의 사단장이나 경찰국장에게 격려금으로 전달하고, 그의 자녀가 대학입시에 합격하는 등 그 집안에 있는 애경사 정보를 경호실에서 미리 파악하고 있다가 필요한 격려를 해주었다고 말했다. 부하를 많이 거느려본 군 출신다운 발상이지만 그렇지 못한 군 출신 지도자들이 많기 때문에 그의 행적이 남보다 돋보이는 것이다. 전기환 씨는 아우를 도와 항상 이런 좋은 일을 도맡아 해왔기 때문에 방문하는 곳마다 환영과 대접을 받았다. 대통령이 베푸는 격려가 모든 치안수요를 군부대 아닌 경찰이 담당하게 만드는 방도의 하나였던 것이다.

학생운동의 조직화와 주사파 세력의 대두

80년대 후반 대학가에서는 반정부 시위가 끊이지 않았고 학생운동도 이른바 삼민투三民鬪를 거쳐 전국대학생협의회전대협 등으로 조직화의 양상을 띠면서 민족해방파NL, 즉 주사파가 학생운동의 지도부를 장악하였다. 북한에서 내려오는 전파지령에 따라 학생운동의 구호나 투쟁양상이 바뀌는가 하면 가두투쟁이 때로는 지하화 되기도 하는 등 극단적인 투쟁이 대학가를 무대로 전개되었다. 투쟁본부와 선전조직을 갖추고 지역별로 연계투쟁이 일상화될 만큼 심각했다. 이러한 상황처리대책으로 당초에는 학원안정법 제정을 통해 시국안정을 도모하려고 했지만 당과 국회의 반발이 만만치 않아 포기하고 경찰력으로 학원투쟁을 제압하는 조치를 강행했다. 서울 시경을 비롯한 전국 경찰국장들은 전경을 동원하여 학생시위를 진압하였다.

어느 정권이나 학생들의 반정부투쟁이 강경해지면 강경해질수록 군을 동원할 유혹을 느끼기 마련이다. 그러나 전두환은 사회질서 유지수단으로 군을 동원하는 일은 끝내 삼갔다. 위수령이나 계엄령을 발동하는 박정희 집권 시대로 역사를 후퇴시키지는 않았던 것이다. 전두환의 이러한 선택이 광주사태에서 얻은 교훈이라고 말하는 사람도 있었고, 단임 약속을 이행하기 위해서라고 말하는 사람도 있었다. 아무튼 그는 군 동원만은 끝까지 피했으며, 그 대신에 모든 질서유지를 경찰에 맡겼다. 경찰력으로 대규모의 시위는 진압했지만 나날이 확대되는 시위는 경찰에 의한 박종철 사망사건이 터지면서 한계점에 이르렀다.

전두환은 이때 계엄령을 발동하여 힘으로 상황을 제압하느냐 아니면 정치적 타결을 모색하느냐의 기로에 서 있었는데, 그는 최종적으로 정치적 타결을 선택하였다. 1987년 6월 29일 노태우가 발표한 이른바 6·29선언이었다. 이런 조치가 잘되었는지 여부는 역사의 판단에 맡겨야겠지만 나는 6·29선언을 추인하기 위해 소집된 민정당 의원총회에서 "저자를 십자가에 못 박으소서 하고 외치던 유대인 군중들의 요구에 빌라도가 굴복한 것 같은 결과를 초래할 것"이라고 비판했다. 그날 오후 인터콘티넨탈 호텔에서 열린 리셉션에서 노태우는 나에게 6·29선언은 잘된 일이니 적극 지지해 달라고 일부러 악수까지 하면서 부탁하였다. 자기는 대통령이 될 기회를 얻었을지 모르지만 나는 그 선언으로 장래 대한민국의 존립을 위태롭게 할 커다란 먹구름이 몰려올 것 같다는 예감 때문에 심각히 고민하고 있었다. 나의 의총발언에 대해 심명보沈明輔 대변인은 화를 냈고 몇몇 의원들도 눈살을 찌푸렸지만 북한의 대남전략을 공부한 나로서는 처음이고 마지막인 의총에서 이러한 발언을 하지 않을 수 없었다. 어쨌든 전두환은 군 출신 대통령이었지만 임기 내내 군부대 동원 없이 단임을 지키고 정권을 후임자에게 인계하고 청와대를 나오는 최초의 대통령이 되었다. 그러나 그는 노태우 대통령을 비롯한 후임 대통령들에게 단임 약속을 성실히 이행했다고 인사를 받은 일도 없었고 필요한 보호조차 받지 못했다. 그러나 전두환의 뒤를 이은 5명의 대통령들은 모두 단임을 실천하게 되었고 단임제는 이제 제도로서 뿌리를 내리게 되었다. 박근혜가 중도에 탈락했지만 5년 단임제가 깨진 것은 아니다.

전두환의 공과 과에 대한 나의 평가는 이것으로 줄인다. 과오에 대한 지적이 약하다고 말하는 분들이 많겠지만 나의 집필 의도가 국민들이 기억하고 평가할만한 업적들을 기록으로 남기자는데 취지가 있었음을 부언함으로써 글을 맺는다.

글을 마치며

대통령제의 위기

나는 2016년부터 2017년 사이에 박근혜 대통령이 정치실패로 탄핵당하고 문재인 대통령이 등장하는 상황을 지켜보면서 한국정치에 큰 변화가 시작되었음을 직감했다. 박근혜를 탄핵으로 몰아가는 데 동원된 에너지의 근원과 형태를 깊이 관찰했기 때문이다. 이 나라의 체제비판세력들은 역대 우파 대통령을 향해 항상 날카로운 비판과 퇴진공세를 폈다. 대개의 경우 체제수호세력들의 충성심을 규합하고 경찰력을 활용해 그들을 강력하게 진압함으로써 위기를 넘길 수 있었다.

그러나 박근혜가 당면한 위기는 전통적인 위기관리방식으로 해결 가능한 위기의 수준을 넘어서고 있었다. 무엇보다도 박근혜는 리더로서 자신을 향해 가해지는 공세의 무게를 감당할 역량과 자질이 부족했다. 체제를 지키는 데 필요한 당 조직, 언론조직, 관료조직, 정보조직 등 충성집단을 자기의 주위로 뭉치게 하지 못했다. 대통령에 당선만 되면 체제유지에 필요한 모든 것이 저절로 자기에게 집중될 것이라 착각한 것이다. 하지만 이승만 대통령도 충성집단 확보에 가장 많은 정무시간을 할애했다. 감투와 이권은 충성심 확보의 중요한 수단이었다. 충성심을 장악하고 확보하는 것이 대통령 정치의 전부全部라고 해도 과언이 아니기 때문이다. 이승만은 그 엄청난 카리스마적 리더십에도 불구하고 대통령직 수호를 위한 충성심 확보 노력은 한시도 중단되지 않았다. 이 점에서는 박정희 대통령이나 전두환 대통령도 마찬가지였다. 그것이 곧 정치요 통치이기 때문이다. 전두환 대통령이 자기 형님을 통하여 일선행정책임자들을 순방하면서 수시로 격려금을 전달했던 것도 자기 정권을 지키는 데 필요한 충성심을 확보하기 위한 노력이었다.

박근혜는 자기의 능력보다도 부친의 업적을 업고 대통령에 당선되었다. 그러므로 정권의 존립을 지켜 나가려면 부친 이상으로 많은 노력을 기울여야 했다. 당과 시민사회와 안보집단의 동향을 면밀히 주시하면서 필요한 충성심을 확보하고 지지범위를 넓혀나가는 데 모든 정성을 기울여야 했다. 이승만 대통령이나 박정희 대통령시대의 정치는 강권과 감투와 이권을 이용하는 권모술수를 통해 충성세력을 확보하고 저항세력을 무력화시키는 정치였다. 또 정부는 국민들에게 식생활에 필요한 최소한의 자원을 보장해주는 것만으로도 지도자에 대한 혐오나 염증을 다스릴 수 있었다. 또 그때 까지만 해도 국가와 사회를 유지하는 데 필요한 정보를 정부가 사실상 독점하다시피 할 수 있었다.

한국의 새로운 상황은 경제발전과 세계화의 신선으로 국민들의 생활수준이 개선되고 정보유통이 활발해지는 개방화가 정착되고 있었다. 전두환 대통령 집권 시 부터 정부에 대한 국민들의 기대수준은 나날이 높아졌다. 또한 국가와 사회에 대한 국민들의 정보보유수준도 이승만, 박정희 대통령시대와는 비교가 안 될 정도로 높은 수준이 되었다. 쉽게 말해 국민들을 다스리기가 훨씬 더 어려워진 것이다. 전두환은 물가안정과 경제발전을 동시에 추구하는 데 성공하여 국민들의 기대수준을 충족시키는 한편 군부의 강력한 지지를 배경으로 내부의 도전에 효과적으로 대처했다. 정보조직 강화와 언론통제 성공은 전두환의 든든한 집권 기반이었다. 하지만 곧 대학가를 중심으로 전개된 민주화 요구가 북한 공산정권과 국내 야당의 추동에 힘입어 대중의 호응을 얻기 시작했다. 이에 전두환은 단임제를 내세우고 일면 진압과 일면 타협을 시도하며 노태우 정권을 탄생시킴으로써 자기 시대를 마무리했다.

노태우 시대는 시작과 더불어 원내의 안정의석을 확보하는 데 실패했다. 여소야대로 정국이 운영되면서부터 국정장악능력이 크게 떨어졌고 급기야는 인위적인 정계 개편이라 할 수 있는 3당 합당을 통해 정권을 간신히 유지하면서 한국보수여당의 주류가 아닌 김영삼 세력에게 정권을 물려주는 지경에 이르렀다. 김영삼은 보수야당을 자처해 왔지만 그의 집권으로 이승만, 박정희로 이어지는 한국보수여당 정치의 기氣와 맥脈은 끊겼다. 김대중, 노무현으로 이어지는 이른바 진보정파시대 10년이 펼쳐지게 된 것이다. 이 기간 중에 진보정파를 지지하는 사회세력으로서 민노총과 전교조는 물론이거니와 각종 반미 투쟁을 지향하는 좌파단체, 친북 내지 종북으로 분류될 사회세력들이 대중 속에 크게 뿌리를 내리게 되었다. 특히 노무현정권 탄생에 앞장섰던 소위 386세대들도 이제 모두 586의 장년이 되어 과거와는 비교도 안 될 만큼의 사회적 영향력을 행사하게 되었다.

이명박 대통령은 불행하게도 자기의 집권기간을 한국보수여당의 기와 맥을 살리는 기간으로 만들지 못했고, 좌도 우도 아닌 기회주의 노선에 섰다.

미워할 수 없는 우리들의 대통령

궁핍한 가정에서 태어나 대통령에 당선된 자기 개인의 입신양명을 즐겼던 것이다. 그가 보인 권력의 사유화현상은 많은 비판을 야기했다. 박근혜는 이러한 여건에서 대통령에 당선되었다.

따라서 박근혜의 대통령 당선은 행운의 시작이 아니었다. 한국의 전통보수우파세력의 기와 맥을 되살려 국가발전 주도세력의 위치를 탈환할 수 있을지를 판가름할 도전에 직면했던 것이다. 그러나 그녀에게는 이러한 과업을 감당할 능력과 경륜이 없었고, 대통령직의 중압감을 감당할 힘이 없었다. 더구나 그녀는 자기의 부족한 부분을 채우려고 노력하기보다는 능력 없음이 드러나는 것을 은폐하기 위해서 대인 기피전술對人忌避戰術을 구사했다. 충성세력과 지지세력을 규합하는 가장 기본적인 노력도 구사하지 않았다. 스스로 노력하지 않는 한 정권유지에 필요한 능력과 조직이 저절로 생기는 법은 없다. 감투와 이권을 적재적소에 분배하는 능력과 지혜가 있을 때 대통령직은 국민적 지지의 구심점을 확보할 수 있다. 그러나 대인기피 경향에서 비롯된 소통부재는 박근혜 정치의 심각한 취약점이 되어 구심력을 약화시켰다.

우리 국민들은 직접 선출한 대통령이 다소 무능하더라도 임기를 다 채울 때까지 기다려줄 여유를 지니고 있었다. 한국사회의 인적 구성 속에 깊이 뿌리내리고 있는 우파들은 어떤 도전도 감당할만한 힘을 비축하고 있었기 때문이다. 그러나 불행히도 박근혜 시대에는 그런 힘이 전혀 동원되지 않았다. 대통령이 국민들의 인내와 지지를 얻어낼 만한 노력이 너무 부족했다. 세월호 사건에 임하는 박근혜의 옹졸하고 게으른 행태가 이를 웅변한다. 반면 체제도전세력들이 보이는 치밀한 조직역량과 대중의 동참을 이끌어내는 선전

역량은 우파의 모든 역량결집을 무력화시켰다.

　새누리당은 언론인 류근일이 적절히 표현한대로 국민을 정치적으로 지도할 역량을 상실한 웰빙족들의 집합이거나 정체성이 불분명한 기회주의자들의 군집이었기 때문에, 국민들의 지원을 얻어낼 능력이 없었다. 안보는 주한미군이 보장해주고 경제는 기업들이 알아서 발전시킬 것이며 대내의 도전세력에 대해서는 관계당국이 적절이 대처해줄 것으로 믿었던 새누리당에게는 위기의식도 역사의식도 없었다. 그들은 그저 돈 벌고 대접받을 일만 챙기며 소일했던 것이다. 이런 알량한 세력을 믿고 국민들이 계속 지지해줄 것을 기대했기 때문에 박근혜는 실패할 수밖에 없었고 보수우파는 공도동망共倒同亡의 길을 걸었다. 체제도전세력들은 박근혜 탄핵의 결과 어떠한 사태가 올지 조차 전망할 능력이 없었던 건국 이래 최악의 열등보수 세력으로부터 정권을 빼앗았다. 썩은 나무에서 떨어지는 과일을 주어먹듯이 극히 적은 노력으로 정권을 쟁취한 것이다.

'정치 문맹화'와 대통령 탄핵

나는 촛불시위 정국과 박근혜의 퇴진을 보면서 나치가 등장하던 시절의 독일의 한 순간이 떠올랐다. 마틴 루터Martin Luther의 나라이자 요한 볼프강 폰 괴테Goethe의 나라에서 어떻게 그런 일이 일어날 수 있을까. 그것은 당시 독일의 대중이 지그문트 노이만Zigmund Neumann이 말한 것처럼 일순 간 정치적 문맹으로 변하는 사태가 초래되었기 때문이다. 그로 인해 아돌프 히틀러

　　　　　미워할 수 없는 우리들의 대통령

가 권력을 잡게 되었고, 8천만 독일민족이 제2차 세계대전에 끌려들어 참담한 패전국으로 전락한 것이다. 당시 박근혜 대통령은 야당의 탄핵을 저지할 원내다수의석을 가지고 있었다. 박근혜는 재임 중 체제도전세력을 견제하기 위해 전교조의 조직을 노조외 조직법외노조로 약화시키는 한편 통합진보당을 헌법재판소에 제소, 반국가집단으로 단죄했으며, 역사교과서 바로잡기도 시도했다. 그러나 불행히도 이러한 조치들은 대한민국의 향방을 가늠할 도전 상황을 내다보며 취해진 전략이 아니었다. 모든 조치는 남북대치의 불가피한 위기상황을 내다본 진지한 대비라기보다는 일상적 행정조치로 진행되었고 국민을 상대로 필요한 교육과 설득을 펼치지도 않았다. 박근혜는 10년간의 김대중-노무현 집권기와 이명박 시대의 기회주의적 타협노선을 업고 체제비판세력들이 자기의 역량을 얼마나 강화하였는지를 충분히 계산하지 못했다. 민주노총이나 전교조도 체제에 도전할 힘을 상당 수준 비축하고 있었다. 특히 민노총 산하인 언노련言勞聯을 통한 방송과 신문 장악능력은 상상을 초월할 만큼 강해졌다.

촛불시위와 더불어 그러한 체제비판세력들이 조직적으로 작동하여 당시 여당국회의원, 친여 언론과 방송들을 일거에 정치적 문맹군중, 탄핵몰이 세력으로 변질시킴으로써 박근혜를 퇴진시켰다. 국민들이 직접 선출한 대한민국 대통령이 그 임기를 못 채우고 물러나게 된 것이다. 나는 내 조국 한국 땅에서 일어난 최근의 상황을 진지한 문제의식을 가지고 지켜보면서 역대 대한민국의 유능한 대통령들이 직면했던 위기를 되돌아보고 그 위기의 근원과 위기관리의 방법을 되새겨보고 싶었다.

글을 마치며

미래를 위한 제언

앞으로 대통령선거에서 플라톤Plato이 말하는 철인왕philosopher King을 국민들이 선출할 수만 있다면 대통령제는 정말 좋은 제도일 것이다. 그러나 단순 다수득표자가 대통령에 당선되는 나라에서는 좋은 대통령후보를 만나기는 하늘에 별 따기처럼 어렵다. 역사 속에 국운상승기라고 기록될 만한 좋은 때가 아니고는 말이다. 다수득표자가 선출되는 환경에서는 유력한 정당의 후보가 당선될 확률이 높다. 국민들의 선택상황은 정당이 추천하는 후보뿐이기 때문에 유력정당의 후보가 되기 위해서는 사실상 수단방법을 가리기 힘들 만큼 치열한 경쟁을 벌인다. 후보가 곧 대통령 당선으로 연결되기 십상이기 때문이다. 선거운동기간이 장관들을 상대로 하는 국회청문회가 아니기 때문에 대통령의 능력을 제대로 검증한다는 건 사실상 불가능하다. TV토론이나 언론인터뷰로는 수박 겉핥기수준을 넘지 못한다. 더욱이 사상검증이나 경륜검증은 원천적으로 불가능하다. 나는 대통령이 될 것이라고는 한 번도 상상해 본 일이 없던 분들이 대통령에 당선되는 것을 보아왔다. 실명을 거론하는 것은 피해야 할 것 같아 거명은 않지만 나와 비슷한 생각을 공유한 사람들도 적잖을 것이다. 이들의 집권 시기는 역사에서 실패한 대통령시대로 평가되곤 한다.

내가 이 책에서 평가를 시도한 세 분 대통령은 국민들의 민주적 검증을 통해서 선출된 지도자라기보다는 높은 카리스마나 쿠데타 등의 방법으로 대통령직을 쟁취했거나 기회를 잘 이용한 사람들이다. 이승만 박사는 당시 모든 면에서 그에 필적할 경쟁상대가 없다고 단언해도 과찬이 아닐 정도로 카리스마 있는 인물이었다. 19세기 말엽에 태어나 20세기 후반까지의 시기에 그분의 식견이나 경험, 지도력이나 학력에서 이승만을 능가할 인물이 한반도에는 없었다. 그런 그는 자기가 가진 모든 역량을 쏟아 대한민국을 건국하였다. 단순한 건국이 아닌 국가다운 국가로 나라를 다시 세운 것이다. 이승만은 자유민주주의와 시장경제 위에서 나라가 발전할 토대를 쌓은 지도자였다. 그가 세운 국가발전의 궤도가 올바른 것이었음을 대한민국 발전 70년사가 입증하고 있다. 그가 국내외 공산주의자들이 펼치는 도전의 본질을 정확히 간파하여 합당한 안보대안을 강구하였기에 대한민국은 존속하고 발전할 수 있었던 것이다.

박정희는 이승만과는 전혀 다른 인생을 살았다. 그는 일본식민지시대에 사범학교를 졸업한 후 일본군에서 훈련을 쌓았으며, 식민지시대와 국토분단이라는 역사적 조건 속에서 좌절하지 않고 큰 지도자가 되겠다는 꿈을 키웠다. 일본이 망해갈 무렵 그는 일본군을 뛰쳐나와 광복군으로 전향한 후 해방과 더불어 한국군에 입대했다. 그 후 남노당 노선에 동조했다가 전향한 후 청렴한 군 지휘관으로 명성을 쌓으면서 성장했다. 한국군 장교훈련프로그램에 참여하여 미국식 교육과 훈련을 몸에 익힌 박정희는 군대를 이용하여 쿠데타로 정권을 장악했다. 군대는 한국사회에서 유일하게 근대적인 교육훈련을 이수하고 현대적 경영기법을 학습한 집단으로서 좋은 정치적 기반이 되었다. 그는 강력한 권력을 기반으로 하여 국력을 배양하고 국가근대화를 추진하였다. 그리고 경제력의 뒷받침 없이는 민주정치가 꽃필 수 없다는 명분을 내세위, 민주적 검증절차 없이 집권하고 강력한 독재 권력을 행사하였다. 그는 자기 권력을 사적인 이익추구를 위해서가 아니라 국력배양과 경제발전을 위해 행사함으로써 한국이 경제적으로 도약할 기본조건을 굳건히 다졌다. 또한 한미동맹을 통해 북으로부터 오는 전쟁도발을 억제하는 한편, 대한민국의 강점을 축소하고 약점을 극대화하려는 북한의 간접침략과 심리전 공작을 분쇄하는 것을 대내통치의 중점사항으로 두었다. 그는 김일성을 상대로 선의의 체제경쟁을 제안하면서 한국체제의 대북우위를 증명하는 데 성공했다.

이승만이나 박정희와는 주어진 상황과 과제가 달랐지만, 전두환도 제대로 된 민주적 검증절차 없이 대통령직을 차지한 후 1기 단임약속을 내걸고 국력배양, 경제건설에 열정을 바쳤다. 박정희가 벌여놓았다가 서거로 위기를 맞은 경제건설, 특히 중화학공업을 성공시킴으로써 한국경제를 세계적 경쟁이 가능한 수준으로 끌어올렸다. 게다가 88서울올림픽을 유치하여 한국을 동북아시아의 변방에 위치한 소국이 아니라 세계의 주목을 받는 한국으로 국력수준, 국가수준을 앙양시킨 업적을 쌓았다. 한미동맹을 바탕으로 안보외교를 강화하면서 공산주의자들의 간접침략을 분쇄하는데 주력하였다.

전두환 시대에도 민주화를 앞세우는 체제도전세력들의 공세는 약화되지 않았다. 경제가 발전하면 할수록 민주화의 요구는 더욱 높아졌고 정부에 대한 국민들의 기대수준도 상향되었다. 국민들의 욕망곡선慾望曲線과 성취곡선成就曲線간의 간격은 넓어만 갔다. 이 넓어진 간격 속으로 민주화를 간판으로 내건 체제도전세력 내지 체제변혁세력들의 침투는 계속되었다. 신자유주의의 물결 속에서 배태된 양극화와 평등에의 요구 역시 체제변혁세력의 존

미워할 수 없는 우리들의 대통령

립명분을 강화시켰다.

　이러한 상황변화를 예측하면서 적절한 대응방안을 내놓을 수 없었던 박근혜 정부는 체제변혁세력들의 대중동원을 앞세운 선동 앞에 무력화되었다. 대중은 언제나 정치적 문맹이 될 수 있는 존재임을, 역사는 말해주고 있다. 대중의 지지는 항상 믿을 만큼 견고하지도 않고 다른 선동에 의해서 수시로 변하기 마련이다. 보편적 진리보다는 그때그때의 이해관계가 대중의 마음을 움직이기 때문이다.

1인 통치의 한계를 넘어서자

한국정치는 이제 1인의 대통령이 만사를 좌지우지하기에는 너무 커지고 복잡해졌다. 대내적으로도 복잡해졌을 뿐만 아니라 대외적으로도 지정학적 위치의 특수성 때문에 대통령 1인의 결심 여하에 따라 국정운영이 바뀔 만큼 상황이 단순하지도 않다. 이제는 박정희 대통령이나 전두환 대통령의 개발독재유형을 더 이상 통치모델로 사용할 수 없을 만큼 국가의 규모나 운영체제가 근본적으로 달라졌다. 세계화의 물결 속에서 한국기업의 소유구조도 달라졌다. 외국인 투자비중이 대기업의 경우 거의 50%를 상회하고 있으며 한국기업의 해외투자도 매년 늘어나고 있다. 경제와 교육의 국경이 사실상 사라지고 문화적 국경이 소멸한 지는 벌써 오래된 이야기다. 4차 산업혁명의 흐름에 맞춰 국가운영체제가 변해가면서 젊은 세대들의 입신양명에 대한 가치관도 크게 달라지고 있다. 사람보다는 시스템에 선택을 맡기는 시대의 문이 열리고 있다. 시스템보다는 인간의 역할이 중시되는 정치의 세계도 대통령 1인의 선택과 결심에 의해 국가의 중요정책이 좌우되는 시대도 사라지고 있다. 1인이 아닌 다수의 지혜가 한데 모여 논의되는 협치協治가 중요해지고 있는 것이다.

서구에서는 1인의 장기집권보다는 당의 장기집권을 더 중요시한다. 또 각 분야별로 제도화의 수준이 높아졌고 시스템의 역할이 커졌기 때문에 대통령 1인이 바뀐다고 해서 국가의 중요정책이 크게 달리지기가 쉽지 않다. 이제 한국에서도 대통령제의 신화를 넘어서야 할 때다. 줄서기 정치나 대통령에게 주어진 권력의 사유화현상 때문에 중국공산당의 자격임용제Merit System보다도 더 수준이 떨어지는 정실인사Patronage가 팽배한 현실은 지양되어야한다. 이점에서 정당과 조직이 중시되는 개헌의 필요성이 시대의 과제로 부상한다. 4차 산업혁명을 이끌어 나갈 국가 리더십의 새로운 구축이 요구된다.

국민적 자신감과 긍지를 되찾자

(1) 지구최빈국을 더 이상 두려워하지 말자

우리는 그간 분단국가로서 휴전체제가 65년 동안 계속되는 상황을 살아왔기 때문에 안보상의 경계심을 한시도 소홀히 할 수 없었다. 안보의식을 고취하고 공산정권에 대한 경각심을 강조하다보면 자칫 북한의 역량은 호랑이처럼 부풀려지고 우리의 역량은 고양이처럼 왜소해지는 표현이 늘어난다. 그러나 이러한 접근은 북한에 대한 지나친 오진誤診이며 실패한 심리전으로 평가되어야 할 것이다.

현재 북한의 군비수준은 1970년 조선노동당 5차 당대회시에 밝힌 이른바 4대 군사노선 완료선언 이후 크게 개선된 것이 없다. 당시에는 북한이 재래식 군비에서 한국을 앞질렀지만 지금은 한국의 현대화된 무장력과는 비교도 안 될 만큼 낙후되어 있다. 모든 무기는 제조 년 월 일로 부터 5년을 경과하면 고철화古鐵化 제1차년을 지난다. 북한이 강조했던 군장비의 현대화가 끝난 지 48년이 지났다면 북한의 재래식 무기수준은 고철화 9차년이 지났다. 이러한 재래식 군비상의 불리不利와 낙후성落後性을 극복하기 위해 인민들을 굶기면서 추진한 것이 핵과 미사일 개발 아닌가. 북한은 핵확산금지조약NPT과 미사일통제체제MTCR가 정한 규칙을 무시한 반칙적反則的 군비추진을 자행한 것이다. 그러나 유엔안전보장이사회가 전원일치로 제재를 결의함으로써 북한경제는 낙후성 극복이 불가능할 정도로 숨통이 조여지고 있다.

또한 북한 공산정권 내부의 부정부패는 여타 공산국가들에 비해 유달리 그 정도가 심각하다. 한국에 정착하고 있는 3만 명 이상의 탈북자들은 하나같이, 북한정권의 당·정·군黨·政·軍의 간부를 매수하는 데 성공했기 때문에 탈북이 가능했다고 증언하고 있다. 게다가 북한은 산업발전의 수준이 낮기 때문에 자동차공업이나 조선공업, 제철산업, 전자산업이 한국과는 비교比較도 되지 않을 만큼 뒤떨어져 있고, 소유형태가 국내외적으로 다원화된 가운데 국제사회의 큰 기업들과 경쟁하는 한국의 대기업을 맡아 움직일 능력도 원천적으로 결여되어 있다.

이제 북한 땅에서 싹이 돋아나고 있다는 장마당 경제는 시장경제의 초보적 수준이며 장마당 경제를 이끌어가는 주체들도 배급제가 붕괴된 상황에서 굶어죽지 않기 위해 민간의 주부들이 고안해 낸 물물교환 형식의 상거래수준을 넘지 못하고 있다. 물론 당·정·군이 중심이 된 외화벌이 기구들이 존재하지만 그것은 인민 경제가 아닌 인민군 경제로 분류되어 별도로 관리되고 있다.

(2) 핵무기공포증도 버리자

핵무기는 분명히 안보 면에서 대한민국에 큰 위협이 되지만 그렇다고 우리가 북 핵에 대해 지나친 공포심은 가져서는 안 된다. 그것이 동족을 상대로 실제로 발사되어 우리 동포들을 일본의 히로시마나 나가사키에 살던 원폭 피해자처럼 몰살시킬 수 있는 것으로 받아들일 때만 북 핵은 우리에게 심각한 위협이 된다. 그러나 북 핵은 현재나 장래에 실제로 사용될 가능성이 거의 없다. 또 핵을 갖지 않은 대한민국을 향해 핵무기를 사용한다는 것은 북한의 사멸을 의미한다. 북한도 살기 위해 핵을 개발했다면 죽을 길을 택하지는 않을 것이다.

　우리는 북한의 핵 보유를 무시해서도 안 되지만 그것을 지나치게 두려워하거나 위협적으로만 인식해서도 안 된다. 북한 문제를 비핵화 차원에서만 다룬다면 협상의 주도권은 항상 북한이 가질 수밖에 없다. 그러나 핵과 미사일은 북한이 안고 있는 여러 가지 문제 중 하나이며 그것을 북한문제의 전부로 여겨서는 안 된다. 북한은 경제적으로 최빈국이며 인권존중 면에서도 세계인권 선언을 가장 심각하게 위반하고 있다. 북한에 거주이전의 자유가 허

　　　　　　　　　미워할 수 없는 우리들의 대통령

용된다면 탈북자 수는 오늘의 3만 명이 아니라 300만 명을 넘어설 것이다. 이런 모든 문제가 북핵문제 하나로 완전히 가려져 있는 것은 잘못된 접근이다.

앞으로 비핵화협상이 진전되어 비핵화가 공식으로 선언되고 나면 핵무기의 공갈무기로서의 위력은 소멸될 것이다. 그러므로 북한이 비록 핵무기를 비밀리에 다소 숨겨놓고 있다고 해도 현실적으로 큰 의미가 없어진다. 우리가 핵카드에 부여하고 있는 정치적 가치를 낮추면 낮출수록 김정은이 핵카드에 걸고 있는 기대치도 그만큼 줄어들 것이다.

나아가 북한의 경제와 인권, 그리고 개방이 협상의 주제가 된다면 경제 강국인 한국의 비중이나 발언권이 크게 강화될 것이다. 북한은 종전선언으로 유엔군사령부의 존속명분을 없애려고 하지만, 1991년 합의된 남북한기본관계협정을 복원시키면 구태여 종전선언 자체가 필요 없을 것이다. 이제 남북한관계는 좋건 싫건 2국가체제로 전개될 수밖에 없으며 북한이 먼저 신청하여 남북한의 동시유엔가입이 이루어진 국제관계의 현실을 수용하지 않을 수 없게 되었다.

나는 문재인 정부가 6·15합의나 10·4공동선언 같은 합의는 중시하면서도 똑같은 합의이 한반도 비핵화공동선언이나 남북한 기본관계협정을 일부러 거론않는 태도는 실로 개탄스럽다. 정부는 기존에 만들어진 남북 협상 결과물을 승계하며 대북협상을 조리 있게 풀어나가야 할 것이다.

(3) "우리민족끼리"는 종족적 민족주의의 낡은 구호다.

북한은 선전매체를 이용하여 매일같이 '우리민족끼리'라는 표현을 앞장세우고 있다. 그러나 북한은 자기들끼리는 우리민족이라는 용어 대신에 김일성민족임을 강조한다. '우리민족끼리'라는 종족적 민족주의의 낡은 개념을 내세워 남북협력을 강조하는 것은 오늘의 한국의 젊은이들의 수준에서 볼 때는 한참 철지난 코미디로밖에 들리지 않는다.

　한 가지 경계해야 할 것은 김일성이 창시했다는 주체사상의 신봉자들은 북한이 내세우는 이른바 백두혈통의 수령명령을 절대복종하도록 학습되어 있다는 점이다. 그리고 그런 북한을 맹종하는 종북 분자들이 우리 사회 안에 존재한다는 사실을 유념해야 한다. 대한민국 정권내부에서 이런 자들이 준동한다면 반드시 제지해야할 것이다. 북한은 시스템상으로는 이미 와해상태고 지하경제가 북한의 현재를 버티는 힘이라고 말하는 사람들도 있다. 하지만 한국 내 주체사상동조세력들이 백두혈통의 지령을 받아 이른바 '남조선혁명'을 주도하려고 한다면 대한민국체제유지에 심각한 위협이 될 수 있음도 경계해야 할 것이다.

　　　　　　　　　　　미워할 수 없는 우리들의 대통령

글을 마치며

이제 한국사회는 조지 오웰George Orwell이 1948년에 탈고한 장편소설 『1984』에서 모델로 상정했던 오세아니아처럼 변할 가능성이 전무해졌다. 북한 주민들은 주권행사가 불가능했던 일제日帝 치하를 거쳐 바로 조선 인민 민주주의 공화국이라는 간판을 단 소련 위성국가의 지배하에 들어갔기 때문에 주권자 의식을 아예 가져본 일이 없었다. 따라서 독재자가 총칼로 얼마든지 주민을 맹종하게 만들 수 있었고 파블로프Pavlov의 조건반사 심리이론을 활용, 북한 주민들을 북한정권이 원하는 형태의 인간으로 세뇌, 개조할 수 있었다.

대한민국은 해방 후 건국과 더불어 국민 한 사람 한 사람이 주권자로서의 지위를 갖게 되었으며 4·19혁명에서 국민들이 승리함으로써 대한민국의 주권자가 국민임이 더욱 확고해졌다. 쿠데타에 의해 헌법 외적 정부가 출현하기도 했고 군부가 주도한 정권들이 들어서기는 했지만 주권자로서 국민의 지위를 부정하는 도전은 없었다. 어떤 통치자라도 국민의 주권자적 지위를 존중했으며, 역대 정권들은 국민의 지지를 얻기 위한 업적을 쌓는 데에 모든 노력을 경주했다.

한국은 자유민주주의와 시장경제, 국제사회를 향한 개방화를 국가발전의 궤도로 깔고 그 위에서 발전을 추구해 왔다. 그러나 이제 시대의 과제가 변하고 있다. 제3차 산업혁명에 이어 제4차 산업혁명기로 나아가고 있기 때문이다.

박정희 대통령이 1970년 8·15선언에서 북한의 김일성에게 제의했던 남북한 간의 창조와 개발, 건설을 향한 선의의 체제경쟁에서 한국은 북한에 완승했고 북한은 완패, 지구최빈국의 하나로 전락했다. 흔히 한국이 제2의 베트남이 되는 것이 아니냐고 우려하는 목소리가 우리 사회일각에서 들리지만, 그것은 한국과 월남에 대한 현실인식을 크게 잘못한 데 기인한 오류다. 역사적으로 보아 약자가 강자를 지배하는 경우가 불가능한 것은 아니지만, 현재 남북한 간에 조성되어 있는 격차는 양과 질에서 북한이 전혀 넘어설 수 없을 정도로 넓다. 남북한 간에 공존질서를 유지하면서 교류와 협력을 확대해나간다면 남북한 공히 서로 잘사는 상태에서 하나로 합쳐지는 날이 반드시 오게 될 것이다. 바로 이런 상황의 도래를 나는 '새 통일'로 정의하고 새 통일을 향하여 일보씩 나아가는 매일을 준비할 것을 강조하면서 글을 맺는다.

　　　　　　　　　　　　　　　　　미워할 수 없는 우리들의 대통령